本书由国信证券公司资助出版

Intermediate Course of Program Trading

程序化交易中级教程

（国信TradeStation）

陈学彬　等 编著

复旦大学 出版社

内容提要

在计算机互联网、大数据和人工智能技术迅速发展的今天，程序化交易正在成为全球金融市场交易的主流方式和发展趋势。本书是作者在近几年程序化交易的教学实践和几本初级教程编写经验的基础上撰写的程序化交易中级教程。它以国信TradeStation为量化交易平台，深入讨论了面向对象编程语言（组件）在程序化交易策略，特别是资产组合交易策略开发中的应用，包括选股策略、股票组合交易策略、股票套保策略、期现套利策略、期权套利策略、期权价差交易策略、算法交易策略和动态资产配置等问题。它是具有一定程序化交易基础的人员进阶学习资产组合的程序化交易策略的重要工具书。

总　序

社会经济的发展对应用型专业人才的需求呈现出大批量、多层次、高规格的特点。为了适应这种变化,积极调整人才培养目标和培养模式,大力提高人才培养的适应性和竞争力,教育部于2009年推出系列专业学位硕士项目,实现硕士研究生教育从以培养学术型人才为主向以培养应用型人才为主的历史性转型和战略性调整。复旦大学经济学院于2010年首批获得金融硕士专业学位培养资格,经济学院专业学位项目依托强大的学科支持,设置了系统性模块化实务型课程,采用理论与实践结合的双导师制度(校内和校外导师),为学生提供从理论指导、专业实践到未来职业生涯设计的全面指导。目前,已经形成了金融硕士、国际商务硕士、保险硕士、税务硕士、资产评估硕士五大专业学位硕士体系,招生数量与规模也逐年增长。

专业学位(Professional Degree)相对于学术型学位(Academic Degree)而言,更强调理论联系实际,广泛采用案例教学等教学模式。因此,迫切需要编写一套具有案例特色的专业学位核心课程系列教材。本套教材根据专业学位培养目标的要求,注重理论和实践的结合。在教材特色上,先讲述前沿的理论框架,再介绍理论在实务中的运用,最后进行案例讨论。我们相信,这样的教材能够使理论和实务不断融合,提高专业学位的教学与培养质量。

复旦大学经济学院非常重视专业学位教材的编写,2012年就组织出版了金融硕士专业学位核心课程系列教材。经过五年的探索和发展,一方面是学院的专业学位硕士由金融硕士扩展到了五大专业硕士学位体系;另一方面,对如何进行学位培养和教材建设的想法也进一步成熟,因此有必要重新对教材的框架、内容和特色进行修订。2015年4月,我院组织专家审议并通过了专业学位研究生课程教材建设方案。2015年12月,完成了专业学位核心课程的分类,初步设定建设《程序化交易中级教程》《投资学》《公司金融》《财务分析与估值》《金融风险管理实务》等核心课程教材。2016年10月,组织校内外专家制定了《复旦大学经济学院专业学位核心课程教材编写体例与指南》,2016年11月,组织教师申报教材建设并召开我院专业学位研究生教指委会议,针对书稿大纲进行讨论和修订,删除了目前教材之间的知识点重复现象,提高了教材理论的前沿性,修改和增加了教材中每章的案例,突出教材知识点的实务性。教材初稿完成以后,邀请校外专家进行匿名评审,提出修改意见和建议;再要求作者根据校外专家的匿名评审意见进行修改;最后,提交给我院专业学位研究生教指委进行评议并投票通过后,才予以正式出版。

最后,感谢复旦大学研究生院、经济学院以及学院专业学位研究生教指委提供的全方位支持和指导,感谢上海市高峰学科建设项目的资助,感谢校外专家对书稿的评审和宝贵意见,感谢复旦大学出版社的大力支持。本套教材是复旦大学经济学院专业学位教材建设的创新工程,我们将根据新形势的发展和教学效果定期修正。

经管类专业学位硕士核心课程系列教材编委会
2017年6月

前　言

在计算机、互联网、大数据和人工智能技术迅速发展的今天,金融市场决策和交易技术也在不断地快速发展。借助于计算机大数据、高速度的处理能力与各种统计分析方法和优化决策模型,对海量高频数据的处理和信息挖掘,进行投资决策的量化交易(Quantitative Trading),利用计算机的高速处理能力和互联网络的高速传输能力及优化算法对交易指令进行优化交易的算法交易(Algorithmic Trading),都得到了极为迅速的发展。而将投资决策和交易执行的优化整合在一起并高频率地进行交易,以捕获各种转瞬即逝的投资盈利机会的高频交易(High-Frequency Trading),更是将这种计算机系统交易技术推到了极致。无论是量化交易、算法交易还是高频交易都是利用计算机系统程序进行的自动化交易,因此,也可统称为程序化交易(Program Trading)或系统交易(Systematic Trading)。据Aite集团2009年2月的报告,发达市场60%的交易量来自高频交易,程序化交易的比重则更高。各种新的程序化交易方法、策略正在不断地大量涌现和更新。显然,程序化交易正在成为全球金融市场交易的主流方式和发展趋势。特别是近年迅速发展的人工智能技术,通过机器学习对金融大数据的处理,自我学习、自我完善而形成的智能交易系统正在将金融程序化交易的自动化交易推向更加高级的智能化交易阶段。

程序化交易之所以能够迅速发展,主要原因不仅在于其有效地利用计算机和网络技术海量数据的处理能力和对市场信息的快捷、高速的应对能力,更重要的是它可以有效地克服人工交易时人类恐惧、贪婪的天性和犹豫不决、感情冲动等人性弱点,坚定地、严格地按照规则和程序进行交易决策和执行。这对于金融市场投资有效地把握市场机会和控制风险都是极为重要的。当然,传统的程序化交易也有其明显的缺陷:程序化交易系统是由人开发的,它对市场的适用性和稳健性,取决于开发人员对市场规律的认识和在交易系统上的实现。而金融市场又是一个极其复杂多变的市场。人的认知能力的有限性和市场的多变性可能制约交易系统的适用性和稳健性。大量的程序化交易系统的批量快速反应在市场剧烈波动时引发的羊群效应可能导致金融市场系统短期出现崩溃。由于程序化交易系统故障带来的对金融市场的冲击和对投资者带来巨大损失的案例也屡见不鲜。但是,瑕不掩瑜,程序化交易的缺陷并不能阻止其快速地发展,反而吸引了更多的机构和个人投入程序化交易策略系统的研究、开发和应用之中。它将有利于克服程序化交易系统开发人员认知能力的有限性和金融市场多变性的矛盾。而正在迅速发展的具有自动学习、自我完善功能的机器学习技术在交易系统中的引入,将推动程序化交易从简单地执行开发人员制定的交易策略向自动总结市场规律、不断适应市场变化的智能化方向发展。像智能机器人和无人驾驶汽车在它们的应用领域将逐步取代人的操作一样,智能交易系统必将在未来逐步地取代金融市场大量的人工交易。未来金融市场的竞争将更多地是智能交易系统之间的竞争。

我国的金融市场虽然起步较晚,但一开始就实行电子化交易,而且近十几年随着计算机技术和网络技术的快速发展,各种计算机投资分析系统和交易系统大量涌现。但其中大多数系统的决策和交易仍然相分离,且主要依靠人工进行。个人投资者开发和使用程序化交易策略系统的寥寥无几。近几年,机构投资者开发使用程序化交易策略系统的逐步增多,但大多数还是由海外回国人员推动。我国自己培养的程序化交易策略系统开发人员的缺乏和普通投资者对程序化交易策略系统开发和使用知识的缺乏,成为制约我国程序化交易发展的重要障碍。特别是在2015年的股市危机中,一些机构和个人投资者对配资系统和高频交易的滥用,加上许多人对程序化交易功能的错误理解,程序化交易被视为股市危机的罪魁祸首而受到限制,从而严重制约其发展。但是,科技进步的浪潮是任何力量也阻挡不住的。量化交易、程序化交易、智能交易是全球金融交易的发展趋势。趋势的力量势不可挡。只有尽快融入这个发展趋势,才能乘风破浪而行。

尽管程序化交易在国际金融市场交易中已经获得充分发展并正在向智能交易阶段迈进,但国内高校金融专业在程序化交易人才培养方面仍然显著落后于市场的需求。满足专业人才培养需要、较为系统深入讨论程序化交易策略系统的开发和使用的理论和应用书籍仍然较为缺乏。

作为专业知识来讲,程序化交易既是一门理论性很强的学科,需要很多复杂而高深的理论的支持;更是一门应用性很强的学科,需要将各种复杂的理论方法应用于实际的市场交易决策和执行之中,并直接接受市场运行的检验。程序化交易的学习和应用都需要与市场实际紧密结合。一些量化分析软件虽然提供了许多十分有用的量化投资分析工具,但由于它们缺乏与市场直接连接获取实时数据和下达交易指令的接口而使其使用受限。而要自己开发一个专用的优秀交易平台并非易事,只有大型金融机构能够承担。不仅个人投资者力不能及,即使是一些颇具规模的中小型金融专业投资机构也无法胜任。能较好解决这些问题的公用程序化交易平台应运而生,并受到许多个人投资者和中小型专业投资机构的欢迎。程序化交易课程的学习正好建立在这些交易平台之上,使学生的学习和实习都与金融市场的交易实际紧密结合。

我在近几年为复旦大学金融专业研究生开设程序化交易课程的基础上,尝试编写出版了两本关于程序化交易的教材:《程序化交易》和《期权策略程序化交易》,对此领域的教材和教学进行了一些初步的尝试和探索。这些教材正是建立在这类交易平台基础之上的。该系列教材出版以来,受到一些高校和业界人士的欢迎,为推动我国程序化交易人才的培养尽了一点绵薄之力。随着程序化交易技术的发展,程序化交易平台在不断完善和发展,程序化交易的应用领域也在逐步拓展。几年前,我国程序化交易主要集中在期货交易领域,而近几年已经开始逐步向股票、债券、基金和期权等领域拓展。特别是随着我国金融市场的全方位对外开放,程序化交易在我国金融市场交易的全方位使用是其发展的必然趋势。为了适应这种发展趋势的需要,有必要选择具有更强功能的、能够覆盖更多市场领域的程序化交易平台为基础编写教材和培养学生。

TradeStation是一款在美国市场闻名遐迩、专注服务活跃交易用户30多年的程序化交易平台。凭借其强大的功能与专业的技术开发团队和服务支持,TradeStation量化平台享誉全美,屡获殊荣。国信TradeStation量化平台是由国信证券和美国TradeStation公司强强联手,为中国的程序化交易者打造的一个支持股票、融资融券、期货和期权交易的重要交易平台。该平台率先开发的面向用户(交易者)的程序化交易策略编程语言EasyLanguage成为国际许多程序化交易编程语言的基础。该平台最新的发展,将面向对象编程的组件嵌入面向用户编程语言EasyLanguage之中,既保留了面向用户编程语言的简单易用性的优点,又克服了面向用户编程语言的灵活性和拓展性不足的局限;既获得了面向对象编程语言较强的灵活性和拓展性的优点,又在一定程度上降低了面向对象编程语言对非软件编程专业人员的复杂程度。这使得非软件专业毕业的金融交易人员的学习和使用更为容易,又获得了较大的拓展空间。因此,我认为将国信TradeStation量化平台作为金融专业程序化交易课程的学习和实习平台是一个较好的选择。

程序化交易技术涉及的专业知识较多,不可能在一本书里介绍和讨论,学生也不可能在一个学期里全面深入地学习和掌握。较好的选择是划分为初级、中级和高级系列教程,供入门者、进阶者和深化者学习讨论使用。由于面向对象编程对于初学者具有一定的难度,因此,初级教程主要介绍TradeStation量化平台中面向用户的EasyLanguage的基础功能和应用,而将面向对象编程的组件带来的拓展功能放在中级教程中介绍和讨论。对于将机器学习、人工智能方法引入程序化交易的方法则放在高级教程中介绍和讨论。

本书是该系列教材中的中级教程,作为程序化交易进阶者的读物,在读者已经掌握程序化交易的策略系统开发、测试和应用知识的基础之上,着重介绍怎样更好地利用程序化交易平台提供的面向用户编程的组件带来的拓展功能,更好地实现传统的程序化交易平台无法或者难以实现的一些功能,特别是组合资产的程序化交易问题。本书具有以下特点:(1)继承性:本书作为程序化交易的中级教程,是在初级教程基础上展开的,对于初级教程里已经讨论的程序化交易的基础原理,在此并不重复地专门讨论,但在许多方面的分析却都是建立在初级教程中已经分析的基本原理基础之上,是对初级教程学习的一种继承。(2)拓展性:注意讨论利用面向对象编程语言在程序化交易平台提供的拓展功能,将程序化交易从传统平台上的单一品种交易拓展到多品种、多市场的组合交易。(3)实用性:强调程序化交易策略的实用性,本书将讨论怎样利用 TradeStation 的组件功能,进行选股、组合交易、套保、套利和价差交易策略以及动态资产配置等实用性很强的金融投资策略的程序化交易。(4)启发性:本书对程序化交易策略的讨论并不局限于所讨论的几个策略的具体使用,而更着眼于启发读者去思考、理解拓展程序化交易策略的原理和方法,从而为读者开发自己的策略奠定较好的基础。(5)具体化:每一个步骤和方面都结合具体的案例进行分析,而非抽象地讨论问题。

为此,本书内容共分 10 章,除导论外,分别讨论面向对象编程(EasyLanguage 组件)、选股策略、股票组合交易策略、股票组合套期保值策略、期现套利策略、期权套利策略、期权价差交易策略、算法交易策略和动态资产配置等问题。

本书采用 TradeStation 和 EasyLanguage 作为案例分析的交易平台和策略开发平台,重点讨论其组件面向对象编程功能的拓展使用。由于各种程序化交易平台的基本原理是一致的,以该平台为案例讨论的程序化交易策略的基本原理和方法同样适用于其他的交易平台。但每一种交易平台又具有自己的特点,有些特殊性的东西在其他平台可能并不适用。对这一点读者需要注意。

本书作为程序化交易的进阶读物,适合程序化交易的进阶者,包括大学金融专业硕士研究生、金融个人投资者和金融机构的相关人员。需要的预备知识是金融投资的基础知识、计算机编程的基础知识和程序化交易的基础知识。对于有金融投资交易的丰富实战经验的人员,其阅读和使用的收获将更丰。对于缺乏程序化交易基础知识的读者,建议先阅读本系列教材的程序化交易初级教程。本书的学习也将为后续的高级教程的学习奠定必要的基础。

本书由复旦大学金融研究院陈学彬教授、刘庆富教授、蒋祥林副教授,国信证券公司的王燕华、吴文娟、张治和高文雪等编著。各章分工为:陈学彬负责第一章、第四章、第五章、第十章和第八章程序及应用部分初稿;吴文娟负责第二章、第三章和第九章初稿;刘庆富、王诗韵负责第六章初稿;蒋祥林、王子旭负责第七章和第八章基本原理初稿;王燕华、张治、吴文娟、高文雪负责对书稿中涉及国信 TradeStation 平台的技术问题进行审定和修改;陈学彬最后定稿。

　　本书的编写和出版得到上海市高峰学科建设项目、国信证券公司、TradeStation 公司、复旦大学经济学院和复旦大学出版社领导和编辑的大力支持和资助。国信证券公司不仅提供了资金的支持,而且派出强大的专家团队参与到该系列教材的编写、程序的调试、策略的回测优化等过程,对其中出现的各种问题及时地给予解答和解决。在此,谨向对本书的编写和出版给予大力支持和资助的机构和个人表示衷心的感谢!

　　此外,还要感谢我的妻子廖玉英女士!我几十年的学习和工作上的进步都离不开她的大力支持。特别是近来我在撰写本书期间,被诊断患有肿瘤,她不仅在精神上给我安慰和支持,而且承担了所有的家务,给我洗衣、做饭、熬药、校对书稿……正是在她的无微不至的关怀、照料和帮助下,我才能在病中边治疗边写作,并能够在 2017 年春节期间完成了该系列教材初级教程的写作后在 6 月完成本书的写作。在此,也借本书的出版向她表示最衷心的感谢!

　　本书是作者根据自己在程序化交易策略的开发和教学中的经验,并参考其他的著作和国信 TradeStation 的使用说明书等资料的基础上编写而成。由于我们的知识和经验的不足,导致书中难免存在一些错误,敬请各位读者批评指正。另外,本书讨论的各种策略及其程序仅供学习理解其原理和方法之用,并非向读者推荐这些策略程序,实际应用需要读者根据自己的经验修改完善,不要盲目照搬,否则可能带来不必要的损失。希望通过对本书的阅读和相关的应用练习,能够对各位读者进入程序化交易的大门并在该领域取得更大的发展有所帮助!

陈学彬
2017 年 6 月
于复旦大学金融研究院

目 录

第一章 导论 ... 1
第一节 程序化交易的发展趋势 ... 1
第二节 程序化交易平台的发展 ... 2
一、早期功能单一的图形程序化交易平台 ... 2
二、多功能综合交易平台的发展 ... 4
第三节 程序化交易编程语言的发展 ... 5
一、面向用户编程语言 ... 5
二、面向对象编程语言 ... 6
三、面向用户和面向对象编程语言的结合 ... 7
本章小结 ... 7
重要概念 ... 8
习题与思考题 ... 8

第二章 面向对象编程：EL 组件 ... 9
第一节 对象编程基础 ... 9
一、为何使用面向对象的编程？ ... 9
二、EL 中的类 ... 10
三、EL 中的对象 ... 11
四、EL 中的命名空间 ... 11
第二节 EL 中对象的使用 ... 13
一、开发环境界面 ... 13
二、属性设置 ... 13
三、设计器代码 ... 15
四、非组件对象 ... 16
第三节 EL 对象的方法和事件 ... 16

一、方法 ……………………………………………………………… 16
　　二、事件 ……………………………………………………………… 18
第四节　行情数据组件 ……………………………………………………… 20
　　一、行情提供组件 PriceSeriesProvider …………………………… 20
　　二、市场深度数据提供组件 MarketDepthProvider ………………… 23
　　三、报价提供组件 QuotesProvider …………………………………… 25
　　四、基本面提供组件 FundamentalQuotesProvider ………………… 28
第五节　账户与交易组件 …………………………………………………… 30
　　一、下单组件 OrderTicket …………………………………………… 30
　　二、委托单信息提供组件 OrdersProvider …………………………… 33
　　三、账户信息提供组件 AccountsProvider …………………………… 35
　　四、仓位信息提供组件 PositionsProvider …………………………… 40
第六节　数据存储对象 ……………………………………………………… 42
　　一、数组 Array ………………………………………………………… 42
　　二、集合 Collection …………………………………………………… 42
　　三、Vectors …………………………………………………………… 43
　　四、Dictionary ………………………………………………………… 45
第七节　其他对象 …………………………………………………………… 46
　　一、计时器组件 Timer ………………………………………………… 46
　　二、办公组件 Workbook ……………………………………………… 47
第八节　窗体控件 Form Controls ………………………………………… 49
　　一、常用控件 …………………………………………………………… 50
　　二、控件的属性 ………………………………………………………… 52
第九节　异常及错误处理 …………………………………………………… 53
　　一、Debug 调试 ………………………………………………………… 53
　　二、异常处理模块 Try-Catch ………………………………………… 54
本章小结 ……………………………………………………………………… 56
重要概念 ……………………………………………………………………… 57
习题与思考题 ………………………………………………………………… 57

第三章　选股策略 …………………………………………………………… 63
　第一节　选股方法概述 …………………………………………………… 63
　第二节　技术指标选股策略 ……………………………………………… 64

一、技术选股策略实现过程 …………………………………………… 64
　　二、技术选股策略应用 …………………………………………………… 69
　第三节　基本面选股策略 …………………………………………………… 70
　　一、基本面选股策略实现 ………………………………………………… 70
　　二、基本面选股策略应用 ………………………………………………… 73
　第四节　技术加基本面选股策略 …………………………………………… 74
　　一、技术加基本面选股策略实现 ………………………………………… 75
　　二、技术加基本面选股策略应用 ………………………………………… 78
　本章小结 ……………………………………………………………………… 79
　重要概念 ……………………………………………………………………… 79
　习题与思考题 ………………………………………………………………… 79

第四章　股票投资组合交易策略 ……………………………………………… 81
　第一节　股票组合交易策略概述 …………………………………………… 81
　第二节　股票组合分析图交易策略 ………………………………………… 82
　　一、股票组合分析图交易策略思想 ……………………………………… 82
　　二、股票组合分析图交易 EL 程序 ……………………………………… 83
　　三、股票组合分析图交易应用 …………………………………………… 102
　第三节　股票组合雷达屏交易策略 ………………………………………… 107
　　一、股票组合雷达屏交易策略思想 ……………………………………… 107
　　二、股票组合雷达屏交易 EL 程序 ……………………………………… 108
　　三、股票投资组合雷达屏交易应用 ……………………………………… 125
　本章小结 ……………………………………………………………………… 127
　重要概念 ……………………………………………………………………… 127
　习题与思考题 ………………………………………………………………… 127

第五章　股票组合套期保值交易策略 ………………………………………… 128
　第一节　套期保值交易策略概述 …………………………………………… 128
　第二节　股票期货套保策略 ………………………………………………… 129
　　一、策略基本思想 ………………………………………………………… 129
　　二、股票指数期货套保策略的 EL 程序 ………………………………… 133
　　三、股票指数期货套保策略应用 ………………………………………… 147
　　四、构建股票现货组合套期保值 ………………………………………… 150

第三节　股票期权套保策略 ·· 153
　　一、期权套保策略概述 ·· 153
　　二、ETF 期权套保策略的 EL 程序 ································ 158
　　三、ETF 期权套保策略的应用 ····································· 171
本章小结 ·· 173
重要概念 ·· 174
习题与思考题 ·· 174

第六章　期货套利交易策略 ·· 175
第一节　期货套利交易策略概述 ·· 175
第二节　期现套利交易策略 ·· 178
　　一、期现套利的基本思想 ··· 178
　　二、股指期现套利策略的 EL 程序 ································ 179
　　三、股指期现货套利策略的应用 ··································· 189
第三节　股指期货跨期套利策略 ·· 191
　　一、股指期货跨期套利的基本思想 ································ 191
　　二、跨期套利策略的 EL 程序 ······································· 193
　　三、股指期货跨期套利策略的应用 ································ 202
第四节　ETF 协整套利策略 ··· 204
　　一、协整套利策略的基本思想 ······································ 204
　　二、协整套利策略的 EL 程序 ······································ 206
　　三、ETF 协整套利策略的应用 ······································ 216
本章小结 ·· 217
重要概念 ·· 217
习题与思考题 ·· 217

第七章　期权套利交易策略 ·· 218
第一节　期权套利策略引言 ·· 218
第二节　期权平价套利策略 ·· 218
　　一、策略基本思想 ··· 218
　　二、期权平价套利的 EL 程序 ······································· 220
　　三、期权平价套利应用 ·· 229
第三节　期权垂直套利策略 ·· 230

一、策略基本思想 ·· 230
　　二、期权垂直套利 EL 程序 ·· 231
　　三、期权垂直套利策略的应用 ··· 239
　第四节　期权箱型套利策略 ·· 240
　　一、策略基本思想 ·· 240
　　二、期权箱型套利策略 EL 程序 ··· 241
　　三、期权箱型套利策略应用 ·· 249
　本章小结 ·· 250
　重要概念 ·· 251
　习题与思考题 ·· 251

第八章　期权组合交易策略 ·· 252
　第一节　期权组合交易策略概述 ··· 252
　第二节　行权价差组合策略 ·· 253
　　一、策略基本思想 ·· 253
　　二、看涨期权蝶式价差策略的 EL 程序 ··· 256
　　三、看涨期权蝶式价差策略的应用 ··· 269
　第三节　期限价差组合策略 ·· 270
　　一、策略基本思想 ·· 270
　　二、看涨期权期限价差策略的 EL 程序 ··· 272
　　三、看涨期权期限价差策略的应用 ··· 280
　第四节　对角价差组合策略 ·· 281
　　一、策略基本思想 ·· 281
　　二、对角价差组合策略的 EL 程序 ··· 283
　　三、对角价差策略的应用 ·· 296
　第五节　混合期权策略 ·· 297
　　一、策略基本思想 ·· 297
　　二、马鞍式组合策略的 EL 程序 ·· 299
　　三、马鞍式组合策略的应用 ·· 311
　本章小结 ·· 312
　重要概念 ·· 312
　习题与思考题 ·· 312

第九章　算法交易策略 314

第一节　算法交易概述 314
第二节　TWAP 策略 315
　一、TWAP 策略实现过程 315
　二、TWAP 策略应用 324
第三节　VWAP 策略 325
　一、VWAP 策略介绍 325
　二、VWAP 策略实现过程 326
　三、VWAP 策略应用 334

本章小结 335
重要概念 335
习题与思考题 336

第十章　动态资金管理和资产配置 337

第一节　动态资金管理和资产配置概述 337
　一、动态资金管理原理和策略类型 337
　二、动态资产配置原理和策略类型 340
第二节　等价鞅与反等价鞅动态资金管理策略 341
　一、策略思想 341
　二、等价鞅策略与反等价鞅策略 EL 程序 342
　三、等价鞅策略与反等价鞅策略应用 346
第三节　动态资产配置的分析图交易 348
　一、波动率动态资产配置策略思想 348
　二、波动率动态资产配置策略 EL 程序 350
　三、策略应用 360
第四节　动态资产配置的雷达屏交易 361
　一、动态资产配置雷达屏交易策略思想 361
　二、动态资产配置雷达屏交易 EL 程序 362
　三、动态资产配置雷达屏交易策略的应用 377

本章小结 379
重要概念 380
习题与思考题 380

第一章

导　论

学习目标

1. 了解程序化交易从早期的单一品种、单一策略交易向多品种、多策略组合交易发展，从依靠人工制定交易规则、计算机根据规则交易向计算机从大数据中挖掘和总结规律、自动优化和自我完善的智能交易的发展趋势。
2. 了解程序化交易平台从功能单一的图形程序化交易平台，向多功能综合交易平台的发展演变趋势。
3. 了解程序化交易编程语言从便于非软件专业人员使用的面向用户编程语言，向具有更好拓展空间的面向对象编程语言，以及二者结合的发展趋势。

第一节　程序化交易的发展趋势

程序化交易最早起源于美国1975年出现的"股票组合转让与交易"，纽约股票交易所要求程序化交易须达到15只股票以上，交易金额100万美元以上。当时仅有为数不多且具备一定资金规模的机构投资者，通过程序化交易完成股票组合的交易，故也称其为"有钱人的游戏"。随着计算机通信技术的发展，程序化交易越来越精细化和富有效率，专业投资经理、经纪人直接通过计算机与股票交易所联机，即可实现股票组合的一次性买卖交易。

到了20世纪80年代，程序化交易发展迅猛，交易量急剧增加。但是，美国1987年10月19日发生"黑色星期一"股灾，股市崩盘，跌幅超过22%。部分学者甚至包括美国证券交易委员会（SEC）的管理者认为，程序化交易即使不是导致1987年股灾发生的主要原因，至少也加剧了那次股灾的严重程度，特别是程序化交易中的连续抛售和指数套利交易活动，使股价大幅下挫，价格剧烈波动。所以，股灾发生后，程序化交易的发展一度处于停滞状态。但是，其后许多经济、金融专家和学者通过大量的理论和实证研究发现：程序化交易与股票市场的价格波动并没有必然的联系；同样，也没有证据显示指数套利加剧了股票市场价格的波动。虽然程序化交易借助了计算机程序等非人力控制因素进行精确的计算,但其执行的交易决策终究是由人做出的,计算机只是加快了交易运行的速度而已。经过经济学家和金融学家的努力,程序化交易重新得到人们的认同。进入90年代以后,程序化交易的发展跃上一个新的台阶。美国诞生了很多专门为中小投资者提供各种各样量身定制的一次性股票组合交易服务的中介机构,如著名的FOLlOfn和MAXFunds等。

经过20世纪70年代的产生、80年代的停滞和90年代的飞速发展,程序化交易现在已经得到广大投资者的认同,越来越多的投资者采用这种交易方式。目前开设程序化交易的交易所主要包括纽约股票交易所、纳斯达克市场、芝加哥期货交易所以及芝加哥期权交易所等,其交易标的包括S&P500和NASDAQl00指数中的成分股以及相应的期货合约,S&P指数和NASDAQl00指数的看涨和看跌期权等。根据纽约股票交易所网站公布的数据,在其交易所进行的程序化交易的日均交易量占纽约股票交易所的日均总交易量的30%。

进入21世纪,降低成本的交易策略带动了算法交易的发展,为降低大宗订单对市场价格的冲击,计算机自动将大宗订单分拆为小订单,暗池交易启动。暗池(Dark Pool)是一个具有对公众隐藏性能的特殊自动交易系统。目前,暗池交易量约为总成交量的16%。"高频交易"(High-Frequency Trading,HFT)是指证券投资机构利用速度优势,为证券投资编程和自动交易,使其交易速度以毫秒计的优势超越其他普通计算机,比普通人工交易员的交易速度更是具有以整秒计的优势,从而在瞬息万变的市场中获利。利用超级计算机进行的高频交易快速发展,2009年占到纽交所每日成交量的2/3。在电子期货和期权市场上,高频交易商的活动已经占到50%—70%。

特别是21世纪初叶,随着大数据、互联网和人工智能技术的迅速发展,程序化交易的智能化正在快速兴起和发展。大数据技术的发展为计算机分析和挖掘其中隐含的经济规律和有用信息提供了基础学习源。互联网技术的发展为这些信息的互联互通、及时的传播共享和交易指令的及时下达提供了快速可靠的传输方式和媒介。而人工智能技术的发展,使机器学习能力大幅提升,计算机快速处理浩如烟海的数据,总结发现有用的信息和规律,制定新的交易策略,修改完善已有的策略,都变得更加快速和有效。智能化的交易技术和方式正在迅速兴起和发展。金融资产的人工交易正在加速被程序化交易特别是智能化交易所取代。大量传统的金融分析员、交易员正在从过去的岗位上被智能化的计算机所取代。这是一个不可避免的正在加速发展的趋势。

第二节 程序化交易平台的发展

一、早期功能单一的图形程序化交易平台

进行程序化交易必须拥有一个与经纪商主机连接,能够实时接收行情信息、编辑交易策略、评估策略效果、运行交易策略、下达交易指令并可以进行人工检测和干预的程序化交易平台。通过该平台,投资者可以开发、评估和运行自己的程序化交易策略系统,实现其程序化交易。目前有许多计算机证券期货行情系统和交易系统,虽然可以实时显示行情、分析行情和人工下单交易,但不能够运行交易策略系统执行程序化交易。而另外一些

能够进行复杂的量化分析和决策的计算机系统(如 Eviews,Matlab 等计量分析软件)却因为不能接受实时行情信息或不能直接向经纪商的交易系统下达交易指令,因而不是独立的程序化交易平台。但是,它们通过一定的数据接口,可以与一些专门的程序化交易平台连接,利用其拥有的大量模型算法,对程序化交易平台接收的大量数据进行一些较为复杂的计算和处理,将计算结果或交易指令传输到程序化交易平台,通过该平台再处理后通过经纪商下达到交易所实现交易。

作为大型的机构投资者,他们往往会有专门的计算机编程人员开发专门的程序化交易平台和交易策略系统。而作为普通的个人投资者和小的机构投资者,则只能够选择一些公用的并可与经纪商交易系统连接的程序化交易平台来开发和运行交易策略,实施程序化交易。程序化交易平台至少应该具有以下基本功能:交易策略的开发、评价、优化、运行、与外部交易和信息连接等(如图 1-1 所示)。

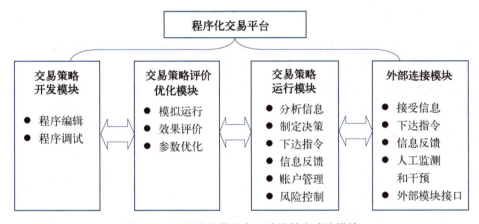

图 1-1　程序化交易平台系统的基本功能模块

早期的程序化交易平台,主要利用分析图形加载交易品种和交易程序进行实时监测下单。这种分析图程序化交易,虽然形象直观、方便易用,但也具有许多制约其功能拓展的缺陷:

1. 分析图程序化交易 1 张图形只能对 1 个品种交易,限制了资产组合策略和套利套保等策略的使用。这种图形程序化交易,虽然 1 张图表可以加载多个品种信息作为交易决策参考,但却只能够对单一品种(主品种)下单交易。这就严重地限制了程序化交易功能的使用,特别是限制了程序化交易在多资产组合的使用,也限制了程序化交易在多资产套利策略、套保策略等交易策略的使用。

2. 分析图程序化交易策略只能在分析图上发出交易信号,并不能对交易账户进行直接处理。分析图形上的策略程序与平台的下单系统和账户管理系统是分离运行的。图形策略发出交易信号,平台下单系统接收到交易信号后对市场进行下单。图形策略只管发出交易信号,只要发出了交易信号,图形策略就默认其以信号价格和数量成交,而不管其交易指令是否成交,以及成交多少、成交价格怎样。有时这就导致图形策略与账户持仓和成交数量、价格等的不一致,从而影响策略的执行效果。

3. 分析图程序化交易策略只能获取和使用分析图形提供的价格和数量等市场交易

信息,而不能获取和使用非市场交易的基本面信息。这也限制了程序化交易利用基本面消息进行投资决策。

4. 早期程序化交易平台只能使用其提供的面向用户的编程语言开发的程序,而不能够使用其他编程语言开发的程序,也不能直接调用其他软件提供的实时计算功能。面向用户的编程语言,便于具有较少计算机编程知识的金融交易人员使用,但也存在许多功能拓展方面的制约。用这类编程语言来开发复杂的计算程序较为困难。另外,这些平台通常没有提供与其他的计算软件包的接口,使用户无法在程序化交易策略中调用一些成熟的软件包中的现成算法进行一些复杂的计算。

5. 在中国由于实行证券期货行业的分业经营和分业监管,早期的程序化交易平台基本上只能在期货市场使用,而不能在证券市场使用,更不能跨市场使用。这也限制了程序化交易的跨市场、跨品种的交易策略的使用。

二、多功能综合交易平台的发展

正是由于一方面早期的程序化交易平台存在的这些缺陷,另一方面市场又存在这样的需求,因此,程序化交易平台也在适应新的市场需求中不断发展完善。

1. 分析图交易功能的完善和拓展。针对过去分析图程序化交易的缺陷,一些程序化交易平台对分析图程序化交易的功能进行了完善和拓展。比如,对于 1 张分析图只能交易 1 个品种的问题,一些平台提供了多张分析图同时交易合成资产组合交易,并使用资产组合分析功能对该组合的综合交易效果进行回测评价(如 TradeStation,MutiCharts,YesTrader 等)。进一步的则是,提供专门的下单程序为 1 张分析图上的多资产组合进行批量下单(如 YesTrader)。再进一步就是,直接将下单组件插入传统的面向用户的编程语言,在分析图上可以直接调用下单组件进行多资产组合下单(如 TradeStation,1 张分析图最高可对 50 个资产品种进行实时监测和自动交易)。这使得分析图的程序化交易功能得到不断拓展和完善。

2. 提供多种程序化交易方式。一些程序化交易平台除了进一步完善和拓展分析图交易功能外,还推出了多种新的程序化交易方式。如 TradeStation 的雷达屏程序化交易、APP 程序化交易等方式。它们可以同时对多达数千个资产品种进行实时监测和自动交易,也可以实现无图表的后台监测和交易,从而大幅提高程序化交易系统的处理速度。

3. 提供多种信息渠道和处理方式。影响金融市场交易和走势的不仅是交易价格和数量本身,更深层次的是宏观和微观的经济数据和政策变动乃至政治、军事等信息。早期的程序化交易平台仅能对市场交易信息进行处理,而新的交易平台则拓展了信息的渠道和处理方式。如 TradeStation 的基本面选股功能。其他的利用人工智能技术对网络新闻信息进行处理的功能也在开发中。

4. 提供的编程语言功能更加强大。早期的程序化交易平台提供的面向用户的编程语言,简单易学,使用方便。对于具有较少计算机编程知识的金融市场交易人员来说,学习使用较为方便。但易用性也限制了其灵活性。现代程序化交易平台正在努力尝试提供功能更加强大,又不失方便性的程序化交易策略编程语言。

5. 提供跨市场交易功能。对于中国程序化交易的普通用户来讲,同一程序化交易平台跨市场交易在过去是不可能的。但近年一些交易平台已经尝试整合各个金融市场的交易于一个交易平台之中。如国信 TradeStation 可以进行股票、ETF、期货、期权的交易。这就为用户进行跨市场资产的程序化交易管理提供了方便。

6. 人工智能技术的应用。近年人工智能技术飞速发展,在金融领域的应用也得到迅速的发展。在智能安防、反欺诈、融资授信、智能投顾、市场分析、行业分析等领域都得到了初步的应用。将深度学习技术用于程序化交易策略的开发、完善和拓展方面,具有巨大的应用空间。

目前的程序化交易策略基本上是开发人员根据金融理论、交易经验和历史测试来进行的。而人的认识的有限性和金融市场的多变性直接影响已开发的程序化交易平台的适用性和盈利的持续性。怎样及时地根据变化的市场提炼、修改和完善交易策略,对于人工智能的深度学习技术具有巨大的应用空间。目前一些人工智能专家和金融交易专家正在做这方面的努力和尝试,已经具备这方面功能的程序化交易公众平台目前还没有。但在人工智能技术和程序化交易技术飞速发展的今天,具有人工智能功能的程序化交易平台也将指日可待。

第三节　程序化交易编程语言的发展

一、面向用户编程语言

程序化交易策略是在程序化交易平台上使用的计算机程序。当运行程序化交易策略程序时,计算机交易平台将根据该策略提供的交易指令全自动或半自动地进行买卖交易。许多计算机交易系统都提供了一些常用的交易策略供用户选择使用。但是,由于金融市场是一个极其复杂多变的市场,没有一个适用于所有市场、所有商品的交易策略。用户必须根据不同的市场、不同的商品甚至不同的时期制定不同的交易策略。因此,仅依靠程序化交易平台提供的交易策略是不够的,甚至是根本不行的。程序化交易平台必须提供一个可供用户自己开发、测试和完善其交易策略的工具。该工具就是该平台支持的计算机程序语言及其编辑器。

如 TradeStation 交易平台为用户提供了交易策略编辑调试的计算机程序语言:EasyLanguage(简称 EL)。EL 是开放式的程序语言,用户可以用它开发各种策略扩展其可用于实际买卖交易的程序化交易策略。除了开发交易策略程序外,该语言还可用来开发技术分析指标、搜索和强调的程序,方便用户使用。

EL 是面向用户——金融交易者的编程语言,用于根据市场数据以及规则、指引创建指标和交易策略的单词和标点符号的组合。EL 使用简单的、类似于英语的语言供一位交易者将交易策略思想表述为计算机交易平台可以执行的程序语言。它是一种非计算机软件专业人员容易学习使用的计算机编程语言。

为了便于用户对交易策略和技术指标等的程序开发、调试和完善,交易平台必须提供程序开发环境、语法、函数和交易策略效果模拟分析工具。

早期的程序化交易平台基本上都提供这种面向用户的编程语言。它的简单易学、方便使用的特点,对于具有较少计算机编程知识的金融交易策略开发人员的使用具有较强的优势。但是,简单易用性往往制约其使用的灵活性和可拓展性。对于一些较为复杂的交易策略的计算和编程,使用这种面向用户的编程语言就比较困难,甚至无法实现。怎样兼顾易用性和灵活性、可拓展性,就成为程序化交易平台编程语言面临的问题。

二、面向对象编程语言

(一) 基本概念

面向对象编程语言是一类以对象作为基本程序结构单位的程序设计语言,指用于描述的设计是以对象为核心,而对象是程序运行时刻的基本成分。语言中提供了类、继承等成分。

面向对象编程语言借鉴了20世纪50年代的人工智能语言LISP,引入了动态绑定的概念和交互式开发环境的思想;始于20世纪60年代的离散事件模拟语言SIMULA67,引入了类的要领和继承,成形于20世纪70年代的Smalltalk。

面向对象编程语言都支持三个概念:封装、多态性和继承。

1. 封装:就是用一个自主式框架把对象的数据和方法联在一起形成一个整体。可以说,对象是支持封装的手段,是封装的基本单位。

2. 多态性:就是多种表现形式,具体来说,可以用"一个对外接口,多个内在实现方法"表示。

3. 继承:是指一个对象直接使用另一对象的属性和方法。

(二) 主要特点

面向对象语言刻画客观系统较为自然,便于软件扩充与复用。有四个主要特点:

1. 识认性:系统中的基本构件可识认为一组可识别的离散对象;
2. 类别性:系统具有相同数据结构与行为的所有对象可组成一类;
3. 多态性:对象具有唯一的静态类型和多个可能的动态类型;
4. 继承性:在基本层次关系的不同类中共享数据和操作。

其中,前三者为基础,继承是特色。四者(有时再加上动态绑定)结合使用,体现出面向对象语言的表达能力。

现实世界中的对象均有属性和行为,映射到计算机程序上,属性则表示对象的数据,行为表示对象的方法(其作用是处理数据或同外界交互)。

(三) 主要优点

面向对象编程具有以下优点:

1. 易维护。采用面向对象思想设计的结构,可读性高,由于继承的存在,即使改变需求,那么维护也只是在局部模块,所以维护起来是非常方便的,成本也较低。

2. 易扩展。通过继承,可以大幅减少多余的代码,并扩展现有代码的用途;可以在标准的模块上(这里所谓的"标准"指程序员之间彼此达成的协议)构建程序,而不必一切从头开始。这可以减少软件开发时间并提高生产效率。

3. 模块化。封装可以定义对象的属性和方法的访问级别,通过不同的访问修饰符对外暴露安全的接口,防止内部数据在不安全的情况下被修改。这样可以使程序具备更高的模块化程度,方便后期的维护和修改。同时,面向对象语言允许一个对象的多个实例同时存在,而且彼此之间不会相互干扰。

4. 方便建模。虽然面向对象语言中的对象与现实生活中的对象并不是同一概念,但很多时候,往往可以使用现实生活中对象的概念抽象后稍作修改来进行建模,这大大方便了建模的过程(但直接使用现实中的对象来建模有时会适得其反)。

面向对象语言的发展有两个方向:一种是纯面向对象语言,如 Smalltalk、EIFFEL 等;另一种是混合型面向对象语言,即在过程式语言及其他语言中加入类、继承等成分,如 C++、Objective-C 等。

一般认为,较典型的面向对象语言有:simula 67,支持单继承和一定含义的多态和部分动态绑定;Smalltalk,支持单继承、多态和动态绑定;EIFFEL,支持多继承、多态和动态绑定;C++,支持多继承、多态和部分动态绑定;Java,支持单继承、多态和部分动态绑定。五种语言涉及概念的含义虽然基本相同,但所用术语有别。C#也支持单继承,与 Java 和 C++等有很多类似之处。目前在人工智能、机器学习编程方面应用十分热门的编程语言 python,就是一种典型的面向对象编程语言。

为了克服使用面向用户编程语言的缺陷,一些程序化交易平台利用面向对象编程语言开发了与其平台联系的编程语言,从而扩大其平台功能。如 YesTrader 利用 Java 语言开发了 YesSport 语言,与其交易平台和原有的面向用户语言 YesLanguage 相联系。

三、面向用户和面向对象编程语言的结合

面向对象编程语言的引入,对于扩充程序化交易平台的功能具有重要作用。但是,相对面向用户编程语言,其使用难度也有所增加,对使用者的编程知识要求也较高。另外,如果需要利用原有面向用户编程语言的便利,则需要同时编辑和运行两个语言开发的程序。这不仅要求用户同时掌握两种编程语言,而且其使用也不是太方便。因此,一些程序化交易平台尝试将面向用户和面向对象编程语言直接结合起来。

如 TradeStation 平台将面向对象编程的一些功能模块作为组件插入到原有的面向用户编程语言 EasyLangaue 中,从而既拓展了原面向用户编程语言的功能,又保留了原有面向用户编程语言使用的便利性。

由于面向对象编程语言是借鉴人工智能语言发展起来的,因此,面向对象编程语言在程序化交易平台的使用,也将为人工智能技术引入程序化交易平台提供便利。

本 章 小 结

程序化交易经过 50 多年的发展,已经成为世界金融市场的主要交易方式。特别是 21 世纪初叶以来,随着大数据、互联网和人工智能技术的迅速发展,程序化交易的智能化正在快速兴起和发展。

早期的程序化交易平台,主要利用分析图形加载交易品种和交易程序进行实时监测下单。虽然形象直观、方便易用,但也存在一些制约其功能拓展的缺陷。在适应新的市场

需求中,多功能综合交易平台不断发展完善。早期的程序化交易平台提供面向用户的编程语言。它的简单易学、方便使用的特点,对于具有较少计算机编程知识的金融交易策略开发人员的使用具有较强的优势。但简单易用性往往制约其使用的灵活性和可拓展性。面向对象编程语言是一类以对象作为基本程序结构单位的程序设计语言。面向对象编程则具有易维护、易扩展、模块化等优点而被一些程序化交易平台使用。

重 要 概 念

程序化交易　程序化交易平台　面向用户编程语言　面向对象编程语言

习题与思考题

(1) 程序化交易呈现什么发展趋势?
(2) 早期的程序化交易平台有何主要的优缺点?多功能的综合化交易平台有何特点?
(3) 面向用户编程语言有何特点和局限?
(4) 面向对象编程语言有何特点和局限?
(5) 程序化交易平台使用的编程语言呈现什么发展趋势?

第二章

面向对象编程：EL 组件

学习目标

1. 掌握关于面向对象编程的基本概念，掌握和区分 EasyLanguage 中的关于类、组件、对象、方法和事件等概念。
2. 掌握 EL 中关于面向对象编程的具体操作，例如属性设置、设计器代码等。
3. 通过具体案例的学习，掌握各种组件如行情数据组件、账户与交易组件以及其他非组件对象的调用。
4. 掌握关于异常及错误的处理方式。

第一节 对象编程基础

一、为何使用面向对象的编程？

EL 基础语言相对简单，但同时也存在一些局限性。例如，保留字 close 不指定代码，默认获取图形分析或雷达屏上代码的收盘价数据。如果需要指定代码，且代码不随着图形分析或雷达屏上代码切换而变化，保留字 close 就很难满足编程的需要。

在这种情况下，可以使用 EL 组件来扩展。EL 组件，提供一系列增强的语言元素和编辑工具来提高 EL 的拓展性和灵活性，同时也能够轻松地融合已经存在的代码，降低了面向对象编程语言对非软件编程专业人员的复杂程度，让程序更容易应对需求的变化。

什么是面向对象的编程呢？

面向对象（Object-Oriented Programming）方法的基本思想是对现实世界中的事物的抽象，以形成计算机能够处理的类。打个比方，假设工作人员要收集各种客户信息、办理业务。客户类型有机构客户、个人客户，办理的业务类别各不相同，要收集的信息也不同。如果这不是个"面向对象"的工作人员，那么一个客户量身设计一张表格填写，来一个，设计一张，填一张，工作量大，效率低，且容易出错。而"面向对象"的处理，把不同种类的表格保存下来，来的客户需要填写哪种表格，就调来相应的空白表格，处理客户信息填写这类问题。

在面向对象的编程方法中,为了处理某类问题或完成某种特定功能的"表格",或者说是模板,这就是类——这是面向对象的编程中一个重要的概念。

二、EL 中的类

(一)关于类

从作用上说,类是对同类事物所拥有的特性和服务的一组描述,就像一个模板。从结构上说,类是一个程序集合,其中定义了属性、成员和事件等元素,它将这些功能进行打包和封装,描述对象可以执行的操作(行为)和可以访问的信息(数据),是相关的值和操作的集合。

以下是一些与类相关的元素:

对象:类的实例,创建并允许用户访问由该类定义的方法和属性,可声明和使用多个相同类的实例。

属性:允许代码读取或写入存储值的类成员。

方法:数据检索和计算等特定操作的类成员。方法通常接受参数(输入值),返回指定类型的数据或者是无类型(没有返回值)。

构造函数:一种特殊的方法,它在每次创建一个新的实例时执行。使用构造函数来初始化新对象状态请参阅泛型类声明和初始化示例的类声明。

点操作符:用于引用对象元素(属性或方法)。

(二)类的类别

每个类都有一组独特的属性和方法,EL 中内置了一些类,根据功能相似度可以将它们进一步分类,比如组件类、集合类等等。在开发环境→帮助→EL 对象引用帮助中可以查看相关内容。

组件:被添加到工具箱中的类,它们将自动生成包含对象的保护代码,其中对象的属性和事件可以使用属性编辑器管理。比如 Provider 类(提供程序类)、Timer 类、Workbook 类等。

常用的 Provider 类用于从 Provider 中引用的一个或多个类中访问数据,如价格、基本面、报价、市场深度(Level II)、账户、委托单和仓位数据等,包括实时对数据作的更改。常用的有:

AccountsProvider:从指定 TradeStation 账户中获取账户余额和其他信息。

FundamentalQuotesProvider:从指定的代码基本字段中获取信息。

MarketDepthProvider:获取市场深度买价和卖价等级信息。

OrdersProvider:基于用户指定的筛选器获取更新的订单状态信息。

PositionsProvider:从指定 TradeStation 账户获取有关仓位的信息。

PriceSeriesProvider:获取指定代码和间隔的历史价格系列,包括实时更新。

QuotesProvider:从指定的代码报价字段获取信息。

集合:创建集合值的对象,可以通过常见编程模型包括字典、堆栈、队列和向量来存储和访问。

枚举：由一组称为枚举数的命名常量组成的类，通常允许评估与另一个类的属性相关联的状态或操作。

异常：通常用于识别错误并在条件为 true 时引发异常的类。Exception 基类提供一套通用的方法和属性，供这些异常访问。

支持类：旨在由较高级别类（如组件）使用并通常与引用它们的类驻留在相同命名空间的类。

系统类：为其他类提供总框架，并通常驻留在 ELSystem 库下面的类。

三、EL 中的对象

（一）类和对象的关系

对象是类的一个的实例，根据需要创建和使用类的多个实例。

对象具有它所属类的属性、方法以及其他元素。类相当于蓝图，是表明如何创建对象的一组指令。它还不是一个对象，而仅仅是对象的一个描述。

（二）创建对象

创建一个对象，是指定一个类，并赋值给对象变量的过程，也被称为实例化。

组件类的对象可以直接在工具箱中双击创建；非组件类的对象创建，需要使用 new 运算符，并指定需要对象所对应的类。

例如，创建一个 AccountsProvider 组件类的对象 myAP：

```
AccountsProvider myAP(null);          //对象声明变量
AccountsProvider myAP = new AccountsProvider;   //定义对象变量类型
```

（三）获取对象的成员

引用某个对象的属性、方法时，先指定对象的名称，在对象名称后加"."寻找该对象的属性。

例如，一个对象名为 myobject，引用它的属性。

```
value1 = myObject.PropertyName;
```

四、EL 中的命名空间

（一）关于命名空间

不同的人写程序可能会出现变量重复命名的现象。如果两个人写的库文件中出现同名的变量或函数，那么使用起来就会有问题。

为了防止产生冲突或者错误，引入命名空间这个概念，你所使用的库函数或变量就是在该命名空间中定义的。当对象存在重复命名的情形，仍然可以通过命名空间找到唯一的对象，不会含糊不清。

在正式编写代码前，可以使用 using 关键字引用某个命名空间；也可以在定义具体变量时，声明变量所属的命名空间。

（二）EL 中主要的命名空间

EL 包含以下主要命名空间：

tsdata.common：包含由其他 tsdata 命名空间使用的类。

tsdata.marketdata：包含用于访问诸如价格报价、市场水平和基本值等市场数据的类。

tsdata.trading：包含用于管理交易、位置和账户信息的类。

elsystem：包含基类，这些基类供 tsdata 类和其他 elsystem 类以及用于执行某些普通系统功能或报告错误情况的类使用。

elsystem.collections：包含用于创建不同类型集合对象的基类。

elsystem.drawing：包含用于描述窗体控件和绘图对象的颜色和字体特征的类。

elsystem.xml：包含用于管理 XML 文件中数据的基类。

strategy：包含用于管理策略和策略自动化的类。

elsystem.windows.forms：包含用于创建窗体控件和容器的类。

例如，将 form1 声明为窗体类型变量；将 button1 声明为按钮类型变量。

```
vars: elsystem.windows.forms.Form form1(Null);
vars: elsystem.windows.forms.Button button1(Null);
```

等价于：

```
using elsystem.windows.forms;
vars: Form form1(Null);
vars: Button button1(Null);
```

使用 using 来命名空间，减少了变量声明时前缀的书写，提高了代码的可读性。

（三）继承

以填表格为例：不同的表要填写的信息不同，但是有些内容是必填的，比如客户的姓名、年龄、身份证号、联系方式等，我们可以把这部分摘出来作为一个类，比如 client 类，这样在设计新的表格时，就可以把这个类作为基础，再加上新的内容即可，减少重复的工作量。

继承就是这样的思想，在一个已存在的类的基础上建立一个新的类。已存在的类称为"基类"或"父类"，新建的类称为"派生类"或"子类"。一个新类从已有的类那里获得其已有特性，这种现象称为类的继承。通过继承，一个新建子类从已有的父类那里获得父类的特性。

在字典的命名空间树图里可以看到这种继承和派生关系。比如 object 类就是基类，其他类都是直接或间接从它衍生，它包含的属性和方法很基础。例如，AccountsProvider 从 Accounts 类中衍生出来。

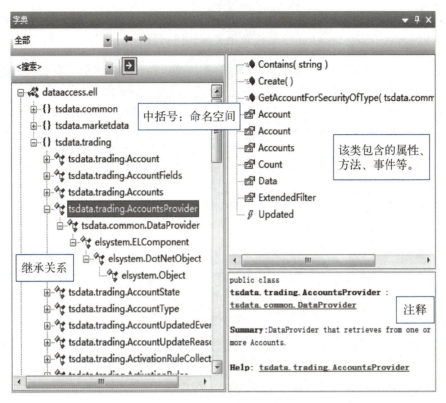

图 2-1 类的继承

第二节 EL 中对象的使用

一、开发环境界面

TradeStation 开发环境以及面向对象的编辑工具，包括：
1. EL 代码编辑器；
2. 工具箱；
3. 组件盘；
4. 属性编辑器；
5. EasyLanguage 字典。

二、属性设置

工具箱列出的是一些常用组件，可以被直接拖动到 EL 文档，在组件盘中查看加载的组件，选中组件，即可在属性栏中进行设置。属性栏可通过"视图"—"工具栏"—"属性"打开。

组件的创建与属性设置有两种方式：属性栏设置或在代码例直接创建。

第一种方式：属性栏设置。新建一个指标文件，菜单栏文件—新建—指标，输入指标名称后创建。以获取行情数据的 PriceSeriesProvider 为例,在工具箱双击 PriceSeriesProvider 组件,组件盘内点击该组件,在属性面板对相关属性进行设置。

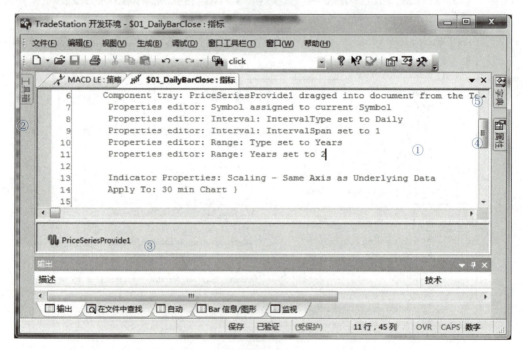

图 2-2 EL 开发环境

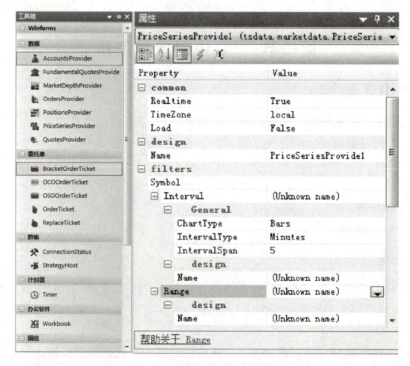

图 2-3 属性栏设置对象属性

```
// Name – 设置组件名称
// filters – Symbol – "当期交易代码"
// filters – Interval – ChartType – Bars/ IntervalType – Daily/ IntervalSpan – "1"
// filters – Range – Type – Years
// filters – Range – Type – "2"
// 空白处右键 – 属性 – 刻度轴 – 刻度位置 – 与数据标的相同
// 将 PriceSeriesProvide1 组件在代码中作为一个对象来获取当前图中代码的价格
plot1(PriceSeriesProvide1.Close[0], "Daily Close");
// 在交易平台新建 – 图形分析窗口，设置 30 分钟、条形图
```

第二种方式：用代码设置属性，在雷达屏上打印数据。

```
Using tsdata.marketdata;              // 需要引用 PriceSeriesProvider 的名字空间
using elsystem;                       // 需要引用 Datetime 相关的名字空间
Var: PriceSeriesProvider PSP (Null);  // 定义变量 PSP，并初始化为 Null
PSP = new PriceSeriesProvider();      // 实例化对象
PSP.Load = false;                     // 设置组件属性前一定要把 Load 属性设置为
                                      // False；
PSP.Symbol = "600202.SH";             // 设置组件关联的证券代码
PSP.Range.Bars = 30;                  // 设置 Bars 数目为 30
PSP.Range.LastDate = Datetime.Now;    // 获取一直到当下时间的数据
PSP.Interval.IntervalType = DataIntervalType.Daily;
                                      // 设置 Bar 周期日
PSP.Interval.IntervalSpan = 1;        // 设置为每 1 日
PSP.IncludeTicksInfo = True;          // 包含成交笔数相关信息
PSP.Load = True;                      // 开始获取证券的相关数据
Print(PSP.Close[0]);                  // 打印今日收盘价或者最新价
Print(PSP.Volume[0]);                 // 打印今日成交量
Print(PSP.Ticks[0]);                  // 打印今日成交笔数
```

三、设计器代码

当组件被创建或者属性被编辑时，它们的相关代码会自动更改，这些信息存在一个特殊的被称为设计器代码的只读页上，可以通过代码编辑器—"视图"—"设计器生成的代码"访问。设计器代码由系统自动创建，在属性编辑器中输入或改变某个属性值时自动更新，不能在代码编辑器中直接修改。

假设用属性编辑器创建一个事件，例如 Timer 对象的 Elapsed 事件，相关 EL 语句就被添加到设计器代码块中，将事件处理方法的名称指派给组件的事件。

四、非组件对象

组件类可以通过工具箱创建；而另外的类应通过代码来创建。非组件对象的例子包括：Collections，Win Forms 和 XML Databases。

(一) New 保留字

保留字 new 在赋值语句中被用于创建指定类的实例，并调用该类的构造器。单词 new 出现于等号右侧，位于类的类型之前。新创建的对象被赋值给之前声明的相同类类型的对象变量。

例如，创建名为 vectorname 的 vector 对象。

```
var: elsystem.collections.Vector vectorname(null);
vectorname = New elsystem.collections.Vector;
```

注意，在变量声明时使用的 Vector 类包括了命名空间引用。

(二) Create 方法

Create()方法也可以用于创建对象，并且在创建对象时可以设置初始化参数。

例如，创建名为 gdname 的全局字典对象。

```
var: elsystem.collections.GlobalDictionary gdname(null);
gdname = elsystem.collections.GlobalDictionary.Create(true,"IDstring")
```

在这个例子中，设置初始化的参数指明 GlobalDictionary 可以被共享并且有一个独特的共享名。

第三节 EL 对象的方法和事件

一、方法

(一) 方法(methods)的创建与调用

方法可以接受输入参数，并返回一个值，或执行一系列语句后不返回值。

方法的创建方式，首先用 method 声明，后接返回值类型、方法名称、参数。参数用小括号括起来，如果有多个参数，用逗号将它们隔开，主体部分是 begin/end 语句块，包含声明的本地变量。

```
Method  返回值类型 方法名称()
Begin
  // begin - end 语句块
  // 添加你的 EL 代码
End;
```

例如,创建一个名为 int 的方法,计算两个输入值的和,并返回计算值。

```
Var: int z(0);                          //z 为 int 型变量,初值赋为 0
Method int Sum(int x, int y)            //返回整形变量,方法名为 Sum
Begin
    Return x + y;
End;
z = Sum(3, 5);                          //对方法的调用
Plot1 (z);
```

注意,调用方法时,方法名称后面即使没有参数,它的括号也不可少。例如,创建一个绘图的方法,并调用。

```
Method void PrintClose ( )              // void 没有返回值
Begin
    plot1(Close[1]);
End;
PrintClose ( );
```

(二) 方法的优势

在编写大型程序时,方法的优势尤其明显。对于大型程序来说,代码重复,结构不清晰,修改起来麻烦,容易出现错误。使用方法后,重复的部分可以使用方法来定义,其他模块调用方法;需要修改时,只调整方法的部分代码。

另外,可定义多个同名的方法,每个方法具有不同的参数的类型或参数的个数,代码会根据输入的参数匹配合适的方法。

例如求和的方法:

```
Method int Sum(int x, int y)
Begin
Return x + y;
End;
Method int Sum(int x, int y, int z)
Begin
Return x + y + z;
End;
Sum(1, 2);
Sum(1, 2, 3);
```

这里出现了两个名为 Sum 的函数,一个包含两个参数,一个包含三个参数,在调用

时,程序会根据语句中的参数个数自动匹配适当的方法。

（三）变量范围

主程序中的变量作用范围是从声明处到主程序结尾。在方法中也可以直接使用这些变量。

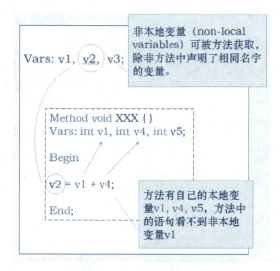
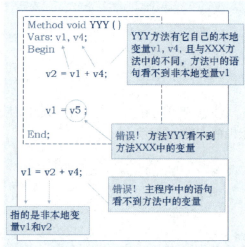

图 2-4　主程序变量作用范围　　　　　图 2-5　方法变量作用范围

在方法中声明的变量,作用范围仅在方法的 begin-end 语句块之间;主程序中的语句、其他方法中的语句,无法获得在方法中声明的变量的信息。

此外,方法中的变量在声明时,不用加初始值。

二、事件

（一）事件(events)

对象中有一系列事件,当它们发生时,这些信息能够向程序发出通知,让程序作出进一步的处理。

例如,计时器 Timer,可以控制一段时间,倒计时为零时通知被调用的程序。EL 中的一些 provider 类组件也支持事件,在数据改变、状态变化时发出提醒,例如更新价格、仓位、账户状态变化时,等等。

（二）事件处理方法(event handler method)

事件处理方法,当对象内一个相应事件发生时被调用的程序,它本质上是一种方法。

要使一个事件处理方法可用,它必须与一个事件发生关联。在组件对象里,使用属性编辑器将方法与指定的事件相绑定。

例如,在一个 Timer(计时器)组件下,属性编辑器内的 Event 部分显示一个空白的 Elasped 属性。双击 Elasped,如图 2-6 所示。

在属性编辑器中绑定事件处理方法后,系统会自动在 EL 文档中创建事件处理方法。

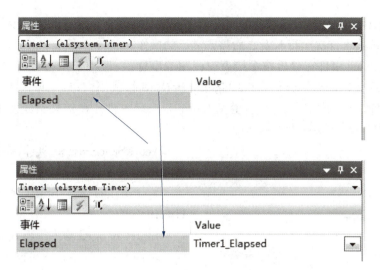

图 2-6　事件处理方法的绑定

```
method void Timer1_Elapsed(elsystem.Object sender, elsystem.TimerElapsedEventArgs args)
    begin
        //插入你的 EL 代码
    end;
```

这个自动生成的方法名称为 Timer1_Elapsed，与 Elapsed 事件相关联。当 Timer1 的倒计时完成，Elapsed 事件触发，方法内代码将会被执行。

事件处理方法通常有一个 Sender 和 Args 参数。这些参数用来接收事件信息，并且不可被编辑。

对非组件对象来说，用代码来关联对象的事件与事件处理方法。

图 2-7　代码来关联对象的事件与事件处理方法

例如，在属性编辑器中的设置，可以用以下代码来表示：

```
timer1.elapsed + = timer1_elapsed;
```

(三) 常用事件

不同的对象，具有不同的事件类型。

➢ **AnalysisTechnique** 类：Initialized 事件，UnInitialized 事件和 WorkspaceSaving 事件

Initialized 事件在分析技术开始前仅调用一次的事件，一般用于执行变量初始化，或执行其他分析技术首次运行时及之后需要进行的操作。

UnInitialized 事件在分析技术结束前调用的事件，一般用于执行分析技术关闭前需要运行的清理代码。当从分析窗口中删除分析技术时，或当窗口、工作区或桌面关闭时，会触发该事件。在重新计算前也会触发 UnInitialized 事件。在例外错误发生时，可能会出现不调用 UnInitialized 事件的情况。

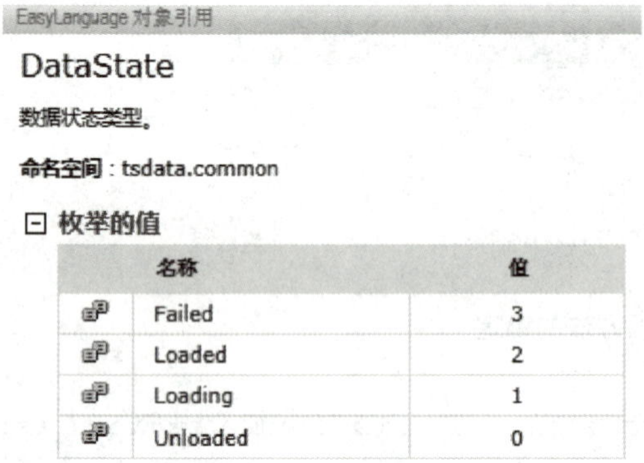

EasyLanguage 对象引用

DataState

数据状态类型。

命名空间：tsdata.common

⊟ 枚举的值

名称	值
Failed	3
Loaded	2
Loading	1
Unloaded	0

图 2-8　DataState 的数据状态

WorkSpaceSaving 事件，在保存工作区时调用。

➢ **Provider 类**：StateChanged 事件和 Updated 事件

StateChanged 事件，当对象状态更改时，事件触发。datastate 可能出现的数据状态类型为 failed，loaded，loading，unloaded 四种。

Updated 事件：当引用数据发生变化时发生该事件。

➢ **Timer 类**：Elapsed 事件

在设置计时器对象时，会给计时器一个时间，当时间倒计时完成后，触发 Elapsed 事件。

第四节　行情数据组件

一、行情提供组件 PriceSeriesProvider

（一）组件介绍

PriceSeriesProvider 组件，在一个历史时间范围内，指定代码、周期，获取实时和历史价格、成交量等数据。

将 PriceSeriesProvider 实例化以后，可以生成多个对象（PriceSeriesProvide1、PriceSeriesProvide2 …）。每一个对象都可以独立获取一系列价格数据，比如 High，Low，Open，Close，Volume，Time 等。通过[index]符号来引用 index 个 Bar 之前的价格数据。

PriceSeriesProvider 可以指定分析技术的股票代码和周期，而不必受限制于图形分析或者雷达屏上的代码和周期。

一个分析技术中可以包含多个 PriceSeriesProvider 对象，意味着用户可以在雷达屏或图形分析中通过多个对象创建多重数据的指标。

PriceSeriesProvider 组件的属性包括代码、周期、日期范围等。表 2-1 所列的属性可以通过属性编辑器进行设置。

表 2-1　PriceSeriesProvider 设置的属性

属 性 名 称	说　　明
Load	是否加载数据
Name	组件名称
Symbols	证券代码
Interval	K 线周期
Range	K 线范围
IncludeVolumeInfo	是否包含成交量信息
IncludeTicksInfo	是否包含成交笔数信息

设置好 PriceSeriesProvider 组件的属性后，可以调用数据。表 2-2 为该组件可以获取的数据。

表 2-2　PriceSeriesProvider 调用的属性

属 性 名 称	说　　明
Open[index]	开盘价
High[index]	最高价
Low[index]	最低价
Close[index]	收盘价
Time[index]	时间
Ticks[index]	交易笔数
Volume[index]	成交量
Count	返回数据集个数

调用数据的代码格式为：组件名.属性[index]。例如，调用当前 Bar 的收盘价，则代码为 PriceSeriesProvide1.Close[0]。

（二）支持的事件

PriceSeriesProvider 支持 Updated 事件。当由 PriceSeriesProvider 处理的价格数据发生变化时，该事件将被触发。即当高、开、低、收、成交量、成交笔数等有关数据变化时会调用 update 事件。PriceSeriesProvider 还支持 StateChanged 事件，继承自 DataProvider，当 PriceSeriesProvider 对象状态发生变化时调用。

（三）案例

创建指标，利用 PriceSeriesProvider 获取指定代码的日线 High，Open，Close，Low，Volume，Ticks 价格信息，通过 plot 函数打印出来。

第一步：进入 EL 开发环境，创建指标，并命名指标。

第二步：打开视图＞工具栏＞工具箱，双击 PriceSeriesProvider，在组件盘内生成一个名为 PriceSeriesProvide1 的对象。

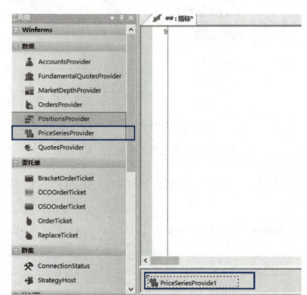
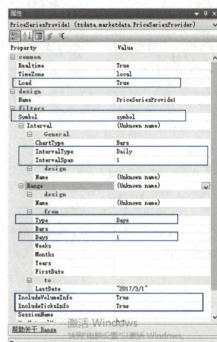

图 2-9　PriceSeriesProvider 对象创建　　　图 2-10　PriceSeriesProvider 属性设置

第三步：点击组件盘内 PriceSeriesProvide1 对象，在属性编辑器中设置属性。Load 设置为 True，表示允许加载数据；Symbol 设置为保留字 symbol，表示使用图形分析或雷达屏上的当前证券代码；Interval 属性下的 IntervalType 设置为 Daily，IntervalSpan 设置为 1，表示 Bar 的周期为一天；Range 下的 Type 设置为 Days，Days 为 1，表示 K 线范围为一天；IncludeVolumeInfo 和 IncludeTicksInfo 都设置为 True，表示包含成交量和成交笔数的数据。

或者自行编写代码，设置属性。

```
method void AnalysisTechnique _ Initialized ( elsystem. Object sender, elsystem.
    InitializedEventArgs args)           //初始化事件处理方法,该事件只在分析技术应
                                         //用开始时执行一次
    Begin
        PSP = new PriceSeriesProvider;
        PSP.Load = False;                //修改属性之前关闭数据连接
        PSP.RealTime = False;            //设置为 True 以接收行情数据,设置为 False 为
                                         //获取历史数据
        PSP.TimeZone = tsdata.common.TimeZone.Local;
        PSP.Symbol = symbol;             //设置代码.
        PSP.Interval.ChartType = tsdata.marketdata.DataChartType.Bars;
                                         //设置图形为 K 线图.
        PSP.Interval.IntervalType = tsdata.marketdata.DataIntervalType.Daily;
```

```
                           // 设置周期类型为日线.
PSP.Interval.IntervalSpan = 1;   // 设置周期为 1 日线.
PSP.Range.Type = tsdata.marketdata.DataRangeType.Days;
                           // 按照天数设置区间.
PSP.Range.Days = 1;              // 设置数据区间的天数共计 1.
PSP.IncludeVolumeInfo = True;    // 设置为 True 则包含 Volume 信息.
PSP.IncludeTicksInfo = True;     // 设置为 True 则包含 Ticks 信息.
PSP.UseNaturalHours = False;     // 设置为 True 则尝试使用自然时间.
PSP.Load = True;                 // 打开数据连接,只是打开动作,不堵塞进程,
                                 // 异步载入数据
End;
```

第四步:双击 Updated 事件,在代码区产生 PriceSeriesProvide1_Updated 方法,当价格数据发生变化时,打印码的日线 High、Open、Close、Low、Volume、Ticks 价格信息。

```
method void PriceSeriesProvide1 _Updated(elsystem.Object sender, tsdata.marketdata.
PriceSeriesUpdatedEventArgs args)
   Begin
   Plot1(PriceSeriesProvide1.Close[0],"Close");     // 打印今日收盘价或者最新价
     Plot2(PriceSeriesProvide1.Volume[0],"Volume"); // 打印今日成交量
     Plot3(PriceSeriesProvide1.Ticks[0],"Ticks");   // 打印今日成交笔数
     Plot4(PriceSeriesProvide1.high[0],"high");     // 打印今日最高价
     Plot5(PriceSeriesProvide1.open[0],"open");     // 打印今日开盘价
     Plot6(PriceSeriesProvide1.low[0],"low");       // 打印今日最低价
   end;
```

第五步:点击验证按钮,通过验证、保存。

二、市场深度数据提供组件 MarketDepthProvider

(一)组件介绍

MarketDepthProvider 可用于获取特定代码的实时买卖报价和买卖挂单量数据。常用设置属性如表 2-3 所示。

表 2-3 MarketDepthProvider 设置的属性

属 性	解 释	类 型	示 例
Realtime	是否提供实时数据	Bool	True
Load	是否加载数据	Bool	True
Symbol	进行分析的代码	String	"000001.sz"
AggregateQuotes	是否将所有价格相同的报价合并	Bool	True

MarketDepthProvider 常用的调用属性如表 2-4 所示。

表 2-4　MarketDepthProvider 调用的属性

属 性 名 称	解　　释
Asks	获取卖出方的 MarketQuotes 对象
Bids	获取买入方的 MarketQuotes 对象
AskLevels	获取卖出方的 AggregateMarketQuotes 对象
BidLevels	获取买入方的 AggregateMarketQuotes 对象

（二）支持的事件

MarketDepthProvider 组件支持 Updated 事件，当市场深度数据发生更新时，会调用 update 事件绑定的方法。另外，还支持 StateChanged 事件，继承自 DataProvider，当对象状态发生变化的时候调用。

（三）案例

建立指标，在雷达屏中打印出证券的买一价、卖一价，以及买一量、卖一量。

第一步：进入 EL 开发环境，新建指标并命名。

第二步：输入变量。

```
input: int index(0);   //输入参数,用于确定盘口报价的档位,0 表示第一档,1 表示第二档
```

第三步：添加组件，双击左侧工具箱"MarketDepthProvider"添加控件。

第四步：属性设置，将 Load 设置为 True，Symbol 设置为 symbol。

第五步：在事件选项卡中，双击 Updated，添加更新事件，使得当盘口数据更新的时候，会在雷达屏刷新，显示最新数据。将代码补充完整如下。

```
method void MarketDepthProvide1_Updated(elsystem.Object sender, tsdata.marketdata.MarketDepthUpdatedEventArgs args)
    begin
        plotBidAsk();
    end;
```

第六步：添加 plotBidAsk()方法，完成后通过验证。

```
input: int index(0);                        //输入参数,用于确定盘口报价的档位,
                                            //0 表示第一档,1 表示第二档
method void MarketDepthProvide1_Updated(elsystem.Object sender, tsdata.marketdata.MarketDepthUpdatedEventArgs args)
    begin
```

```
            plotBidAsk();
    end;
Method void plotBidAsk()
    vars: tsdata.marketdata.AggregateMarketQuote amQuote;
                                        // 定义 AggregateMarketQuote 对象
                                        // amQuote 用于存储档位的对象信息
    Begin
        If      (MarketDepthProvide1.Bids.Count>0 and MarketDepthProvide1.Asks.
Count>0) then
                                        // 判断是否存在盘口报价数据
        Begin
            amQuote = MarketDepthProvide1.BidLevels[index];
                                        //amQuote 存储买一档的对象信息
            Plot1(index,"档位参数");    // 显示档位参数,当前 index 值为 0,
                                        // 表示第一档
            Plot2(amQuote.Price, "买价");    // 显示买一价
            Plot3(amQuote.TotalSize,"买量");  // 显示买一量
            amQuote = MarketDepthProvide1.AskLevels[index];
            Plot4(amQuote.Price, "卖价");    // 显示卖一价
            Plot5(amQuote.TotalSize, "卖量"); // 显示卖一量
        end;
    end;
```

三、报价提供组件 QuotesProvider

(一) 组件介绍

QuotesProvider 组件,用于提供指定代码的一档买卖报价信息、最高价、最低价等行情快照信息。这些信息字段在 Fields 属性下,并通过 Quote[name]的形式调用。

常用的组件属性如表 2-5 所示。Fields 属性下,可以获取的字段如表 2-6 所示。

表 2-5 QuotesProvider 设置的属性

属性名称	解 释	类 型	示 例
Realtime	是否提供实时数据	Bool	True
Load	是否加载数据	Bool	True
Symbol	进行分析的代码	String	"000001.SZ"
Fields	设置组件所包含的报价字段名称列表	List	"AskSize,DailyLimit"

(二) 支持的事件

QuotesProvider 支持的事件为 Updated 事件,当报价数据发生更新时,会调用 update

事件绑定的方法。另外,StateChanged 事件,继承自 DataProvider,当对象状态发生变化的时候调用。

表 2-6 QuotesProvider Fields 属性的字段

字 段 名 称	描 述	数 据 类 型
Ask	卖一档报价	DoubleValue
AskDate	最新卖价日期	DateValue
AskSize	卖一档数量	IntegerValue
AskTime	最新卖价时间	DateValue
Bid	买一档报价	DoubleValue
BidDate	最新买价日期	DateValue
BidSize	买一档数量	IntegerValue
BidTime	最新买价时间	DateValue
Description	代码的完整名称	StringValue
DailyClose	交易日收盘价	DoubleValue
DailyHigh	交易日最高价	DoubleValue
DailyOpen	交易日开盘价	DoubleValue
DailyLow	交易日最低价	DoubleValue
Last	交易的最终价格	DoubleValue
PreviousClose	前一天收盘价	DoubleValue
PreviousVolume	前一次交易的金额	IntegerValue
PreviousOpenInterest	前一交易日的持仓量	IntegerValue
TradeDate	当前交易日期	DateValue
TradeTime	当前交易时间	DateValue
TradeVolume	当前交易的成交量	IntegerValue

(三) 案例

在雷达屏显示当前代码(命名为 iSymbol1)和基准代码(iSymbol2)的最新价比值。

第一步:进入 EL 开发环境,新建指标并命名。

第二步:变量声明与初始赋值。

```
Input: string iSymbol1(symbol),              //雷达屏上的指定代码
       string iSymbol2("000001.SZ");         //基准代码,默认为平安银行
variables:
    Symbol1Last(0),    {symbol 的最新价格}
    Symbol2Last(0),
    string Symbol1Desc(""),    {symbol 的名称}
    string Symbol2Desc(""),
```

```
            Ratio(0),                              //最新价比值
            string Plot1Name("");
```

第三步：添加组件，双击工具箱中的 QuotesProvider 组件两次，添加两个 QuotesProvider 组件。

第四步：组件的初始化设置，把 iSymbol1 和 iSymbol2 分别赋值给两个组件的 symbol 属性。注意：改变组件属性时，Load 属性要先设置为 False。双击 Initialized 事件，补充代码。

```
method void AnalysisTechnique _ Initialized (elsystem.Object sender, elsystem.InitializedEventArgs args)
    begin
        QuotesProvider1.Load = false;
        QuotesProvider1.Symbol = iSymbol1;
        QuotesProvider1.Load = true;

        QuotesProvider2.Load = false;
        QuotesProvider2.Symbol = iSymbol2;
        QuotesProvider2.Load = true;

    end;
```

第五步：属性设置，将 QuotesProvider1 的 Load 属性设置为 True，Symbol 属性选择 iSymbol1，Fields 属性设置为"last, description"，获取 iSymbol1 的最新价。将 QuotesProvider2 的 Load 属性设置为 True，Symbol 属性选择 iSymbol2，Fields 属性设置为"last, description"，获取 iSymbol2 的最新价。

第六步：双击 QuotesProvider2 的 Updated 事件，使得当基础代码的最新价变动时，事件处理方法可以被触发。

```
method void QuotesProvider2 _ Updated (elsystem.Object sender, tsdata.marketdata.QuoteUpdatedEventArgs args)
    begin
        Symbol2Last = QuotesProvider2.Quote["Last"].DoubleValue;
        Symbol2Desc = QuotesProvider2.Quote["Description"].StringValue;
        print(symbol2Desc,",",symbol2Last);
    end;
```

第七步：双击 QuotesProvider1 的 Updated 事件，使得当雷达屏上指定行的代码的最新价变动时，该事件处理方法可以被触发。

```
method void QuotesProvider1 _ Updated ( elsystem.Object sender, tsdata.marketdata.
QuoteUpdatedEventArgs args)
    begin
        Symbol1Last = QuotesProvider1.Quote["Last"].DoubleValue;       //变量赋值
        Symbol1Desc = QuotesProvider1.Quote["Description"].StringValue;
                                                                       //赋值
        print(symbol1Desc,",",symbol1Last);                            //打印目标代码
                                                                       //的最近成交价
        {计算价格比值}
        if Symbol2Last<>0 then Ratio = Symbol1Last/ Symbol2Last;// 分母不得为 0
        {在名称中显示当前代码和基准代码的名称}
        Plot1Name = Symbol1Desc + ":" + Symbol2Desc;
        Plot1(Plot1Name,"Symbols");
        {设置为 4 位小数的格式显示}
        Plot2(NumToStr(Ratio,4),"Ratio");
    end;
```

第八步：通过验证。

四、基本面提供组件 FundamentalQuotesProvider

(一) 组件介绍

FundamentalQuotesProvider 组件，获取指定代码的基本面数据。

常用的属性如表 2-7 所示。

表 2-7 FundamentalQuotesProvider 设置的属性

属 性 名 称	说　明
Symbol（必填属性）	证券代码，symbol 是当前行代码
Fields（必填属性）	指定字段，字符串类型，字段之间用逗号隔开
Name	对象名称
Load	布尔值，为 True 开始加载数据
RealTime	布尔值，实时
TimeZone	时区

可调用的属性如表 2-8 所示。

在属性编辑器中，Symbol 属性和 Fields 属性都是必填筛选属性。Fields 属性必须包含一列逗号分隔的基本面字段名供查询。

表 2-8　FundamentalQuotesProvider 调用的属性

属 性 名 称	说　　　明
Count	集合个数,作为收到数据的判断条件
HasQuoteData	是否有对应过滤字段的数据,作为判断条件
Quote[index]	获取具有指定索引的 FundamentalQuote 对象
Quote[index].PostDate[index]	获取数据发布的时间(elsystem.DateTime 类型)
Quote[index].StringValue[index]	第一个 index 可以用 name 替换使用,第二个 index 都可以用日期戳来代替使用。
Quote［index］.StringValue［Quote［index］.PostDate［index］］	利用日期戳来获取数据

（二）支持的事件、方法

Contains(QuoteFieldName)方法：判断指定名称的数据是否存在,如果存在,则为 True；反之则为 false。

Updated 事件：当 Quote 对象更新时 Updated 事件将触发。

（三）基本面引用字段 Fields 说明

基本面数据较多,通 Fields 属性来指定具体的字段。Fields 属性可指定的数据字段如附表 2-1 所示。

（四）案例

新建一个指标,在雷达屏上打印出最新的每股收益数据。

第一步：打开 TradeStation 开发环境,新建指标,命名为"♯FundamentalTest"。

第二步：双击左侧工具栏中的 FundamentalQuotesProvider 组件,再组件盘内生成一个名为 FundamentalQuotesP1 的对象。

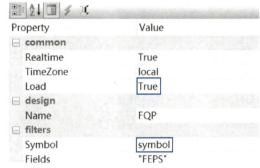

图 2-11　设置 FundamentalQuotesProvider 属性

第三步：点击组件盘内 FundamentalQuotesP1 对象,在右侧编辑组件属性。

其中,Load 属性设置为 True,表示允许加载数据；Symbol 属性设置为 symbol 表示使用当前行交易代码；Name 属性设置为 FQP,以方便后续使用；Fields 属性设置为 "FEPS",表示获取每股收益数据。

第四步：单击事件按钮,双击 Update 事件并填写完整代码。

```
Using tsdata.common;
using elsystem;
method void FQP _ Updated ( elsystem. Objectsender, tsdata. marketdata.
FundamentalQuoteUpdatedEventArgsargs)
```

```
begin
    If FQP.Count>0 then begin              // 判断是否接收到数据
        If FQP.HasQuoteData(0) then        // 判断是否有行情信息
            Plot1(FQP.Quote[0].DoubleValue[0],"FEPS");
    end;
end;
```

第五步：点击验证。

第五节 账户与交易组件

一、下单组件 OrderTicket

(一) 组件介绍

OrderTicket 组件，指定代码、数量等，并发送委托。与手动发送委托类似，OrderTicket 对象支持大多数委托的参数，对应的对象常用属性如表 2-9 所示。

表 2-9 OrderTicket 常用属性

属性名称	解释	类型	示例
Account	下单账户	String	"123456789012"
Action	委托操作类型	Guosen.OrderAction	buy
Duration	委托单有效期	String	"IC5"
Quantity	规模大小	Int	100
Symbol	证券代码	String	"000001.SZ"
SymbolType	证券类型	Tsdata.commom.SecurityType	Stock
Type	委托单类型	Tsdata.trading.OrderType	Market

Action 属性，指定委托操作类型，可用的操作类型如表 2-10 所示。

表 2-10 委托操作类型

取值类型	描述
guosen.OrderAction.Buy	普通账户买入
guosen.OrderAction.Sell	普通账户卖出
guosen.OrderAction.Borrowtobuy	信用账户融资买入
guosen.OrderAction.Borrowtosell	信用账户融券卖出
guosen.OrderAction.Collateralbuy	信用账户担保品买入

续 表

取 值 类 型	描 述
guosen.OrderAction.Collateralsell	信用账户担保品卖出
guosen.OrderAction.Buytopay	信用账户买券换券
guosen.OrderAction.Selltopay	信用账户卖券还款
guosen.OrderAction.Paybycash	信用账户直接还款
guosen.OrderAction.Paybystock	信用账户直接还券
guosen.OrderAction.Buytoopen	期权/期货账户买入开仓
guosen.OrderAction.Selltoclose	期权/期货账户卖出平仓
guosen.OrderAction.Selltoopen	期权/期货账户卖出开仓
guosen.OrderAction.Buytoclose	期权/期货账户买入平仓
guosen.OrderAction.ETFPurchase	ETF 申购
guosen.OrderAction.ETFRedeem	ETF 赎回
guosen.OrderAction.Merge	分级基金合并
guosen.OrderAction.Purchase	基金申购
guosen.OrderAction.Redeem	基金赎回
guosen.OrderAction.Split	分级基金拆分

Type 属性,指定委托单类型,如表 2-11 所示。

表 2-11 委托单类型

取值类型	描 述	取值类型	描 述
Market	市价单	StopLimit	限价止损
Limit	限价单	StopMarket	市价止损

Duration 属性,指定委托单有效期。

表 2-12 有效期类型

资产类型		股　　票	股指期货	期　权
交易所		SHSE(上海)	SZSE(深圳)	CFFE(中金所)	SHSE(上海)
限价单		AUT 自动	AUT 自动	AUT 自动	AUT 自动
		GFD 当日有效	GFD 当日有效	GFD 当日有效	GFD 当日有效
市价单		AUT 自动	AUT 自动	AUT 自动	AUT
		IC5 最优五档剩余撤销	TAK 对手方最优	IOC 立即完成剩余撤销	IOC 立即完成剩余撤销

续 表

资产类型	股 票		股指期货	期 权
市价单	IL5 最优五档剩余转限价	JON 本方最优		FQK 全成或全撤
		IOC 立即完成剩余撤销		IOL 市价剩余转限价
		IC5 最优五档剩余撤销		
		FOK 全成或全撤		

常用方法如表 2-13 所示。

表 2-13 orderticket 调用属性

名 称	作 用
Send(继承自 OrderTicketBase)	提交委托单
CancelOrders(orderID)	根据委托单号 orderID 取消委托单
ClosePosition(account，symbol)	为账户 account 中的证券 symbol 关闭头寸

(二)案例

在雷达屏插入指标,当 1 分钟 K 线出现金叉时自动发送市价委托单,并在雷达屏更新委托单状态。

(该案例将导致委托单发送,请使用模拟账户运行。)

第一步:新建指标,初始化变量。变量 iAccount1 指定交易账户,变量 iQuantity1 指定委托单规模,变量 PlaceOrderNow 控制是否允许委托单发送。

```
input:string iAccount1("…"),int iQuantity1(100), PlaceOrderNow(TRUE);
vars: tsdata.trading.Order MyOrder(NULL), bool firstOrder(True);
```

第二步:组件属性设置。双击左侧工具箱"国信-OrderTicket"添加控件。

将"Action"选择为 Buy,即买入操作;"Symbol"设置为 symbol,即雷达屏所在行的证券代码;"SymbolType"为 Stock,即股票交易;"Account"设置为变量 iAccount1;"Quantity"设置为变量 iQuantity1;"Type"选择为 Market,即发送市价委托单;"Duration"设置为"IC5",即最优五档价格。

第三步:定义事件函数 OrderStatusUpdate,当委托单状态更新时调用该函数,刷新雷达屏。

第四步:定义函数 UpdatePlots,刷新雷达屏。

第五步:判断当前设置是否允许委托单发送,以及是否有金叉产生。如果条件满足,则发送委托单,并在雷达屏显示委托单当前状态。

```
{委托单状态变化时更新显示区}
Method void OrderStatusUpdate ( elsystem. Object sender, tsdata. trading. OrderUpdatedEventArgs args)
```

```
begin
    UpdatePlots();
end;
{更新显示区的操作}
method void UpdatePlots()
begin
    Plot1(MyOrder.State.ToString());
end;
{主程序}
If PlaceOrderNow and average(close,5) cross over average(close,10) and firstOrder then begin
    MyOrder = OrderTicket1.Send();
    MyOrder.Updated + = OrderStatusUpdate;
    UpdatePlots();
    firstOrder = False;{改变变量 firstOrder 的状态,避免重复发单}
end;
```

第六步:验证并运行指标。

二、委托单信息提供组件 OrdersProvider

(一) 组件介绍

OrdersProvider 组件,根据指定筛选条件获取实时或历史委托单信息。根据指定的筛选条件,OrdersProvider 建立一个 Order 对象的集合,这个集合符合用户的条件并且将 Count 属性设置为集合中的元素数。如果不指定任何筛选条件,OrdersProvider 将建立一个包含所有交易代码、账户、时间范围和委托状态的集合。委托单集合按时间顺序排序,从 0(最新)到最早。

该组件常用的属性如表 2-14 所示。

表 2-14 OrdersProvider 常用属性

属　　性	说　　明
Load	是否加载数据
Name	组件名称
Accounts	账户列表
Symbols	证券代码列表
States	委托单状态
Orders	委托单号列表
From	筛选开始日期
To	筛选结束日期

该组件可调用的属性如表 2-15 所示。

表 2-15 OrdersProvider 调用属性

属性	说明
AccountsID	账户
EnteredQuantity	委托数量
FilledQuantity	已成交数量
LeftQuantity	未成交数量
AvgFilledPrice	成交均价
LimitPrice	限价或止损限价委托的限价
StopPrice	止损或止损限价委托的止损价
FilledTime	成交时间
OrderID	当前委托的 ID
State	委托状态
Action	买卖类型
Symbol	当前委托的证券代码
FilledTime	成交时间
Count	记录条数
CanCancel	可否撤单

State 属性包括撤单、成交、过期等状态，如表 2-16 所示。

表 2-16 State 类型

类型	说明
tsdata.trading.OrderState.Canceled	撤单
tsdata.trading.OrderState.Cancelpending	待撤
tsdata.trading.OrderState.Expired	过期
tsdata.trading.OrderState.Filled	成交
tsdata.trading.OrderState.Partiallyfilled	部分成交
tsdata.trading.OrderState.Partiallyfilledurout	部分成交剩余撤单
tsdata.trading.OrderState.Queued	队列中
tsdata.trading.OrderState.Received	已接受
tsdata.trading.OrderState.Rejected	拒绝
tsdata.trading.OrderState.Sendfailed	报单失败
tsdata.trading.OrderState.Sending	正报
tsdata.trading.OrderState.Sent	已报
tsdata.trading.OrderState.Unsent	未报

（二）案例

创建指标，在"雷达屏"中展示委托单信息。

第一步：新建指标，命名为"♯OrdersProvider"。

第二步：双击国信下 OrdersProvider，在组件盘内生成名为 OrdersProvider1 的对象，设置属性。Load 属性设置为 True，允许加载数据；Symbol 属性设置为 symbol，表示是当前行交易代码；Accounts 属性设置为自己的账户。

第三步：编辑 Updated 事件。

```
method void OrdersProvider1_Updated(elsystem.Object sender, guosen.OrderUpdatedEventArgs args)
    begin
      print("现在委托单的状态是：",args.State.ToString(),args.Symbol.ToString());
      PlotValues();
    end;
```

第四步：完成自定义函数 PlotValues()；将最近一笔委托单信息打印到雷达屏。

```
Method void PlotValues() begin
    If ordersprovider1.Count>0 then
        Begin
            Plot1(OrdersProvider1[0].OrderID, "Order ID");
            Plot2(OrdersProvider1[0].Symbol,"Symbol");
            Plot3(OrdersProvider1[0].StateToString(OrdersProvider1[0].State),"State");
            Plot4(OrdersProvider1[0].FilledQuantity,"FilledQuantity");
            Plot5(OrdersProvider1[0].AccountID,"AccountID");
            Plot6(OrdersProvider1[0].DurationDate.ToString(),"DurationDate");
            Plot7(OrdersProvider1[0].FilledTime.ToString(),"FilledTime");
            Plot8(OrdersProvider1[0].LeftQuantity,"LeftQuantity");
            Plot9(OrdersProvider1[0].CanCancel(),"CanCancel");
        End;
End;
```

第五步：验证通过，在雷达屏上插入该指标。

三、账户信息提供组件 AccountsProvider

（一）组件介绍

AccountsProvider 组件，根据账户筛选条件提供该账户上的信息，比如持仓市值、资金余额、浮动盈亏、融资融券资产、期货保证金等。比如下单时，需要可用资金信息，或者展示账户持仓的时候要用到持仓市值资金可用余额等情况。

当一个 AccountsProvider 被实例化之后，生成一个 AccountProvider1 对象，这个对象是一个或者多个账户的集合，并且每一个账户都有它自己的属性。使用索引可以获得相应的账户，例如：AccountsProvider1.Account[0] 即调用第一个账户。在选定了一个特定的账户之后，就可以继续调用你需要使用该账户的各种属性，例如：Value1 = AccountsProvider1.Account[0].BDAccountNetWorth。

AccountsProvider 组件常用的属性如表 2-17 所示。

表 2-17　AccountsProvider 常用属性

counts	账户集合，字符串类型，账户之间用逗号隔开
Name	对象名称
Load	布尔值，为 True 开始加载数据
RealTime	布尔值，实时
TimeZone	时区

在 TradeStation 中，有三种不同类型的账号：现货账号、期货账号以及融资融券账号，不同的账户调用的属性存在一些差异。

AccountsProvider 组件可调用的属性如表 2-18、表 2-19、表 2-20 所示。

表 2-18　AccountsProvider 现货账号调用属性

Count	获取程序集合中账户总数目
Data	引用账户集合对象
Account[index]，Account[accountID]	获取账户对象
Account[n].AccountID	账号
Account[n].Type	类型
Account[n].RTAccountNetWorth	总资产
Account[n].RTCashBalance	账户余额
Account[n].RTDayTradingBuyingPower	可用资金
Account[n].RTPositionsMarketValue	持仓市值
Account[n].RTUnrealizedPL	浮动盈亏

表 2-19　AccountsProvider 期货账号调用属性

Count	获取程序集合中账户总数目
Data	引用账户集合对象
Account[index]，Account[accountID]	获取账户对象
Account[n].AccountID	账号
Account[n].Type	类型
Account[n].PreviousClearingEquity	上日结存

续　表

Account[n].RTAccountNetWorth	动态权益
Account[n].RTDayTradingBuyingPower	可用资金
Account[n].CapitalOut	当日出金
Account[n].CapitalIn	当日入金
Account[n].NetTransferInAndOutCapital	当日出入金净值
Account[n].CaptialWithdrawable	可提资金
Account[n].LongMargin	买入保证金
Account[n].ShortMargin	卖出保证金
Account[n].GrossMargin	总保证金
Account[n].TotalPL	总盈亏
Account[n].AdditionalMargin	追加保证金
Account[n].CommissionFee	手续费
Account[n].RiskDegree	风险度
Account[n].RTRealizedPL	平仓盈亏
Account[n].RTUnrealizedPL	浮动盈亏

表 2-20　AccountsProvider 融资融券号调用属性

Count	获取程序集合中账户总数目
Data	引用账户集合对象
Account[index], Account[accountID]	获取账户对象
Account[n].AccountID	账号
Account[n].Type	类型
Account[n].RTAccountNetWorth	总资产
Account[n].RTPositionsMarketValue	证券市值
Account[n].RTDayTradingBuyingPower	资金可用数
Account[n].BorrowToSellCapital	融券卖出资金
Account[n].TotalDebt	总负债
Account[n].BorrowToBuyDebt	融资负债
Account[n].BorrowToSellDebt	融券负债
Account[n].MaintenanceMargin	实时担保比例
Account[n].MarginAvailable	当前保证金可用余额
Account[n].TotalCredit	授信总额度

续　表

Account[n].BorrowToBuyCredit	授信融资额度
Account[n].BorrowToSellCredit	授信融券额度
Account[n].TotalCreditLeft	剩余总额度
Account[n].BorrowToSellCreditLeft	剩余融券额度
Account[n].BorrowToBuyCreditLeft	剩余融资额度

表 2-21　AccountsProvider 期权账号调用属性

Count	获取程序集合中账户总数目
Data	引用账户集合对象
Account[index]，Account[accountID]	获取账户对象
Account[n].AccountID	账号
Account[n].Type	类型
Account[n].RTAccountNetWorth	总资产
Account[n].RTPositionsMarketValue	证券市值
Account[n].RTCashBalance	当前余额
Account[n].PreviousClearingEquity	昨日余额
Account[n].RTDayTradingBuyingPower	资金可用数
Account[n].CapitalIn	当日入金
Account[n].CapitalOut	当日出金
Account[n].CapitalWithdrawable	可提资金
Account[n].OpenPositionMargin	持仓保证金
Account[n].DeliveryMargin	交割保证金
Account[n].FrozenMargin	冻结保证金
Account[n].CommissionFee	手续费
Account[n].RiskDegree.ToString()	风险度
Account[n].TotalPL	总盈亏
Account[n].RTRealizedPL	平仓盈亏
Account[n].RTUnrealizedPL	浮动盈亏

AccountsProvider 组件支持的事件,为 Updated 事件,当账户值更新时,发生此事件。

（二）案例

在雷达屏中显示指定账户资产信息

第一步：打开 TradeStation 开发环境,新建指标,命名为"♯AccountsProvider"。

第二步：双击左侧工具栏国信下的 AccountsProvider，在组件盘内生成一个名为 AccountsProvider1 的对象。

第三步：点击组件盘内 PriceSeriesProvider1 对象，在右侧编辑组件属性。

Load 属性设置为 True，允许加载数据；Name 属性设置为 AccP 方便调用；Accounts 属性设置为"自己的证券资金账号"，如果是多个资金账号用逗号隔开。

第四步：双击 Updated 事件，在代码区产生 AccP_Updated 方法并将代码填充完整。

```
method void AccP_Updated(elsystem.Object sender,tsdata.trading.AccountUpdatedEventArgs args)
var: int x;
begin
  Print("AccP_Updated");
  If AccP.Account[0].Type = tsdata.trading.AccountType.Margin then
  Begin                                          // 如果当前账户是融资融券账户
    print(AccP.Account[0].AccountID,"账号");
    plot1(AccP.Account[0].AccountID,"账号");
    plot2(AccP.Account[0].Type.ToString(),"类型");
    plot3(AccP.Account[0].RTAccountNetWorth,"总资产");
    plot4(AccP.Account[0].RTPositionMarketValue,"证券市值");
    plot5(AccP.Account[0].RTDayTradingBuyingPower,"资金可用数");
    plot6(AccP.Account[0].BorrowToSellCapital,"融券卖出金额");
    plot7(AccP.Account[0].TotalDebt,"融券卖出金额");
    plot8(AccP.Account[0].BorrowToBuyDebt,"融资负债");
    plot9(AccP.Account[0].BorrowToSellDebt,"融券负债");
    plot10(AccP.Account[0].MaintenanceMargin,"实时担保比例");
    plot11(AccP.Account[0].MarginAvailable,"当前保证金可用余额");
    plot12(AccP.Account[0].TotalCredit,"授信总额度");
    plot13(AccP.Account[0].BorrowToBuyCredit,"授信融资额度");
    plot14(AccP.Account[0].BorrowToSellCredit,"授信融券额度");
    plot15(AccP.Account[0].TotalCreditLeft,"剩余总额度");
    plot16(AccP.Account[0].BorrowToSellCreditLeft,"剩余融券额度");
    plot17(AccP.Account[0].BorrowToBuyCreditLeft,"剩余融资额度");
      for x = 1 to 17                            // 设置字体和背景颜色
        begin
          setPlotBGcolor(x,black);
            setplotCOLOR(x,white);
          end;
      end;
end;
```

第五步：验证通过，在雷达屏上插入该指标。

四、仓位信息提供组件 PositionsProvider

(一) 组件介绍

PositionsProvider 组件可以用来获取持仓股的数量、可用数、浮动盈亏、持仓成本等信息；可按照指定的 Symbols(交易代码)，Accounts(账户)和 Types(仓位类型)条件筛选一个满足条件的集合，如果不指明任何筛选条件，PositionsProvider 将建立一个包含所有代码、账号和类型的仓位的集合。Count 属性设为集合中元素的个数，即取出的持仓股个数。

PositionsProvider 组件常用属性如表 2-22 所示。

表 2-22　PositionsProvider 常用属性

Symbols	代码列表,字符串类型,代码之间用逗号隔开
ccounts	账户集合,字符串类型,账户之间用逗号隔开
Types	持仓类型
Name	对象名称
Load	布尔值,为 True 开始加载数据
RealTime	布尔值,实时
TimeZone	时区

调用的属性如表 2-23 所示。

表 2-23　PositionsProvider 调用属性

AccountID	账户 ID
Quantity	持仓数量
ExtendedProperties["QuantityAvailable"].IntegerValue	可用数量
TotalCost	持仓总成本
MarketValue	持仓市值
AveragePrice	成本价
OpenPL	盈亏
PLPerQuantity	每股盈亏
PercentPL	盈亏百分比

PositionsProvider 支持 Updated 事件。当由 PositionsProvider 处理的账户的持仓数据发生变化时,该事件将被触发。

PositionsProvider 支持 StateChanged 事件。当 PositonsProvider 对象状态发生变化的时候调用,一般在 load 属性变化后会调用。

(二) 案例

在雷达屏中显示指定账户资产信息。

第一步:打开 TradeStation 开发环境,新建指标,命名为"♯PositionsProvider"。

第二步:定义变量。

```
Var:quant1(0),quant2(0),totalCost(0),totolvalue(0),AveragePrice(0),OpenPL(0),PLPerQuantity(0);
```

第三步:双击工具栏中国信下的 PositionsProvider,在组件盘内生成一个名为 PositionsProvider1 的对象。点击组件盘内 PositionsProvider1 对象,在右侧编辑组件属性,Load 属性设置为 True,允许加载数据;Symbol 属性设置为 symbol,表示是当前行交易代码;Accounts 属性设置为"410000000000"(自己的账号)。

第四步:双击 Updated 事件,代码编辑区生成方法"positionsprovider1_updated",并填充完整。

```
method void PositionsProvider1_Updated(elsystem.Objectsender,
tsdata.trading.PositionUpdatedEventArgsargs)
    begin
        If PositionsProvider1.Count>0 then
        Begin quant1 = PositionsProvider1.Position[0].Quantity;         //持仓数量
quant2 = PositionsProvider1.Position[0].ExtendedProperties["QuantityAvailable"].
    IntegerValue;                                                        //可用数量
        totalCost = PositionsProvider1.Position[0].TotalCost;            //持仓总成本
        totolvalue = PositionsProvider1.data[0].MarketValue;             //持仓市值
        AveragePrice = PositionsProvider1.data[0].AveragePrice;          //成本价
        OpenPL = PositionsProvider1.data[0].OpenPL;                      //盈亏
        PLPerQuantity = PositionsProvider1.data[0].PLPerQuantity;        //每股盈亏
        plot1(quant1,"持仓数量");
        plot2(quant2,"可用数量");
        plot3(totalCost,"持仓总成本");
        plot4(totolvalue,"持仓市值");
        plot5(AveragePrice,"成本价");
        plot6(OpenPL,"盈亏");
        plot7(PLPerQuantity,"每股盈亏");
    end;
end;
```

第五步:验证通过,在雷达屏上插入该指标。

第六节　数据存储对象

数据集的基本操作包括查找、插入、删除和遍历。采用适当的数据结构可以有效地保存和处理信息。

本节主要介绍一些常用的数据结构，例如向量 Vector，字典 Dictionary，Tokenlist，数组 array 等。

一、数组 Array

Array 是保留字，有两种形式：Arrays 和 Array，彼此具有同等功能。该保留字用于声明包含多个数据元素的变量名称。数组可以存储数值、true/false 布尔变量、文本。数组允许用索引号分组或引用数据元素。一个数组可容纳很多值，索引值从 0 开始。正如单个变量容纳单个值一样。使用数组的优点是允许一次操作全部或部分数组值。

```
Array: ArrayName(Value);
```

ArrayName 是用户声明数组的唯一名称，Value 是用作数组初始值。

固定长度数组的声明必须指定最大元素引用数，并给定每个元素的初始化默认值。例如，声明一个单维 53 个元素的整数数组，并将每个元素初始化为 0；再声明一个二维数组，6 维 21 个元素，即 126 个元素，并将每个元素初始化为 0。

```
Array: int WeeklyHighs[52](0), int WeeklyLow[52](0);
Arrays: VolumeHighs[5,20](0), VolumeLow[5,20](0);
```

动态数组的声明与固定数组相同，区别在于最大元素引用数留作空白。目前仅支持单维动态数组。例如，声明一个单维动态数组，初始值设为 0，再将第三个元素赋值为 1。

```
Array: int MyDynamicIntArray[](0);
Array_SetMaxIndex (MyDynamicIntArray, 10);
MyDynamicIntArray[2] = 1;
```

二、集合 Collection

集合，与数组类似，可以存储大量数据。不同的是，数组中的元素应为同一种类型，而集合中的元素可以不是同一种类型；此外，数组在使用前需定义大小，而集合的大小可以根据元素的多少扩容和缩容。相比数组，集合减少了内存的浪费。

EL 中常见的集合类型有堆栈、队列、向量、字典和 TokenList。它们有相似的使用准则，需声明命名空间 elsystem.collections。当一个对象被添加到集合中时，实际上是指向对象的指针被保存在了集合中。

从集合中将元素读取出来可以用 astype 保留字,转换值的类型。例如,当读取已保存到 GlobalDictionary 元素的值时,astype 词用于在表达式中将返回类型转换为兼容类型。

```
// 添加 close 到字典元素
globalDict.add("myValue", close)
// 检索值转换为双精度类型以便绘制
plot1(globalDict.Items["myValue"] astype Double, "Close");
```

在转换数据前,可以使用保留字 istype 测试数据类型。例如,当读取一个名为"myValue"的 GlobalDictionary 元素值时,测试该元素的值是否为双精度类型,并打印出结果。

```
if globalDict.Items["myValue"] istype double then
print("myValue is a double")
else
print("myValue is not a double");
```

三、Vectors

(一) Vector 介绍

Vector 类,创建一个索引引用的数据元素集合(从零开始),可以添加、读取和从任意位置删除集合中的数据元素。

在添加元素时,可以使用 Index 将元素添加到指定位置,也可以使用 push_back 将元素添加到最后位置。

```
// 将 oElement 添加在集合中的 iIndex 位置
myVectorObj.insert(iIndex, oElement);
// 将 oElement 添加为集合的最后元素
myVectorObj.push_back(oElement);
```

[iIndex]用于指定要读取的元素的索引,从向量中读取元素,或将元素的值替换。

```
Plot1(myVectorObj[iIndex].tostring()); // oElement 在 iIndex 处显示为 string
myVectorObj[iIndex] = myInput; // 替换 iIndex 元素处的 oElement,重写内容
```

Erase(iIndex)移除集合的索引元素或使用 pop_back(iIndex)删除集合中最后一个元素。

```
myVectorObj.erase(iIndex); // 移除 iIndex 处的元素
myVectorObj.pop_back(); // 移除集合末尾的元素
```

Vector 的常用属性及方法如表 2-24 所示。

表 2-24 Vector 常用属性及调用属性

	名 称	说 明
属性	Count	获取队列中的元素数目
	Items[index]	获取集合中索引位置的元素
调用属性	Clear	清除集合中所有元素
	At（indx）	访问集合中指定位置的元素
	Empty	集合中没有元素则为 true
	Erase(indx)	移除指定位置的元素
	Erase(indx1,indx2)	移除指定索引范围内的元素
	Create	初始化 Vector 类的新实例
	Front	访问集合中的第一个元素
	Insert（indx, obj）	在指定的索引 indx 之前添加一个元素 obj
	Insert（indx, count, obj）	在指定的位置之前按给定计数重复添加一个元素
	Pop_back	移除集合中的最后一个元素
	Push_back(obj)	在集合的末尾添加一个新元素 obj

（二）案例

编写一个程序，用 Vector 存储数值 42，以及文本"5﹡9"；再将数值 42 修改为 27，文本"5﹡9"修改为"changed"；再将两个元素值打印出来。

```
//例：打印向量
using elsystem.collections;
vars: vector v1 (null);
v1 = New Vector;
v1.push_back(42);
v1.push_back("5 * 9");
v1[0] = 27;
v1[1] = "changed";
if v1[0] istype int then
    print("v1[0] = ", v1[0] astype int:0:0);
if v1[1] istype string
    then print("v1[1] = ", v1[1] astype string);
```

四、Dictionary

(一)字典介绍

字典(dictionary)和全局字典(GlobalDictionary)使用的基本原则是相同的,字典只能在一个程序中使用,全局字典(以下简称 GD)可以在多个程序中调用。

向量是通过数字 index 索引的,字典中某个特定的项可以通过它的键值(key)找到。字典中的各项是按照与它们有关的键值的字母表顺序排列的,可以通过键值对遍历字典中所有的元素。

字典可以被看作用户定义的对象,keys 是属性名称。

字典的属性如表 2-25 所示。

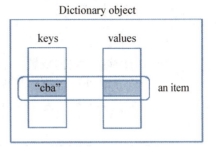

图 2-12 字典属性

表 2-25 字典常用属性

add(key, value)	在字典中添加一个元素。key 是一个独特的 string,不重复;value 可以是 object 或简单的数值
clear()	移除字典中的所有元素
contains(key)	如果这个 string key 已经在字典中使用,返回 true
int count	字典中元素的数目
dictionary create()	创建一个字典对象,返回指向这个对象的指针
object items[key]	返回一个指向与 key 相对应的元素的指针
vector keys	包含字典中所有 key strings 的向量,按字母表顺序排列,只读
remove (key)	移除与该 key 参数对应的元素
vector values	包含字典中所有元素的 value 值的向量,顺序与它们对应的 key 在 keys 向量中顺序相对应,只读。可以使用 myDict[mykey]=…;这种格式改变 values 向量中的某个 value

(二)案例

假定字典 myOrders 用于存储订单,判断 myOrderID 是否存在于 myOrders 中。如果存在,则打印 myOrderID;如果不存在,则将 myOrderID 存入字典中。

```
if myOrders.Contains(myOrderID) then
    print("OrderID:", myOrderID, "exists.");
else
    myOrders[myOrderID] = myOrderID;
```

第七节 其他对象

一、计时器组件 Timer

（一）组件介绍

Timer（计时器）组件，设置一个计时器，倒数规定的时间，并在时间到期后执行程序。计时器可在每次到期后自动重新开始，反复调用执行程序。

计时器常用的属性如表 2-26 所示。

表 2-26　计时器常用属性

属　性	解　释	数据类型
Interval	计时器间隔时间，单位为毫秒，最小为 100	数值型
Enable	是否开启计时器	布尔型
AutoReset	到期自动重新开始	布尔型
Name	对象名称	字符型

计时器支持 Elapsed 事件，在计时器设定的时间到达后触发。

（二）案例

创建一个试用于周期为分钟的 K 线图的指标，显示每根 Bar 更新完毕剩余的时间百分比。

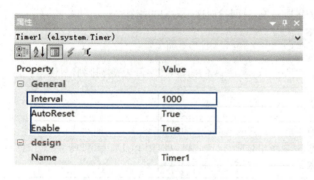

图 2-13　计时器属性设置

第一步：进入 EL 开发环境，新建指标并命名。

第二步：双击工具箱中的 Timer 组件，生成一个 Timer1 对象。

第三步：在右侧属性栏中，对 Timer1 的属性进行设置。Interval 设置为 1 000，代表 1 000 毫秒即 1 秒；AutoReset 设置为 True 代表自动重新开始；Enable 为 True，表示启动计时器。

第四步：变量声明，iCounter 用于存储剩余时间，每过 1 秒，iCounter 会减小 1；iMax 用于记录一根 Bar 的周期，默认为 60 秒；Barnum 用于存储当前 Bar 的序号。其中 iCounter 为 intrabarpersist 变量。默认情况下，变量的值在每个 Bar 结束时才会更新。保留字 intrabarpersit 表示变量的值要在 Bar 内更新。这里 iCounter 要每秒更新，因此要设置为 Bar 内更新。

```
var: intrabarpersist icounter(60),iMax(60),barnum(0);
```

第五步：双击 Elapsed 事件，在代码区将生成一个事件处理方法。该方法每过 1 秒，执行一次。

```
method void Timer1_Elapsed(elsystem.Object sender, elsystem.TimerElapsedEventArgs args)
    begin
        if iCounter>0 then
        icounter = icounter - 1;                    //每过一秒,iCounter 减少 1
        If currentbar>barnum then
            plot1((icounter/ imax) * 100,"percentLeft");  //绘制剩余时间的百分比图形
    end;
```

第六步：检查图中最后一根 bar 是否收盘；如果收盘，则重置 iCounter 和 iMax，保存当前即将收盘的 bar 的序号，在下一个 bar 开始时重新绘图。

```
Once if BarType = 1 then              // Bar 的周期必须是分钟型
    iMax = Barinterval * 60;          // iMax 等于周期乘 60 秒,如 5 分钟周期,
                                      // 一根 Bar 就是 300 秒
    If   lastbaronchart   then        // 如果当前 Bar 是图形上的最后一根 Bar
    Begin
        If barstatus(1) = 2 then      // 且该根 Bar 收盘,barstatus 返回 2 表示收
                                      // 盘点
        Begin
            plot1(0,"percentLeft");   // 收盘时绘图为 0
            iCounter = iMax;          // iCounter 重新变为最大
            barnum = currentbar;      // Barnum 存储该根 Bar 的序号
        end;
    end;
```

第七步：绘制两条线，分别为 0 和 100，作为对比、控制刻度轴不变。如果不设置，刻度轴将不断根据当前值自动调整。

```
plot2(0,"zero");
plot3(100,"hundred");
```

第八步：通过验证。

二、办公组件 Workbook

（一）组件介绍

Workbook 组件，与微软 Excel 电子表格内的工作簿建立连接，读取 Excel 工作簿中

的数据,在 Excel 工作簿中写入数据。该组件常用的属性如表 2-27 所示。

表 2-27 WorkBook 组件常用属性

属　　性	解　　　释	数据类型
Filename	计算机上 Excel 表格的路径与文件名称	字符串
Shared	跨多个 Workbook 对象共享单个 Excel 电子表格,则为 True。如果不能共享,则为 False	布尔型
Visible	连接时显示电子表格则为 True,或不需查看即更新电子表格则为 False	布尔型
Load	加载并打开到电子表格的连接,则为 True	布尔型
SaveOnClose	关闭连接时保存对电子表格所做的更改,则为 True	布尔型

组件读取数据,是通过 excel 单元格位置作为索引寻找。在读取时,应指定数据类型,如 CellsAsString, CellsAsInt, CellsAsBool, CellsAsDouble 等。

> 需要被赋值的变量 = 组件名称[""].CellsAsDouble[列数,行数]

Workbook 组件往 Excel 工作簿中写入数据,直接用 excel 表格索引的方式,来写入数据。

> 组件名称["工作簿名称"].Cells[列数,行数] = 需要写入的数据

（二）案例

利用 Workbook 组件在名为"ExcelDemo"的"Demo"工作簿中写入 PositionProvider 提供的仓位数据;再从 Excel 表格中读取数据持仓损益数据。

第一步:制作 Excel 表格,见图 2-14。其中标题单元格"POSITIONS"为 A9,D21 单元格中填入公式"= sum(D11:D20)"。工作簿命名为 Demo。并将该文件命名为"ExcelDemo.xls",保存在 C 盘根目录下。

POSITIONS			
Symbol	Quantity	Avg Price	Open P/L
		Total P/L	0.00

图 2-14 表格样式

第二步：进入 EL 开发环境，新建指标并命名。

第三步：双击工具箱中的 Workbook 组件与 PositionProvider 组件，分别生成各自的对象。

第四步：对 PositionProvider 组件进行属性设置，Name 设置为 Posp，Load 设置为 True，Symbol 设置为 symbol。对 Workbook 组件进行属性设置，Name 设置为 wkbk，Filename 设置为"C:/ExcelDemo.xls"，SaveOnClose 设置为 True。

第五步：变量声明。

```
var: WBTab("Demo"),TotalPL(0);  //第一个变量为工作簿名称,第二个变量用来存储从 Excel 读取的值
```

第六步：双击 PositionProvider 组件的 Updated 事件，编写写入仓位数据的代码和读取 ExcelDemo 表格中数据的代码。

```
method void Posp_Updated(elsystem.Object sender, tsdata.trading.PositionUpdatedEventArgs args)
    vars: int it;                                         //局部变量,用于计数
    begin
        For it = 0 to Posp.count - 1                      //构造循环
        Begin
            WkBk[WBTab].Cells[1, 11 + it] = PosP[it].Symbol;
            WkBk[WBTab].Cells[2, 11 + it] = PosP[it].Quantity;
            WkBk[WBTab].Cells[3, 11 + it] = PosP[it].AveragePrice;
            WkBk[WBTab].Cells[4, 11 + it] = PosP[it].OpenPL;
        end;
        {读取 exceldemo 表格中第 21 行第 4 列的损益总和数据}
        TotalPL = WkBk[WBTab].CellsAsDouble[4, 21];
        If LastBarOnChart then
            plot1(TotalPL, "TotalP&L");
    end;
```

第七步：通过验证。

第八节　窗体控件 Form Controls

窗体控件一般用于交易应用中，制作用户界面来实现各项功能。

首先，创建一个窗体。窗体是各种窗体控件的"容器"。具体方法是：创建一个交易应用后，鼠标右击编辑器空白处，选择"添加窗体"。一个名为 Form1 的窗体就会自动弹出。

图 2-15　窗体 Form1　　　　图 2-16　窗体控件

选择该窗体,在左侧工具箱内双击各种窗体控件,即可将窗体控件添加到窗体中。通过拖动可以改变窗体控件的大小、位置。也可以通过控件的属性设置来精确设置控件的大小、位置、文本、颜色等各项属性。

一、常用控件

(一) Button

Button 控件包含一个 Click 鼠标单击事件,当单击 Button 按钮时,事件处理方法将被触发。Button 上的文本可以被编辑改变。

(二) TextBox

TextBox 可用于让用户输入文字或数据。它通常用于获取 TextBox 中的文字,并转换为数值变量,在程序中加以运用。

该控件支持的事件有 Click 事件(单击鼠标时发生)、KeyDown 事件(按下按键时发生)、KeyUp 事件(释放按键时发生)、KeyPress 事件(按下字符,空格,退格时发生)。

(三) Label

Label 控件通常用于在窗体展示文字信息,它的 Text 属性中的文字,将显示在窗体界面上。

该控件支持的事件有 Click 事件(单击鼠标时发生)。

(四) Panel 控件

Panel 控件一般用于组件分块。如图 2-17 所示,虚线框就是一个 Panel 控件。它将 Form1 窗体分成两块。Button1 和 TextBox1 包含在一个区域中,并与虚线框外的 Label1 分离。当移动 Panel1 控件,即移动虚线框时,它内部的 Button1 和 TextBox1 也会一起跟着移动。

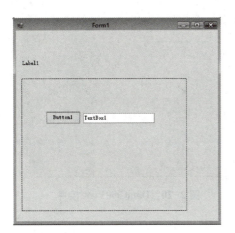

图 2-17　Panel 控件图

图 2-18　DateTimePicker 控件

Panel 控件支持的事件有 Click 事件。

（五）CheckBox

CheckBox 是一个多选框。通常由几个 CheckBox 控件组合使用，生成一个多项选择问题。

ComboBox 控件生成一个下拉框，用户可以选择下拉框中的选项。往 ComboBox 控件的下拉框中加入不同的选项，使用 addItem 属性。

```
Combobox1.additem("Minutes");
Combobox1.additem("Days");
Combobox1.additem("Weeks");
```

控件支持 Click 事件、SelectedIndexChanged 事件（当下拉框选项被选择时或选项变化时发生）、KeyDown 事件、KeyUp 事件、KeyPress 事件。

（六）NumericUpDown

NumericUpDown 控件是一个带上下小箭头的数值文本框，可以用于调整数值大小。最常见的是用于数量和价格的选择。

控件支持 Click 事件、ValueChanged 事件（值改变后发生）。

（七）DateTimePicker

DateTimePicker 控件用来显示和设置时间，用户打开下拉框，选择日期；支持 Click 事件、ValueChanged 事件。

（八）TabControl

TabControl 用于设置分页；支持 Click 事件、Selected 事件（当该页面被选中时发生）、DesSelected 事件（该页面被切换到其他页面时发生）。

（九）RadioButton

RadioButton 创建一个单选按钮，当同一个 Panel 内有多个 RadioButton 时，只能选择一个。该控件支持 Click 事件。

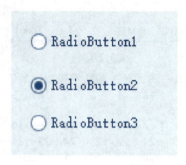

图 2-19　RadioButton 控件　　　　图 2-20　DataGridView 控件

（十）ListView

ListView 列表，一般置于界面左侧，类似菜单；支持 Click 事件、SelectedIndexChanged 事件。

（十一）DataGridView

DataGridView 在窗体内创建一个表格，这个表格中可以通过添加不同的列成员（Button，CheckBox，ComboBox 等），来显示不同类型的数据。如图 2-20 所示。

DataGridView 支持的事件如表 2-28 所示。

表 2-28　DataGridView 支持的事件

事　　件	解　　释
Click 事件	单击鼠标时发生
CellClick 事件	单击单元格时发生
CellFormatting 事件	需要设置单元格内容展示格式时发生
CellParsing 事件	单元格内容修改后退出编辑时发生
CellValueChanged 事件	单元格内容发生变化时发生
ColumnHeaderMouseClick 事件	单击列标题时发生
DataError 事件	数据异常时发生
RowHeaderMouseClick 事件	点击行标题时发生
SelectionChanged 事件	当前所选内容发生更改时发生
SortCompare 事件	对两个单元格内容比较以进行排序时发生

二、控件的属性

窗体控件之前共享一些属性，如显示的文本、背景色、字体色、字体等等，如表 2-29 所示。

控件的属性与组件、对象一致，可以在属性编辑器中设置，也可以直接使用代码来改写。

表 2-29　窗体控件的属性

属　　性	解　　释
RightToLeft	获取或设置一个值,该值指示是否将控件的元素对齐以支持使用从右向左的字体
Text	显示文本
Width/Height	宽度/高度
Dock	设置控件边框停靠到其父控件,并确定控件如何随其父级一起调整大小
Visible	是否可见
Enable	是否可用
BackColor	后景色
ForeColor	前景色
Margin	设置控件之间的空间
Padding	设置控件内的空白
Font	字体
ControlLocation	位置
AutoSize	是否基于其内容调整大小
UseWaitCursor	是否将等待光标运用于当前控件以及所有子控件
Name	控件名称

第九节　异常及错误处理

一、Debug 调试

　　Debug 调试是 EasyLanguage 的一个调试程序,用于观测 EasyLanguage 代码的运行时行为和定位逻辑错误。调试程序允许在特定的位置暂停执行,以便监测代码、检查变量和查看属性值。

　　特别注意的是,在调试程序启动后,所有国信 TradeStation 平台窗口中的活动都会暂停,不会生成数据、警告或策略委托。如果正在运行策略或监控时,不能进行调试。

　　Debug 调试是开发环境的一部分,可以通过"调试"下拉菜单进行控制,Debug 调试处理的必须是验证的 EasyLanguage 文档,并且该策略或指标没有在图形分析上使用。

　　要调试已验证的 EasyLanguage 程序,选择"调试"菜单下的"开始调试"选项(或按下 F5 功能键)。一旦开始调试,菜单中的此项目将被替换为"继续调试"。

　　"自动"窗口可以检查变量内容,在"自动"窗口中分析的程序行将突出显示为浅蓝色;如果所在的行调用了函数或方法,可以进行"单步执行"操作,进行该操作时,可每次在代码行移动一行。

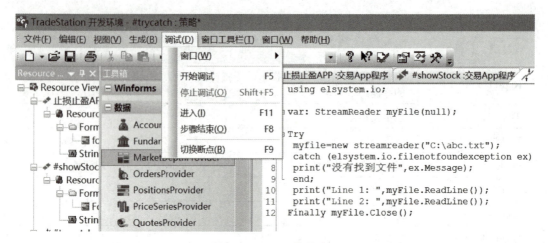

图 2-21　Debug 菜单选项

"柱状线信息/绘图"窗口显示有关分析窗口中的柱状线和绘图的信息。

"观察"窗口仅显示在调试会话期间用户感兴趣的信息,例如特定变量和分析技术参数。

二、异常处理模块 Try-Catch

(一) 异常处理概述

所谓异常,也是一种错误;它可导致程序不能正确运行,会出现系统崩溃等问题。因此,在程序编制过程中,必须处理可能出现的异常。

在 EasyLanguage 中,异常和系统异常错误消息由 EasyLanguage 代码生成。它们与异常类相关联,异常消息用来识别所描述的条件,如果条件为 True 则匹配的类将会抛出异常。

异常若没有任何处理,则会被解释器触发抛出,程序终止;若进行异常处理,在程序内部对异常进行一些处理操作忽略非致命性的错误,减轻错误带来的影响等。Try/Catch/Finally 语句可用来处理异常消息。

例如,用户输入两个数值,程序自动求和。在应用时,用户输入一个数值、一个字符串。此时,正确的做法应该是捕获这个异常,并提示用户重新输入;而不是任由异常终止程序运行。

常见异常分为异常类消息、系统异常消息。详细的异常类消息见附表 2-2;系统异常类消息见附表 2-3。

(二) 异常处理模块 Try-Catch

Try/Catch/Finally 组成一种代码结构,用于监测异常并在发生异常时进行处理,并向用户显示特定的错误消息。

通常,Try-Catch-Finally 语句包含 Try 块,后面带有一个或一个以上 Catch 子句用来处理,还可以跟有 Finally 块用于在退出语句前清理资源。

系统将执行 Try 块中的保护代码,直到引发异常或成功执行 try 块中的所有代码。

如果捕获异常,则检查语句的 Catch 块以处理该异常。如果发现没有 catch 语句,通常系统会生成一条错误消息,程序停止。

如果存在 Finally 块,不管是否已引发异常,这都是在语句中执行的最后一组代码。

```
基本语法:
Try
// 用于测试是否存在异常的语句
catch (elsystem.exception ex)
// 用于处理一般异常的语句
throw ex.create("用户定义的错误消息");
// 用于创建异常实例并显示在事件日志中
finally
// 在执行任何 try 或 catch 语句后始终执行的语句
end;
```

(三) 案例

从系统中读入一个文件,如果该文件不存在,捕获文件不存在引起的异常,并打印。在代码中没有使用 Try-Catch 语句,处理异常。

```
using elsystem.io;
var: StreamReader myFile(null);
myfile = new streamreader("c:\\aaa.txt");
print("Line 1: ",myFile.ReadLine());
print("Line 2: ",myFile.ReadLine());
myFile.Close();
```

运行代码后,在弹出的事件日志的事件摘要窗口中报出一个异常,因为这个文件并不存在,所以系统会报出异常。

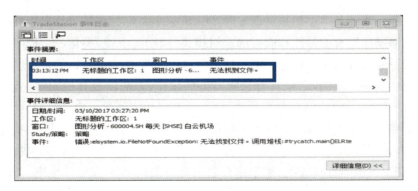

图 2-22 系统抛出异常

如果在代码中加入异常处理 Try-Catch 模块:

```
using elsystem.io;
var: StreamReader myFile(null);
Try
myfile = new streamreader("C:\\abc.txt");
catch (elsystem.io.filenotfoundexception ex)
print("没有找到文件",ex.Message);
end;
print("Line 1: ",myFile.ReadLine());
print("Line 2: ",myFile.ReadLine());
myFile.Close();
```

运行代码后,则会在日志窗口打印相关内容而不会报出错误。

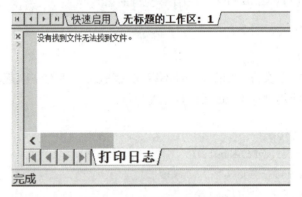

图 2-23 打印日志栏报错

本 章 小 结

面向对象方法的基本思想是对现实世界中事物的抽象,以形成计算机能够处理的类。类是对同类事物所拥有的特性和服务的一组描述,从结构上说,类是一个程序集合,其中定义了对象、属性、方法和事件等元素。其类别包括组件、集合、枚举、异常等。

对象是类的一个实例,对象具有它所属类的属性、方法以及其他元素。创建一个对象,是指定一个类,并赋值给对象变量的过程,也被称为实例化。命名空间是为了防止产生冲突或者错误而引入的概念。继承是指在一个已存在的类的基础上建立一个新的类。

EL 的开发界面由代码编辑器、工具箱、组建盘、属性编辑器、字典等组成。创建对象时,组件可在工具箱内直接找到,非组建对象则需要使用 new 保留字生成。方法是可以接受输入参数,并返回一个值,或执行一系列语句后不返回值的一组程序模块。对象中有一系列事件,当其发生时,能够向程序发出通知,以便进一步的处理。当对象内一个相应事件发生时被调用的程序,它本质是一种方法。

行情数据组件,包括行情提供组件、市场深度数据提供组件、报价提供组件和基本面提供组件。这些组件提供在一个历史时间范围内,指定代码、周期,获取实时和历史价格、成交量、买卖报价和基本面等数据。

账户与交易组件包括下单组件、委托单信息提供组件、账户信息提供组件、仓位信息提供组件。这些组件提供有关具体账户信息和委托下单的数据。

常用的数据结构有向量,字典,Tokenlist,数组等,采用适当的数据结构可以有效地保存和处理信息。

Debug 调试是 EL 的一个调试程序,用于观测 EL 代码的运行时行为和定位逻辑错误。常见异常分为异常类消息、系统异常消息。Try/Catch/Finally 组成一种代码结构,用于监测异常并在发生异常时进行处理,并向用户显示特定的错误消息。

重 要 概 念

类 对象 属性 方法 事件 组件 集合 枚举 异常 行情数据组件 下单组件 委托单信息提供组件 账户信息提供组件 仓位信息提供组件

习题与思考题

(1) 常用数据结构有哪些?分别有什么特点?
(2) 如何使用代码设置 FundamentalQuotesProvider 组件的 Symbol,Fields,Name,Load,RealTime 和 TimeZone 几个属性?
(3) 在 Provider 类组件中,当 DataState 数据状态由 loading 变为 loaded 时,如何实现调用事件处理方法?
(4) 尝试编写一个指标,使之能够获取某只股票最近 10 日的收盘价和成交量,计算平均价格和平均成交量,并绘制成图形。
(5) 尝试编写一个程序,使之能够实现根据最新价格对某只股票进行委托下单。

附表 2-1　FundamentalQuotesProvider 的 Fields 字段

Fields 字段	英文全称	说明	备注	类型	历史数据
证券信息（Security Info）					
SLSC	ListedSector	上市板块	1—主板；2—中小板；3—三板；4—其他；5—大宗交易；6—创业板	DoubleValue	
SLST	ListedState	上市状态	1—上市；2—暂停；3—终止；4—其他	DoubleValue	Y
SFIC	FisrtIndustryCode	一级行业代码		stringValue	
SFIN	FisrtIndustry	一级行业名称		stringValue	
SSIC	SecondIndustryCode	二级行业代码		stringValue	
SSIN	SecondIndustry	二级行业名称		stringValue	
STIC	ThirdIndustryCode	三级行业代码		stringValue	
STIN	ThirdIndustry	三级行业名称		stringValue	
股本结构（Capital structure）					
CTSH	TotalShares	总股本	单位：（股）	DoubleValue	Y
CLSH	LiquidShares	已流通股份	单位：（股）	DoubleValue	Y
CLAS	AShares	流通 A 股		DoubleValue	Y
CLBS	BShares	流通 B 股		DoubleValue	Y
CLHS	HShares	流通 H 股		DoubleValue	Y
COLS	OtherLiquidShares	其他流通股		DoubleValue	Y
CRSH	RestrictedShares	流通受限股		DoubleValue	Y
CRAS	RestrictedAShares	流通受限 A 股		DoubleValue	Y
CRBS	RestrictedBShares	流通受限 B 股		DoubleValue	Y
CORS	OtherRestrictedShares	其他受限股		DoubleValue	Y
CNLS	NonListedShares	未流通股份		DoubleValue	Y
财务指标（Financial Statement）					
一、每股指标					
FEPS	EPS	每股收益		DoubleValue	Y

续 表

Fields 字段	英文全称	说 明	备 注	类 型	历史数据
FNAP	NetAssetPS	每股净资产	单位:(元/股),用于计算 P/B	DoubleValue	Y
FCFP	CashFlowPS	每股现金流量净额	单位:(元/股)	DoubleValue	Y
二、盈利能力					
FROA	ROA	总资产收益率		DoubleValue	Y
FROE	ROE	净资产收益率		DoubleValue	Y
三、收益质量					
四、资本结构					
FDAR	DebtAssetsRatio	资产负债率	单位:(%)	DoubleValue	Y
五、偿债能力					
FCRT	CurrentRatio	流动比率		DoubleValue	Y
FQRT	QuickRatio	速动比率		DoubleValue	Y
六、营运能力					
FFAT	FixedAssetTRate	固定资产周转率		DoubleValue	Y
FTAT	TotalAssetTRate	总资产周转率		DoubleValue	Y
FINT	InventoryTRate	存货周转率		DoubleValue	Y
七、成长能力					
FBEY	BasicEPSYOY	基本每股收益同比增长	单位:%	DoubleValue	Y
FORG	OperatingRevenueGrowRate	营业收入同比增长		DoubleValue	Y
FOPG	OperProfitGrowRate	营业利润同比增长		DoubleValue	Y
FNPG	NetProfitGrowRate	净利润同比增长		DoubleValue	Y
FNAG	NetAssetGrowRate	净资产同比增长		DoubleValue	Y
FTAG	TotalAssetGrowRate	总资产同比增长		DoubleValue	Y
FNPG	NetProfitGrowRate	净利润增长率		DoubleValue	Y
八、现金流量					
FNOC	NetOperateCashFlow	经营活动产生的现金流量净额		DoubleValue	Y

附表 2-2 Try-Catch 异常类消息

名称	错误说明
ActivityBarException	在"图条活跃分析"中引用了空单元格/行或超出范围的项目。
ArgumentException	提供给方法的参数之一是无效的。
ArrayBoundsException	分析技术尝试引用超过数组界限的数据。
DataDeletedException	引用了不存在的数据流。
DirectoryNotFoundException	找不到指定的文件位置。
FileNotFoundException	找不到指定的文件。
InvalidCastException	无效的强制类型转换或显式转换。
InvalidOperationException	方法调用对对象的当前状态无效。
IOException	I/O(输入/输出)操作失败。
HistFundamentalDataDoesNotExistException	此引用的历史基本面数据不存在。
LogErrorException	试图向 LOG 函数传递零或负值。
LogException	用于记录异常、原因、位置和处理情况的详细信息。
MaxBarsException	在研究中引用的柱状线的数目大于所允许的数目。
TooManyTrendlinesException	屏幕上趋势线过多。
TooManyTextObjectsException	屏幕上文本绘图对象过多。
NoAllowInCustomSessionException	自定义交易时段内不允许操作。
NoFundamentalDataAvailableException	找不到代码的基本面数据。
NoFutureFundDataException	不能在未来时间引用历史数据。
NoProbabilityExecutionException	引用了概率图,该操作不适用于图表。
NoSnapFundDataException	在不包含任意瞬态图的代码中引用了基本面数据。
NullObjectException	用空对象进行了方法调用。
ObjectNotInitializedException	对象实例初始化失败。
OpenFileException	无法打开文件。
OpenPositionsException	策略中当前仓位过多。在策略中允许的当前仓位的最大数量为 50。
PlotRangeException	分析技术尝试更改不存在的图形的绘图信息。
PowerErrorException	分析技术尝试对分数幂赋予负数。

续 表

名　　称	错　误　说　明
PrintErrorException	无法连接到打印机,因而无法打印输出。
ProbabilityMapException	与概率图有关。
ProbBottomReInitException	概率图的底价不能更改。
ProbColumnRangeException	概率图中引用的列不在绘图区域的范围内。
ProbColumnReInitException	不允许修改概率图中的列范围。
ProbOutOfMemException	在概率图的计算过程中,内存已满。
ProbPriceTooHighException	对于概率图中的分配范围来说价格过高。
ProbPriceTooLowException	对于概率图中的分配范围来说价格过低。
ProbRowHeightReInitException	不允许修改概率图中的行高。
RecalculateException	引发此异常来强制图表重新计算和重新绘制。例如: throw elsystem.RecalculateException.Create("");
ReferencedHistFunNoExistException	不能应用分析技术,因为它引用了历史基本面数据。
SqrtErrorException	分析技术尝试计算负数的平方根。
StopCalculationException	抛出此异常来关闭分析技术。
SynchronousDataAccessException	从提供商处同步访问数据出错。
ToolMemoryException	没有用于存储字符串的内存空间。
UnauthorizedAccessException	由于 I/O 错误或安全错误,操作系统已拒绝访问。
WriteFileException	不能将输出写入到文件。
XmlException	在 XML 中有加载或解析错误。

附表 2-3　Try-Catch 系统异常类消息

名　　称	错　误　说　明
DebuggingException	中断代码调试执行。
DivideByZeroException	尝试除以零(0)。
FltDenormalOperandException	浮点非常规操作数异常。
FltDivideByZeroException	浮点除以零异常。
FltInexactResultException	浮点不精确结果异常。
FltInvalidOperationException	浮点无效操作异常。

续 表

名　　称	错　误　说　明
FltOverflowException	浮点溢出异常。
FltStackCehckException	浮点堆栈检查异常。
FltUnderflowException	浮点下溢异常。
FPDenormalException	浮点非正常表示(NaN)异常。
FPInvalidException	浮点无效异常。
FPNumTooBigException	浮点数过大(或 NaN)异常。
FPNumTooSmallException	浮点数过小(或 NaN)异常。
FPStackFaultException	浮点堆栈故障异常。
GenericException	检测到一个常规错误。
GuardPageException	已访问标记数据结构(如堆栈或数组)结尾的内存页面。
IllegalInstrctionException	尝试执行非法指令。
InfiniteLoopException	在分析技术中检测到无限循环。检查所有"FOR"和/或"WHILE"循环的语法是否正确。
InPageErrorException	检测到一个页面错误。
IntDevideByZeroException	整数除以零异常。
IntOverflowException	整数溢出异常。
InvalidCallBackMessageException	无效的回调函数消息。
InvalidDispositionException	**异常处理**程序返回一个无效的异常处理。
InvalidDllOperationException	用户 dll 中出现无效操作。
InvalidHandleException	指定了无效的句柄。
InvalidOperationException	方法调用对象的当前状态无效。
InvalidSessionNumberException	无效的会话数目异常。
InvalidSessionTypeException	无效的会话类型异常。
NonContinuableException	该事件在硬件中是不可持续的,或如果继续则没有任何意义。
OutOfMemoryException	没有更多的可用内存空间。
PrivInstructionException	应用程序试图与机器的特权指令发生冲突。
ProbToPreInitException	不允许修改概率图中的最高价。
SessionException	出现无效的会话参考。
SingleStepException	刚刚完成单步或追踪操作。
StackOverflowException	执行堆栈溢出,因为它包含太多嵌套方法调用。
UnknownException	未知的错误生成异常。

第三章

选 股 策 略

学习目标

1. 掌握技术选股策略、基本面选股策略两者的基本方法和基本指标,以及 EL 编程和在 TS 上的具体实现过程。
2. 掌握技术选股策略、基本面选股策略两者结合的综合选股的实现过程。

第一节 选股方法概述

对于股票投资,最重要的两点莫过于选股、择时。选股,也就是选择投资对象。投资对象选择正确,投资者才有获利的空间;选择了错误的投资对象,即使是交易经验再丰富的投资者,也很难获利。

当前主流的选股策略主要可以分为三类:基于价值投资理念的基本面选股、着重于技术指标的技术面选股以及综合选股。

价值投资的核心思想是依据股票投资的价值规律,寻找市场价格被明显低估的股票,并长期持有,等待市场价格纠正,从而获取利润。价值投资关注股票的基本面与市场价格的关系,如市盈率、市净率等。因此,基本面选股一般是选择基本面指标低于市场平均值的股票,例如选出市盈率、市净率低于行业平均值的股票。

技术分析认为任何可能影响股票市场价格的因素都反映在价格变化、成交量等技术指标之中,价格变化反映供求关系。因而,只需研究股票的价格变化,而不必关注股票的价格变动的内在原因。使用技术指标选股的投资者相信满足一定技术指标的股票价格未来会有上升空间。

综合选股则结合基本面、技术面或者其他因素进行综合的筛选,如资金流、热点事件、龙虎榜等。

本章以下内容主要结合 TradeStation 平台,以技术指标、基本面选股策略为例,对选股策略及 EasyLaguage 编程学习进行探讨。

第二节 技术指标选股策略

目前市场上的技术指标数不胜数。常用的技术指标如简单移动均线(simple moving average)、MACD、KDJ、RSI 等,经常被用来判断股票的趋势,选择强势股或超跌股。在本节我们以简单均线指标选股为例,来展示技术指标选股策略。

简单均线用于识别当前价格走势的趋势,平滑价格变动,并消除价格变动时不重要的噪音。在使用均线选股时,可以单条均线使用,也可以多条组合使用。例如,在同一只股票上计算两条时间跨度不同的均线,一条时间跨度较长的慢速均线和一条时间跨度较短的快速均线,可以用两条均线的交叉寻找买入卖出的时点。在快速均线上穿慢速均线时,形成金叉,这是股票短期走势强势的表现。

我们将用 EasyLanguage 编制交易应用,选择特定代码列表,再从中自动筛选出当天日线出现金叉的股票,输出到 EasyLanguage 打印语句输出栏中用于查看、复制。

一、技术选股策略实现过程

"技术选股"交易应用的主要逻辑是调用代码列表窗口,获取所选股票池代码;然后使用行情组件读取股票历史数据,计算快速和慢速均线,逐个判断是否满足筛选条件;对于满足条件的股票,将股票代码存储;在判断完成后将满足条件的代码加载到雷达屏。

(一) 初始化,显示代码列表选择窗口

首先,在开发环境中,使用窗体控件,构建一个可视化的界面,对交易应用进行初始化。打开交易应用时,加载界面,声明初始变量,并打开 SymbolListDialog 窗口,以选择某一个股票代码列表。

```
//1. 初始化
method void AnalysisTechnique _ Initialized ( elsystem. Object sender, elsystem. InitializedEventArgs args)
begin
    Clearprintlog();
    Print(DateTime.Now.ToString() + NewLine + "技术选股初始化...");
    symbollist_read = new vector;        // 声明的变量使用前,用 new 初始化
    symbollist_output = new vector;
    PSP = new PriceSeriesProvider;
    SymDig = new SymbolListDialog();
    loop = 0;
    SymDig.Show();
    SymDig.StatusChanged + = SymDig_StatusChanged;
                            // 为 SymbolListDialog 绑定事件变化函数
end;
```

（二）使用 SymbolListDialog 事件函数读取股票列表

使用 SymbolListDialog 事件变化函数。当某一板块股票被选定后，触发上一段代码中绑定的 SymDig_StateChanged 函数，将所选板块的股票代码逐一添加到 symbollist_read 中。当所有的股票代码都保存到 symbollist_read 时，开始 SetPSPStatus 函数设置 PSP 的属性。

```
//2.读取用户选定的股票板块,将其存储到 symbollist_read 中
Method Void SymDig_StatusChanged(elsystem.Object sender,
elsystem.windows.forms.DialogStatusChangedEventArgs args)
Var: int idx, int n, string sym;
Begin
    if(SymDig.Status = DialogResult.OK)then
    Begin
        symbollist_read.Clear();
        loop = 0;
        N = SymDig.Count;
        For idx = 0 to N - 1
            // 对于用户所选板块的股票,一一将股票代码读入 symbollist_read 里
        Begin
            sym = SymDig.Symbols[idx].ToString();
            symbollist_read.push_back(sym);
        end;
        print("读取完成,读取股票",numtostr(N,0),"支");
        SetPSPStatus();
    End;
End;
```

（三）设置 PSP 的属性，用以获取股票历史数据

再编写 SetPSPStatus，获取 symbollist_read 中存储的股票代码，赋值给 PSP 的 symbol，并设置 PSP 的周期、日期区间等属性。需要注意的是，在设置 PSP 属性前，需要先将 PSP 的 Load 属性设为 False，关闭数据连接；待属性设置完成后，再将 PSP 的 Load 更改为 True，载入数据。如果在属性设置前未关闭数据，会出现堵塞进程、数据加载失败。

```
//3.设置 PriceSeriesProvider 组件
Method void SetPSPStatus()
Begin
    If loop<symbollist_read.count then
    Begin
```

```
        symbol_name = symbollist_read[loop].ToString();
        PSP.Load = False;              //修改属性之前关闭数据连接
        PSP.RealTime = True;           //设置为 True 以接收行情数据,设置为 False 为
                                       //获取历史数据
        PSP.TimeZone = tsdata.common.TimeZone.Local;
        PSP.Symbol = symbol_name;      //设置代码.
        PSP.Interval.ChartType = tsdata.marketdata.DataChartType.Bars;
                                       //设置图形为 K 线图.
        PSP.Interval.IntervalType = tsdata.marketdata.DataIntervalType.Daily;
                                       //设置周期类型为日线.
        PSP.Interval.IntervalSpan = 1;//设置周期为 1 日线.
        PSP.Range.Type = tsdata.marketdata.DataRangeType.Date;
                                       //按照日期设置区间.
        PSP.Range.FirstDate = DateTime.Parse("2016/12/1");
                                       //设置数据的起始时间为 2016/10/1.
        PSP.Range.LastDate = DateTime.Now;
        PSP.IncludeVolumeInfo = True;  //设置为 True 包含 Volume 信息.
        PSP.IncludeTicksInfo = True;   //设置为 True 包含 Ticks 信息.
        PSP.UseNaturalHours = True;    //设置为 True 使用自然时间.
        PSP.StateChanged + = PSP_StateChanged;
                                       //为 PSP 绑定状态变化事件 PSP_StateChanged.
        PSP.Load = True;               //打开数据连接,只是打开动作,不堵塞进程,
                                       //异步载入数据
    end
    Else
        return;
End;
```

(四) 数据加载成功,进行条件判断

再编写 PSP 的 StateChanged 事件函数,当 PSP 的数据加载完成后,调用数据判断。该函数是一个事件函数,在 PSP 的状态改变时都会执行。

先判断所有的股票代码是否完成循环,一旦循环完成,调用 SendToRadar 函数把符合筛选条件的股票代码加载到雷达屏;如果数据加载失败(Load 状态[①]为 Failed),则加载下一只股票代码;如果数据加载成功(Load 状态为 Loaded),则调用 CalSmv 函数,对该股票是否满足筛选条件进行判断,然后加载下一只股票代码。

---

① PSP 的 Load 状态有 Loading、Loaded、Failed 三种:Loading 状态为数据尚未加载完成;Failed 状态为数据加载失败,通常是由于该股票停牌没有数据,或其他数据缺失情况;Loaded 状态为数据加载成功,可以正常使用。

//4. PSP 获取数据后,判断筛选,将符合条件的股票代码放进 symbollist_output
Method void PSP_StateChanged (elsystem.Object sender, tsdata.common.StateChangedEventArgs args)
Vars: double FastAverage0, double FastAverage1, double SlowAverage0, double SlowAverage1,PriceSeriesProvider PSP_temp;
Begin   // 判断是否完成循环
    if (PSP.State = DataState.loaded or PSP.State = DataState.failed) and loop = symbollist_read.count – 1 then
        Begin
            If symbollist_output<>null then
                NumCount = symbollist_output.count
            Else NumCount = 0;
            Print("选股结果: 挑选出" + NumTostr(NumCount, 0) + "只");
            Print(DateTime.Now.ToString(),"完成");
            SendToRadar(symbollist_output);
        end;
    If (PSP.State = DataState.failed) then   // 对于 failed 的代码,跳过,进行下一
                                                // 个的判断,
    Begin
        loop = loop + 1;
        SetPSPStatus();
        Print(symbol_name + "加载失败,加载下一只");
    End
    else If (PSP.State = DataState.loaded) then // 对于加载成功的,判断是否满足条件
    Begin
        FastAverage0 = CalSmv(PSP, 10, 0);   // 调用 CalSmv 函数,计算均值
        SlowAverage0 = CalSmv(PSP, 30, 0);
        FastAverage1 = CalSmv(PSP, 10, 1);
        SlowAverage1 = CalSmv(PSP, 30, 1);   // 选股策略为前一天的十日均线上穿三
                                                // 十日均线
        If FastAverage1<= SlowAverage1 and FastAverage0>SlowAverage0 then
        begin
            symbollist_output.push_back(symbol_name);
            print(symbol_name,"满足条件");
        end;

        loop = loop + 1;
        SetPSPStatus();

```
        end;
End;
```

(五)计算均值

CalSmv 函数用来计算平均收盘价,调用 PSP 中存储的数据,从最新的数据开始逐步往前累加,最后返回计算值。CalSmv 函数是带返回值的,因此在声明时,使用 Method double CalSmv,指明返回值为 double 类型。

另外,在开始计算前,需要判断 PSP 的 count 属性,也就是 PSP 中加载的数据有没有我们需要的那么多,因为对于刚刚上市的股票,可能只有几日的价格,这时 close[index]可能会超出范围,从而使程序报错。

```
//5. 均值函数
Method double CalSmv(PriceSeriesProvider PSP1, int Length, int daybefore)
Vars: int i, double sum;
Begin
    sum = 0.0;
    If PSP1.Count >= length + daybefore then
    Begin
        For i = daybefore to DayBefore + Length - 1
        Begin
            sum = sum + PSP1.Close[i];
        End;
    End;
    return sum / Length;
End;
```

(六)将选股结果输出到雷达屏上

当所有股票判断完成后,SendToRadar 函数把满足筛选条件的股票代码加载到雷达屏,方便下一步的监控、操作。其中,首先遍历 vec,把满足条件的代码作为字符串拼接,然后使用 fileappend 把所有代码写出到指定路径的文件,最后运行宏命令,新建雷达屏,把文件中的代码加载到雷达屏。

```
//6. 把筛选出符合条件的股票代码,加载到雷达屏
Method void SendToRadar(Vector vec)
vars: string filepath, string str_temp, int idx;
Begin
    filepath = tsfilepath + "myselectedlist.csl";
    str_temp = "";
    If vec.Count <> 0 then begin
```

```
        Filedelete(filepath);
        For idx = 0 to vec.Count - 1 begin
            str_temp + = vec[idx].ToString() + newline;
        end;
        Fileappend(filepath, str_temp);

        RunCommand(".nrs");                          //新开一个雷达屏
        RunCommand(".ISYL  myselectedlist");         //将搜索结果插入雷达屏
    end
    Else
        Print("没有股票符合筛选条件");
End;
```

将股票加载到雷达屏中,整个选股过程就完成了。技术选股最重要的环节,在于获取股票列表及其历史行情数据,计算出技术指标后进行判断的过程。完整的代码文件可以到国信 TradeStation 大学网站上下载。

二、技术选股策略应用

从交易应用程序中找到编写的"技术选股",点击打开交易应用。"技术选股"将自动打开代码列表窗口,如图 3-1 所示。

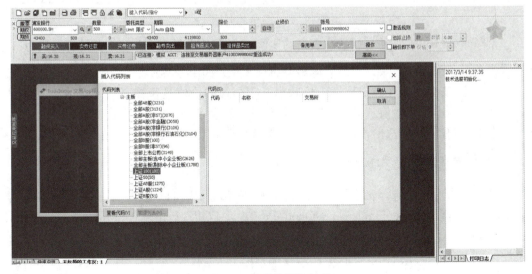

图 3-1　技术选股初始化

以选择上证 180 为例,点击确定后,选股程序将后台运行,最后选股结束,程序将符合条件的股票加载到新的雷达屏,如图 3-2 所示,其间将两次弹出宏命令执行提示窗,用户需点击"是"。

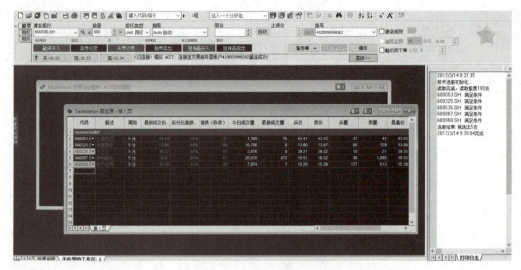

图 3-2　技术选股最后结果

第三节　基本面选股策略

常用的基本面指标有每股收益(EPS)、市盈率(PE)、市净率(PB)、市值及自由现金流等。本节以市盈率、市净率为例,筛选出符合设定条件的股票。

市盈率(P/E)是股价与每股收益的比值,一般标准范围在 15—25 倍;其计算公式为:

$$市盈率 = 当前每股市场价格 / 每股盈余 EPS$$

市净率(P/BV)是股价与每股净资产的比值,一般标准范围在 1—2 倍;其计算公式为:

$$市净率 = 当前每股市场价格 / 每股净资产$$

市盈率、市净率能在一定程度上反映出上市公司的价值是否被高估或低估。一般而言,市盈率、市净率的数值越低,该股价值被低估的程度越高,越具有投资价值。

在本节,我们将筛选出市盈率小于 20、市净率小于 1.8 的股票,显示在雷达屏上。

一、基本面选股策略实现

与技术选股类似,基本面选股的思路也是调用代码列表窗口,获取所选股票池代码;然后使用基本面数据组件(FundamentalQuotesProvider,FQP)、行情组件(PriceSeriesProvider,PSP)读取股票每股净值、每股收益、最新价,计算市盈率、市净率,逐个判断是否满足筛选条件;对于满足条件的股票,将股票代码存储;在判断完成后将满足条件的代码加载到雷达屏。

交易应用的初始化、选股结果输出等部分与第一节类似,在此处不再赘述。本节重点解释设置 FQP 和 PSP 组件,以及代码筛选部分。

(一) 设置 FQP 和 PSP 属性

计算市盈率、市净率需要获得股票价格、每股盈利(EPS)、每股净值的信息。相应地,就需要调用 PSP 获取最新价格,以及 FQP 获取基本面数据,如 EPS、每股净值。

首先编写 SetStatus,设置两个组件的 symbol 属性。两个组件 symbol 属性设置完成,将 Load 属性改为 True。

```
//3. 设置 FQP 和 PSP 的 symbol 属性
Method void SetStatus(string str)
Begin
    FQP.Load = False;
    FQP.Fields + = "FNAP"; //每股净资产(NetAssetPS) DataType: DoubleValue [下标]
    FQP.Fields + = "FEPS"; // 每股收益(EPS) DataType: DoubleValue [下标]
    FQP.Symbol = str;
    FQP.Load = True;

    PSP.Load = False;
    PSP.IncludeVolumeInfo = True;
    PSP.Interval.ChartType = DataChartType.Bars;
    PSP.Interval.IntervalType = DataIntervalType.Daily;
    PSP.Interval.IntervalSpan = 1;
    PSP.Range.Type = DataRangeType.Date;
    PSP.Range.FirstDate = DateTime.Parse("2016/12/16");
    PSP.Range.LastDate = DateTime.Now;
    PSP.Symbol = str;
    PSP.Load = True;
End;
```

(二) 判断 FQP 和 PSP 组件数据是否加载完成

与技术分析时只用一个组件不同的是,要确保两个组件的 Load 属性都为 Loaded,并且确保此时两个组件 PSP 和 FQP 的 symbol 属性相同,也就是确保每股收益,或者每股净值和最新的价格对应同一只股票,然后去计算 PE、PB,进而对股票进行筛选。

由于无法确定两个组件哪个率先加载完成,所以在两个组件的 StateChange 函数中都写入股票信息的处理、判断。

```
//4. PSP,FQP 获取数据后,判断筛选,将符合条件的股票代码放进 symbollist_output
Method void PSP_StateChanged (elsystem.Object sender, tsdata.common.StateChangedEventArgs args)
Begin
    If (PSP.State = DataState.failed) then    // 对于 failed 的代码,跳过,进行下一个的判断;
        Begin
            Print(PSP.Symbol + "加载失败,加载下一只...");
```

```
            loop = loop + 1;
            If loop<symbollist_read.Count then
                Begin
                    SetStatus(symbollist_read[loop].ToString());
                End
            Else
                Begin
                    Print("选股结果:挑选出" + NumTostr(NumCount, 0) + "只");
                    Print(DateTime.Now.ToString() + "完成");
                    SendToRadar(symbollist_output);
                End;
        End;
    //对于加载成功的,调用函数 stockfilter 进行是否满足条件的判断
    If (PSP.State = DataState.loaded and FQP.State = DataState.loaded and PSP.Symbol = FQP.Symbol) then
        Begin
            StockFilter(PSP, FQP);        //调用函数判断
            loop = loop + 1;
            If (loop<symbollist_read.Count) then
                Begin
                    SetStatus(symbollist_read[loop].ToString());
                End
            Else
                Begin
                    Print("选股结果:挑选出" + NumTostr(NumCount, 0) + "只");
                    Print(DateTime.Now.ToString() + "完成");
                    SendToRadar(symbollist_output);
                End;
        End;
End;
```

(三) 计算 PE 和 PB 指标,筛选股票

定义 StockFilter 函数,对一只股票的 PE、PB 比率进行计算、筛选,对于符合筛选条件的,将其储存在 symbollist_output 中。

```
//5.判断股票代码是否满足条件的函数
Method void StockFilter(PriceSeriesProvider PSP1, FundamentalQuotesProvider FQP1)
Vars: double price_close, double EarningPerShare, double BookValuePershare, double P_E, double P_B; // double CurrentLiquidShare, double market_cap;
```

```
Begin
    price_close = PSP1.close[0];
    EarningPerShare = FQP.Quote["FEPS"].DoubleValue[0];
    BookValuePershare = FQP.Quote["FNAP"].DoubleValue[0];
    If EarningPerShare>0 and BookValuePershare>0 then
    Begin
        P_E = price_close/ EarningPerShare;
        P_B = price_close/ BookValuePershare;
// 选出市盈率小于20,市净率小于1.8的股票,放进symbollist_output中
        If P_E<20 and P_B<1.8 then
        Begin
            symbollist_output.push_back(PSP1.Symbol.ToString());
            PE_vec.push_back(Numtostr(P_E, 2));
            PB_vec.push_back(Numtostr(P_B, 2));
            NumCount = NumCount + 1;
        End;
    End;
End;
```

完整的代码文件可以到国信 TradeStation 大学网站上下载。

二、基本面选股策略应用

从交易应用程序中找到编写的"基本面选股",点击打开交易应用。"基本面选股"将自动打开代码列表窗口,如图 3-3 所示。

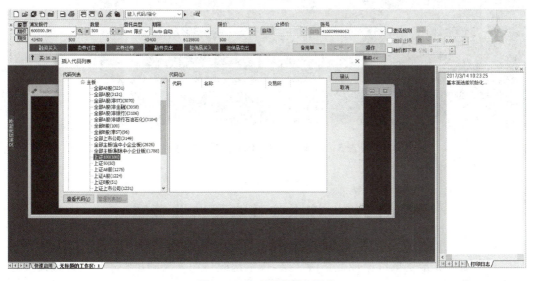

图 3-3　基本面选股初始化

例如，选择上证180板块，点击确定，程序运行，最后弹出提示，把挑选出的所有股票代码加载到雷达屏，如图3-4、图3-5所示。

图3-4 弹出加载到雷达屏的提示窗

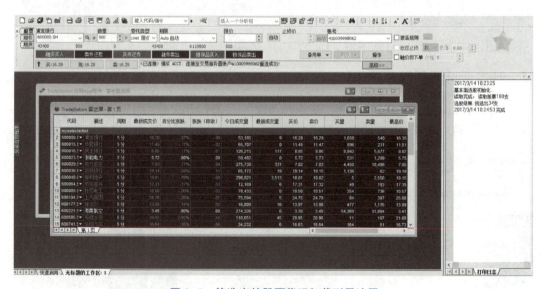

图3-5 筛选出的股票代码加载到雷达屏

第四节 技术加基本面选股策略

基本面选股是挖掘价值被低估的股票，技术选股是在寻找满足特定价格或成交量等走势的股票。基本面与技术面结合的选股方式，则是双重过滤。

本节我们把均线选股（即 10 天短期均线上穿 30 天长期均线）和基本面数据（投入资本回报率大于 5%）结合，对股票进行筛选。

资本回报率（Return on Invested Capital）是指投出和/或使用资金与相关回报（回报通常表现为获取的利息和/或分得利润）之比例，用于衡量投出资金的使用效果，是用来评估一个公司或其事业部门历史绩效的指标。通常用来直观地评估一个公司的价值创造能力。（相对）较高的 ROIC 值，往往被视作公司强健或者管理有方的有力证据。

一、技术加基本面选股策略实现

整体思路与第一节类似，不再赘述。

条件判断分成两步：首先使用技术指标，筛选出上一个交易日，10 日均线上穿 30 日均线的股票；再在筛选出的股票中，调用基本面数据，筛选出投入资本回报率高于 5% 的股票，最后把符合条件的股票代码加载到雷达屏。

（一）PSP 数据加载完成后，先进行技术指标筛选

与技术分析类似，判断 PSP 数据是否加载完成；若完成后，先调用技术指标筛选函数进行第一步筛选。

```
//4. PSP 获取数据后，进行技术面筛选，将符合条件的股票代码放进 symbollist_output，
以进行下一步基本面筛选
Method void PSP _ StateChanged ( elsystem. Object sender, tsdata. common.
StateChangedEventArgs args)
    Vars: string OutPath;
    Begin
        If (PSP.State = DataState.failed) then // 对于 failed 的代码，跳过，进行下一
                                              // 个的判断
            Begin
                Print(PSP.Symbol + "股票加载失败,程序将自动加载下一只股票");
                loop = loop + 1;
                If loop<symbollist_read.Count then
                    Begin
                        PSP.Load = False;
                        PSP.Symbol = symbollist_read[loop].ToString();
                        PSP.Load = True;
                    End
                Else
                    Begin
                        Print(DateTime.Now.ToString() + newline + "第一步,技术面
选股结束,挑选出" + NumTostr(NumCount, 0) + "只");
```

```
                              If NumCount > 0 then SetFQPStatus ( symbollist _ output
[index].ToString());
                    End;
              End;

              If (PSP.State = DataState.loaded) then  // 对于加载成功的,调用股票过滤函数
                                                     // stockfilter 判断是否满足条件
                  Begin
                      StockFilter_Tech(PSP);
                      loop = loop + 1;
                      If (loop<symbollist_read.Count) then
                          Begin
                              PSP.Load = False;
                              PSP.Symbol = symbollist_read[loop].ToString();
                              PSP.Load = True;
                          End
                      Else                            // 所有判断结束,则把过滤所得代码写出
                          Begin
    SetFQPStatus(symbollist_output[index].ToString());
                              Print(DateTime.Now.ToString() + newline + "第一步,技术选
股结束,挑选出" + NumTostr(NumCount, 0) + "只");
                          End;
                  End;
End;
```

(二) 定义技术面筛选函数

函数 StockFilter_Tech 用于判断股票是否满足 10 日均线上穿 30 日均线条件;若满足条件,则将股票代码存到 symbollist_output 中。

```
//6. 技术面筛选函数,把符合条件的股票代码放进变量 symbollist_output
Method void StockFilter_Tech(PriceSeriesProvider PSP1)
    Vars: double FastAverage0, double FastAverage1, double SlowAverage0, double
SlowAverage1;
    Begin
        FastAverage0 = CalSmv(PSP1, 10, 1);    // 调用 CalSmv 函数,计算一只股票,一
                                               // 定时间长度,一定天数之前的均价
        SlowAverage0 = CalSmv(PSP1, 30, 1);
```

```
        FastAverage1 = CalSmv(PSP1, 10, 2);
        SlowAverage1 = CalSmv(PSP1, 30, 2);
                                            //选股策略为前一天的十日均线上
                                            //穿三十日均线
        If FastAverage1< = SlowAverage1 and FastAverage0>SlowAverage0 then
        Begin
            symbollist_output.push_back(PSP1.Symbol.ToString());
                                            //将符合条件的股票代码放进
                                            //symbolist_output 中
            NumCount = NumCount + 1;        //用 Numcount 变量记下符合条件的
                                            //股票个数
        End;
End;
```

(三) FQP 数据加载完成后,进行第二步筛选

使用 FQP 的状态变化事件函数,判断 FQP 的数据是否加载完成。如果加载完成,则判断资本回报率是否大于的函数;满足条件的股票代码存到 result 中。

```
//5. FQP 获取数据后,判断筛选,将符合条件的股票代码放进变量 ROIC 中
Method void FQP_StateChanged (elsystem.Object sender, tsdata.common.StateChangedEventArgs args)
    Vars: double ROIC;
    Begin
        If (FQP.State = Datastate.loaded) then
            Begin
                ROIC = GQP.Quote["FROI"].DoubleValue[0];
                If ROIC>5 then
                    symbol_ToRadar.push_back(FQP.Symbol);
                index = index + 1;
                If index<Numcount then
                    Begin
                        FQP.Load = False;
                        FQP.Symbol = symbollist_output[index].ToString();
                        FQP.Load = True;
                    End
                Else SendToRadar(symbol_ToRadar);
            End;
        If (FQP.State = Datastate.failed) then
```

```
        Begin
            index = index + 1;
            If index<Numcount then
                Begin
                    FQP.Load = False;
                    FQP.Symbol = symbollist_output[index].ToString();
                    FQP.Load = True;
                End
            Else SendToRadar(symbol_ToRadar);
        End;
End;
```

完成所有代码的筛选后,再将 result 输出到雷达屏。完整的代码文件可以到国信 TradeStation 大学网站上下载。

在这种基本面加技术面选股的策略中,我们不难发现,其实两个选股指标是有优先级区别的,首先用技术指标筛选股票,其次从筛选出的股票中进行基本面的筛选。读者也可以先利用基本面指标,再利用技术指标的策略对股票实现筛选。

二、技术加基本面选股策略应用

从交易应用程序中找到编写的"技术加基本面选股",点击打开交易应用。"技术加基本面选股"将自动打开代码列表窗口,如图 3-6 所示。

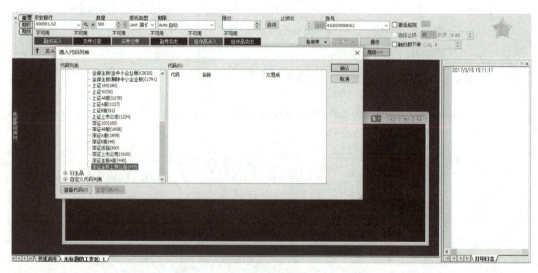

图 3-6　技术加基本面选股 App 初始化

选择深证主板上市公司板块,确认后程序运行结束,输出结果如图 3-7 所示:

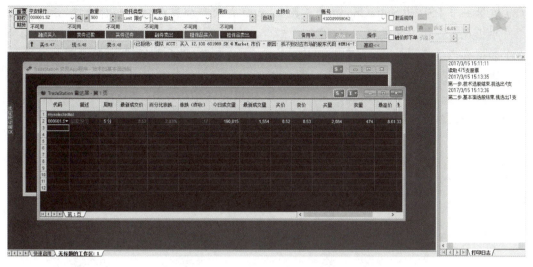

图 3-7 技术加基本面选股 App 结果输出

本 章 小 结

本章以简单的三种选股方式为例,介绍了怎样使用 EL 调用股票代码列表的选择窗口,并通过多个事件、函数结果之间的传递,来实现简单的选股策略。

本章的重点是在编程过程中,算法的逻辑设计,需要等待 PSP 和 FQP 组件的数据获取成功后才能继续进入下一步的数据计算、条件判断。考虑到循环判断、代码的复用,在编写时使用 method 来保持代码的复用。在后续学习中,读者可以进一步扩展选股的条件。

另外,本章的案例是使用单个组件获取数据后,更改代码再重新获取数据;延伸的用法可以批量设置多个组件,将组件存储到 Vector 中,再批量判断,提升效率。有兴趣的读者可以自行探讨。

重 要 概 念

基本面选股   技术指标选股   技术加基本面选股   FQP   PSP

习题与思考题

(1) 获取基本面信息和技术面信息的常用组件分别是什么?如何设置它们的属性?
(2) 如何触发一个组件的 StateChange 事件?

(3) 在第一节 PSP 的 StateChanged 函数里，加载失败和加载成功的两种情况，示例代码中出现了一些重复代码，如何进行改善？

(4) 尝试自己编写一个 App，筛选出 KD 上穿 20 的股票，并把股票代码写出到指定路径文件。

(5) 尝试自己编写一个 App，筛选出特定板块 EPS 大于 1 的股票，并把股票代码写出到指定路径文件。

第四章

股票投资组合交易策略

> **学习目标**
> 1. 理解股票投资组合交易策略的含义和基本类型。
> 2. 理解和掌握利用分析图进行股票组合程序化交易策略的基本思想、EL 编程和应用方法。
> 3. 理解和掌握利用雷达屏进行股票组合程序化交易策略的基本思想、EL 编程和应用方法。

第一节 股票组合交易策略概述

由于股票市场环境的错综复杂性,购买单一品种的股票进行投资具有很大的投资风险。为了有效回避股票市场的非系统性风险,保证投资收益的稳定性从而实现整体投资收益的最大化,较好的投资策略是将各种单一的投资风格(个股选择策略)进行组合运用,构建股票组合投资策略。

不同的股票组合投资策略反映了不同投资风格。国内外实践证明,通过一定的科学方法进行股票组合构建,对于规避非系统性风险和稳定收益具有不同的作用。股票组合策略按照积极与消极的程度通常可分为以下三类。

(一) 积极投资策略

积极投资策略是根据市场情况的不断变化在各种不同的投资策略之间进行转换,或者对不同类别(风格)的股票按照一定比例构造组合并不断进行积极的调整,从而充分挖掘和利用短期市场环境变化所蕴藏的机会来获取最大收益的组合投资策略。由于投资策略的转换调整必须以市场的预判为基础,也即必须运用市场时机选择策略,所以这类股票组合策略的总体表现往往是交易成本较高,最终投资绩效具有较大的易变性。

(二) 消极投资策略

消极投资策略就是指数追踪策略,通过构造指数型投资组合,追踪指数变动,获取指数变动的收益。这种策略的理论依据是现代证券组合投资理论,该策略的主要目标在于实现与适度风险相匹配的市场平均收益，其最优的股票组合选取结果就是市场组合，并且这种股票组合策略最大的缺点就是无法回避整个股票市场的系统风险。

（三）中性投资策略

中性投资策略通常指的是通过同时建立多头以及空头头寸，对冲某种市场风险的策略，其中包含市场或指数的涨跌风险、行业偏离风险、风格偏离风险等等。一旦对冲了特定的风险，则策略的收益与该风险的相关性极低，而是通过获取相对于基准的 ALPHA 来赚取绝对收益。任何一个投资者很难在各个方面都十分擅长，投资者使用中性策略能够将其投资能力扬长避短。比如一个投资者擅长宏观比较，那么使用宏观对冲策略，可以发挥其宏观研究的特长，回避其选股或者行业配置的短板；如果一个投资者擅长做个股比较，那么他使用股票市场中性策略，就可以回避市场风险和行业选择风险，在个股比较方面获取收益。

中性策略包含的种类较多，其中有宏观对冲、股票市场中性策略、统计套利、事件套利等。宏观对冲指的是在不同市场中，通过看多某个国家的经济做多其市场指数，看空另一个国家的经济做空对应指数来获取两个市场走势之间的价差，考验的是投资者的宏观把握能力。股票市场中性策略，多数依靠投资者的选股能力获取 ALPHA。投资者一方面做空市场指数，同时同步构建股票多头头寸，从而获取个股战胜市场的收益，也有投资者更擅长把握行业内选股，则可以做空行业指数进行对冲。

对于中性投资策略的套保、套利等策略的程序化交易，我们将在以后章节展开讨论。积极投资策略主要通过选股和择时交易来进行，消极投资策略可以通过购买相应的指数基金来实现。

第三章我们讨论了怎样利用 TS 来选股的问题，本章将讨论怎样利用 TS 对选出的股票组合进行择时交易的问题。在《程序化交易初级教程》中我们讨论了利用 TS 进行股票择时交易的各种策略。但在那里我们仅局限在利用 TS 的传统的下单保留字交易功能，无法对资产组合同时进行下单。在此，我们将讨论利用 EL 的下单组件对股票组合下单问题。

TS 进行股票组合择时交易有两种基本方式：一种是分析图监测交易，另一种是雷达屏监测交易。本章第二节首先讨论分析图监测交易，第三节讨论雷达屏监测交易。

第二节　股票组合分析图交易策略

一、股票组合分析图交易策略思想

股票投资组合的交易不管是积极的投资策略还是消极的投资策略，都需要进行必要的择时交易，选择最佳的进出时点并进行实时交易。股票择时交易首先需要对股票行情进行实时监测和下单。几乎所有的程序化交易平台的分析图都可以实现对多品种的行情进行监测，但是，大多数平台的分析图都只能对 1 个品种（主品种）下单。这就使得其不便于在分析图里对资产组合进行交易。TS 在传统的面向用户的 EL 语言的基础上引入了面向对象编程的组件，使其可以在 TS 的分析图形上实现多资产品种的下单，从而可以实现资产组合的交易管理。

为了在分析图上实现股票投资组合交易,我们首先需要根据交易策略,选择一个投资组合,可以根据基本面选股,也可以根据技术面选股(其方法如第三章所述)。在选股建立的资产组合基础上,我们需要制定相应的交易策略:

(一) 选择开仓策略

如趋势追踪策略、逆向交易策略、突破策略等。也可是多策略的组合。在此,我们的示例以移动均线趋势追踪策略作为基本开仓策略,以布林线宽度作为过滤震荡行情的过滤器,以避免小幅震荡时频繁进出可能带来的损失(参见《程序化交易初级教程》第六至第九章)。

(二) 选择加仓策略

为了控制风险,采用分次建仓策略。其加仓策略可以选择如金字塔加仓策略、金字塔补仓策略、等量加仓策略、等额加仓策略等。在此,我们的示例选择金字塔加仓策略,但并不要求加仓前盈利(参见《程序化交易初级教程》第十二章)。

(三) 选择平仓策略

平仓策略可以选择达到目标盈利平仓、达到目标盈利后回撤一定幅度平仓、目标止损平仓和趋势逆转平仓等策略。在此,选择目标盈利后回撤一定幅度平仓、目标止损平仓和趋势逆转平仓策略,以中期均线下穿长期均线作为趋势逆转信号(参见《程序化交易初级教程》第十一章)。

(四) 选择组合权重分配方法

在资产组合投资里,权重的分配涉及投资资金的配置。怎样合理分配权重至关重要,如等权重法、波动率加权法等。在此,选择等权重法为例(参见《程序化交易初级教程》第十章)。在本书第十章将讨论波动率动态配置法。

(五) 选择资金管理方法

资金管理对于组合投资的风险控制和投资绩效都具有重要影响。资金管理方法有定额投资法、静态资产比重法和动态资产比重法等(参见《程序化交易初级教程》第十一章)。在此,采用动态资产比重法,以提高资金的使用效率。

二、股票组合分析图交易 EL 程序

根据上述股票投资组合交易策略思想,我们要在 TS 的分析图形上实现其回测、监测和交易,需要利用其提供的 EL 编程语言和相关的交易组件和账户信息组件进行编程。

(一) 程序类型选择

EL 的"策略"类程序里面的下单命令 Buy、Sell 等保留字使用虽然方便,但是由于它不能指定下单商品代码,因而只能对分析图上的主品种进行交易,而不能够对其他品种进行交易。所以,我们只能利用其下单组件 OrderTicket 进行下单。

对交易策略进行历史回测,是检验策略的有效性的基本环节。TS 对 EL 的"策略"提供了进行历史回测和参数优化的功能,使用十分便利。但是,遗憾的是,它仅提供由 Buy、Sell、SellShort 和 BuytoCover 等下单保留字形成的交易进行历史回测分析和参数优化,而对由 OrderTicket 下单组件下单形成的交易则不提供回测和参数优化支持。那么,我

们用 OrderTicket 下单组件下单的策略就无法知道其策略有效性如何。显然，没有经过历史回测检验的策略，谁也不敢轻易就直接用于交易。

解决的办法就是在程序里面自己编写策略绩效统计功能模块，并将其变动曲线显示（Plot）到图形上和将历史回测数据储存到文件里面，自己再对这些数据进行分析。但 EL 的"策略"类程序不能使用 Plot 命令显示图形，而在其"指标"类程序里面既可以使用 Plot 命令输出，又可以使用 OrderTicket 下单组件下单交易。因此，我们将选择股票投资组合交易程序使用"指标"类型。

（二）参数、变量和命名空间的定义

在任何程序里面都必须在开始定义使用的参数、变量和命名空间，以便程序使用。

在使用 EL 组件的时候，需要利用 using 保留字定义命名空间，以便引用命名空间（例如类、方法、属性和事件）中所有没有 namespace.name 作为显性限定符的名称。当然，仍然可以使用完整、合格的名称以提高可读性。using 语句放在 EL 文件的开头，以减少 IntelliSense 意外行为的可能性。using 语句并未提供对嵌套在指定命名空间中的命名空间的访问权限。对每个嵌套命名空间或在使用显性限定符时，都需要一个单独的 using 语句。

使用 Input：语句定义参数；使用 VAR：语句定义变量；使用 Array：语句定义数组。在此使用数组，是为了对组合的多个资产进行循环计算，以简化程序的编写。在此，我们假设该组合有 5 个资产，所以将数组定义为 5 维。如果需要增加资产数量，就必须相应扩大数组的维数。为了提高变量的计算精度，可以定义在变量和数组前加 double，将其定义为双精度。加 int 定义为整数。通常程序只在 K 线结束时更新数据，如果要在 K 线内更新数据，需要在定义的变量前加 intrabarpersist。

（三）组件设置

为了在 EL 程序中运用 OrderTicket 组件下单，AccountProvider 组件提供账户信息，我们需要在 EL 程序中插入这些组件并进行相关设置（详见本书第二章）。在此，具体方法如图 4-1 所示：

第 1 步：在 EL 编辑器的左边栏点击[工具箱]按钮，调出下拉菜单。

第 2 步：从中选择相应组件双击，将其加载到 EL 程序，其图标会自动显示在其组件图标栏。

第 3 步：将鼠标选中该图标，其属性显示在右边属性栏。

第 4 步：在 Accounts 栏输入交易账户号。

第 5 步：可以将该组件的名称 AccountProvider 修改为 AP1，以便在程序中输入简写名引用。

第 6 步：需要将 common 属性设置为 realtime：True；TimeZone：Local；Load：True。

第 7 步：在属性窗口点击事件图标，调出事件窗口。

第 8 步：在事件窗口点击 Updated 栏，事件更新组件名"ap1_updated"显示在该栏右边，同时该组件程序自动插入到程序以便在账户信息更新时自动获取账户信息，如图 4-2 中的 AP1 组件。

第四章　股票投资组合交易策略

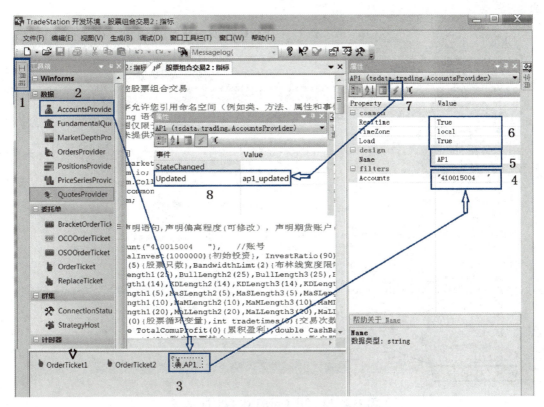

图 4-1　EL 程序 AccountProvider 组件的设置

```
method void AP1_Updated(elsystem.Object sender,
            tsdata.trading.AccountUpdatedEventArgs args)
begin
    CashBalance = AP1.Account[0].RTCashBalance;            //账户余额
    BuyingPower = AP1.Account[0].RTDayTradingBuyingPower;  //可用余额
    NetWorth = AP1.Account[0].RTAccountNetWorth;           //持仓市值
    realizedPL = AP1.Account[0].RTUnrealizedPL;            //账户浮盈
end;
```

你可以将需要获取的账户信息语句输入在 begin……end 语句之间（如上所示）。其引用属性的名称和格式，可以查询其编辑器组件帮助。将这些信息赋值到相应的变量，以后在程序中即可直接引用。注意，这些组件更新的语句必须放在变量定义之后，其他所有计算语句之前。

对于下单组件 OrderTicket 也需要先按照上述步骤进行设置。但需要注意，OrderTicket 下单组件在此使用的是国信的组件（如图 4-2 所示），其组件名称可以修改也可以不修改。这里使用的一个是买进建仓，一个是卖出平仓，为了方便组件属性设置，我们分别引用，所以使用两个下单组件，分别命名为 OrderTicket1 和 OrderTicket2。由于下单组件的许多属性在引用时发生了变化，我们需要在程序引用时对它们进行设置，在属

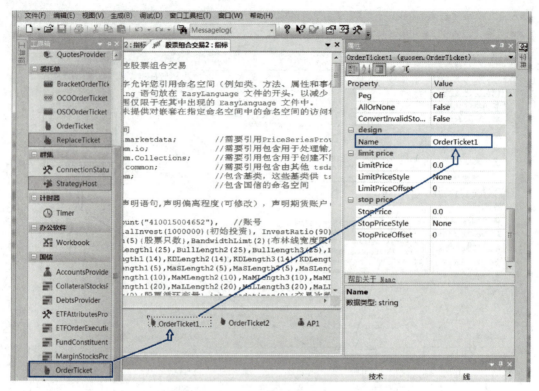

图 4-2　EL 程序 OrderTicket 组件的设置

性栏就可不必设置了。

买进建仓引用时的属性设置如下所示：

```
// 买入建仓
If LASTBARONCHART and TradingVolume[k]>100 and BuyTimes[k] = 0 then Begin
    OrderTicket1.Account = iAccount;                              //输入账户
    OrderTicket1.Symbol = ICode[k];                               //输入建仓商品代码
    OrderTicket1.Quantity = TradingVolume[k];                     //输入交易量
    OrderTicket1.Action = guosen.OrderAction.Buy;                 //开多仓
    OrderTicket1.Type = tsdata.trading.OrderType.Limit;           //下单类型为限价单
    OrderTicket1.LimitPrice = Close[0];                           //价格为收盘价
    OrderTicket1.Duration = "GFD";                                //委托单当日有效
    OrderTicket1.Send();                                          //下达指令
```

如果用市价单则以如下 2 行撤换以上倒数 2—4 行。

```
OrderTicket1.Type = tsdata.trading.OrderType.Market;          //市价单
    OrderTicket1.Duration = "IC5";                            //最优 5 档成交,其余撤单
```

由于模拟交易并非实际交易,用市价单不会返回成交价格,模拟账户无法计算盈利,

因此，在模拟账户使用时建议使用限价单。

由于在此我们使用1个下单组件对多种资产进行下单，因此，采用数组循环处理，对下单商品代码用 ICode[k]输入，k 代表其在分析图上的位置编号。交易量用 TradingVolume[k]输入。其值在程序前面专门计算赋值。

为了避免程序在历史 K 线也下单，需要增加 If LASTBARONCHART then 条件，限制其在最后一根 K 线完成后下单。

(四) 数组赋值

为了方便程序处理图形上加载的多个资产，我们利用数组循环处理，需要将图形各个子图上的数据和各个资产指标的参数分别赋予数组变量。前者如：

CloseA[1]=c of data1；CloseA[2]=c of data2；等。

后者如：

MaSLength[1]=MaSLength1；MaSLength[2]=MaSLength2；等。

注意：data1、data2、data3 等表示图形上各子图的编号，数组变量后面的方括号里面的数字代表第几个数组变量，参数后面的数字代表该子图对应资产的编号，如 CloseA[1]、MaSLength[1]、MaSLength1、data1，它们都对应第1子图。

(五) 参数优化

不同资产指标参数反映了该资产价格变动的周期差异，我们需要对同一指标的不同资产设置不同的参数，如短期均线长度 MaSLength1、MaSLength2，便于我们对各个资产的指标参数进行优化，以反映其周期差异。虽然在 TS 的技术指标类不能利用其提供给策略类的参数优化功能，但是，我们可以通过在策略里面对单一资产的参数轮换进行优化，然后将优化参数输入该组合里该资产的对应参数，从而使组合里的每个资产有一个反映其价格周期的优化参数。

注意：在策略里面进行参数优化，需要新建一个策略程序，将本技术指标的程序做些修改后放到该策略里。将下单的组件改为策略里面的下单命令 Buy、Sell，删掉策略不支持的 Plot 语句，在分析图里分次将各个资产代码加载到子图1，这样 TS 就可对策略里的参数分别进行优化了（参数优化具体做法参见《程序化交易初级教程》第十三章）。

(六) 建仓加仓时点策略

在此使用均线趋势追踪策略，用布林线宽度过滤短期震荡。如果长期和短期均为上升趋势，持仓为零，则建新仓。如果长期上升趋势成立，短期回调后 KD 金叉，持有仓位且加仓次数少于限制则加仓。其条件语句如下所示：

```
If TradeCon and MaL[k][1]>0    and MaM[k]>MaL[k] and Bandwidth[k]>BandwidthLimt/100
and MaL[k]/MaL[k][1]>1.0003    then begin   //上升趋势成立且布林线宽度满足
   if   CloseA[k]>MaS[k]   and   MaS[k]>MaM[k] and BarID-entryBar[k]>1
      and BuyTimes[k] = 0 and TradingVolume[k]>=100 then begin
      BuyOrder[k] = true;              //下单指令为true
```

```
        OrderName[k] = "NewInvests";       //开仓指令名称新开仓
        ……
    End;
    if  oSlowK[k] crosses over oSlowD[k] and BarID - entryBar[k] > 2 and BuyTimes[k]
[1] > 0
        and  BuyTimes[k][1] < BuyTimeLimt and BuyPosition[k][1] > 0
        and TradingVolume[k] > = 100 then begin
            BuyOrder[k] = true;
            OrderName[k] = "AddInvests";    //开仓指令名称加仓
            ……
        End;
End;
```

(七) 平仓策略

平仓策略包括止盈平仓、止损平仓和趋势逆转平仓三种策略。

1. 当盈利达到目标后回落一定幅度平仓。

```
if  BuyPosition[k] > 0 and AvCostBuy[k] > 0 and Profits[k] > 0 and maxProfits[k] > 0
    and maxProfits[k]/(AvCostBuy[k] * BuyPosition[k]) > ProfitGoal/100
    and  1 - Profits[k]/maxProfits[k] > (ProfitLoss/100)   then begin
        SellOrder[k] = true;                //设置下单指令
        OrderName[k] = "StopProfits";       //设置下单指令名称,
        ……
End;
```

2. 当亏损达到目标后平仓。

```
If BuyPosition[k] > 0 and Profits[k] < - (CloseA[k] * StopLoss/100) * BuyPosition[k]
    and BuyPosition[k] > 0 and BarID - entryBar[k] > 1 then   begin
        SellOrder[k] = true;
        OrderName[k] = "StopLoss";          //止损平仓
        ……
End;
```

3. 当长期趋势逆转,中期均线下穿长期均线,趋势逆转则平仓。

```
If TradeCon and MaM[k] crosses under MaL[k] and BuyPosition[k] > 0 then begin
    SellOrder[k] = true;
    OrderName[k] = "TrendReverSell";        //趋势逆转平仓
    ……
End;
```

(八)建仓加仓数量策略

1. 以投资比率控制投资总资金:

$$投资总资金 = 账户现金余额 \times 现金投资比率$$

由于账户现金余额是一个动态指标,在投资比率一定的情况下,账户现金余额越高,其投资资金越多,反之越少,有利于资金的充分运用和风险控制。

2. 对组合资产原则上采用等额配置投资金额的策略:

$$组合单只股票投资资金 = 投资总资金 / 股票种类数量$$

3. 采用金字塔分批建仓策略:

$$单只股票单次投资资金 = 组合单只股票投资资金 / 建仓次数$$

4. 单只股票单次投资数量:

$$单只股票单次投资数量 = 单只股票每次投资资金 / 股票价格$$

由于交易所规定最低开仓限制为 100 股,因此,需要取整

$$单只股票单次投资数量 = IntPortion(投资数量 / 100) \times 100$$

其程序为:

```
If  TotalCash/ TotalAssets>1 - InvestRatio/100 then
        InvestCash = TotalAssets * InvestRatio/100;
    Else
        InvestCash = 0;
TradingVolume[k] = IntPortion(((((InvestCash * CashInvestRatio/100)/n)
                    / (BuyTimes[k][1]+1))/CloseA[k])/100) * 100;
```

(九)在允许 K 线内更新数据时,避免重复下单问题

在程序化交易中通常假定在 K 结束后才下单,以避免在 K 线内走势发生变化,导致错误下单和重复下单问题。但有时用户希望在 K 线内达到下单条件就下单,特别是止损、止盈时。因此,我们必须进行必要的设置,以避免重复下单问题。

为了统计历史交易的业绩,需要在最后一根 K 线之前允许进行模拟交易统计,而在最后一根 K 线,需要对开仓时间限制在 K 线结束之时,利用计算机时间 currenttime 等于 K 线结束时间 time 进行限制,即:

```
if  LASTBARONCHART = false  then
        TradeCon = true       //如果不是最后一根 K 线,则可以开仓,历史回测统计
    else
      if  currenttime = time and currenttime> = 930 and currenttime<1500 then
          TradeCon = true    {如果是最后一根 K 线,且计算机时间 = K 线收盘时间,则
                              可以开仓}
```

```
                else
                    TradeCon = false;  //否则不能开仓
```

对开仓,包括开新仓和加仓,在此假设在 K 线结束时建仓,即需要满足 TradeCon＝true 条件;对回落止盈和止损,为了更好地控制盈利和损失,可以在 K 线内达到条件即平仓,因此,不必要求满足 TradeCon＝true 条件;而对趋势逆转平仓,则为了增加信号的准确度,要求在 K 线结束时才平仓,也需要满足 TradeCon＝true 条件。当然,你完全可以根据自己的策略假设来设置。

此外,在利用下单组件进行下单时,它会在图形上加载的历史 K 线发出信号时下单,而历史时刻已经过去,显然在打开程序加载历史数据时不应该对历史信号下单。因此,我们应该限制其在最后一根 K 线才下单。需要在建仓买进引用下单组件时加上 LASTBARONCHART 条件成立的限制:

```
If BuyOrder[k]  and LASTBARONCHART  and TradingVolume[k]>100 then Begin
    引用下单组件
End;
```

(十) 对交易业绩的统计

TS 在利用其"策略"类型的程序进行交易时,提供了很好的交易业绩统计分析工具。但是,它必须在"策略"类使用 Buy 和 Sell 等下单保留字下单时,才能够对策略的交易业绩进行统计分析。由于其 Buy 和 Sell 保留字只能对图形的主品种下单,而不能对其他品种下单,我们在组合投资里面只好采用下单组件 OrderTickets 对组合的多品种进行下单。但 TS 并不对下单组件 OrderTickets 下单的业绩进行统计。因此,为了能够进行策略交易业绩的历史模拟统计分析,我们只能自己在程序里面建立一个基本的业绩统计。在此,我们统计组合各品种的持仓盈利和平仓累积盈利,以及组合总计的平仓累积盈利、持仓总市值、账户现金余额和账户资产总值等最基本的业绩指标。用户可以根据自己的需要增加相应指标。

1. 开仓时需要计算持仓仓位 BuyPosition[k]、平均开仓成本 AvCostBuy[k] 和现金余额 TotalCash,即:

```
BuyPosition[k] = TradingVolume[k];                                    //开仓仓位
AvCostBuy[k] = (CloseA[k] + PriceSlippage) * (1 + FeeRatio/100);      //建仓平均成本
TotalCash = TotalCash − TradingVolume[k] * (CloseA[k] + PriceSlippage) * (1 +
FeeRatio/100);                                                        //计算现金余额
```

2. 在加仓时,也想要计算这些指标,但方法略有差别:

```
BuyPosition[k] = BuyPosition[k][1] + TradingVolume[k];
AvCostBuy[k] = (AvCostBuy[k][1] * BuyPosition[k][1] + (CloseA[k] +
PriceSlippage) * (1 + FeeRatio/100) * TradingVolume[k])/BuyPosition[k];
```

```
TotalCash = TotalCash − TradingVolume[k] * (CloseA[k] + PriceSlippage) * (1 +
FeeRatio/100);
```

其中：PriceSlippage 为建仓平仓滑点，FeeRatio 为交易费率（%），单边计算。

3. 在平仓时，需要计算账户现金余额和品种累积盈利：

```
TotalCash = TotalCash + BuyPosition[k] * (CloseA[k] − PriceSlippage) * (1 − FeeRatio/
100);                                              //计算现金余额
    ComuProfit[k] = ComuProfit[k][1] + ((CloseA[k] − PriceSlippage) * (1 −
FeeRatio/100) − AvCostBuy[k]) * BuyPosition[k];    //品种平仓累积盈利
```

4. 如果 K 品种持仓，需计算持仓潜在盈利：

```
If BuyPosition[k] = 0 then Profits[k] = 0;         //K 品种无持仓，潜在盈利归零
```

5. 统计组合综合指标

(十一) 实际交易开始日重置初始投资

```
Profits[0] = Profits[0] + Profits[k] − Profits[k][1];    //统计组合全部持仓潜在盈利
TotalMarketValue = TotalMarketValue + CloseA[k] * BuyPosition[k];
                                                   //统计组合全部持仓市值
TotalAssets = TotalCash + TotalMarketValue;        //统计组合全部资产价值
TotalComuProfit = TotalAssets − InitialInvest;     //组合累积盈利
ComuProfit[0] = ComuProfit[0] + ComuProfit[k];
```

为了便于将策略用于实际交易时的资金控制，我们可以在实际交易开始日重置初始投资。

```
If date = InvestDay    then Begin
        TotalCash = InitialInvest;                 //在实际模拟交易开始日重置
                                                   //初始投资；
        for k = 1 to n begin
            BuyTimes[k] = 0;                       //重置交易参数
            BuyPosition[k] = 0;                    //重置品种持仓量
        end;
    end;
```

(十二) 将模拟交易数据显示和储存

为了方便对组合策略的模拟交易结果进行评价，我们可以将模拟结果以曲线方式显示在分析图上，也可用数据显示在打印日志栏，还可以将其储存在 text 文件，供事后打开进行分析。

1. 图形显示。将模拟结果以曲线方式显示在分析图上，便于我们直观地分析其策略业绩，如：

```
plot1(Profits[0], "浮动盈亏合计");
plot2(TotalAssets, "账户总资产");
plot3(TotalCash, "账户现金余额");
plot4(TotalComuProfit, "TotalComuProfit");
```

2. 输出到打印日志栏。为便于我们调试程序，可以在一些关键位置，将一些关键指标，输出到打印日志栏。如：

```
Print(date,"Ktime",time,"time",currenttime,"子图K",K,"ICode[k]",ICode[k],
"",OrderName[k],"TradingVolume[k]",TradingVolume[k],"CloseA[k]",CloseA[k],
"BuyPosition[k]",BuyPosition[k],"AvCostBuy[k]",AvCostBuy[k],"ComuProfit[k]",
ComuProfit[k],"ComuProfit",ComuProfit[0],"TotalComuProfit",TotalComuProfit,
"TotalCash", TotalCash, "TotalMarketValue", TotalMarketValue, "TotalAssets",
TotalAssets);
```

3. 储存为 text 文件。为了便于我们利用其他分析工具对模拟交易数据进行分析，可以将这些数据储存在 TEXT 文件中，然后利用 EXECL 打开进行分析。我们需要指定储存位置和文件名，如：

```
//控制在最后一根K线且只是在K线结束时打印
    If LASTBARONCHART = false   then
           printorder = true
       else
           if currenttime = time then   printorder = true
           else
              printorder = false;
//将非交易K线的交易量和交易命令归零
       IF TradingVolume[k]>0 and BarID<>entryBar[k]    THEN begin
           TradingVolume[k] = 0;
           OrderName[k] = "N";
       end;
       IF TradingVolume[k]<0 and BarID<>ExitBar[k]    THEN begin
           TradingVolume[k] = 0;
           OrderName[k] = "N";
       end;
//打印表头:
```

```
If barID = 1 and k = 1 then    Print(File("E:\data\mydata.txt"),"date","time",
"currenttime","k","ICode[k]","OderName[k]","BuyTimes[k]","TradingVolume[k]",
"BuyPosition[k]", "AvCostBuy[k]", "CloseA[k]", "ComuProfit[k]", "ComuProfit",
"TotalComuProfit","TotalCash","TotalMarketValue","TotalAssets");
//打印数据:
if printorder then Print(File("E:\data\mydata.txt"),date," ",time," ",currenttime,
" ",k," ",ICode[k]," ",OrderName[k]," ",BuyTimes[k]," ",TradingVolume[k]," ",
BuyPosition[k]," ",AvCostBuy[k]," ",CloseA[k]," ",ComuProfit[k]," ",ComuProfit
[0]," ",TotalComuProfit," ",TotalCash," ",TotalMarketValue," ",TotalAssets);
```

(十三)组合股票数量的增减、策略修改和仿真测试

根据以上策略思想建立的股票组合交易 EL 程序如图 4-3 所示。在此是以 5 只股票的组合编写的程序,你可以增加或减少组合的股票数量。减少不需要修改程序,只需要在运行时将股票指数参数 n 修改为相应数字即可。但如果需要扩大股票指数,则需要将程序里面所有定义的变量和数组的大小进行修改,同时需要增加相应的参数和变量赋值。请读者自己将其扩大为 6 只股票。

以上讨论的策略及其程序只是一个股票组合交易的 TS 图形监控和交易的 EL 程序示例,目的是帮助读者理解和掌握利用 EL 开发股票组合交易策略的基本方法,而非推荐读者直接使用该程序进行实盘交易。读者可以根据自己的需要修改策略和程序。但不管是以上程序还是自己修改的程序,在用于实盘交易之前,一定要在仿真交易环境进行充分的测试、修改、完善,否则可能给自己带来巨大的损失。特别是 EL 的下单组件的使用,稍有不慎,就可能出现重复连续下单的情况,必须加以特别警惕。在做实盘交易时,从较小的投资规模开始,账户资金最好与程序里面的初始投资资金一致,多余的资金一定要转出,避免程序出现错误的时候,带来巨大的损失。光大证券乌龙指事件的教训必须从多个环节来避免其发生。

```
{本指标用于监控股票组合交易}

Input: int n(5){股票只数},iAccount("410015004652"){账号},ProfitGoal(20){盈利
目标%},
    ProfitLoss(5){盈利达目标后回落%},StopLoss(10){止损目标%},
    InitialInvest(100000){初始投资},InvestRatio(60){投资比率%},FeeRatio(0.1)
{手续费率%},
    InvestDay(1170213){投资开始日期},BandwidthLimt(2){布林宽度限制},
    BuyTimeLimt(5){加仓次数限制},PriceSlippage(0.01){价格滑点},
    BullLength1(25),BullLength2(25),BullLength3(25),BullLength4(25),BullLength5
(25){布林线区间长度},
```

KDLength1(14),KDLength2(14),KDLength3(14),KDLength4(14),KDLength5(14){Kd 区间长度},
MaSLength1(5),MaSLength2(5),MaSLength3(5),MaSLength4(5),MaSLength5(5){短期均线区间长度},
MaMLength1(10),MaMLength2(10),MaMLength3(10),MaMLength4(10),MaMLength5(10){中期均线区间长度},
MaLLength1(20),MaLLength2(20),MaLLength3(20),MaLLength4(20),MaLLength5(20){长期均线区间长度};
Var: int k(0){股票循环变量},int t1(0),int BarID(0),
intrabarpersist int tradetimes(0){交易次数变量},
intrabarpersist int quant1(0){账户股票持仓},
intrabarpersist int quant2(0){账户股票可用仓位},
intrabarpersist double TotalAssets(0){总资产},
intrabarpersist double TotalCash(InitialInvest){总现金},
intrabarpersist double TotalMarketValue(0){总市值},
intrabarpersist double TotalComuProfit(0){累积盈利},
intrabarpersist double CashBalance(0){账户现金},
intrabarpersist double BuyingPower(0){账户购买力},
intrabarpersist double NetWorth(0){账户资产净值},
intrabarpersist double realizedPL(0){实现盈利},
intrabarpersist TradeCon(false){开仓条件},
ICode1(GetSymbolName of data1),ICode2(GetSymbolName of data2),
ICode3(GetSymbolName of data3),ICode4(GetSymbolName of data4),
ICode5(GetSymbolName of data5){股票代码},
ReturnValue(0),intrabarpersist double oFastK(0),
intrabarpersist double oFastD(0){KD 变量};
Array: IntrabarPersist double CloseA[5](0),
IntrabarPersist double LowA[5](0),IntrabarPersist double HighA[5](0),{股票收盘、最低、最高价}
IntrabarPersist int entryBar[5](0),
IntrabarPersist BuyOrder[5](false){开仓指令},
SellOrder[5](false){平仓指令},OrderName[5]("New"){指令名称},
IntrabarPersist int BuyDay[5](0),{开仓日期}
IntrabarPersist double MAS[5](0),IntrabarPersist double MaM[5](0),
IntrabarPersist double MAL[5](0),IntrabarPersist double MaSLength[5](0),
IntrabarPersist double MaMLength[5](0), IntrabarPersist double MaLLength[5](0),{移动均线}
IntrabarPersist double Bandwidth[5](0),IntrabarPersist double BullLength[5](0),

IntrabarPersist double UpperBand[5](0),{布林线}
IntrabarPersist double KDLength[5](0),IntrabarPersist double oSlowK[5](0),
IntrabarPersist double oSlowD[5](0),{KD 指标}
IntrabarPersist double BuyTimes[5](0),IntrabarPersist double BuyPosition[5](0),{开仓次数、仓位}
ICode[5](""),IntrabarPersist double TradingVolume[5](0),{开仓代码、交易量}
IntrabarPersist double AvCostBuy[5](0),IntrabarPersist double Profits[5](0),
IntrabarPersist double ComuProfit[5](0),IntrabarPersist double maxProfits[5](0);
{平均成本、潜在盈利、累积盈利、最大盈利}

//组件 AP1 获取账户信息
method void AP1_Updated(elsystem.Object sender, tsdata.trading.AccountUpdatedEventArgs args)
begin
  If AP1.Count>0 then
    Begin
      CashBalance = AP1.Account[0].RTCashBalance;   //账户余额
      BuyingPower = AP1.Account[0].RTDayTradingBuyingPower; //可用余额
      NetWorth = AP1.Account[0].RTAccountNetWorth;   //持仓市值
      realizedPL = AP1.Account[0].RTUnrealizedPL;   //账户浮盈
    End;
end;
BarID = BarID + 1;   //K 线计数
//数组赋值
    CloseA[1] = c of data1;CloseA[2] = c of data2;CloseA[3] = c of data3;CloseA[4] = c of data4;CloseA[5] = c of data5;
    HighA[1] = c of data1;HighA[2] = c of data2;HighA[3] = c of data3;HighA[4] = c of data4;HighA[5] = c of data5;
    LowA[1] = c of data1;LowA[2] = c of data2;LowA[3] = c of data3;LowA[4] = c of data4;LowA[5] = c of data5;
    MaSLength[1] = MaSLength1;MaSLength[2] = MaSLength2;MaSLength[3] = MaSLength3;MaSLength[4] = MaSLength4;MaSLength[5] = MaSLength5;
    MaMLength[1] = MaMLength1;MaMLength[2] = MaMLength2;MaMLength[3] = MaMLength3;MaMLength[4] = MaMLength4;MaMLength[5] = MaMLength5;
    MaLLength[1] = MaLLength1;MaLLength[2] = MaLLength2;MaLLength[3] = MaLLength3;MaLLength[4] = MaLLength4;MaLLength[5] = MaLLength5;
    BullLength[1] = BullLength1;BullLength[2] = BullLength2;BullLength[3] =

```
BullLength3; BullLength[4] = BullLength4; BullLength[5] = BullLength5;
    KDLength[1] = KDLength1; KDLength[2] = KDLength2; KDLength[3] = KDLength3;
KDLength[4] = KDLength4; KDLength[5] = KDLength5;
    ICode[1] = ICode1; ICode[2] = ICode2; ICode[3] = ICode3; ICode[4] = ICode4; ICode
[5] = ICode5;

//计算数组指标
For k = 1 to n Begin
    Mas[k] = Average(CloseA[k],MaSLength[k]);
    MaM[k] = Average(CloseA[k],MaMLength[k]);
    MaL[k] = Average(CloseA[k],MaLLength[k]);
    Bandwidth[k] = BollingerBandwidth(CloseA[k], BullLength[k], 2, -2);
    UpperBand[k] = BollingerBand(CloseA[k], BullLength[k], 2);
    ReturnValue = Stochastic(HighA[k], LowA[k], CloseA[k], KDLength[k], 3, 3, 1,
            oFastK, oFastD, oSlowK[k], oSlowD[k]);
end;
    //实际交易开始日重置初始投资
If date = InvestDay    then Begin
    TotalCash = InitialInvest;                //在实际模拟交易开始日重置初始投资;
    for k = 1 to n begin
        BuyTimes[k] = 0;                      //重置交易参数
        BuyPosition[k] = 0;                   //重置品种持仓量
    end;
end;

//各资产循环建仓加仓
TotalMarketValue = 0;                         //循环统计总量归零
Profits[0] = 0;
ComuProfit[0] = 0;
BuyOrder[k] = false;                          //循环开始调用下单指令设置为 false
SellOrder[k] = false;
For k = 1 to n begin
    //在允许 K 线内更新数据时,避免重复下单
    if    LASTBARONCHART = false    then
            TradeCon = true           //如果不是最后一根 K 线,则可以开仓,历
                                       //史回测统计
        else
            if    currenttime = time and currenttime> = 930 and currenttime<1500 then
```

```
                    TradeCon = true    {//如果是最后一根K线,且计算机时间=K线收盘时间,
则可以开仓}
              else
                    TradeCon = false;                    //否则不能开仓
       If    TradeCon and MaL[k][1]>0   and MaM[k]>MaL[k] and
         Bandwidth[k] > BandwidthLimt/100  and  MaL[k]/MaL[k][1] > 1.0003
         then begin
              //上升趋势成立且布林线宽度满足
         TradingVolume[k] = IntPortion((((TotalCash * InvestRatio/100)/(n/1))/
              (BuyTimes[k][1]+1))/CloseA[k])/100) * 100;
                                           //计算加建仓数量,最低100股
         //上升趋势开始开多仓
       if   CloseA[k]>MaS[k]   and   MaS[k]>MaM[k] and BarID-entryBar[k]>1
         and BuyTimes[k] = 0 and TradingVolume[k]> = 100 then begin
         BuyOrder[k] = true;                    //下单指令为true
         OrderName[k] = "NewInvests";           //开仓指令名称新开仓
         entryBar[k] = BarID;                   //记录开仓k线编号
         BuyTimes[k] = 1;                       //设置交易次数
         BuyDay[k] = date;                      //记录开仓日期
         BuyPosition[k] = TradingVolume[k];     //记录开仓仓位
         AvCostBuy[k] = (CloseA[k] + PriceSlippage) * (1 + FeeRatio/100);
                                           //开仓平均成本,

         TotalCash = TotalCash - TradingVolume[k] * (CloseA[k] + PriceSlippage) *
(1 + FeeRatio/100);                            //计算现金余额
Print(date,"Ktime",time,"time",currenttime, "子图K",K,"ICode[k]",ICode[k]," ",
OrderName[k], "TradingVolume[k]", TradingVolume[k], "CloseA[k]", CloseA[k],
"BuyPosition[k]", BuyPosition[k], "AvCostBuy[k]", AvCostBuy[k], "ComuProfit[k]",
ComuProfit[k], "ComuProfit", ComuProfit[0], "TotalComuProfit", TotalComuProfit,
"TotalCash", TotalCash, "TotalMarketValue", TotalMarketValue, "TotalAssets",
TotalAssets);
         end;
       //上升趋势KD金叉持有多仓且加仓小于限制,则加多仓
       if  oSlowK[k] crosses over oSlowD[k] and BarID-entryBar[k]>2
          and BuyTimes[k][1]>0 and BuyTimes[k][1]<BuyTimeLimt and BuyPosition[k]
[1]>0
          and TradingVolume[k]> = 100 then begin
          BuyOrder[k] = true;
```

```
            OrderName[k] = "AddInvests";
            entryBar[k] = BarID;
            BuyTimes[k] = BuyTimes[k][1] + 1;
            BuyDay[k] = date;
            BuyPosition[k] = BuyPosition[k][1] + TradingVolume[k];
            AvCostBuy[k] = (AvCostBuy[k][1] * BuyPosition[k][1] + (CloseA[k] +
PriceSlippage) * (1 + FeeRatio/100) * TradingVolume[k])/BuyPosition[k];
                                                        //建仓平均成本

            TotalCash = TotalCash - TradingVolume[k] * (CloseA[k] + PriceSlippage) *
(1 + FeeRatio/100);
        end;
end;
    //统计持仓盈利和最大盈利
    If BuyPosition[k]>0 then begin
            Profits[k] = (CloseA[k] - AvCostBuy[k]) * BuyPosition[k];
                                                        //计算仓位潜在盈利,
            maxProfits[k] = maxlist(maxProfits[k][1], Profits[k]);
                                                        //计算建仓后最大盈利,
        end
        else
            maxProfits[k] = 0;                          //如果无仓位,最大盈利为零,
    //平仓日期大于建仓日
    if date>BuyDay[k] then
    begin
    //止盈策略:盈利达到目标利润后回落一定幅度止盈
    if  BuyPosition[k]>0 and AvCostBuy[k]>0 and Profits[k]>0 and maxProfits
[k]>0
            and maxProfits[k]/(AvCostBuy[k] * BuyPosition[k])>ProfitGoal/100
            and  1 - Profits[k]/maxProfits[k]>(ProfitLoss/100)   then begin
            SellOrder[k] = true;                    //设置下单指令
            OrderName[k] = "StopProfits";           //设置下单指令名称,止盈平仓
            TradingVolume[k] = BuyPosition[k];      //交易量等于持仓量
            TotalCash = TotalCash + BuyPosition[k] * (CloseA[k] - PriceSlippage) * (1 -
FeeRatio/100);                                      //计算现金余额
            ComuProfit[k] = ComuProfit[k][1] + ((CloseA[k] - PriceSlippage) * (1 -
FeeRatio/100) - AvCostBuy[k]) * BuyPosition[k];     //品种平仓累积盈利
            BuyTimes[k] = 0;                        //建仓次数归零
```

```
            BuyPosition[k] = 0;                          //持仓归零
            entryBar[k] = 0;                             //建仓k线号归零,
        end;
    //止损策略:达到止损目标止损平仓,
        If BuyPosition[k]>0 and Profits[k]< -(CloseA[k] * StopLoss/100) *
BuyPosition[k]
        and BuyPosition[k]>0 and BarID-entryBar[k]>1 then   begin
            SellOrder[k] = true;
            OrderName[k] = "StopLoss";                   //止损平仓
            TradingVolume[k] = BuyPosition[k];
            quant2 = GetPositionQuantity(ICode[k], iAccount);
                                                         //查询账户该品种持仓量
            TotalCash = TotalCash + BuyPosition[k] * (CloseA[k] - PriceSlippage) * (1 -
FeeRatio/100);                                           //计算现金余额
            ComuProfit[k] = ComuProfit[k][1] + ((CloseA[k] - PriceSlippage) * (1 -
FeeRatio/100) - AvCostBuy[k]) * BuyPosition[k];          //品种平仓累积盈利
            BuyTimes[k] = 0;
            BuyPosition[k] = 0;
            entryBar[k] = 0;
        end;
//趋势逆转平多仓
        If TradeCon and MaM[k] crosses under MaL[k] and BuyPosition[k]>0 then begin
            //持仓情况判断
            SellOrder[k] = true;
            OrderName[k] = "TrendReverSell";             //趋势逆转平仓
            TradingVolume[k] = BuyPosition[k];
            quant2 = GetPositionQuantity(ICode[k], iAccount);
                                                         //查询账户该品种持仓量
            TotalCash = TotalCash + BuyPosition[k] * (CloseA[k] - PriceSlippage) *
(1 - FeeRatio/100);                                      //计算现金余额
            ComuProfit[k] = ComuProfit[k][1] + ((CloseA[k] - PriceSlippage) * (1 -
FeeRatio/100) - AvCostBuy[k]) * BuyPosition[k];          //品种平仓累积盈利
            BuyTimes[k] = 0;
            BuyPosition[k] = 0;
        end;
end;
//K品种如果持仓,计算持仓潜在盈利
    If BuyPosition[k] = 0 then begin
```

```
            Profits[k] = 0;                                    //K 品种无持仓,潜在盈利
                                                               //归零
        end;
//调用下单组件下单
    If time<1100 and date<1170223 then begin    //LASTBARONCHART = false
            BuyOrder[k] = false;
            SellOrder[k] = false;
    end;
//符合开仓加仓条件下单
    If BuyOrder[k]   and LASTBARONCHART   and TradingVolume[k]>100 then Begin

            OrderTicket1.Account = iAccount;                   //输入账户
            OrderTicket1.Symbol = ICode[k];                    //输入建仓商品代码
            OrderTicket1.Quantity = TradingVolume[k];          //输入交易量
            OrderTicket1.Action = guosen.OrderAction.Buy;      //开多仓
            OrderTicket1.Type = tsdata.trading.OrderType.Limit;
                                                               //限价单
            OrderTicket1.LimitPrice = Close[0] + PriceSlippage;
            OrderTicket1.Duration = "GFD";                     //当日有效
            OrderTicket1.Send();                               //下单
            BuyOrder[k] = false;                               //下单指令置 false
            TradingVolume[k] = 0;                              //交易量归零
       end;
//符合平仓条件下单
    quant2 = GetPositionQuantity( ICode[k], iAccount);         //查询账户该品种持仓量
    If SellOrder[k] and LASTBARONCHART and TradingVolume[k]>0 and quant2>0
 then Begin
            If TradingVolume[k]>quant2 then TradingVolume[k] = quant2;
            OrderTicket2.Account = iAccount;
            OrderTicket2.Symbol = ICode[k];                    //输入平仓商品代码
            OrderTicket2.Quantity = TradingVolume[k];          //输入交易量
            OrderTicket2.Action = guosen.OrderAction.Sell;     //卖出平仓
            OrderTicket2.Type = tsdata.trading.OrderType.Market;
                                                               //市价单
            OrderTicket2.Duration = "IC5";                     //最优 5 档成交,其余撤单
            OrderTicket2.Send();                               //下单
            SellOrder[k] = false;                              //下单指令置 false
            TradingVolume[k] = 0;                              //交易量归零
```

```
        END;
//统计组合指标:
Profits[0] = Profits[0] + Profits[k] - Profits[k][1];        //统计组合全部持仓潜在
                                                             //盈利
TotalMarketValue = TotalMarketValue + CloseA[k] * BuyPosition[k];
                                                             //统计组合全部持仓市值
TotalAssets = TotalCash + TotalMarketValue;                  //统计组合全部资产价值
TotalComuProfit = TotalAssets - InitialInvest;               //组合累积盈利
ComuProfit[0] = ComuProfit[0] + ComuProfit[k];               //组合累积盈利
        //打印存档文件
            //控制在最后一根K线时只在K线结束时打印
        If LASTBARONCHART = false   then
                printorder = true
            else
                if currenttime = time then   printorder = true
                else
                    printorder = false;
//将非交易K线的交易量和交易命令归零
        IF TradingVolume[k]>0 and BarID<>entryBar[k]    THEN begin
            TradingVolume[k] = 0;
            OrderName[k] = "N";
        end;
        IF TradingVolume[k]<0 and BarID<>ExitBar[k]     THEN begin
            TradingVolume[k] = 0;
            OrderName[k] = "N";
        end;
//打印表头:
    If barID = 1 and k = 1 then    Print(File("E:\data\mydata.txt"),"date","time",
"currenttime","k","ICode[k]","OderName[k]", "BuyTimes[k]","TradingVolume[k]",
"BuyPosition[k]",  "AvCostBuy[k]",  "CloseA[k]", "ComuProfit[k]", "ComuProfit",
"TotalComuProfit","TotalCash","TotalMarketValue","TotalAssets");
    //打印数据:
     if printorder then Print(File("E:\data\mydata.txt"),date," ",time," ",
currenttime," ",k," ",ICode[k]," ",OrderName[k]," ",BuyTimes[k]," ",TradingVolume
[k]," ",BuyPosition[k]," ",AvCostBuy[k]," ",CloseA[k]," ",ComuProfit[k]," ",
ComuProfit[0]," ",TotalComuProfit," ",TotalCash," ",TotalMarketValue," ",
TotalAssets);
```

```
end; // 循环计算结束

// 显示图形
plot1(Profits[0], "浮动盈亏合计");
plot2(TotalAssets, "账户总资产");
plot3(TotalCash, "账户现金余额");
plot4(TotalComuProfit, "TotalComuProfit");
// plot5(Profits[4], "潜在盈利 4");
// plot4(BuyPosition[1], "BuyPosition");
// plot5(AvCostBuy[1], "AvCostBuy");
plot6(TotalMarketValue, "组合总市值");
plot7(ComuProfit[0], "累积盈利合计");
plot8(ComuProfit[1], "累积盈利 1");
plot9(ComuProfit[2], "累积盈利 2");
plot10(ComuProfit[3], "累积盈利 3");
plot11(ComuProfit[4], "累积盈利 4");
plot12(ComuProfit[5], "累积盈利 5");
// 程序结束
```

图 4-3 股票组合交易分析图监控和交易程序

三、股票组合分析图交易应用

（一）选择组合股票

在将股票组合交易程序编辑好后，我们可以将它加载到股票组合进行模拟交易。在进行股票组合模拟交易之前，我们首先需要选择股票组合。选择股票组合的方法可以利用前一章介绍的选股方法，也可以用其他的任何方法。如果我们需要建立一个长期投资组合，追求长期稳定收益，则我们可以构造一个由不同类型的股票构成的组合。在此，我们选择了一个钢铁股：包钢股份；一个石化股：中国石化；一个房地产股：深物业 A；一个证券股：海通证券；一个酒类股票：贵州茅台。

（二）建立股票组合分析图

我们在选择好股票组合后，需要建立股票组合分析图。在打开的工作区，点击左边框的[交易应用程序]悬挂菜单，再点击其中的[图形分析]图标，新建一个[图形分析]窗口。再将这些股票代码依次加载到分析图上（如图 4-4 所示）。股票加载的顺序没有特定要求，可以任意选择。从该周 K 线图可见，在 2005—2017 年初的 12 年时间里，这 5 只股票除了在 2007—2008 年和 2014—2015 年的大牛市和大熊市具有趋同的走势外，其他时间基本具有不同的走势。这是构建长期多样化组合的特点。

（三）加载组合监测和交易程序

在主菜单点击插入指标，选择调出股票组合交易指标，将其加载到图形分析上（注

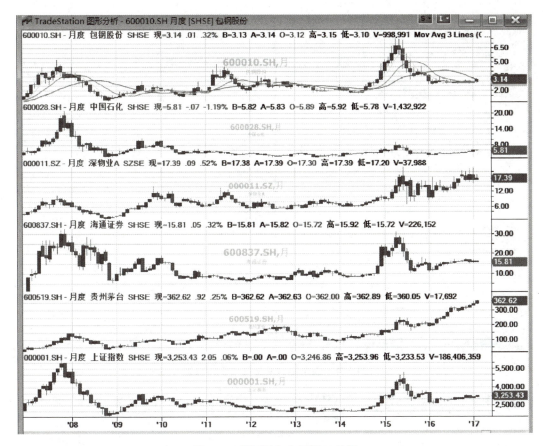

图 4-4 股票组合分析周 K 线图

意,在此加载指标,是因为我们选择以指标类型建立的股票组合交易程序)。然后需要对该指标进行设置。在指标常规设置页面,可以根据需要选择 Bar 内更新值和启用下单对象。

在输入值页面,需要对相关参数进行设置,包括模拟交易账号、利润目标(ProfitGoal＝5％)、利润回落(ProfitLoss＝2％)、止损目标(StopLoss＝10％)、初始投资(InitialInvest＝100 万元)、投资比率(InvestRatio＝90％)、交易费率(FeeRatio＝0.1％)、重设投资开始日(InvestDay＝1170313,即 2017 年 3 月 13 日)、组合交易品种数(n＝5)、布林线宽度阈值(BandwidthLimt＝2％)、开加仓次数(BuyTimeLimt＝5 次)、价格滑点(PriceSlippage＝0.01 元)以及其他指标参数。

这些参数包括布林线、KD 和移动均线的 K 线长度。这些参数可以每一个股票设置不同的参数值,以获取最佳的投资效果。最优参数值可以利用 TS 的策略参数优化功能,一个股票一个股票的分别优化获得,在分别输入到这里的组合参数里。在此,我们先使用在程序里面输入的相同的参数(参见图 4-3 和图 4-5)。

据此参数,我们首先在周 K 线上模拟运行该交易程序的结果如图 4-6 所示。从中可见,该策略程序较好地抓住了 2014—2015 年的牛市,账户总资产从 300 万元上升到最高 550 万元。组合较好地规避了随后的股市暴跌,在较长一段下跌行情中空仓。在 2016 年

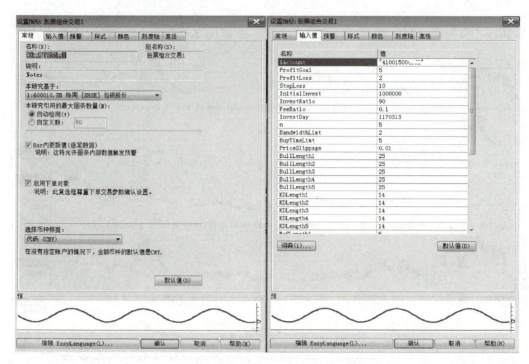

图 4-5 股票组合交易程序参数设置

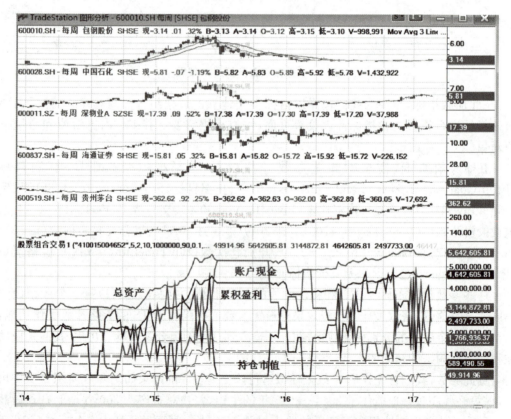

图 4-6 股票组合交易程序在周 K 线的模拟交易

初的暴跌行情中资产净值虽然有所下降,但到年底则基本上回复到2015年的最高水平。到2017年初资产净值达到564万元,比初始投资增加464%,年均复合收益率15.5%。

以上模拟交易是在周K线上进行的。按周K线交易显然不是最好的选择,图4-7显示了在日K线上模拟交易的情况。图4-8则显示了整个投资组合的资产总值和累积盈利与上证指数变动情况。从中可见,12年的投资期间,股市经历了两波大的牛市和熊市,以及若干年的震荡市。该股票组合策略较好地抓住了两波牛市,较好地规避了两波熊市,在震荡市中也获得了较好的收益。12年上证指数从2005年4月7日的1225点上升到2017年2月23日的3251点,上涨1.65倍,年均涨幅10.2%。而同期模拟组合资产从100万元上涨到2 188.5万元,上涨20.89倍,年均复合增长36.1%(注:组合股票价格由TS经过后向复权处理)。

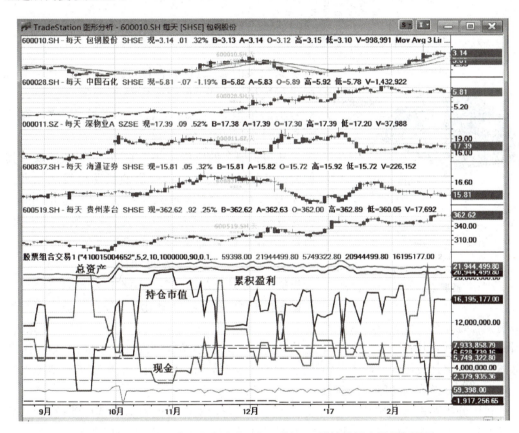

图4-7 股票组合交易程序在示例组合日K线的模拟交易局部图形

图4-9显示了组合中各只股票的模拟盈利贡献比重。从中可见,盈利贡献最大的是海通证券,深物业和贵州茅台,而包钢股份的贡献却是负的。同期贵州茅台的价格上涨幅度最大,其收益贡献却不是最大;包钢股份的价格波动不小,却出现了亏损。这主要是由于该策略模拟时使用相同的指标参数,而现实中这些股票的价格变动周期可能并不相同。这就导致它们可能一些股票投资收益表现较好,一些股票表现较差。它说明我们有必要对不同的股票采用不同的参数。这可以通过在TS的策略参数优化功能

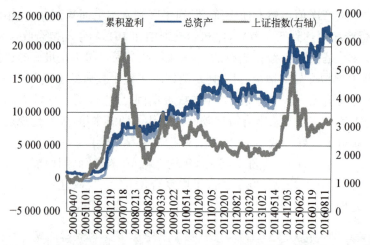

图 4-8　股票组合交易程序在示例组合日 K 线的模拟交易总体收益变动

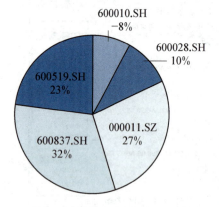

图 4-9　示例组合模拟交易期间各股票的累积盈利贡献

　　将每只股票的参数进行优化,然后在将其带入组合中进行模拟。在此,我们仅在该组合的参数输入上对亏损的包钢股份的参数做一个尝试性调整,看看其是否对模拟收益产生影响。

　　从包钢股票的股价走势上看,它的波动性低于其他股票,因此,我们将包钢股份的长期均线从原来的 20 调整为 40,其收益从原来的亏损 191.7 万元立即减少为亏损 47 万元,减亏 144 万元,减亏幅度并不大。但是,组合总收益却从原来的 2 094.4 万元增加到 2 659.1 万元,增加 564.7 万元,增加 27%。可见,在组合投资中,每只股票的参数变动不仅对单只股票投资收益参数影响,而且对整个组合的投资收益也将产生影响。有时其对组合的影响甚至超过对单只股票的影响。这是我们必须加以注意的。因此,即使我们利用 TS 的策略参数优化功能对单只股票参数分别进行了优化,但在组合总体并不一定是最优的。而本节讨论的组合投资交易程序正好给我们提供了模拟参数调整对组合投资影响的功能,我们可以加以充分的利用,进行扩展分析。

　　利用分析图进行股票投资组合交易的好处是可以对组合的每只股票单独设置参数,也可以对历史数据进行回测模拟分析,使使用者胸中有数。但是,用分析图进行股票组合投资交易也有缺点,这就是它监测的股票数量有限,对于股票数量较多的组合不太适宜,同时,对组合中股票的频繁变换不太方便。中国沪深两市交易的股票有几千支,我们选中的几只或十几只股票可能在监测的一段时间里都没有动作,而刚将其换出,它可能就大涨。因此,它更适用于长线投资组合,而不太适用于短线投资组合。

　　对于短线投资组合需要监测更多的股票,或者更加频繁地使用选股策略选出短期内可能走好的股票进行监测,发现机会,及时进行投资。TS 的雷达屏监测为我们进行股票组合的短线投资监测和交易提供了一个很好的工具。

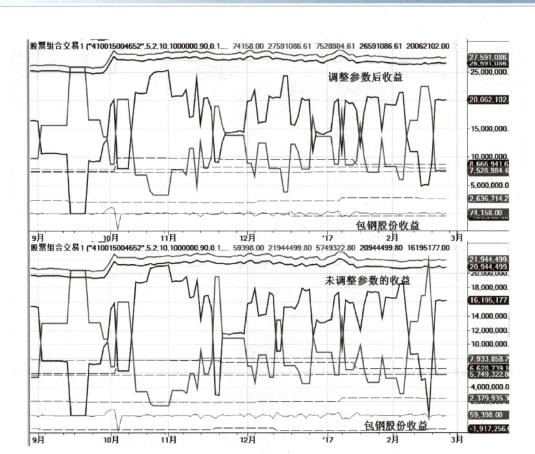

图 4-10 对包钢股份的参数调整前后的收益比较

第三节 股票组合雷达屏交易策略

一、股票组合雷达屏交易策略思想

(一) 雷达屏股票组合监测下单原理

雷达屏是实时扫描和排名工具,允许你将技术和基本指标应用至表格形式的代码列表中。雷达屏中的每个代码行与图形的类似之处在于你可访问计算指标所需的任何代码在任何 K 线周期的历史数据。在雷达屏中可插入涵盖市场分析各个方面的数百个指标列。用户可以随时将选股策略选出的股票组合代码插入雷达屏,并可使用编辑好的指标对这些股票进行实时监测,当符合下单条件时及时进行下单交易(如图 4-11 所示)。本节将通过示例讨论怎样利用雷达屏进行股票组合交易问题。

雷达屏监测和下单的原理如图 4-12 所示,雷达屏将对屏中监测的所有股票进行实时监测,达到下单条件即刻进行下单处理,然后继续监测;未达到下单条件,继续进行监测。这就使我们可以对数量较多的股票和其他资产组合进行实时监测和下单交易管理。

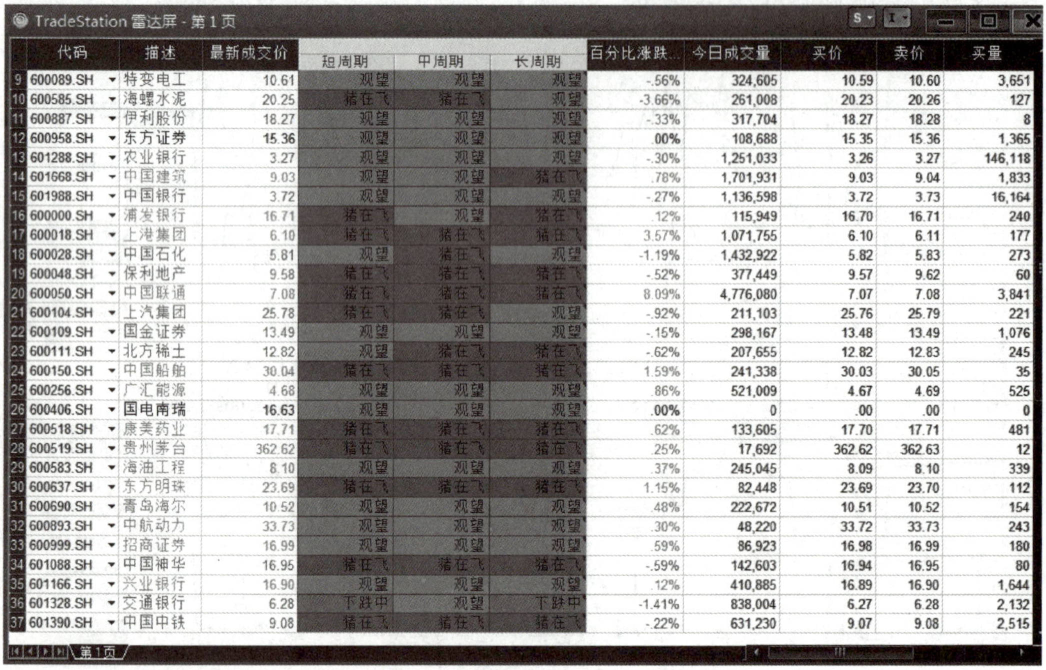

	代码	描述	最新成交价	短周期	中周期	长周期	百分比涨跌...	今日成交量	买价	卖价	买量
9	600089.SH	特变电工	10.61	观望	观望	观望	-.56%	324,605	10.59	10.60	3,651
10	600585.SH	海螺水泥	20.25	猪在飞	猪在飞	观望	-3.66%	261,008	20.23	20.26	127
11	600887.SH	伊利股份	18.27	观望	观望	观望	-.33%	317,704	18.27	18.28	8
12	600958.SH	东方证券	15.36	观望	观望	观望	.00%	108,688	15.35	15.36	1,365
13	601288.SH	农业银行	3.27	观望	观望	观望	-.30%	1,251,033	3.26	3.27	146,118
14	601668.SH	中国建筑	9.03	观望	观望	猪在飞	.78%	1,701,931	9.03	9.04	1,833
15	601988.SH	中国银行	3.72	观望	观望	观望	-.27%	1,136,598	3.72	3.73	16,164
16	600000.SH	浦发银行	16.71	猪在飞	观望	猪在飞	.12%	115,949	16.70	16.71	240
17	600018.SH	上港集团	6.10	猪在飞	猪在飞	猪在飞	3.57%	1,071,755	6.10	6.11	177
18	600028.SH	中国石化	5.81	观望	猪在飞	观望	-1.19%	1,432,922	5.82	5.83	273
19	600048.SH	保利地产	9.58	猪在飞	猪在飞	猪在飞	-.52%	377,449	9.57	9.62	60
20	600050.SH	中国联通	7.08	猪在飞	猪在飞	猪在飞	8.09%	4,776,080	7.07	7.08	3,841
21	600104.SH	上汽集团	25.78	猪在飞	猪在飞	观望	-.92%	211,103	25.76	25.79	221
22	600109.SH	国金证券	13.49	观望	观望	观望	-.15%	298,167	13.48	13.49	1,076
23	600111.SH	北方稀土	12.82	观望	猪在飞	猪在飞	-.62%	207,655	12.82	12.83	245
24	600150.SH	中国船舶	30.04	猪在飞	猪在飞	猪在飞	1.59%	241,338	30.03	30.05	35
25	600256.SH	广汇能源	4.68	观望	观望	观望	.86%	521,009	4.67	4.69	525
26	600406.SH	国电南瑞	16.63	观望	观望	观望	.00%	0	.00	.00	0
27	600518.SH	康美药业	17.71	猪在飞	猪在飞	猪在飞	.62%	133,605	17.70	17.71	481
28	600519.SH	贵州茅台	362.62	猪在飞	猪在飞	猪在飞	.25%	17,692	362.62	362.63	12
29	600583.SH	海油工程	8.10	观望	观望	观望	.37%	245,045	8.09	8.10	339
30	600637.SH	东方明珠	23.69	猪在飞	猪在飞	猪在飞	1.15%	82,448	23.69	23.70	112
31	600690.SH	青岛海尔	10.52	观望	观望	观望	.48%	222,672	10.51	10.52	154
32	600893.SH	中航动力	33.73	观望	观望	观望	.30%	48,220	33.72	33.73	243
33	600999.SH	招商证券	16.99	观望	观望	观望	.59%	86,923	16.98	16.99	180
34	601088.SH	中国神华	16.95	猪在飞	猪在飞	猪在飞	-.59%	142,603	16.94	16.95	80
35	601166.SH	兴业银行	16.90	观望	观望	观望	.12%	410,885	16.89	16.90	1,644
36	601328.SH	交通银行	6.28	下跌中	观望	下跌中	-1.41%	838,004	6.27	6.28	2,132
37	601390.SH	中国中铁	9.08	猪在飞	猪在飞	猪在飞	-.22%	631,230	9.07	9.08	2,515

图 4-11　雷达屏监测股票价格和成交量等信息

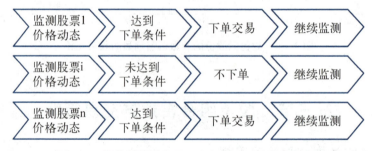

图 4-12　雷达屏监测股票组合行情和下单交易示意图

（二）雷达屏监测下单示例策略思想

雷达屏监测下单可以使用各种投资策略。在此用本章第二节讨论的均线趋势追踪开仓，以布林线宽度作为过滤震荡行情的过滤器；加仓采用金字塔加仓策略，上升趋势成立KD金叉加仓；平仓采用趋势逆转平仓和止盈止损策略；组合权重分配方法选择等权重法。详见本书和《程序化交易初级教程》相关章节，在此不再赘述。

二、股票组合雷达屏交易 EL 程序

（一）程序类型选择

由于 EL 的"策略"类程序里面的下单命令 Buy，Sell 等保留字不能在雷达屏监测下单中使用，所以，我们只能利用其下单组件 OrderTicket 进行下单。其建立的程序类型为"指标"类型。

（二）参数、变量和命名空间的定义

在使用 EL 组件的时候,需要利用 using 保留字定义命名空间,以便引用命名空间(例如类、方法、属性和事件)中所有没有 namespace.name 作为显性限定符的名称。

由于雷达屏监测时,对每一个监测商品轮流进行监测,对每一个商品的市场动态信息进行监测时,并不能对其他品种的信息进行同时监测和处理,而是对该品种的所有信息进行初始化。所以,在此我们并不需要使用数组来对组合的多个资产进行循环计算。对于参数和变量,则使用 Input：语句定义参数；使用 VAR：语句定义变量。

（三）组件设置

为了在雷达屏中对股票组合进行监测和下单,我们需要 EL 程序中运用一系列组件来辅助实现其功能。这些功能组件包括:

1. PriceSeriesProvider 价格信息组件,以提供各个品种的历史和最新价格信息；
2. AccountProvider 账户信息组件,提供指定交易账户信息；
3. PositionsProvider 仓位信息组件,提供指定账户指定品种仓位信息；
4. OrderTicket 下单组件,执行下单操作；
5. OrdersProvider 委托信息组件,提供特定账户最新委托信息；

我们需要在 EL 程序中插入这些组件并进行相关设置(参见本书第三章和本章第二节)。其调用方式如下所述。

（四）利用账户组件 AP1 获取账户信息

为了在雷达屏监测中获取账户实时信息,我们需要在插入的 AccountProvider 账户组件中选择 Updated 事件更新模块,从而 EL 程序编辑器将在程序中自动插入如下模块(AP1 为 AccountProvider 的缩写):

```
method void AP1_Updated(elsystem.Object sender, tsdata.trading.AccountUpdatedEventArgs args)
    begin
    {输入相应操作程序}
    end;
```

在该模块的 begin……end 之间,我们需要输入需要进行的账户操作如:查询账户资产、现金余额、可用资金、持仓市值和账户浮动盈亏等信息,并可以将它们打印输出到雷达屏的相关栏和列。

```
TotalAssets = AP1.Account[0].RTAccountNetWorth;        //总资产
TotalCash = AP1.Account[0].RTCashBalance;              //账户余额
InvestCash = AP1.Account[0].RTDayTradingBuyingPower;   //可用资金
TotalMarketValue = TotalAssets - InvestCash;           //持仓市值
UnrealizedPL = AP1.Account[0].RTUnrealizedPL;          //账户浮盈
setplotbgcolor(1,black);
Plot1(TotalAssets,"总资产");
```

```
Plot2(TotalCash,"账户余额");
Plot3(InvestCash,"可用资金");
Plot4(TotalMarketValue,"持仓总市值");
Plot5(UnrealizedPL,"账户浮盈");
```

(五) 账户仓位信息初始化

为了在雷达屏更换不同品种进行检测时获取相应的账户仓位信息,需要对 PositionsProvider 仓位组件进行初始化。其设置如下(PP1 为 PositionsProvider 组建的缩写):

```
method void AnalysisTechnique_Initialized(elsystem.Object sender,
elsystem.InitializedEventArgs args)
begin
    PP1.Load = FALSE;           // 设置账户仓位信息加载为 false,便于修改设置
    PP1.Accounts + = iaccount;  // 设置账户代码
    PP1.Symbols + = symbol;     // 设置账户股票代码为雷达栏股票代码
    PP1.Load = TRUE;            // 设置账户仓位信息加载为 true,便于使用中加载信息
end;
```

(六) 持仓信息更新

利用 PositionsProvider 组件获取品种持仓量信息,需要插入以下信息更新模块。前面为从账户获取持仓信息,后面部分为将相关信息输出到雷达屏的相关栏。而改变字体颜色是为了在雷达屏上更加直观的观测其盈亏状况。这些输出本身并不影响程序策略的决策和下单。

```
method void PP1_Updated(elsystem.Object sender, tsdata.trading.PositionUpdatedEventArgs args)
begin                                    // 查询持仓量
    if PP1.Count>0 then begin
        LongPosition = PP1.Position[0].Quantity;
        Profits = PP1.Position[0].OpenPL;
        quant2 = absvalue(PP1.Position[0].ExtendedProperties
                         ["QuantityAvailable"].IntegerValue);
        AvCostBuy = PP1.Position[0].AveragePrice;
        MarketValue = LongPosition * close;

        setplotbgcolor(8,black);
        Plot8(MarketValue,"持仓市值");
        Plot6(LongPosition,"持仓量");
        Plot7(quant2,"可用持仓");
        Plot9(AvCostBuy,"平均成本");
```

```
                Plot10(Profits,"持仓浮盈");
            setplotbgcolor(4,black);{设置盈利显示颜色}
                if PP1[0].OpenPL>＝0 then
                    SetPlotColor(4,Red)
                else
                    SetPlotColor(4,Green);
                end
        else {displays '0' position only if changed since inserting or refresing}
            begin
                Plot6(0,"持仓量");
                Plot7(0,"可用持仓");
                Plot8(0,"持仓市值");
                Plot9(0,"平均成本");
                Plot10(0,"持仓浮盈");
                setplotbgcolor(4,black);
                setplotbgcolor(8,black);
            end;
end;
```

(七) 账户委托信息更新

利用 OrdersProvider 组件提供账户委托信息，便于跟踪账户委托成交状况。需要插入以下模块（OP1 为 OrdersProvider 的缩写）。在此仅在雷达屏输出，如果我们要利用这些交易信息则可以将它赋值给变量，以便调用。

```
method void OP1_Updated(elsystem.Object sender, tsdata.trading.OrderUpdatedEventArgs args)
begin
    If OP1.Count>0 then
        Begin
            Plot19(OP1[0].Type.ToString(),"委托类型");
            Plot20(OP1[0].State.ToString(),"委托状态");
            Plot21(OP1[0].Action.ToString(),"委托方向");
            Plot22(OP1[0].FilledQuantity,"成交数量");
            Plot23(OP1[0].LeftQuantity,"未成交量");
            Plot24(OP1[0].AvgFilledPrice,"成交均价");
            setplotbgcolor(24,black);
        End
    else
        begin
```

```
                Plot19("","委托类型");
                Plot20("","委托状态");
                Plot21("","委托方向");
                Plot22(0,"成交数量");
                Plot23(0,"未成交量");
                Plot24(0,"成交均价");
        end;
end;
```

（八）在分钟 K 线调用日 K 线数据

在程序化交易决策中，人们通常以长期 K 线数据反映趋势，决定交易方向，以短期 K 线决定交易最佳时点。因此，通常在雷达屏加载分钟 K 线便于下单，而另外参考日 K 线进行趋势参考。在此，我们引用日 K 线的收盘价计算日 K 线的移动均线。日 K 线收盘价信息由 PriceSeriesProvider 组件（缩写为 PSP1）提供。除了插入该组件外，需要在该组件的属性设置里将"Load"栏设为"True"，将"Name"栏改为"PSP1"，在"Symbol"栏输入"Symbol"，以便获取雷达屏中股票代码。将"IntervalType"栏设为"daily"以便获取日 K 线数据。此外，在事件更新栏选择插入信息更新模块到 EL 程序如下，并在其中输入日 K 线的短、中、长期均线的计算公式。

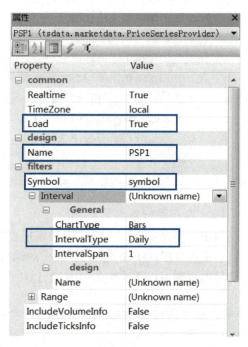

图 4-13

```
method void PSP1_Updated(elsystem.Object sender,
                tsdata.marketdata.PriceSeriesUpdatedEventArgs args)
begin
    MasD = Average(psp1.close, MAsLengthD);
    MamD = Average(psp1.close, MAmLengthD);
    MaLD = Average(psp1.close, MALLengthD);
end;
```

（九）雷达屏 K 线指标计算

以上日 K 线指标计算与雷达屏的 K 线间隔无关。而另外一些指标则与雷达屏的 K 线间隔有关，二者的时间间隔完全一致。因此，它们不需要使用价格信息提供组件来提供，只需要直接指定收盘价、最高价、最低价等即可，如下几个指标的计算。

```
Mas = Average(close,MaSLength);
    MaM = Average(close,MaMLength);
    MaL = Average(close,MaLLength);
    Bandwidth = BollingerBandwidth(close, BullLength, 2, -2);
    UpperBand = BollingerBand(close, BullLength, 2);
     ReturnValue = Stochastic(High, Low, close, KDLength, 3, 3, 1, oFastK, oFastD,
oSlowK, oSlowD);
```

(十) 判断日 K 线均线是否呈现多头排列

```
    If MasD>MaMD and  MaM>MaL then
        Begin
            UpTrendCond1 = true;
            plot11("多头","分钟均线");
            Setplotcolor(11,red);
            setplotbgcolor(11,black);
        End
    Else
        Begin
            UpTrendCond1 = false;
            plot11("非多头","分钟均线");
            setplotbgcolor(11,black);
            Setplotcolor(11,green);
        end;
    setplotbgcolor(3,black);
```

(十一) 判断布林线宽度是否达标,趋势还是震荡

```
    If  Bandwidth>BandwidthLimt/100 then
        Begin
            BandwidthCond = true;
            plot12("趋势","布林线");
            Setplotcolor(12,red);
            setplotbgcolor(12,black);
        End
    Else
        Begin
            BandwidthCond = false;
            plot12("震荡","布林线");
```

```
        setplotbgcolor(12,black);
        Setplotcolor(12,green);
end;
```

(十二）判断 K 线是否上穿 D 线形成金叉

```
if oSlowK crosses over oSlowD    then
    Begin
        KDUpCrossCond = true;
        setplotbgcolor(13,black);
        Setplotcolor(13,red);
        plot13("金叉","KD金叉");
    End
    else
    Begin
        KDUpCrossCond = false;
        setplotbgcolor(13,black);
        Setplotcolor(13,green);
        plot13("未金叉","KD金叉");
end;
```

(十三）建仓加仓时点策略

在此使用日 K 线均线趋势追踪策略，用布林线宽度过滤短期震荡。如果长期和短期均为上升趋势，持仓为零，则建新仓。如果长期上升趋势成立，短期回调后 KD 金叉，持有仓位且加仓次数少于限制则加仓。其条件语句如下所示：

```
//上升趋势成立且布林线宽度满足
If   TradeCon and UpTrendCond1   and BandwidthCond     then begin
    //上升趋势开始开多仓
        if   close>MaS and mas>maM    and BarID-entryBar>1  and buytimes<1 and
        LongPosition = 0   and   TradingVolume> = 100 then begin
        BuyOrder = true;             //下单指令为 true
        OrderName = "新开仓";         //开仓指令名称新开仓
        end;
    //上升趋势 KD 金叉持有多仓且加仓小于限制,则加多仓
        if TradeCon and KDUpCrossCond and BarID-entryBar>2   and buytimes>1 and
        LongPosition>0 and   TradingVolume> = 100 then begin
        BuyOrder = true;
        OrderName = "加仓";
        end;
```

（十四）建仓加仓数量策略

1. 以投资比率控制投资总资金：

$$投资总资金 = 账户现金余额 \times 现金投资比率$$

由于账户现金余额是一个动态指标，在投资比率一定的情况下，账户现金余额越高，其投资资金越多，反之越少，有利于资金的充分运用和风险控制。

2. 对组合资产原则上采用等额配置投资金额的策略：

$$组合单只股票投资资金 = 投资总资金 / 股票种类数量$$

3. 采用金字塔分批建仓策略：

$$单只股票单次投资资金 = （单只股票投资资金 - 已投资市值）/2$$

4. 单只股票单次投资数量：

$$单只股票单次投资数量 = 单只股票每次投资资金 / 股票价格$$

由于交易所规定最低开仓限制为100股，因此，需要取整

$$单只股票单次投资数量 = IntPortion（投资数量/100） \times 100$$

```
InvestCash = TotalCash * InvestRatio/n;
TradingVolume = IntPortion((((InvestCash - MarketValue)/2)/ close)/100) * 100;
```

（十五）平仓策略

平仓策略包括止盈平仓、止损平仓和趋势逆转平仓三种策略。

1. 当盈利达到目标后平仓。

```
if Profits＞ProfitGoal/100 * close * LongPosition and quant2＞0 then begin
    SellOrder = true;                    //设置下单指令
    OrderName = "止盈";                   //设置下单指令名称，止盈平仓
    TradingVolume = - LongPosition;      //交易量等于持仓量
    Buytimes = 0;
```

2. 当亏损达到目标后平仓。

```
If quant2＞0 and Profits＜ - (close * StopLoss/100) * LongPosition then begin
    SellOrder = true;
    OrderName = "止损";                              //止损平仓
    TradingVolume = - LongPosition;
    Buytimes = 0;
End;
```

3. 当长期趋势逆转,中期均线下穿长期均线,趋势逆转则平仓。

```
If quant2>0 and TradeCon and MaM crosses under MaL    then begin
    SellOrder = true;
    OrderName = "逆转平仓";                    //    趋势逆转平仓
    TradingVolume = -LongPosition;
    Buytimes = 0;
End;
```

(十六) 调用下单组件下单

在雷达屏监测中达到下单条件,可以调用下单组件进行下单,其组件设置如 4.2.2 讨论。

```
If BuyOrder  and LASTBARONCHART  and TradingVolume>100 then Begin
     //买入开仓下单组件设置
end;
If SellOrder and TradingVolume<0 and quant2>0 and LASTBARONCHART then Begin
     //平仓下单组件设置
end;
```

(十七) 存储交易信息

由于雷达屏显示的是实时信息,新的信息进来旧的信息就不再保留。为了我们便于事后查看有关交易信息,我们可以利用 Print 命令将需要保留的信息储存到文件。

```
Print(File("E:\\data\\mytradedata.txt"),date,"K线time",time,…);
```

综合以上构成的股票组合雷达屏监测交易程序如图 4-14 所示。

```
{本指标用于股票组合的雷达屏监控和交易}
//声明命名空间
Using tsdata.marketdata;      //需要引用 PriceSeriesProvider 的名字空间。
Using elsystem.io; //需要引用包含用于处理输入/输出系统异常的基类相关的名字空间
Using elsystem.Collections; //需要引用包含用于创建不同类型集合对象的基类的名字空间
Using tsdata.common;       //需要引用包含由其他 tsdata 命名空间使用的类。
Using elsystem;           //包含基类,这些基类供 tsdata 类和其他 elsystem 类以及用于执行某些普通系统功能或报告错误情况的类使用。
Using guosen;            //包含国信的命名空间

Input:   iAccount("410015004652"){账号},ProfitGoal(20){盈利目标%},
         ProfitLoss(5){盈利达目标后回落%},StopLoss(10){止损目标%},
         InitialInvest(100000){初始投资},InvestRatio(0.01){投资比率%},
```

```
            FeeRatio(0.2){手续费率%}, int n(50){股票只数}, PriceSlippage(0.01){价
格滑点},
            BandwidthLimt(2){布林线宽度限制},BuyTimeLimt(5){加仓次数限制},
            BullLength(25){布林线区间长度},
            KDLength(14){Kd 区间长度},
            MaSLength(5){短期均线区间长度},
            MaMLength(10){中期均线区间长度},
            MaLLength(20){长期均线区间长度},
            MaSLengthD(5){短期均线区间长度},
            MaMLengthD(10){中期均线区间长度},
            MaLLengthD(20){长期均线区间长度};
Var:        intrabarpersist int quant2(0){账户股票可用仓位},
            intrabarpersist double TotalAssets(0){总资产},
            intrabarpersist double TotalCash(InitialInvest){总现金},
            intrabarpersist double InvestCash(0){可投资现金},
            intrabarpersist double TotalMarketValue(0){总市值},
            intrabarpersist double TotalComuProfit(0){累积盈利},
            intrabarpersist double CashBalance(0){账户现金},
            intrabarpersist double BuyingPower(0){账户购买力},
            intrabarpersist double MarketValue(0){持仓市值},
            ICode(GetSymbolName of data1){股票代码},
            intrabarpersist double realizedPL(0){实现盈利},
            intrabarpersist double UnrealizedPL(0){未实现盈利},
            intrabarpersist TradeCon(false){开仓条件},
            intrabarpersist UpTrendCond1(false){上升趋势条件},
            intrabarpersist KDUpCrossCond(false){KD 金叉条件},
            intrabarpersist BandwidthCond(false){布林宽度条件},BarID(0){K 线编号},
            ReturnValue(0),intrabarpersist double oFastK(0),
            intrabarpersist double  oFastD(0){KD 变量},
            IntrabarPersist int entryBar(0),IntrabarPersist int ExitBar(0),
            IntrabarPersist BuyOrder(false){开仓指令},
            SellOrder(false){平仓指令},OrderName("N"){指令名称},
            IntrabarPersist int  BuyDay(0),{开仓日期}
            IntrabarPersist  double MAS(0),IntrabarPersist double MaM(0),
            IntrabarPersist double MAL(0){移动均线},
            IntrabarPersist  double MASD(0),IntrabarPersist double MaMD(0),
            IntrabarPersist double MALD(0){日移动均线},
            IntrabarPersist double Bandwidth(0),IntrabarPersist double UpperBand(0),
```

```
{布林线}
        IntrabarPersist double oSlowK(0), IntrabarPersist double oSlowD(0){KD 指标},
        datetime1(""),datetime2(""),
        IntrabarPersist double BuyTimes(0),IntrabarPersist double LongPosition(0),
        IntrabarPersist double TradingVolume(0),{开仓次数、仓位、代码、交易量}
        IntrabarPersist double AvCostBuy(0),IntrabarPersist double  Profits(0),
        IntrabarPersist double ComuProfit(0){平均成本、潜在盈利、累积盈利};
//组件 AP1 获取账户信息
method void AP1_Updated(elsystem.Object sender, tsdata.trading.AccountUpdatedEventArgs args)
begin
    Try
    If AP1.Count>0 then
        Begin
            TotalAssets = AP1.Account[0].RTAccountNetWorth;        //总资产
            TotalCash = AP1.Account[0].RTCashBalance;              //账户余额
            InvestCash = AP1.Account[0].RTDayTradingBuyingPower;   //可用资金
            TotalMarketValue = TotalAssets - InvestCash;           //持仓市值
            UnrealizedPL = AP1.Account[0].RTUnrealizedPL;          //账户浮盈
        setplotbgcolor(1,black);
            Plot1(TotalAssets,"总资产");
            Plot2(TotalCash,"账户余额");
            Plot3(InvestCash,"可用资金");
            Plot4(TotalMarketValue,"持仓总市值");
            Plot5(UnrealizedPL,"账户浮盈");
        End;
    Catch(elsystem.Exception ex1)
        Print("1", ex1.message);
    end;
end;
//账户仓位信息初始化
method void AnalysisTechnique _ Initialized ( elsystem. Object sender, elsystem.InitializedEventArgs args)
begin
    PP1.Load = FALSE;           // 设置账户仓位信息加载为 false,便于修改设置
    PP1.Accounts + = iaccount;  // 设置账户代码
    PP1.Symbols + = symbol;     // 设置账户股票代码为雷达栏股票代码
    PP1.Load = TRUE;            // 设置账户仓位信息加载为 true,便于使用中加载信息
```

```
end;
method void PP1_Updated(elsystem.Object sender, tsdata.trading.PositionUpdatedEventArgs args)
begin
    Try
    if PP1.Count>0 then
        begin                    //查询持仓量
            LongPosition = PP1.Position[0].Quantity;
            Profits = PP1.Position[0].OpenPL;
            quant2 = absvalue(PP1.Position[0].ExtendedProperties["QuantityAvailable"].IntegerValue);
            AvCostBuy = PP1.Position[0].AveragePrice;
            MarketValue = LongPosition * close;
            Plot8(MarketValue, "持仓市值");
            setplotbgcolor(8,black);
            Plot6(LongPosition, "持仓量");
            Plot7(quant2, "可用持仓");
            Plot9(AvCostBuy, "平均成本");
            Plot10(Profits, "持仓浮盈");
             setplotbgcolor(4,black); {change the color of P/L value to green if positive and red if negative}
            if PP1[0].OpenPL> = 0 then
                SetPlotColor(4,Red)
            else
                SetPlotColor(4,Green);
            end
    else
        begin
            Plot6(0, "持仓量");
            Plot7(0, "可用持仓");
            Plot8(0, "持仓市值");
            Plot9(0, "平均成本");
            Plot10(0, "持仓浮盈");
            setplotbgcolor(4,black);
            setplotbgcolor(8,black);
        end;
    Catch(elsystem.Exception ex2)
    Print("2", ex2.message);
```

```
        end;
end;
//账户委托信息更新
method void OP1_Updated(elsystem.Object sender, tsdata.trading.OrderUpdatedEventArgs
args)
begin
    Try
    If OP1.Count>0 then
        Begin
            Plot19(OP1[0].Type.ToString(),"委托类型");
            Plot20(OP1[0].State.ToString(),"委托状态");
            Plot21(OP1[0].Action.ToString(),"委托方向");
            Plot22(OP1[0].FilledQuantity,"成交数量");
            Plot23(OP1[0].LeftQuantity,"未成交量");
            Plot24(OP1[0].AvgFilledPrice,"成交均价");
            setplotbgcolor(24,black);
        End
      else
        begin
            Plot19("","委托类型");
            Plot20("","委托状态");
            Plot21("","委托方向");
            Plot22(0,"成交数量");
            Plot23(0,"未成交量");
            Plot24(0,"成交均价");
    end;
    setplotbgcolor(20,black);
    setplotbgcolor(21,black);
    setplotbgcolor(22,black);
    setplotbgcolor(23,black);
    setplotbgcolor(24,black);
    Catch(elsystem.Exception ex4)
    Print("4", ex4.message);
    end;
    setplotcolor(19,white);
    setplotbgcolor(19,black);
end;
```

```
method void PSP1 _ Updated (elsystem. Object sender, tsdata. marketdata.
PriceSeriesUpdatedEventArgs args)
begin
    MasD = Average(psp1.close, MAsLengthD);
    MamD = Average(psp1.close, MAmLengthD);
    MaLD = Average(psp1.close, MALLengthD);
    plot30(MasD,"Dclose");
    plot31(MamD,"Dclose");
    plot32(MaLD,"Dclose");
end;
    BarID = BarID + 1;   //K线计数
//计算指标
    Mas = Average(close,MaSLength);
    MaM = Average(close,MaMLength);
    MaL = Average(close,MaLLength);
    Bandwidth = BollingerBandwidth(close, BullLength, 2, -2);
    UpperBand = BollingerBand(close, BullLength, 2);
    ReturnValue = Stochastic(High, Low, close, KDLength, 3, 3, 1, oFastK, oFastD,
oSlowK, oSlowD);


//各资产循环建仓加仓
    BuyOrder = false;      //循环开始下单指令设置为false
    SellOrder = false;
// 判断日K线均线是否呈现多头排列
If MasD>MaMD and   MaM>MaL then
    Begin
        UpTrendCond1 = true;
        plot11("多头","日均线");
        Setplotcolor(11,red);
        setplotbgcolor(11,black);
    End
Else
    Begin
        UpTrendCond1 = false;
        plot11("非多头","日均线");
        setplotbgcolor(11,black);
        Setplotcolor(11,green);
end;
```

```
setplotbgcolor(3,black);
// 判断布林线宽度是否达标,趋势还是震荡
If  Bandwidth>BandwidthLimt/100 then// and MaL/MaL[1]>1.0003 then
    Begin
        BandwidthCond = true;
        plot12("趋势","布林线");
        Setplotcolor(12,red);
        setplotbgcolor(12,black);
    End
Else
    Begin
        BandwidthCond = false;
        plot12("震荡","布林线");
        setplotbgcolor(12,black);
        Setplotcolor(12,green);
end;
setplotbgcolor(3,black);
if oSlowK crosses over oSlowD   then
    Begin                              // 判断 K 是否在 20 以下上穿 D 线
        KDUpCrossCond = true;
        setplotbgcolor(13,black);
        Setplotcolor(13,red);
        plot13("金 叉","KD 金叉");
    End
    else
    Begin
        KDUpCrossCond = false;
        setplotbgcolor(13,black);
        Setplotcolor(13,green);
        plot13("未金叉","KD 金叉");
end;
    // 在允许 K 线内更新数据时,避免重复下单
    if  lastBARONCHART = false   then
            TradeCon = true      // 如果不是最后一根 K 线,则可以开仓,历史回测统计
        else
        if  currenttime = time and currenttime>= 930 and currenttime<1500 then
            TradeCon = true       // 如果是最后一根 K 线,且计算机时间 = K 线收盘时
                                  //间,则可以开仓,
```

```
            else
                TradeCon = false;         //否则不能开仓
    If   TradeCon and UpTrendCond1    and BandwidthCond    then begin
                                    //上升趋势成立且布林线宽度满足
        InvestCash = TotalCash * InvestRatio/n;
        TradingVolume = IntPortion((((InvestCash - MarketValue)/close)/2)/100) *
100;                            //计算加建仓数量,最低 100 股
    //上升趋势开始开多仓
        if   close>MaS and mas>maM    and BarID - entryBar>5   and buytimes<1 and
quant2 = 0 and LongPosition = 0   and   TradingVolume> = 100 then begin
            BuyOrder = true;          //下单指令为 true
            OrderName = "新开仓";       //开仓指令名称新开仓
            Buytimes = 1;
            entryBar = BarID;
            datetime1 = RightStr(NumToStr(Date,0),6);
            datetime2 = NumToStr(time,0);
        end;
    //上升趋势 KD 金叉持有多仓且加仓小于限制,则加多仓
        if TradeCon and KDUpCrossCond and BarID - entryBar>5   and buytimes>1 and
LongPosition>0 and   TradingVolume> = 100 then begin
            BuyOrder = true;
            OrderName = "加仓";
            Buytimes = Buytimes + 1;
            entryBar = BarID;
        end;
    end;

    //止盈策略:盈利达到目标利润后回落一定幅度止盈
    if  Profits>ProfitGoal/100 * close * LongPosition   quant2>0   and then begin
        SellOrder = true;             //设置下单指令
        OrderName = "止盈";            //设置下单指令名称,止盈平仓
        TradingVolume = - LongPosition;   //交易量等于持仓量
        Buytimes = 0;
    end;

//止损策略:达到止损目标止损平仓,
    If quant2>0 and Profits< - (close * StopLoss/100) * LongPosition   then  begin
        SellOrder = true;
```

```
            OrderName = "止损";                              //止损平仓
            TradingVolume = -LongPosition;
            Buytimes = 0;
        end;

//趋势逆转平多仓
        If quant2>0 and TradeCon and MaM crosses under MaL   then begin
            SellOrder = true;
            OrderName = "逆转平仓";                          //趋势逆转平仓
            TradingVolume = -LongPosition;
            Buytimes = 0;
            entryBar = 0;
        end;
Plot14(OrderName,"下单原因");
Plot15(TradingVolume,"下单数量");
Plot16(datetime1,"下单日期");
Plot17(datetime2,"下单时间");
    setplotbgcolor(16,black);
    setplotbgcolor(17,black);

//调用下单组件下单
//符合开仓加仓条件下单
If BuyOrder  and LASTBARONCHART  and TradingVolume>100 then Begin
                                                         //买入开仓
        OrderTicket1.Account = iAccount;                 //输入账户
        OrderTicket1.Symbol = ICode;                     //输入建仓商品代码
        OrderTicket1.Quantity = TradingVolume;           //输入交易量
        OrderTicket1.Action = OrderAction.Buy;           //开多仓
        OrderTicket1.Type = tsdata.trading.OrderType.Limit;  //限价单
        OrderTicket1.LimitPrice = close[0] + PriceSlippage;
        OrderTicket1.Duration = "GFD";                   //当日有效
        OrderTicket1.Send();                             //下单
        BuyOrder = false;
        TradingVolume = 0;
end;
    //符合平仓条件下单
If SellOrder and TradingVolume<0 and quant2>0 and LASTBARONCHART then Begin
```

```
        If -TradingVolume>quant2 then TradingVolume = quant2   else TradingVolume = -
TradingVolume;
    OrderTicket2.Account = iAccount;
    OrderTicket2.Symbol = ICode;                      //输入平仓商品代码
    OrderTicket2.Quantity = TradingVolume;            //输入交易量
    OrderTicket2.Action = OrderAction.Sell;           //卖出平仓
    OrderTicket1.Type = tsdata.trading.OrderType.Limit;   //限价单
    OrderTicket1.LimitPrice = close[0] - PriceSlippage;
    OrderTicket1.Duration = "GFD";                    //当日有效
    OrderTicket2.Send();
    SellOrder = false;
    TradingVolume = 0;
END;
```

图 4-14 股票组合雷达屏监测交易 EL 程序

三、股票投资组合雷达屏交易应用

在编辑调试好程序后,即可用于雷达屏监测和交易。为了控制风险,我们首先应该将自己开发程序用于模拟交易。用户需要特别注意,由于雷达屏监测不能进行历史回测和优化,因此,进行仿真账户的模拟运行就特别重要。在经过一段时间充分的模拟运行测试后,才能够将其用于实盘交易。

（一）建立股票组合监测雷达屏

为了监测股票组合的价格动态,我们首先需要新建一个雷达屏。打开一个工作区,点击左边的[交易应用程序]菜单,选择其中的[雷达屏]图标,双击新建一个雷达屏。

（二）选择组合股票

选择股票组合的方法可以利用前一章介绍的选股方法,也可以使用其他任何方法。比如我们根据当前的炒作热点,选择人工智能概念组合。将光标选中雷达屏后,在主菜单选择插入[代码列表],选择股票概念中的人工智能板块,确认即可将该板块股票代码加载到雷达屏。

（三）插入股票组合监测指标程序

股票组合监测程序是用"指标"类型编辑的,在此将其插入雷达屏,并进行相应的参数设置和常规设置。常规设置需要选择 Bar 内更新值,启用下单对象,为累积计算加载更多数据的加载图条数为 100。参数设置暂时采用程序输入的初始值。其在 5 分钟 K 线图上的监测结果如图 4-15 所示。程序将在雷达屏实时监控所选择的股票组合的价格变化动态,并且对符合条件的股票下单买卖。

雷达屏显示了股票代码、股票名称、账户资产情况：包括总资产、账户余额、可用资金、持仓市值、账户浮盈；每只股票的持仓量、可用持仓、持仓市值、平均成本、持仓浮盈等信息；还有交易条件日均线、布林线、KD 金叉的情况,以及下单原因、下单数量、下单日期

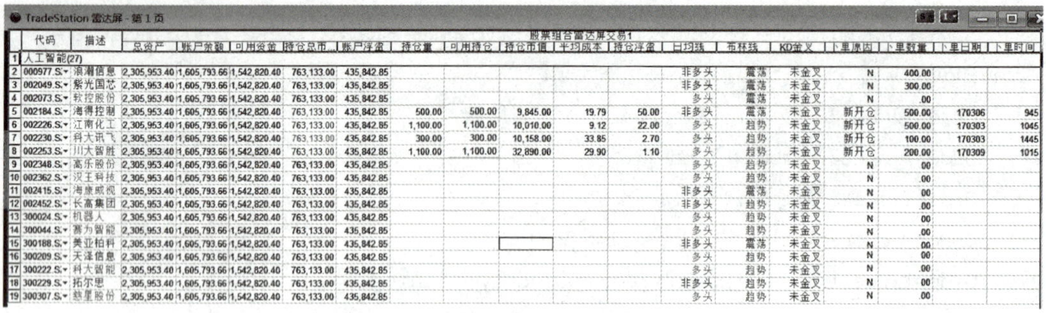

TradeStation 雷达屏 - 第 1 页

	代码	描述	股票组合雷达屏交易1															
			总资产	账户余额	可用资金	持仓总市...	账户浮盈	持仓量	可用持仓	持仓市值	平均成本	持仓浮盈	日均线	布林线	KD金叉	下单原因	下单数量	下单日期	下单时间
1	人工智能(27)																		
2	000977.S	浪潮信息	2,305,953.40	1,605,793.66	1,542,820.40	763,133.00	435,842.85						非多头	震荡	未金叉	N	400.00		
3	002049.S	紫光国芯	2,305,953.40	1,605,793.66	1,542,820.40	763,133.00	435,842.85						非多头	震荡	未金叉	N	300.00		
4	002073.S	软控股份	2,305,953.40	1,605,793.66	1,542,820.40	763,133.00	435,842.85						多头	震荡	未金叉	N	.00		
5	002184.S	海得控制	2,305,953.40	1,605,793.66	1,542,820.40	763,133.00	435,842.85	500.00	500.00	9,845.00	19.79	50.00	非多头	震荡	未金叉	新开仓	500.00	170306	945
6	002226.S	江南化工	2,305,953.40	1,605,793.66	1,542,820.40	763,133.00	435,842.85	1,100.00	1,100.00	10,010.00	9.12	22.00	多头	趋势	未金叉	新开仓	500.00	170303	1045
7	002230.S	科大讯飞	2,305,953.40	1,605,793.66	1,542,820.40	763,133.00	435,842.85	300.00	300.00	10,158.00	33.85	2.70	多头	趋势	未金叉	新开仓	100.00	170303	1445
8	002253.S	川大智胜	2,305,953.40	1,605,793.66	1,542,820.40	763,133.00	435,842.85	1,100.00	1,100.00	32,890.00	29.90	1.10	多头	趋势	未金叉	新开仓	200.00	170309	1015
9	002348.S	高乐股份	2,305,953.40	1,605,793.66	1,542,820.40	763,133.00	435,842.85						多头	趋势	未金叉	N	.00		
10	002362.S	汉王科技	2,305,953.40	1,605,793.66	1,542,820.40	763,133.00	435,842.85						多头	趋势	未金叉	N	.00		
11	002415.S	海康威视	2,305,953.40	1,605,793.66	1,542,820.40	763,133.00	435,842.85						非多头	震荡	未金叉	N	.00		
12	002452.S	长高集团	2,305,953.40	1,605,793.66	1,542,820.40	763,133.00	435,842.85						非多头	趋势	未金叉	N	.00		
13	300024.S	机器人	2,305,953.40	1,605,793.66	1,542,820.40	763,133.00	435,842.85						多头	趋势	未金叉	N	.00		
14	300044.S	赛为智能	2,305,953.40	1,605,793.66	1,542,820.40	763,133.00	435,842.85						多头	趋势	未金叉	N	.00		
15	300188.S	美亚柏科	2,305,953.40	1,605,793.66	1,542,820.40	763,133.00	435,842.85						非多头	震荡	未金叉	N	.00		
16	300209.S	天泽信息	2,305,953.40	1,605,793.66	1,542,820.40	763,133.00	435,842.85						多头	趋势	未金叉	N	.00		
17	300222.S	科大智能	2,305,953.40	1,605,793.66	1,542,820.40	763,133.00	435,842.85						多头	趋势	未金叉	N	.00		
18	300229.S	拓尔思	2,305,953.40	1,605,793.66	1,542,820.40	763,133.00	435,842.85						非多头	趋势	未金叉	N	.00		
19	300307.S	慈星股份	2,305,953.40	1,605,793.66	1,542,820.40	763,133.00	435,842.85						多头	趋势	未金叉	N	.00		

图 4-15　股票组合雷达屏监测示例

和时间，以及委托成交情况等。

注意：在雷达屏显示的过去下单情况是程序调入历史数据计算的可能下单情况，如果该时刻您未打开程序，现在才打开程序，尽管它可以显示可能的历史交易信息，但并不会对过去的交易重新下单，因为，历史不可改变。为了避免程序对历史下单信息在现在补下单，我们在程序里面专门限制其仅在最后一根 K 线发出的交易信息才下单。这对于避免重复下单也是十分重要的。

(四) 历史回测

雷达屏交易的一大缺点就是不能进行历史回测，也不能对参数进行优化。那么，我们怎么知道自己建立的策略是可行的呢？更不要说是否是最优的了。解决的办法之一，就是我们可以利用 TS 的组合管理大师进行策略的历史回测和参数优化功能对雷达屏组合交易策略进行回测和优化。由于管理大师只能够对策略类型进行回测和优化，而雷达屏只能使用指标类型，因此，我们并不能够直接将雷达屏交易的指标加载到组合管理大师进行回测。但我们可以将该指标的交易下单功能由调用下单组件改为利用 EL 的下单保留字 buy，sell，sellshort 和 buytocover 来实现就可以了。当然，程序类型也需要改为策略类型。将修改后的策略加载到组合管理大师，将自己选择的股票组合带入，就可进行历史回测，看看该策略及其参数在历史时期是否可以盈利。虽然历史回测盈利并不意味着未来交易盈利，但是，如果连历史回测都不能盈利，或者根本就没有进行检验的策略，你敢用来交易吗？

(五) 参数优化

利用组合管理大师的参数优化功能，我们可以对组合策略的参数进行优化。当然，这种参数优化不是针对单只股票的，而是针对组合整体的。而雷达屏交易对其监测的所有股票轮流进行监测和判断下单，通常也不能够针对不同的股票设置不同的交易策略和参数。这样针对组合整体优化的参数更具一般性，也是可以使用的。将组合管理大师优化的参数带入雷达屏监测交易指标程序，就可更好地实现股票组合的监测交易功能。“没有最好，只有更好”。

当然，通过特定的程序设计，也可以根据雷达屏监测的股票代码，选择不同的参数，甚至不同的策略，其方法如上一节讨论分析图的股票组合交易里使用的数组，将不同的参数赋予不同的股票。读者可以自己去尝试建立这样的程序。其参数的优化则可以在分析图形里面进行。但当组合的股票数量太多,而且经常更换的情况下,其工作量就较大了。

本 章 小 结

　　股票投资组合交易策略是投资者为了规避非系统性风险而建立的股票组合的交易策略。按照积极与消极的程度通常可分为积极投资策略、消极投资策略和中性投资策略三种基本类型。

　　股票组合交易包括选股和择时两种基本策略。上一章讨论了利用 TS 进行选股的策略,本章则讨论了利用 TS 的分析图和雷达屏进行择时交易的基本策略。

　　TS 的分析图交易可以利用传统的面向用户编程语言 EL 进行编程,其使用虽然便利,但却不能进行多品种下单。而利用面向对象编程的 EL 下单组件进行组合批量下单则有效地解决了该问题,但其使用相对更为复杂。

　　TS 的雷达屏交易使用户可以对组合的更多品种进行实时监控和下单。但是,雷达屏交易本身无法进行历史回测和参数优化,我们可以结合 TS 的组合管理大师等功能进行组合策略的回测和参数优化。

重 要 概 念

积极投资策略　　消极投资策略　　中性投资策略　　分析图　　雷达屏　　OrderTicket

习题与思考题

(1) TS 利用分析图进行股票组合交易的基本思路是什么?其特点何在?
(2) TS 利用雷达屏进行股票组合交易的基本思路是什么?其特点何在?
(3) TS 利用分析图和雷达屏进行股票组合交易的下单方式是通过调用下单组件实现的,在使用中需要注意什么问题?怎样防止重复下单问题?
(4) 怎样利用账户信息查询组件来实现组合资金的管理和股票资金的动态分配?
(5) 怎样利用账户仓位信息查询组件来实现股票的止盈和止损?
(6) 怎样利用分析图和组合管理大师的历史回测和参数优化功能来提高股票组合投资的绩效?
(7) 在分析图的股票组合管理中,怎样统计和显示历史交易绩效?
(8) 本章的交易策略以均线和 KD 策略的组合为主,请尝试用其他的交易策略来改进或取代这种策略组合。

第五章

股票组合套期保值交易策略

学习目标

1. 理解套期保值(风险对冲)的含义和基本的套期保值方法。
2. 理解和掌握股票期货套期保值策略的基本思想、EL编程及其应用方法。
3. 理解和掌握股票期权套期保值策略的基本思想、EL编程及其应用方法。

第一节 套期保值交易策略概述

金融市场变幻无穷,其绝大多数交易都面临着一定的风险。为了有效地回避或控制风险,投资者需要在进行投资某种资产时,卖出或买进另外一种相关的资产,以对冲或控制其标的资产的风险。这种行为被称为风险对冲(risk hedge)。风险对冲就是指通过投资或购买与标的资产(underlying asset)收益波动负相关的某种资产或衍生产品,来冲销标的资产潜在的风险损失的一种风险管理策略。由于其使用的衍生品通常是未来某个时期交割的产品,因此,又可称为套期保值。

风险对冲是管理利率风险、汇率风险、股票风险和商品风险非常有效的方法。与风险分散策略不同,风险对冲可以管理系统性风险和非系统性风险,还可以根据投资者的风险承受能力和偏好,通过对冲比率的调节将风险降低到预期水平。利用风险对冲策略管理风险的关键问题在于对冲工具的选择和对冲比率的确定,它们直接关系到风险管理的效果和成本。

进行金融风险对冲的工具种类很多,如远期、期货、期权、互换等,每一种工具各有其特点,投资者需要根据自己投资的标的资产的特点和自己风险管理的需要来选择。

远期合约(forward contract)是买卖双方就未来某个时间以约定价格交易约定数量商品而签订的合同。利用远期合约进行套期保值的优点是,可以针对其交易的标的资产的品种和规模来签订远期合约,其套期保值的针对性较强。但是,由于远期合约通常不上市交易,所以必须持有到期,而不能够通过市场交易转让,缺乏操作灵活性。另外,利用远期进行套期保值,在保值的同时,也将丧失价格有利变动可能带来的好处。由于远期合约不上市交易,也就不能进行程序化交易,在此也就不讨论利用远期合约进行套期保值的问题。

互换(swap)是互换双方在互利原则下进行不同类型的金融资产的交换,基本类型包括货币互换、利率互换、货币利率互换,以及信用违约互换(CDS)等。CDS(Credit Default Swap)是指交易双方达成的,约定在未来一定期限内,信用保护买方按照约定的标准和方式向信用保护卖方支付信用保护费用,由信用保护卖方就约定的一个或多个参考实体向信用保护买方提供信用风险保护的金融合约,属于一种合约类信用风险缓释工具。互换虽然也是风险对冲工具,但通常是在柜台交易而非交易所交易,也就不能进行程序化交易,在此也就不讨论利用互换合约进行套期保值的问题。

期货合约(futures contract)是买卖双方就未来某个时间以约定价格交易约定数量商品而签订的标准化合同,它通常在交易所挂牌交易。期货和远期的功能相当,但由于期货在交易所挂牌交易,具有较高的流动性,可以自由转让,它在套期保值方面使用十分广泛。

按照操作方法不同,股指期货套期保值可分为多头套期保值和空头套期保值。

多头套期保值:多指持有现金或即将持有现金的投资者,预计股市上涨,为了控制交易成本而先买入股指期货,锁定将来买入股票的价格水平。在未来有现金投入股市时,再将期货头寸平仓交易。

空头套期保值:是指已经持有股票或者即将持有股票的投资者,预测股市下跌,为了防止股票组合下跌风险,在期货市场上卖出股指期货的交易行为。

利用期货进行套期保值,就是在买入现货的同时,卖出相关的期货,以回避现货价格波动的风险。缺点是,当价格呈现有利变动时,也不能获得相应的好处。

期权(option)是在将来的一定时间之内,以约定价格,买或不买,卖或不卖某种金融资产的选择权利。利用期权对现货进行套期保值,不仅可以回避现货价格不利波动的风险,而且在现货出现有利的价格变动时,还能够通过放弃行权来获取现货价格变动的好处。因此,利用期权进行套期保值是一个不错的选择。当然,市场没有免费的午餐,当期权需求上升时,价格就会上涨,购买期权套保支付的期权费就会上升。

金融期权可以通过交易所进行交易也可以通过柜台交易。后者的流动性较差,而前者的流动性较高,也便于进行程序化交易。本章将重点讨论利用期货和期权进行套期保值的程序化交易。

第二节 股票期货套保策略

一、策略基本思想

(一) 套保工具的选择

利用期货对购买股票的风险进行对冲的策略就是套期保值的策略。其基本思想为:当购买股票现货的同时,出售相应的股票期货来对冲其价格可能下跌的风险。为了完全对冲起价格风险,一般需要出售相同资产的期货。但是,由于金融市场通常没有个股期货,而只有股指期货,因此,利用期货股票现货进行套期保值只能通过做空股指期货来实现。目前,我国金融市场交易的股指期货有中国金融期货交易所挂牌交易的沪深 300 股指期货、上证 50 股指期货和中证 500 股指期货。

上证 50 股指期货以上证 50 股票指数为交易标的物,主要反映了大盘权重股的走势。中证 500 股指期货以中证 500 股票指数为交易标的物,主要反映了小盘成长股的走势。沪深 300 股指期货则从上海和深圳两个交易所的股票中挑选出的 300 只规模大、流动性好的股票,其中沪市有 179 只,深市 121 只。沪深 300 指数样本覆盖了沪深市场六成左右的市值,具有良好的市场代表性。图 5-1 显示了沪深 300 股指现货与期货及其价差变动情况。从中可见,除了一些特殊时期,如 2015 年的股灾前后,存在较大价差偏离外,其他大多数时间均在上下 50 点以内波动,并最终在到期日逼近于 0。由于股指期货以到期日下午标的指数 2 个小时的算数平均价作为交割价的制度设计,使得股指期货价格在到期日必然逼近现货价格。这就是为我们选择股指期货对股票现货进行套期保值提供了较好的工具。

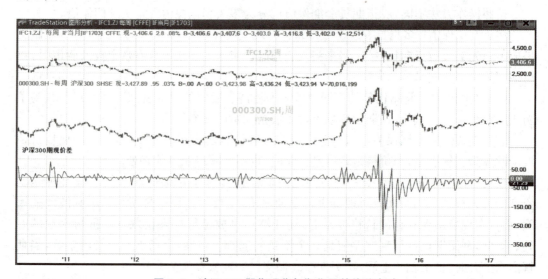

图 5-1 沪深 300 股指现货与期货及其价差变动

套保期限受股票市场走势预判和投资者套保目的的强烈影响,这是影响套期保值期限选择的客观条件。另外,一般来说,套保中选择的期货合约月份应该与套期保值的客观条件保持相同或相近,这从方法有效性的角度也对套保期限的选择提出了要求。

(二)套期保值策略的选择

按照套期保值目标差异,可以分为积极套期保值策略和消极套期保值策略。

1. 消极套期保值策略。目标是风险最小化,主要是在期货市场和现货市场进行数量相等、方向相反的操作。这种交易者主要目的在于规避股票市场面对的系统性风险,至于通过套期保值获取利润,不是该类交易者主要的追逐目标。

图 5-2 显示了沪深 300 股指现货与期货消极套期保值盈亏曲线。从中可见,股指期货空头几乎完全对冲了现货指数的风险,但它基本上也就没有盈利可获。

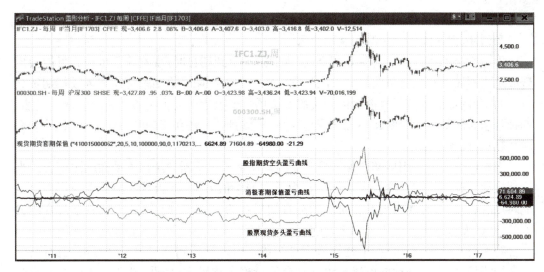

图 5-2　沪深 300 股指现货与期货消极套期保值盈亏曲线

2.积极套期保值策略。通常是以收益最大化为目标,通过对股票未来走势预期,有选择地通过股指期货套期保值来规避市场系统性风险。在系统性风险来临时,投资者采取积极的套期保值措施来规避股票组合系统风险;当系统风险释放后,在期货市场上将期货头寸平仓交易,不进行对应反向现货交易。

积极的套期保值策略需要随时监测股票现货行情,确定股票投资组合什么时候需要套期保值规避风险,以及什么时候需要退出套保。对股票市场走势的预判是基于宏观经济研究、行业研究等方面的综合性分析,股票市场走势预判越准确,套期保值成功率越高,所需付出的机会成本也会越低。

在此,我们讨论其程序化交易时,为了简化分析,我们主要利用股票组合走势的技术指标来判断其何时进入套保和何时退出套报。假设选用股指期货作为套保工具,则其监控对象为股指期货的标的指数。虽然该指数可能不可以直接交易,但我们可以购买跟踪该指数的基金,或者根据指数成分股的构成来构造一个股票组合。

当股票现货组合(指数)行情呈现明显的上升趋势的时候,显然并不需要套期保值,而在行情呈现明显的下跌趋势时,最好的策略时卖出股票,也不需要套期保值。而当行情呈现震荡走势,未来走势存在较大的不确定性时,套期保值的中凸显。这时最需要套期保值。

据此,我们可以利用移动均线系统来判断现货的走势,并制定相应的积极套保策略:

当移动均线呈现多头发散,短期均线>中期均线>长期均线时,表明行情呈现明显的上升趋势,这时不需要套保。

当短期均线下穿中期均线,但短期均线>长期均线且中期均线>长期均线时,未来走势不确定性上升,这时需要进行套期保值。

当短期均线重新上穿中期均线,且短期均线>中期均线>长期均线时,上升趋势不确定性下降,这时可以退出套期保值。

当中期均线下穿长期均线,且呈现空头排列:短期均线<中期均线<长期均线时,下

跌趋势成立,这时可以卖出股票现货,继续持有期货空头,直到下跌趋势逆转才平仓退出。

(三) 选择具体套保标的和展期套保

由于股指期货具有到期日效应,即临近股指期货到期日时,现货股票市场有可能会出现股价剧烈波动和成交量明显放大的异常现象。如果套期保值结束时间临近股指期货交割时间,套期保值效果很可能会因现货股票市场甚至股指期货市场的动荡而降低。当然,选择到期时间较长的合约并不意味着越远期的合约越好,还要兼顾考虑流动性,合约到期时间越长,流动性越差。

因此可以考虑使用展期套保策略。展期套保是通过不断使用高流动性的短期合约来代替流动性差的长期合约实现对资产较为长期的保值方案,即当对一项资产进行套期保值时,如果在到期时间内没有相对应的远月期货合约,只有短期合约;又或者远月合约的流动性低,无法达到套保所需的量,此时就需要采取展期套保的方式。展期套保需要在当月合约到期之前将当月合约平仓换入下月合约。由于期货到期时价格将逼近现货价格,而在行情趋跌时,下跌预期可能导致下月合约价格出现贴水,因此,期货空头合约换月时可能出现高买低卖的情况。这对于展期套保是不利的,特别是在期货出现大幅贴水的情况下更是如此。如2015年中国股灾连续跌停,沪深300股指期货贴水达200—300点的情况。这时的展期是极为不利的。因此,换月应该选择在当月和次月合约价差扩大之前进行,而不要等到到期日进行。

另外,当行情出现极端走势,期现贴水太大时,如果现货能够平仓,应该及时卖出平仓,而不能进行套期保值。而已有的套期保值也应该在期现贴水缩小之时,及时将期货平仓。

在进行历史回测时,可以利用当月合约连续行情进行,在进行实盘交易时,则需要换入当月合约和次月合约进行检测和交易。

(四) 确定最优套保比率和所需期货合约数量

套期保值比率是持有期货合约头寸与现货组合头寸之间的比率,它是影响套期保值效果的关键因素。最优套期保值比率的计算模型主要有风险最小化套期保值、单位风险补偿最大化套期保值和效用最大化套期保值三种,在此三种模型中风险最小化模型是最为常用的模型。

上述几个模型可以计算出不同的最优套期保值比率,必须衡量这些比率的套期保值效果。套期保值有效性是研究套期保值的实际效果,即风险规避的程度。套期保值效果的测度方法一般有四种:Ederington测度方法、LPM模型测度方法、夏普比率模型测度方法及HKL测度方法。

其中,Ederington测度方法在风险最小化的框架下给出了套期保值绩效的衡量指标和方法,由于其简单易懂,且容易应用,故被普遍作为比较和选择最有效的套报策略的标准和衡量套期保值效果的标尺,在研究文献中也大多数采用此方法。其基本思路如下:为了观察套期保值后组合投资风险降低的程度,一般用未套保的资产组合的收益率方差与已套保资产组合的收益率方差之差占未套保的资产组合的收益率方差的比率来表示。

根据套期保值效率确定一个套保效率最高的方法以及相应的最优套期保值比率。计算得到最优套期保值比率后,需要将其转换为具体的期货合约数。由于期货合约是标准化的合约,其每张合约的规模是固定的,在一定的价格下,其市值也是一定的。因此,其开仓数量必须取整。

$$N = INT(P/(F \times C) + 0.5)$$

其中,N 为期货合约数量,P 为持有现货的市值,F 为期货合约的价格,C 为合约乘数。

二、股票指数期货套保策略的 EL 程序

(一) EL 套期保值策略程序类型选择

由于套期保值需要同时监测现货和期货多个品种的历史和当前动态,因此,我们可以选择分析图形作为监测的工具。由于 EL 程序的下单保留字 buy,sell 等只能对主品种一个品种下单,因此,我们需要利用 EL 的下单组件来下单。为了监测和显示套保效果,我们可以利用 Plot 语句将套保效果指标值输出到分析图。因此,我们应该选择"指标"类型建立套保程序。

(二) 股票现货组合监测和下单

由于利用股指期货进行套保,我们必须选择相关的现货和期货品种。对于现货,我们可以根据实际的组合进行监测和下单,也可以采用相关的指数进行监测,在需要进行套保时,对股指期货下单,在需要对现货下单时,根据组合的构成对相关的一系列股票进行批量下单。

在此,我们先讨论利用股票指数监测的情况,后面在此基础上讨论一篮子股票下单问题。

(三) 利用账户组件查询账户信息和下单

套期保值需要使用一个股票现货账户和一个股指期货账户,查询相关账户信息和进行下单。在此,我们需要插入两个账户组件 AcountsProvider,简写为 AP1 和 AP2,分别输入期货账号和股票账号,并插入账户信息更新模块如下:

```
//组件 AP1 获取期货账户信息
method void AP1_Updated(elsystem.Object sender, tsdata.trading.AccountUpdatedEventArgs args)
    begin
    If AP1.Count>0 and LASTBARONCHART then
        Begin
            CashBalance[1] = AP1.Account[0].RTCashBalance;      //账户余额
            BuyingPower[1] = AP1.Account[0].RTDayTradingBuyingPower;
                                                                //可用余额
            NetWorth[1] = AP1.Account[0].RTAccountNetWorth;     //账户净值
            UnRealizedPL[1] = AP1.Account[0].RTUnrealizedPL;    //账户浮盈
```

```
                RealizedPL[1] = AP1.Account[0].RTRealizedPL;           //已实现盈亏
                Margin1 = AP1.Account[0].RTMaintenanceMargin;          //保证金
            End;
    end;
//组件 AP2 获取股票账户信息
method void AP2_Updated(elsystem.Object sender, tsdata.trading.AccountUpdatedEventArgs args)
    begin
        If AP2.Count>0 and LASTBARONCHART then
            Begin
                CashBalance[2] = AP2.Account[0].RTCashBalance;                  //账户余额
                BuyingPower[2] = AP2.Account[0].RTDayTradingBuyingPower;        //可用资金
                NetWorth[2] = AP2.Account[0].RTAccountNetWorth;                 //总资产
                UnRealizedPL[2] = AP2.Account[0].RTUnrealizedPL;                //账户浮盈
            End;
    end;
```

为了利用该查询进行历史回测和实时交易,在历史回测时不需要查询账户信息,而仅在实时监测和交易时需要查询账户信息。因此,加入 If LASTBARONCHART then 的限制条件,仅在最后一根 K 线时使用账户更新信息,其他时间则使用程序模拟的账户信息。

(四) 数组赋值和移动均线的计算

我们将分析图的 data1 作为股指期货,data2 为现货指数。需要将它们的收盘价赋予数组,并且在定义变量时获取分析图的代码:

```
Var: ICode1(GetSymbolName of data1),ICode2(GetSymbolName of data2);
    CloseA[1] = c of data1;
    CloseA[2] = c of data2;
    Mas[2] = Average(CloseA[2],MaSLength[2]);
    MaM[2] = Average(CloseA[2],MaMLength[2]);
    MaL[2] = Average(CloseA[2],MaLLength[2]);
```

(五) 股票组合的开仓和平仓时机选择

采用积极的套期保值策略,我们不仅需要对期货的开仓和平仓择时,对于股票的开仓平仓同样也可以择时。在此,我们利用多头均线发散作为上升趋势成立的条件,因此,其开仓条件为:

```
if  CloseA[2]>MaS[2]  and  MaS[2]>MaM[2] and MaM[2] cross over MaL[2] and
BuyPosition[2] = 0    then begin
```

```
        BuyOrder[2] = true;              // 买进开仓下单指令为 true
        OrderName[2] = "NewInvests";     // 开仓指令名称
end;
```

股票平仓条件可以选择上升趋势逆转,均线空头排列时。为了模拟不同套保策略,只有在积极套保策略,tradcon>2 股票择时平仓。

```
if tradcon>2  CloseA[2]<MaS[2] and  MaS[2]<MaM[2] and MaM[2] cross under MaL[2]
and  BuyPosition[2]>0    then begin
        SellVolume[2] = BuyPosition[2];
        SellOrder[2] = true;             // 卖出平仓下单指令为 true
        OrderName[2] = "downTrend Sell"; // 平仓指令名称
end;
```

(六) 期货开仓平仓时机选择

积极套期保值策略在现货呈现上升趋势时并不需要套期保值,而在现货市场震荡时,才进行套期保值期货开空:

```
if  CloseA[2]<MaS[2] and  MaS[2] cross under  MaM[2] and MaM[2]>MaL[2] and
BuyPosition[2]>0   and BuyPosition[1] = 0 then begin
        SellOrder[1] = true;             // 下单指令为 true
        OrderName[1] = "HedgeSellShort"; // 开仓指令名称
end;
```

当现货恢复上升趋势时,需要平期货空仓,退出套期保值。为了模拟不同套保策略,只有在积极套保策略 tradcon>1 时期货平仓。

```
If tradcon>1 and Mas[2] crosses over MaM[2] and MaM[2]>MaL[2]  and BuyPosition
[1]<0 then begin
        BuyOrder[1] = true;
        OrderName[1] = "FuturesBuytoCover";   // 趋势逆转平仓
end;
```

(七) 股票现货和期货开仓和平仓量的计算

对于股票现货,现在我们先用股票指数来模拟交易,后面再讨论用股票组合建仓问题。我们先确定股票和期货的投资总额初值 InitialInvest,在定义参数时输入。假设股票和期货各用一半资金,在 K 线开始时划分:

```
BarID = BarID + 1;   // K 线计数
   if BarID = 1 then begin
```

```
            BuyingPower[1] = InitialInvest * (1 - InvestRatio/100);
            BuyingPower[2] = InitialInvest * InvestRatio/100;
    end;
```

股票指数模拟交易量采用投资额除以价格,并考虑滑点和手续费,同时按照股票交易最少 100 股取整:

```
SellVolume[2] = intportion(BuyingPower[2]/            //计算下单量
                ((CloseA[2] + PriceSlippage) * (1 + FeeRatio2/100)) * 100)/100;
```

股票平仓交易量为持仓量全部平仓:

```
SellVolume[2] = - BuyPosition[2];
```

期货开仓量取决于股票组合规模、套保比率和期货合约规模。在此假设采用 1∶1 的套保比率,但是,由于股指期货合约规模是标准化的,经取整后的套保比率并不等于 1,加 0.5 取整则是四舍五入。CloseA[1] * BigpoinValue 为股指期货价格乘以合约乘数,300 为沪深 300 股指期货的乘数。根据不同的股指期货乘数需要进行修改。

```
SellVolume[1] = - intportion(MarketValue[2]/(CloseA[1] * BigpoinValue) + 0.5);
```

期货平仓交易量为持仓量全部平仓:

```
SellVolume[1] = BuyPosition[1];
```

(八) 调用下单组件对股票和期货下单

由于图形分析里面的 Buy,Sell 等下单保留字不能对多品种下单,我们调用下单组件下单。为了区分股票的期货的账号和下单类型,我们分别用 OrderTicket2 和 OrderTicket1 下单组件对股票和期货下单。在下单组件的属性设置里面,我们需要分别设置 OrderTicket1 的 SymbolType 为 Stock,OrderTicket2 的 SymbolType 为 Future。开仓使用限价单,平仓使用市价单。

```
//符合股票开仓条件下单
If BuyOrder[2]   and LASTBARONCHART and SellVolume[2]>100 then Begin
        OrderTicket2.Account = iAccountStok;              //输入股票账户
        OrderTicket2.Symbol = ICode[2];                   //输入建仓商品代码
        OrderTicket2.Quantity = SellVolume[2];            //输入交易量
        OrderTicket2.Action = OrderAction.Buy;            //开多仓
        OrderTicket2.Type = tsdata.trading.OrderType.Limit;  //限价单
        OrderTicket2.LimitPrice = Close[0] + PriceSlippage;
```

```
            OrderTicket2.Duration = "GFD";                    //当日有效
            OrderTicket2.Send();                              //下单
            BuyOrder[2] = false;
            SellVolume[2] = 0;
    end;
//符合股票平仓条件下单
quant2 = GetPositionQuantity(ICode[k], iAccountStok);   //查询账户该品种持仓量
If SellOrder[2] and SellVolume[2]>0 and LASTBARONCHART  and quant2>0 then Begin
    If SellVolume[1]>quant2 then SellVolume[1] = quant2;
            OrderTicket2.Account = iAccountStok;
            OrderTicket2.Symbol = ICode[1];               //输入平仓商品代码
            OrderTicket2.Quantity = -SellVolume[2];       //输入交易量
            OrderTicket2.Action = guosen.OrderAction.Sell; //卖出平仓
            OrderTicket2.Type = tsdata.trading.OrderType.Market;
                                                          //市价单
            OrderTicket2.Duration = "IC5";                //最优5档成交,其余撤单
            OrderTicket2.Send();
            SellOrder[2] = false;
            SellVolume[2] = 0;
    END;
//符合期货开仓条件下单
If SellOrder[1]    and LASTBARONCHART and SellVolume[k]>100 then Begin

            OrderTicket1.Account = iAccountFutures;       //输入期货账号
            OrderTicket1.Symbol = ICode[1];               //输入建仓商品代码
            OrderTicket1.Quantity = -SellVolume[1];       //输入交易量
            OrderTicket1.Action = OrderAction.Sellshort;  //开多仓
            OrderTicket1.Type = tsdata.trading.OrderType.Limit;
                                                          //限价单
            OrderTicket1.LimitPrice = Close[0]-PriceSlippage;
            OrderTicket1.Duration = "GFD";                //当日有效
            OrderTicket1.Send();                          //下单
            SellOrder[1] = false;
            SellVolume[1] = 0;
end;
//符合期货平仓条件下单
quant2 = GetPositionQuantity(ICode[k], iAccountStok);   //查询账户该品种持仓量
If SellOrder[1] and SellVolume[1]>0 and LASTBARONCHART  and quant2>0 then Begin
```

```
        If SellVolume[1]>quant2 then SellVolume[1] = quant2;
        OrderTicket1.Account = iAccountFutures;        //输入期货账号
        OrderTicket1.Symbol = ICode[1];                //输入平仓商品代码
        OrderTicket1.Quantity = SellVolume[1];         //输入交易量
        OrderTicket1.Action = OrderAction.buytocover;  //卖出平仓
        OrderTicket1.Type = tsdata.trading.OrderType.Market;
                                                       //市价单
        OrderTicket1.Duration = "IC5";                 //最优5档成交,其余撤单
        OrderTicket1.Send();
        BuyOrder[1] = false;
        SellVolume[1] = 0;
END;
```

(九) 股票套期保值盈利统计

为了回测模拟分析股票套期保值效果,我们有必要对套期保值盈利进行统计。为此,需要分别计算股票和期货的成本、盈利、持仓市值、可用资金和总资产。

股票开仓计算:

```
    AvCostBuy[2] = (CloseA[2] + PriceSlippage) * (1 + FeeRatio2/100);
                                                   //股票平均成本
    BuyingPower[2] = BuyingPower[2] - SellVolume[2] * (CloseA[2] + PriceSlippage) *
              (1 + FeeRatio2/100);                  //股票开仓时现金余额
```

股票平仓计算:

```
    ComuProfit[2] = ComuProfit[2][1] + ((CloseA[2] - PriceSlippage) * (1 - FeeRatio2/
              100) - AvCostBuy[2]) * BuyPosition[2];//股票平仓时累计盈利
    BuyingPower[2] = BuyingPower[2] + SellVolume[2] * (CloseA[2] + PriceSlippage)
              * (1 + FeeRatio2/100);                //股票平仓时现金余额
```

期货开仓计算:

```
    AvCostBuy[1] = (CloseA[1] - PriceSlippage) * (1 - FeeRatio1/100);
                                                   //期货平均成本
    BuyingPower[1] = BuyingPower[1] + SellVolume[1] * (CloseA[1] * FeeRatio1/100 +
PriceSlippage) * BigpoinValue;                     //期货开仓时现金余额
```

期货平仓时现金余额:

```
BuyingPower[1] = BuyingPower[1] + BuyPosition[1] * (CloseA[1][1] - CloseA[1]) *
                 BigpoinValue + Margin1;
```

股票平仓时累计盈利：

```
ComuProfit[1] = ComuProfit[1][1] + ((CloseA[1] + PriceSlippage) * (1 + FeeRatio1/
                100) - AvCostBuy[1]) * BigpoinValue * BuyPosition[1];
```

统计持仓盈利：

```
If BuyPosition[2]>0 then begin
    UnRealizedPL[2] = (CloseA[2] - AvCostBuy[2]) * BuyPosition[2];
                                                            //现货仓位潜在盈利
end;
If BuyPosition[1]<0 then begin
    UnRealizedPL[1] = (CloseA[1] - CloseA[1][1]) * BigpoinValue * BuyPosition[1];
                                                            //期货仓位潜在盈利
    Margin1 = -CloseA[1] * BigpoinValue * BuyPosition[1] * MarginRate/100;
                                                            //期货保证金
    BuyingPower[1] = BuyingPower[1] + UnRealizedPL[1] - (Margin1 - Margin1[1]);
                                                            //现金余额
end
else begin
    RealizedPL[1] = (CloseA[1] - CloseA[1][1]) * BigpoinValue * BuyPosition[1][1];
    UnRealizedPL[1] = 0;
    Margin1 = 0;
end;
    MarketValue[1] = -CloseA[1] * BuyPosition[1] * BigpoinValue;
                                                            //期货市值
    MarketValue[2] = CloseA[2] * BuyPosition[2];            //股票市值
    NetWorth[1] = BuyingPower[1] + Margin1;                 //期货净资产
    NetWorth[2] = BuyingPower[2] + MarketValue[2];          //股票净资产
```

统计组合指标

```
BuyingPower[0] = BuyingPower[1] + BuyingPower[2];          //可用资金余额
NetWorth[0] = NetWorth[1] + NetWorth[2];                   //账户净值
UnRealizedPL[0] = UnRealizedPL[1] + UnRealizedPL[2];       //账户浮盈
RealizedPL[0] = RealizedPL[1] + RealizedPL[2];             //已实现盈亏
ComuProfit[0] = ComuProfit[1] + ComuProfit[2];             //累计盈利
```

Ederington 测度套期保值的方法在风险最小化的框架下给出了套期保值绩效的衡量指标,其基本思路为,用未套保的资产组合的收益率方差与已套保资产组合的收益率方差之差占未套保的资产组合的收益率方差的比率表示。在此,我们使用组合资产净值 120 日移动均线方差代替收益率方差。

```
SDevNetWorthR[2] = Stddev(NetWorth[2], 120);
SDevNetWorthR[0] = Stddev(NetWorth[0], 120);
if SDevNetWorthR[2]<>0  then
    Ederington = (SDevNetWorthR[2] - SDevNetWorthR[0]) / SDevNetWorthR[2];
```

(十) 指标绘图输出

我们可以利用 plot 将模拟和实际运行中的指标信息以曲线方式输出到分析图。

据此建立的股票套期保值策略 EL 模拟测试程序如图 5-3 所示。为了简化测试套期保值效果,在此使用股票指数代替股票现货进行模拟测试。但是,由于股票指数现货并不能直接交易,因此,该程序并不能够直接用于套期保值交易。不过,我们只要对下单程序进行适当修改即可实现股票组合交易功能。稍后将对此进行讨论。

```
//声明命名空间
Using tsdata.marketdata;
Using elsystem.io;
Using elsystem.Collections;
Using tsdata.common;
Using elsystem;
Input:iAccountStok("410015004652"){股票账号},
    iAccountFutures("410019530630"){期货账号},
    InitialInvest(2000000){初始投资}, InvestRatio(65){股票投资比率%},
    FeeRatio1(0.02){期货手续费率%}, PriceSlippage(0.01){价格滑点},
    FeeRatio2(0.05){股票手续费率%}, MarginRate(10){期货保证金比率%},
    int n(2){股票只数}, BuyTimeLimt(5){加仓次数限制},
    int BigpoinValue(300){合约乘数},
    int tradcon(1){套保策略选择,1.消极,2.期货积极,3.股票期货积极},
    MaSLength1(5),MaSLength2(5),MaSLength3(5){短期均线区间长度},
    MaMLength1(20),MaMLength2(20),MaMLength3(20){中期均线区间长度},
    MaLLength1(60),MaLLength2(60),MaLLength3(60){长期均线区间长度};
Var: int k(0){股票循环变量}, int t1(0), int BarID(0),
    intrabarpersist int tradetimes(0){交易次数变量},
    intrabarpersist int quant1(0){账户股票持仓},
    intrabarpersist int quant2(0){账户股票可用仓位},
    ICode1(GetSymbolName of data1){期货代码},
```

```
    ICode2(GetSymbolName of data2){股票代码},
    intrabarpersist double Margin1(0){期货保证金},
    intrabarpersist double TotalComuProfit(0){累积盈利},
    intrabarpersist double InvestCash(0){可投资现金},
    intrabarpersist double Ederington(0),
    TradeCon(false){开仓条件};
Array:IntrabarPersist double CloseA[5](0),
    IntrabarPersist  double LowA[5](0),
    IntrabarPersist  double HighA[5](0),{股票收盘、最低、最高价}
    IntrabarPersist int entryBar[5](0),
    IntrabarPersist int ExitBar[5](0),
    IntrabarPersist BuyOrder[5](false){开仓指令},
    SellOrder[5](false){平仓指令},OrderName[5]("None"){指令名称},
    IntrabarPersist int  BuyDay[5](0),{开仓日期}ICode[5](""),
    IntrabarPersist  double MAS[5](0),IntrabarPersist double MaM[5](0),
    IntrabarPersist double MAL[5](0), double MaSLength[5](0),
    double MaMLength[5](0),double MaLLength[5](0),{移动均线长度}
    IntrabarPersist double BuyTimes[5](0),IntrabarPersist double BuyPosition[5](0),
    IntrabarPersist double SellVolume[5](0),
    {开仓次数、仓位、代码、交易量}
    IntrabarPersist double AvCostBuy[5](0),IntrabarPersist double  Profits[5](0),
    IntrabarPersist double ComuProfit[5](0),{平均成本、潜在盈利、累积盈利}
    IntrabarPersist double SDevNetWorthR[2](0){账户净值变动率方差},
    IntrabarPersist double NetWorthR[2](0){账户净值变动率},
    intrabarpersist double CashBalance[3](0){账户现金},
    intrabarpersist double BuyingPower[3](0){账户购买力},
    intrabarpersist double MarketValue[2](0){市值},
    intrabarpersist double NetWorth[5](0){账户资产净值},
    intrabarpersist double UnRealizedPL[3](0){未实现盈利},
    intrabarpersist double RealizedPL[3](0){实现盈利};
// 组件 AP1 获取账户信息
method void AP1_Updated(elsystem.Object sender,
        tsdata.trading.AccountUpdatedEventArgs args)
begin
  If AP1.Count>0 and LASTBARONCHART then
    Begin
        CashBalance[1] = AP1.Account[0].RTCashBalance;         //账户余额
        BuyingPower[1] = AP1.Account[0].RTDayTradingBuyingPower; // 可用余额
```

```
            NetWorth[1] = AP1.Account[0].RTAccountNetWorth;        //账户净值
            UnRealizedPL[1] = AP1.Account[0].RTUnrealizedPL;       //账户浮盈
            RealizedPL[1] = AP1.Account[0].RTRealizedPL;           //已实现盈亏
            Margin1 = AP1.Account[0].RTMaintenanceMargin;          //保证金
        End;
end;
method void AP2_Updated(elsystem.Object sender,
        tsdata.trading.AccountUpdatedEventArgs args)
begin
    If AP2.Count>0 and LASTBARONCHART then
        Begin
            CashBalance[2] = AP2.Account[0].RTCashBalance;                //账户余额
            BuyingPower[2] = AP2.Account[0].RTDayTradingBuyingPower;      //可用资金
            NetWorth[2] = AP2.Account[0].RTAccountNetWorth;               //总资产
            UnRealizedPL[2] = AP2.Account[0].RTUnrealizedPL;              //账户浮盈
        End;
end;
BarID = BarID + 1;                                //K线计数
if BarID = 1 then begin                           //程序开始计算股
                                                  //票、期货初始资金
    BuyingPower[2] = InitialInvest * InvestRatio/100;
    BuyingPower[1] = InitialInvest * (1 - InvestRatio/100);
end;
    CloseA[1] = c of data1;CloseA[2] = c of data2;CloseA[3] = CloseA[1] - CloseA[2];
    MaSLength[1] = MaSLength1;MaSLength[2] = MaSLength2;
    MaMLength[1] = MaMLength1;MaMLength[2] = MaMLength2;
    MaLLength[1] = MaLLength1;MaLLength[2] = MaLLength2;
    ICode[1] = ICode1;ICode[2] = ICode2;
//计算数组指标
For k = 1 to 2 Begin
    Mas[k] = Average(CloseA[k],MaSLength[k]);
    MaM[k] = Average(CloseA[k],MaMLength[k]);
    MaL[k] = Average(CloseA[k],MaLLength[k]);
end;
//上升趋势成立股票现货开仓
if   CloseA[2]>MaS[2]   and   MaS[2]>MaM[2] and MaM[2] cross over MaL[2] and
        BuyPosition[2] = 0    then begin
    SellVolume[2] = intportion(BuyingPower[2]/((CloseA[2] + PriceSlippage) * (1 +
```

```
                FeeRatio2/100))*100)/100;
        BuyOrder[2] = true;                                    //下单指令为 true
        OrderName[2] = "NewInvests";                           //开仓指令名称新开仓
        BuyTimes[2] = BuyTimes[2]+1;                           //设置交易次数
        BuyPosition[2] = BuyPosition[2]+SellVolume[2];         //记录开仓仓位
        AvCostBuy[2] = (CloseA[2]+PriceSlippage)*(1+FeeRatio2/100);
                                                               //建仓平均成本
        BuyingPower[2] = BuyingPower[2]-SellVolume[2]*(CloseA[2]+PriceSlippage)*
                    (1+FeeRatio2/100);                         //计算现金余额
end;
//股票平仓
    if tradcon>2 and CloseA[2]<MaS[2] and MaS[2]<MaM[2] and MaM[2] cross
under MaL[2] and BuyPosition[2]>0 then begin
        SellVolume[2] = BuyPosition[2];
        SellOrder[2] = true;                                   //下单指令为 true
        OrderName[2] = "downTrend Sell";                       //开仓指令名称新开仓
        quant2 = GetPositionQuantity(ICode[2],iAccountStok);
        //查询账户该品种持仓量
        BuyingPower[2] = BuyingPower[2]+SellVolume[2]*(CloseA[2]+PriceSlippage)*
                    (1+FeeRatio2/100);                         //计算现金余额
        ComuProfit[2] = ComuProfit[2][1]+((CloseA[2]-PriceSlippage)*(1-
                    FeeRatio2/100)-AvCostBuy[2])*BuyPosition[2];
                                                               //股票平仓累积盈利
        BuyPosition[2] = 0;                                    //持仓归零
end;
//现货震荡,套期保值期货开空
    if CloseA[2]<MaS[2] and MaS[2] cross under MaM[2] and MaM[2]>MaL[2] and
BuyPosition[2]>0 and BuyPosition[1] = 0 then begin
        SellVolume[1] = -intportion(MarketValue[2]/(CloseA[1]*BigpoinValue)+0.5);
                                                               //套期保值期货开仓量
        BuyPosition[1] = BuyPosition[1]+SellVolume[1];         //记录开仓仓位
        AvCostBuy[1] = (CloseA[1]-PriceSlippage)*(1-FeeRatio1/100);
                                                               //开仓成本
        SellOrder[1] = true;                                   //下单指令为 true
        OrderName[1] = "HedgeSellShort";                       //开仓指令名称新开仓
        BuyingPower[1] = BuyingPower[1]+SellVolume[1]*(CloseA[1]*FeeRatio1/100
                    +PriceSlippage)*BigpoinValue;              //期货账户现金
end;
```

```
//恢复上升趋势平期货空仓
If tradcon>1 and Mas[2] crosses over MaM[2] and MaM[2]>MaL[2]   and BuyPosition
[1]<0 then begin
    BuyOrder[1] = true;
    OrderName[1] = "FuturesBuytoCover";                    //趋势逆转平仓
    SellVolume[1] = BuyPosition[1];
    quant2 = GetPositionQuantity(ICode[1], iAccountFutures);  //查询账户该品种持
                                                              //仓量
    BuyingPower[1] = BuyingPower[1] + BuyPosition[1] * (CloseA[1][1] -
                    CloseA[1]) * BigpoinValue + Margin1;   //计算现金余额
    ComuProfit[1] = ComuProfit[1][1] + ((CloseA[1] + PriceSlippage) * (1 +
FeeRatio1/100) - AvCostBuy[1]) * BigpoinValue * BuyPosition[1];//平仓累积盈利
    BuyPosition[1] = 0;
end;
//统计持仓盈利
If BuyPosition[2]>0 then begin
    UnRealizedPL[2] = (CloseA[2] - AvCostBuy[2]) * BuyPosition[2];
                                                          //股票仓位浮盈
end;
If BuyPosition[1]<0 then begin
    UnRealizedPL[1] = (CloseA[1] - CloseA[1][1]) * BigpoinValue * BuyPosition[1];
                                                          //期货仓位浮盈
    Margin1 = -CloseA[1] * BigpoinValue * BuyPosition[1] * MarginRate/100;
                                                          //期货保证金
    BuyingPower[1] = BuyingPower[1] + UnRealizedPL[1] - (Margin1 - Margin1[1]);
                                                          //期货账户现金余额
end
else begin
    RealizedPL[1] = (CloseA[1] - CloseA[1][1]) * BigpoinValue * BuyPosition[1][1];
                                                          //期货实现盈利
    UnRealizedPL[1] = 0;                                  //期货未实现盈利
    Margin1 = 0;                                          //期货保证金
end;
    NetWorth[1] = BuyingPower[1] + Margin1;               //期货账户净值
    MarketValue[1] = -CloseA[1] * BuyPosition[1] * BigpoinValue;
                                                          //期货市值
    MarketValue[2] = CloseA[2] * BuyPosition[2];          //股票市值
    NetWorth[2] = BuyingPower[2] + MarketValue[2];        //期货账户净值
```

```
//统计组合指标;
    ComuProfit[0] = ComuProfit[1] + ComuProfit[2];                    //组合累积盈利
    CashBalance[0] = CashBalance[1] + CashBalance[2];                 //账户资金余额;
    BuyingPower[0] = BuyingPower[1] + BuyingPower[2];                 //可用资金余额;
    NetWorth[0] = NetWorth[1] + NetWorth[2];                          //账户净值;
    UnRealizedPL[0] = UnRealizedPL[1] + UnRealizedPL[2];              //账户浮盈;
    RealizedPL[0] = RealizedPL[1] + RealizedPL[2];                    //账户已实现盈亏
    If NetWorth[2][1]<>0 then NetWorthR[2] = NetWorth[2]/NetWorth[2][1]-1;
    If NetWorth[0][1]<>0 then NetWorthR[0] = NetWorth[0]/NetWorth[0][1]-1;
    SDevNetWorthR[2] = Stddev(NetWorth[2], 60);
    SDevNetWorthR[0] = Stddev(NetWorth[0], 60);
      if SDevNetWorthR[2]<>0   then
          Ederington = (SDevNetWorthR[2] - SDevNetWorthR[0])/SDevNetWorthR[2];
//调用下单组件下单
 If   LASTBARONCHART = false then begin
      BuyOrder[2] = false;
      SellOrder[1] = false;
 end;
//符合股票开仓条件下单
 If BuyOrder[2]   and LASTBARONCHART and SellVolume[2]>100 then Begin
      OrderTicket2.Account = iAccountStok;                            //输入账户
      OrderTicket2.Symbol = ICode[2];                                 //输入建仓商品代码
      OrderTicket2.Quantity = SellVolume[2];                          //输入交易量
      OrderTicket2.Action = OrderAction.Buy;                          //开多仓
      OrderTicket2.Type = tsdata.trading.OrderType.Limit;             //限价单
      OrderTicket2.LimitPrice = Close[0] + PriceSlippage;
      OrderTicket2.Duration = "GFD";                                  //当日有效
      OrderTicket2.Send();                                            //下单
      BuyOrder[2] = false;
      SellVolume[2] = 0;
 end;
//符合股票平仓条件下单
 quant2 = GetPositionQuantity(ICode[k], iAccountStok);                //查询账户该品种持
                                                                      //仓量
 If SellOrder[2] and SellVolume[2]>0 and LASTBARONCHART   and quant2>0 then Begin
      If SellVolume[1]>quant2 then SellVolume[1] = quant2;
      OrderTicket2.Account = iAccountStok;
      OrderTicket2.Symbol = ICode[2];                                 //输入平仓股票代码
```

```
            OrderTicket2.Quantity = -SellVolume[2];           //输入交易量
            OrderTicket2.Action = guosen.OrderAction.Sell;    //卖出平仓
            OrderTicket2.Type = tsdata.trading.OrderType.Market;  //市价单
            OrderTicket2.Duration = "IC5";                    //最优5档成交,其余撤单
            OrderTicket2.Send();
            SellOrder[2] = false;
            SellVolume[2] = 0;
        END;
        //符合期货开仓条件下单
        If SellOrder[1]   and LASTBARONCHART and SellVolume[k]>100 then Begin
            OrderTicket1.Account = iAccountFutures;           //输入期货账户
            OrderTicket1.Symbol = ICode[1];                   //输入建仓商品代码
            OrderTicket1.Quantity = -SellVolume[1];           //输入交易量
            OrderTicket1.Action = OrderAction.Sellshort;      //开多仓
            OrderTicket1.Type = tsdata.trading.OrderType.Limit;  //限价单
            OrderTicket1.LimitPrice = Close[0]-PriceSlippage;
            OrderTicket1.Duration = "GFD";                    //当日有效
            OrderTicket1.Send();                              //下单
            SellOrder[1] = false;
            SellVolume[1] = 0;
        end;
        //符合期货平仓条件下单
        quant2 = GetPositionQuantity(ICode[k], iAccountStok);  //查询账户该品种持仓量
        If SellOrder[1] and SellVolume[1]>0 and LASTBARONCHART  and quant2>0 then Begin
          If SellVolume[1]>quant2 then SellVolume[1] = quant2;
            OrderTicket1.Account = iAccountFutures;
            OrderTicket1.Symbol = ICode[1];                   //输入平仓商品代码
            OrderTicket1.Quantity = SellVolume[1];            //输入交易量
            OrderTicket1.Action = OrderAction.buytocover;     //卖出平仓
            OrderTicket1.Type = tsdata.trading.OrderType.Market;  //市价单
            OrderTicket1.Duration = "IC5";                    //最优5档成交,其余撤单
            OrderTicket1.Send();
            BuyOrder[1] = false;
            SellVolume[1] = 0;
        END;
        //显示图形
        plot1(NetWorth[1],"期货账户总资产");
        plot2(NetWorth[2],"股票账户总资产");
```

```
plot3(NetWorth[0],"账户总资产");
plot4(BuyingPower[0],"账户现金余额");
plot5(BuyingPower[2],"股票账户现金");
plot6(BuyingPower[1],"期货账户现金");
plot7(MarketValue[1],"期货市值");
plot8(MarketValue[2],"股票市值");
plot9(ComuProfit[0],"累积盈亏合计");
plot10(ComuProfit[1],"期货累积盈利");
plot11(ComuProfit[2],"现货累积盈利");
plot12(Margin1,"期货保证金");
plot13(Ederington,"Ederington");
Plot14(closeA[3],"期现价差");
```

图 5-3　股票套期保值策略 EL 程序

三、股票指数期货套保策略应用

为了测试股票指数期货套期保值策略的套保效果,我们以沪深 300 股票指数代表现货组合,利用沪深 300 股票指数期货进行套期保值测试。

首先建立分析图形,在主图(Data1)加载沪深 300 股指期货连续数据 IFC1.ZJ 系列的日 K 线数据,在副图(Data2)加载沪深 300 股票指数连续数据 000300.SH 系列的日 K 线数据。时间区间为 2010 年 4 月—2017 年 3 月。初始投资为 1 000 万元,股票投资比率为 80%,期货套保保证金比率为 10%,交易费率期货 0.02%,股票 0.05%,价格滑点 0.01,短中长移动均线的时间区间分别为 5、20、60。其模拟结果如下:

(一)消极套保策略模拟

消极套保策略,在开始股票和期货建仓后,一直持有,选择 tradcon=1。其模拟套保效果如图 5-4 所示。从中可见,股票和期货的资产净值变动刚好相反,因此,账户资产净值基本维持稳定,但在 2015 年股灾时期,期现价差过度波动,导致其账户资产净值出现一定波动。虽然套期保值维持了资产净值的稳定,但并未任何投资收益,反而需要支付交易费用和资金占用成本。显然,消极套保策略是不可行的。

(二)积极套保策略 1:股票买进一直持有,期货择时建仓平仓

选择 tradcon=2,其余设置如消极套保策略。其模拟结果如图 5-5 所示。从图可见,其套期保值策略的期货交易次数并不多,但却较好地发挥了期货空头套保的作用,从而使组合账户净值大幅提升,并较好地回避了 2015 年股灾对账户净值的不利冲击。累积账户收益率达到 69.9%,这与消极套保的累积收益率为 −2.4% 形成鲜明对比。

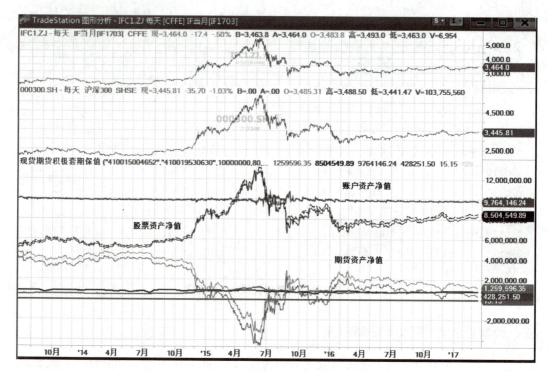

图 5-4 消极套保策略模拟效果

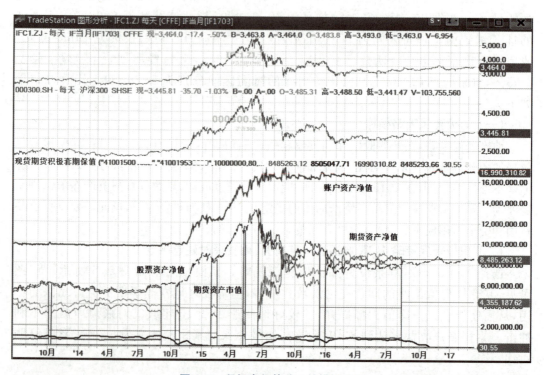

图 5-5 积极套保策略 1 的模拟结果

(三) 积极套保策略2：股票期货择时建仓平仓

选择 tradcon＝3，其余设置如消极套保策略。其模拟结果如图 5-6 所示。从图可见，在对股票和期货均择时交易时，其在股市大跌时，不仅利用期货空头套保，而且在股票趋势逆转后适时卖出股票，避免了股票价格下跌带来的损失，又获股指期货空头的盈利，因此带来账户净值的上升，最高达到 1 800 万元。但随后账户净值出现逐步回落，最终为 1 555 万元，低于图 5-5 的 1 699 万元。主要原因在于当行情震荡时，移动均线趋势追踪策略的滞后性导致的频繁交易的损失上升。

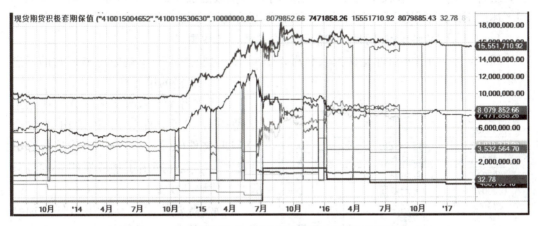

图 5-6A 积极套保策略 2A 的模拟结果（短期均线长度＝5）

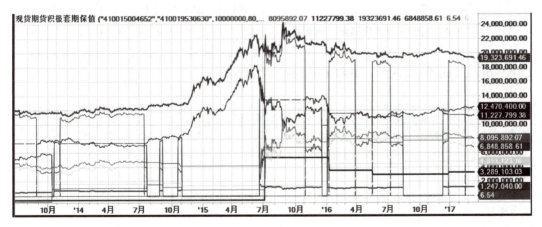

图 5-6B 积极套保策略 2B 的模拟结果（短期均线长度＝10）

因此，我们尝试将短期均线长度有 5 提高到 10，其模拟交易结果如图 5-7 所示。从中可见，加仓次数有所减少，而账户资产净值却大幅提高，最高达到 2 400 万元，但在行情震荡时期，账户净值仍然下降，最后为 1 932 万元。比前面几种策略的收益都更高，但波动性也上升。这是由于该策略已不是单纯的套保策略而是套保与投机结合的策略。其收益增加，风险也上升。

四、构建股票现货组合套期保值

以上我们利用股票指数作为现货进行套期保值模拟交易。由于股票指数不能直接交易,我们实际上不能直接用股票指数作为现货投资。因此,只能自己构建股票组合进行现货投资,并利用股指期货进行套期保值。

为了比较方便的利用股指期货进行套保,我们可以利用相应的股票指数进行监测,而在达到股票下单条件时,利用下单组件对构建的股票组合的一篮子股票进行下单。构建股票组合的股票品种和权重可以参照该编制股票指数的股票品种和权重。在此,我们利用上述的 EL 套保程序做一些股票下单程序的修改即可实现以上功能。

(一)利用 Workbook 组件读取股票组合的代码和权重

EL 的 Workbook 组件允许读取和写入值到 EL 分析技术和策略中可能用到的指定 Excel 电子表格的单元格。

	A	B	C
1	代码	股票名称	权重 (%)
2	600000.SH	浦发银行	5.30
3	600010.SH	包钢股份	0.93
4	600015.SH	华夏银行	1.50
5	600016.SH	民生银行	6.47
6	600018.SH	上港集团	0.44
7	600028.SH	中国石化	1.31
8	600030.SH	中信证券	3.52
9	600036.SH	招商银行	7.20
10	600048.SH	保利地产	1.57

图 5-7 EXCEL 文件中股票代码和权重列表

为了使用 Workbook 组件读取股票组合代码和权重,我们需要先构建一个 EXCEL 文件(如图 5-7 所示),存在计算机硬盘上。该文件列出了该股票组合的各只股票的代码和权重。

通常,需要使用工具箱将组件添加到 EL 文档。单击工具箱中的 Workbook 名称并拖动至文档中。默认情况下,Workbook 的名称将显示在文档底部的组件栏,后面跟随一个数字(在此为 Workbook1)。在其属性设置窗口,将文件名和地址输入 FileName 栏,如图 5-8 所示。并将 Load 栏设为 True。

```
属性
Workbook1 (elsystem.office.excel.Workbook)

Property            Value
□ General
  FileName          "D:\Program Files (x86)\TradeStation 9.5\Custom Symbol Lists\上证50权重.xlsx"
  Shared            True
  Visible           True
  Load              True
  SaveOnClose       False
□ design
  Name              Workbook1
```

图 5-8 Workbook1 组件属性设置

在程序开始运行时打开 EXCEL 文件读入股票代码和权重:

```
if BarID = 1 then begin
    for k = 1 to n
        begin
            StockCode[k] = workbook1.sheets[1].CellsAsString[1,k + 1];
            StockWeight[k] = workbook1.sheets[1].CellsAsDouble[3,k + 1];
        end;
end;
```

(二) 在股票组合建仓时调用批量下单组件下单

在参数定义时输入股票交易条件 tradStock(true),则在股票买入条件 BuyOder[2]为 true 时,执行股票组合开仓。股票组合开仓采用循环建仓法。

```
If BuyOrder[2]   and tradStock and LASTBARONCHART then Begin    //股票组合开仓
    For k = 1 to n                                              //1 - n 循环建仓
    begin
        price[k] = priceload(Qp1,k);                            // 获取当前卖价(报
                                                                // 价)的数值
        StockTradeVolume[k] = intportion(StockWeight[k]/100 * stockinvest/
                ((price[k] + PriceSlippage) * (1 + FeeRatio2/100))/100) * 100;
                                                                //计算股票交易量,
                                                                //<100 股则跳过
        if StockTradeVolume[k]> = 100 then begin
            OrderTicket1.Account = iAccountStok;                //输入账户
            OrderTicket1.Symbol = StockCode[k];                 //输入建仓商品代码
            OrderTicket1.Quantity = StockTradeVolume[k];        //输入交易量
            OrderTicket1.Action = OrderAction.Buy;              //开多仓
            OrderTicket1.Type = tsdata.trading.OrderType.Limit; //限价单
            OrderTicket1.LimitPrice = price[k] + PriceSlippage;
            OrderTicket1.Duration = "GFD";                      //当日有效
            OrderTicket1.Send();                                //下单
            BuyingPower[2] = BuyingPower[2] - StockTradeVolume[k] *
                    (price[k] + PriceSlippage) * (1 + FeeRatio2/100);
                                                                //计算现金余额
        end;
    end;
    BuyOrder[2] = false;
    SellVolume[2] = 0;
end;
```

为了计算下单量,需要调用每只股票当前价格。在此,利用自己建立的函数 priceload

(Qp1,k)获取最新价格。该函数利用 QuotesProvider Qp1 获取最新成交价。为了使用 QuotesProvider 需要从工具箱插入 QuotesProvider 组件,并将名称改为 QP1。在调用各只股票价格时,需要先将 QP1.Load 设为 false,再将 QP1.Symbol 设为 StockCode[kk];再将 QP1.Load 设为 true。

```
// 定义 priceload 函数
method double priceload(QuotesProvider Qp1, int kk)
begin
    QP1.Load = False;
    QP1.Symbol = StockCode[kk];           // 设置 QP1.Symbol 为当前股票代码
    QP1.Load = True;
    Return   Qp1.Quote["last"].DoubleValue;  // 获取当前股价并返回函数调用处
end;
```

(三)在股票平仓时调用股票平仓组件批量平仓

股票平仓同样使用批量循环下单,但平仓如果使用市价单则不需要查询股票价格,但平仓量在该股票账户只运行该策略的情况下,可以直接查询账户持仓量进行平仓。如果还运行有其他策略,则:

```
If SellOrder[2]   and tradStock and LASTBARONCHART then Begin
    For k = 1 to n
    Begin              // 查询账户该品种持仓量
        StockTradeVolume[k] = GetPositionQuantity(StockCode[k], iAccountStok);
        if StockTradeVolume[k]>0 then begin
            OrderTicket1.Account = iAccountStok;        // 输入账户
            OrderTicket1.Symbol = StockCode[k];         // 输入商品代码
            OrderTicket1.Quantity = StockTradeVolume[k];// 输入交易量
            OrderTicket1.Action = guosen.OrderAction.Sell;  // 卖出平仓
            OrderTicket1.Type = tsdata.trading.OrderType.Market;// 市价单
            OrderTicket1.Duration = "IC5";              // 最优 5 档成
                                                        // 交,其余撤单
            OrderTicket1.Send();
            StockTradeVolume[k] = 0;
        end;
    END;
    SellOrder[2] = false;
end;
```

(四)监测构建的股票组合进行套保

前面建立的股票组合可以仅作为下单时使用,而程序仍然监测相应的股票指数。这样在分析图的股票指数和期货数据加载都不需要调整。这样的股票组合基本是按照股票指数的构成来构建的。其利用相应的股指期货来套保的效果应该是比较好的。

当然,我们也可以不必严格按照股票指数的构成来构建股票组合,而是根据自己的选股思路来构建股票组合,然后,监测该股票组合的资产净值变动来进行套保。但是,这样的股票组合没有完全对应的股指期货可以进行套保,只能选择相近的股指期货进行套保,套保的效果会受到一定影响,可能不能完全对冲其系统风险。不过,如果我们选择了一个股指期货标的指数的主要成分股,特别是其中的强势权重股,我们在利用股指期货进行套保时可能还能获得一定的超额收益。

为了构建股票组合进行监测,我们同样可以利用前面建立的价格函数 priceload (Qp1,k)来查询循环组合里的各只股票价格,并根据权重来计算组合的加权平均价格。

```
price[0] = 0;
for k = 1 to n
    begin
        price[k] = priceload(Qp1,k);   //查询股票价格
        price[0] = price[0] + price[k] * StockWeight[k]/100;
    end;
CloseA[2] = price[0];
```

(五) 股票市值计算

在股票建仓以后,我们需要计算该组合的市值,来确定套保所需的股指期货规模。

```
StockValue[0] = 0;
for k = 1 to n
    begin
        StockValue[k] = price[k] * StockPosition[k];
        StockValue[0] = StockValue[0] + StockValue[k];
    end;
```

以上程序只是利用 EL 进行股票套期保值的一种探讨,用户需要根据自己的需要对程序进行修改和测试后才能用于实盘交易。

第三节　股票期权套保策略

一、期权套保策略概述

(一) 期权的含义和种类

期权(option)是在特定时期以特定价格买或不买(卖或不卖)特定数量的标的资产的选择权利。根据买卖标的资产行为的差异可以将期权分为两类:看涨期权和看跌期权。

看涨期权(call option)是指在存续期内以特定价格买入或不买特定数量的标的资产的选择权,简称买权(call)。看跌期权(put option)是指在存续期内以特定价格卖出或不卖出特定数量的标的资产的选择权,简称卖权(put)。因此,期权合约购买者实质上是购买了一项选择权,而期权合约的出售者则因为出售了该项选择权而承担了一项义务。看涨期权的卖方负有当买方选择行使权利时以特定价格卖出特定数量有价证券给买方的义务,看跌期权的卖方负有当买方选择行使权力时以特定价格从买方买入特定数量有价证券的义务。表5-1清晰地列出了两类期权买卖双方的权利和义务。

表5-1 看涨期权、看跌期权买卖双方的权利和义务

	期权买方	期权卖方
看涨期权	买或不买的选择权利	买方选择买时卖出的义务
看跌期权	卖或不卖的选择权利	买方选择卖时买入的义务

(二) 股票期权套保策略的特点

股票期权套保策略就是利用期权对股票组合或者个股进行套期保值交易,以降低其面临的系统性风险或个股风险。

由于期权买卖双方权利义务的非对称性,因此利用期权进行套期保值,只能购买期权而不能出售期权。当我们持有现货多头,需要购买看跌期权(具有选择卖出标的资产的权利)进行套保;当我们持有现货空头,需要购买看涨期权(具有选择买进标的资产的权利)进行套保。

利用股指期货进行套期保值,消除价格向不利于股票持仓方向变动的风险,但也丧失了价格向有利于股票持仓风险变动可能带来的好处。而期权是一种选择权,因此,在利用期权进行套保时,在股票价格向不利于持仓方向变动(下跌),我们可以选择期权行权来获得期权的收益,抵消股票价格下跌的损失;在股票价格上涨,有利于持仓方向变动时,我们可以选择放弃期权行权来获得股票价格上涨带来的收益。因此,利用期权进行套保,比利用期货进行套保更为有利。利用期权进行套保实际上是一种保险:购买期权的费用相当于购买保险支付的保险费,当发生灾难时(股价下跌),行权获得的盈利相当于保险赔偿,而不发生灾难,则获得正常投资的好处。虽然购买期权进行套保好处很多,但当其需求较多、供应不足,价格就会上涨,保险费可能相当高甚至超过套保获得的好处。这是实际使用时需要考虑的。

此外,股票指数期货的种类一般较少,其标的股票很难与被套保的现货股票完全一致,套保效率将受到一定的影响。而期权除了有股指期权外,还有ETF期权、个股期权等,它们为投资者进行套保提供了更多的标的资产选择。

(三) 购买看跌期权为标的资产多头套保策略

股指期权套保策略就是利用股指期权为股票组合进行套期保值的策略。当我们持有股票组合多头需要套保的时候,可以购买股指看跌期权进行套保。当我们持有股票组合空头需要套保的时候,可以购买股指看涨期权进行套保。大多数时候我们是持有股票组合多头,因此,购买股指看跌期权套保是基本的股指期权套保策略。

在不考虑资金成本和交易成本情况下买入看跌期权为标的资产多头套保策略的收益为：

$$R_t = \begin{cases} S_t - S_0 - P_0, & S_t \geqslant K \\ K - S_0 - P_0, & S_t < K \end{cases} \quad (5.1)$$

其中：R_t 为投资收益，S_t 为 t 期标的资产价格，S_0 为投资时标的资产价格，P_0 为投资时看跌期权价格，K 为看跌期权行权价格。期权到期时，如果标的资产价格高于看跌期权行权价格，投资者将放弃行权，将其持有的标的资产以市场价格在市场出售，其收益等于标的资产市场价格减去购买价格（投资标的资产收益）再减去期权费；如果标的资产价格低于行权价格，投资者将行权，将其持有的标的资产用行权价卖给看跌期权出售方，其收益为行权价减去购买标的资产价格再减去期权费。如果行权价等于标的资产购买价格，则最大损失为购买看跌期权支付的期权费。

图 5-9 显示了在 2.3 元（2300 点）购买 10 000 手 50ETF 多头和 1 手 50ETF 看跌期权多头，为 50ETF 多头套保策略的到期收益曲线；单纯购买 ETF 现货，其收益随价格上升而增加，随价格下跌而减少，当价格跌破购买价 2.3 元（3500 点）后，其收益出现亏损，跌幅越大，亏损越大。为了控制现货下跌带来的损失不断增加的风险，可以在购买现货的同时，买进相应的看跌期权进行套保。在 ETF 价格上涨时，该组合的收益随 ETF 价格上涨而上涨；在 ETF 价格下跌时，其亏损是有限的，最大为期权费加行权价与 ETF 价格投资价格差。这就相当于用购买看跌期权支付的期权费为所购买的 ETF 现货购买了一个投资保险。上涨时获得投资收益，下跌时损失保险费。

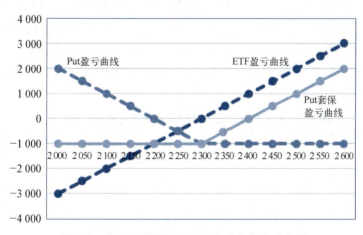

图 5-9　购买看跌期权为 ETF 多头套保收益曲线

（四）购买看涨期权为标的资产空头套保策略

在不考虑资金成本和交易成本情况下买入看涨期权为标的资产空头套保策略的收益为：

$$R_t = \begin{cases} S_0 - S_t - C_0, & S_t < K \\ S_0 - K - C_0, & S_t \geqslant K \end{cases} \quad (5.2)$$

图 5-10 则显示了出售 10 000 手上证 50ETF 空头和 1 手上证 50ETF 期权多头,为其空头套保策略的到期收益曲线。与图 5-9 不同的是,图 5-9 在 ETF 价格上涨获得的收益,图 5-10 在 ETF 价格下跌获得收益。但二者共同之点则是它们的亏损都是有限的,通过购买看跌期权或看涨期权为其持有的标的资产多头或空头保了一个险。

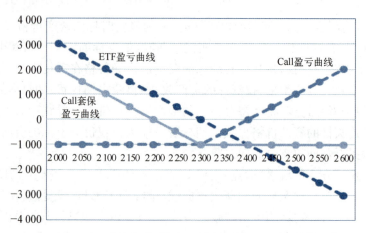

图 5-10 购买看涨期权为 ETF 空头套保收益曲线

(五)购买什么行权价的期权进行套保

购买保险是要支付保险费的。而不同的保险,保险费率不同,保险价值也不同。为标的资产多头购买看跌期权作为保险,需要确定以什么价格购买什么行权价的看跌期权。表 5-2 显示了当天各种行权价的看跌期权的价格。它是购买保险将要支付的保险费。行权价则是支付了保险费所获得的保险价值。不同行权价的看跌期权的保险价值在不同的行情演变下是不同的。从表 5-2 和图 5-11 可见,当行情下跌时,购买行权价格越高的看跌期权,其保险价值越高;当行情上涨时,购买行权价越低的看跌期权的成本越低,获得的收益越高。

表 5-2 购买看跌期权为 ETF 多头套保在不同价格的收益

ETF 价格 行权价	2.1	2.15	2.2	2.25	2.3	2.35	2.4	2.45	2.5	2.55	2.6
2.20	−1 680	−1 680	−1 680	−1 180	−680	−180	320	820	1 320	1 820	2 320
2.25	−1 230	−1 230	−1 230	−1 230	−730	−230	270	770	1 270	1 770	2 270
2.30	−860	−860	−860	−860	−860	−360	140	640	1 140	1 640	2 140
2.35	−567	−567	−567	−567	−567	−567	−67	433	933	1 433	1 933
2.40	−352	−352	−352	−352	−352	−352	−352	148	648	1 148	1 648
2.45	−198	−198	−198	−198	−198	−198	−198	−198	302	802	1 302
2.50	−112	−112	−112	−112	−112	−112	−112	−112	−112	388	888
2.55	−38	−38	−38	−38	−38	−38	−38	−38	−38	−38	462

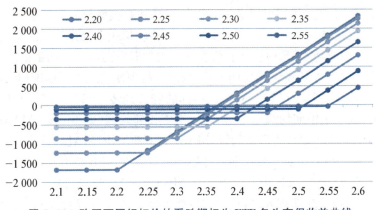

图 5-11 购买不同行权价的看跌期权为 ETF 多头套保收益曲线

我们套保的目的是为了获取扣除成本后的净收益的最大化还是损失的最小化？这取决于投资者的投资偏好以及对未来行情走势的判断。当预测未来行情上涨的概率更高时，我们应该购买价格较低的低行权价看跌期权进行套保；当预测未来行情下跌的概率更大时，我们应该购买价格较高的高行权价看跌期权进行套保。可见，行情的预测是关键。但是，行情的预测存在很大的不确定性。如果我们能够完全预测未来行情走势，我们就直接购买或出售资产，何必还为它套保。因为行情的演变存在不确定性，我们需要套保，但买什么样的保险较好仍然要以行情预测为依据。这也是我们为标的资产套保的程序化交易时决策的主要依据之一。

(六) 购买看跌期权为现货多头套保

虽然在如何情况下我们都可以买保险。但买保险是要支付保险费成本的，我们并没有必要在任何情况下都买保险。只有在行情存在较大的不确定性时，才需要为其投资买保险。因此，在此我们仅讨论在行情存在较大不确定性时购买保险的情况。

未来行情走势的预判是确定采取什么样交易策略的关键，当确定未来行情将持续上涨时，最简单也是最优策略是买入多头并持有；当确定未来行情将持续下跌时，最简单也是最优策略是卖空空头并持有。最难决策的就是未来行情走势不确定的时候，做多做空都可能错误并带来损失。

在长期上升趋势中，如果出现短期震荡，在未破坏长期上升趋势前，一种策略就是先平多退出观望，待走势明朗后再进场。但一旦行情走势明朗，可能就变化太快，追进时损失一大截潜在盈利。更好的策略就是在短期趋势走坏，但长期上升趋势未走坏时，继续持有标的资产多头仓位，而买进看跌期权作为该多头仓位的保险。如果长期上升趋势已经走坏，并且下降趋势已经成立，我们可将标的资产多头平仓，继续持有看跌期权多头，享受其在标的资产价格下跌带来的好处，至到短期下降趋势被破坏而平仓退出。如果行情不是向下突破，而是向上突破，继续延续上涨趋势，则继续持有标的资产多头，对看跌期权多头则需要根据其价格判断是否有平仓卖出的必要。如果其价格已经逼近于零，卖出平仓已无收益，不如继续持有。如果其价格还有一定价值，距到期日还有一定时间，即还存在时间价值，就应该卖出平仓获取其剩余的价值，减少购买保险的成本支出。因为随着到期日的逐步临近，虚值看跌期权的时间价值将迅速的归零。

根据以上策略思想,我们可以总结其标的资产和看跌期权做多开仓和平仓的条件如下,以便据此开发策略程序。在此,我们以长中短移动均线系统作为判断标的资产价格长期上升趋势和短期波动的依据,以布林带宽度作为判断震荡和趋势的依据。

1. 标的资产。(1) 开多。当长期上升趋势出现,短期均线大于中期均线,且中期均线大于长期均线,即 MAS>MAM>MAL 时,标的资产开多。(2) 平多。当长期上升趋势被破坏,短期均线小于中期均线,且中期均线小于长期均线,即 MAS<MAM<MAL 时,标的资产平多。在此,MAS 为短期均线,MAM 为中期均线,MAL 为长期均线。

2. 看跌期权。(1) 开多。当长期上升趋势仍然成立,并且持有标的资产多头,但短期上升趋势被破坏,即 MAS<MAM>MaL 且 MAS>MAL 时,对最接近标的资产价格的行权价(ATM 平值)看跌期权开多,在未来行情不确定情况下,购买平值期权套保的成本收益相对较高。(2) 平多。当长期上升趋势被破坏,长期下降趋势成立,但短期下降趋势被破坏,并且未持有标的资产多头,即:MAM<MAL 且 MAS>MAM 时,看跌期权平多。如果此时看跌期权已经成为实值期权,其价格一定比购买时作为平值期权高,随着标的资产价格的回升,看跌期权的价格将进一步回落。此时平多可以将收益兑现。

由于目前能够上市交易的只有上海证券交易所的上证 50ETF 期权,而其标的资产上证 50ETF 只能做多,不能做空,因此,我们在此仅讨论利用上证 50ETF 看跌期权为上证 50ETF 现货套保的情况。

二、ETF 期权套保策略的 EL 程序

以上期权套保策略的程序化交易可以采用多种方式,在此讨论直接利用 TS 分析图交易的方式。

根据以上策略思想和开仓平仓条件,我们可以利用 EL 开发其策略程序,并在 TS 图加载运行。在此,期权套保策略共有 2 种资产需要下单,我们可以利用 TL 的下单组件进行下单。此外,还可以利用报价查询组件查询期权的有关信息。

(一) 利用报价查询组件自建函数查询期权的有关信息

期权套保涉及期权的行权价、合约乘数和到期日等信息,我们可以利用报价查询组件 QuoteProvider 自建函数调用。我们首先需要从工具箱插入 QuoteProvider 组件,在属性设置窗口将 Name 改为 QP1,然后在程序里面构建函数调用。由于查询字段的属性不同,我们建两个不同属性函数:

其一,查询行权价、合约乘数等双精度字段,自命名函数为:method double priceload (QuotesProvider Qp1, int kk, string field)。其中, priceload ( ) 为函数名,QuotesProvider Qp1 为调用组件名;int kk, string field 分别为函数调用传递的 2 个参数,其属性分别为 int 和 string。

关闭 QP1.Load,设置 QP1.Symbol 为当前期权代码和调用字段,然后打开 QP1.Load。最后将查询的字段值返回调用出:Return(qp1.Quote[Field].DoubleValue)。

```
// 获取行权价\合约乘数函数
method double priceload(QuotesProvider Qp1,int kk,string field)
```

```
begin
    QP1.Load = False;
    QP1.Symbol = ICode[kk];            // 设置 QP1.Symbol 为当前期权代码
    Qp1.Fields + = Field;              // 设置调用字段
    QP1.Load = True;
    Return(qp1.Quote[Field].DoubleValue);  // 返回调用字段值
end;
```

其二,查询期权到期日等日期字段,自命名函数为:method int ExpirationDateload (QuotesProvider Qp1,int kk,string field)。其中,ExpirationDateload( )为函数名。

关闭 QP1.Load,设置 QP1.Symbol 为当前期权代码和调用字段,然后打开 QP1.Load。最后将查询的字段值返回调用出:Return QP1.Quote[field].Datevalue.ELDate。

```
// 获取期权到期日函数
method int   ExpirationDateload(QuotesProvider Qp1,int kk,string field)
begin
    QP1.Load = False;
    QP1.Symbol = ICode[kk];            // 设置 QP1.Symbol 为当前期权代码
    QP1.Fields + = field;              // 设置调用字段
    QP1.Load = True;
    Return QP1.Quote[field].Datevalue.ELDate; // 返回调用字段值
end;
```

调用这些函数时可以循环调用,代入相应的参数和字段名,其格式和顺序都必须与自建函数一致。

```
For k = 1 to n begin
    StrikePrice[k] = priceload(Qp1,k,"StrikePrice");
    ContraMultip[k] = priceLoad(Qp1,k,"BigPointValue");
    ExpirateDate[k] = ExpirationDateload(Qp1,k,"ExpirationDate");
end;
```

如果我们在图形上加载表 5-3 所示的 3 个品种,在以上循环中加上一个打印输出语句,就可将这些查询结果显示如该表所示。

表 5-3 查询示例

ICode[k]	ContraMultip[k]	StrikePrice[k]	ExpirateDate[k]
510050.SH	1.00	0	−8770
10000732.SH	10220	2.15	1170628
10000852.SH	10000	2.45	1170927

（二）ETF 建仓和期权套保时机选择

根据均线发散上升趋势成立，ETF 现货多头建仓，短期均线下穿中期均线，但长期上升趋势尚未改变时期权套保看跌期权多头建仓。

```
// 上升趋势开始 ETF 现货开多仓
if    CloseA[1]>MaS[1]   and   MaS[1]>MaM[1] and MaM[1] cross over MaL[1] and
BuyPosition[1] = 0    then begin
   ……
end;
// 现货震荡,套期保值买进看跌期权
if    CloseA[1]<MaS[1]   and   MaS[1] cross under   MaM[1] and MaM[1]>MaL[1] and
BuyPosition[1]>0    and BuyPosition[2] = 0 then begin
   ……
end;
```

（三）消极和积极套保策略选择及 ETF 现货多头平仓和期权平仓时机选择

消极套保策略即套保建仓后持续持有到期权到期平仓或移仓。利用期货对现货进行消极套保虽然能够回避风险，但也丧失了获取额外收益的机会，因而，消极套保并非好的选择。但利用期权套保却与之不同，持有到期如果现货价格高于期权行权价，可以放弃行权，而享受现货价格上涨的好处。为了比较几种策略的差异，在此设置一个策略选择参数：ActiveHedge(0)，其值＝0 为消极套保，>0 为积极套保，＝1 为期权主动平仓，＝2 期权和现货均主动平仓。

```
if ActiveHedge>1 and   CloseA[1]<MaS[1]   and   MaS[1]<MaM[1] and MaM[1] cross
under MaL[1] and   BuyPosition[1]>0    then begin
     ……// 上升趋势逆转 ETF 平仓
end;
     If ActiveHedge>0 and Mas[1] crosses over MaM[1] and MaM[1]>MaL[1]    and
BuyPosition[2]>0    and (CloseA[2] - PriceSlippage) - AvCostBuy[2]>0 then begin
     ……// 恢复上升趋势看跌期权多头平仓
end;
```

（四）到期日平仓换月

期权到期日，我们购买的保险到期，面临行权、放弃或续期的问题。如果到期日行权价高于现货价格＋行权手续费，则行权，否则放弃行权。如果行权有价值，通常期权具有内在价值，其价格必然反映出来。通常行权手续费高于交易手续费，如果到期日期权价格高于期权内在价值，我们就可以择机平仓而不用行权。

```
// 到期日具有行权价值则看跌期权多头平仓
If date = ExpirateDate[2] and CloseA[1]<StrikePrice[2] and CloseA[2]>StrikePrice
```

```
[2] - CloseA[1] - FeeRatio2/ContraMultip and BuyPosition[2]>0 and PutRenewal = false
  then begin
    SellOrder[2] = true;
    OrderName[2] = "Put - SelltoCover";                //趋势逆转平仓
    PutRenewal = true;
    ……
end;
```

自动换月需要将当月期权和次月期权分别放在分析图上的 data2 和 data3。当月合约到期日平仓或者不平仓（当月合约为虚值期权，且期权价格已经趋于 0，没有平仓和行权必要），但现货仍然持仓，且行情仍然处在震荡市场中，则有必要续期（购买新的看跌期权）。程序将次月看跌期权代码替换当月看跌期权代码，从而对次月看跌期权开多仓，实现续期。同时，程序在打印日志栏输出提示信息："套期保值期权已换月，请在收盘后将分析图 data3 栏的下月期权换到 data2 栏，在 data3 栏插入新的月份期权。"

```
//套期保值期权换月开仓
UseablePosition[2] = GetPositionQuantity(ICode[2], iAccountOption)
If date = ExpirateDate[2] and PutRenewal and ExpirateDate[3]>ExpirateDate[2] and
BuyPosition[1]>0 and (Mas[1]<MaM[1] and MaM[1]>MaL[1])  and ((BuyPosition[2] = 0
and UseablePosition[2] = 0) or time>1400)) then begin
    ICode[2] = ICode[3];                          //期权换月代码替换
    BuyVolume[2] = intportion(BuyPosition[1]/(ContraMultip) + 0.5);
    BuyPosition[2] = BuyVolume[2];
    AvCostBuy[2] = (CloseA[2] + PriceSlippage) + FeeRatio2/ContraMultip;
    buyOrder[2] = true;                           //下单指令为 true
    PutRenewal = false;
    OrderName[2] = "HedgePut - Renewal";          //开仓指令名称套保换月
    BuyTimes[2] = BuyTimes[2] + 1;
    BuyingPower[2] = BuyingPower[2][1] - BuyVolume[2] * CloseA[2] * ContraMultip -
FeeRatio2;
    print(date,time,"套期保值期权已换月，请在收盘后将分析图 data3 栏的下月期权
        换到 data2 栏，在 data3 栏插入新的月份期权。");
end;
```

（五）交易量决定

首先，参数设定初始投资总额和现货投资比率，并据此确定现货和套保可用资金。

```
Input: InitialInvest(2000000){初始投资}, InvestRatio(90){投资比率%};
    BuyingPower[1] = InitialInvest * (InvestRatio/100);
    BuyingPower[2] = InitialInvest * (1 - InvestRatio/100);
```

其次，现货交易量决定根据资金、价格、滑点和手续费决定，并100取整。

```
BuyVolume[1] = intportion(BuyingPower[1]/((CloseA[1] + PriceSlippage) * (1 + FeeRatio1/100))/100) * 100;
```

期权交易量根据现货持仓除以期权合约乘数取整：

```
BuyVolume[2] = intportion(BuyPosition[1]/(ContraMultip) + 0.5);
```

（六）现金余额和盈利计算

期权多头不需要缴纳保证金，购买期权建仓时支付权利金（价款），出售平仓时收到价款，带来现金支出和收入。现货交易相同。

```
//ETF 开仓现金余额
        BuyingPower[1] = BuyingPower[1][1] - BuyVolume[1] * AvCostBuy[1];
//ETF 平仓现金余额
        BuyingPower[1] = BuyingPower[1][1] + SellVolume[1] * (CloseA[1]
                    - PriceSlippage) * (1 - FeeRatio1/100);
//ETF 看跌期权开多仓现金余额
        BuyingPower[2] = BuyingPower[2][1] - BuyVolume[2] * CloseA[2] *
                    ContraMultip - FeeRatio2;
//ETF 看跌期权平多仓现金余额
        BuyingPower[2] = BuyingPower[2][1] + ((CloseA[2] - PriceSlippage) *
                    ContraMultip - FeeRatio2) * BuyVolume[2];
```

盈利需要计算持仓潜在盈利和平仓实现盈利。

```
//统计持仓盈利
If BuyPosition[1]>0 then begin
    UnRealizedPL[1] = ((CloseA[1] - PriceSlippage) * (1 - FeeRatio1/100)
                - AvCostBuy[1][1]) * BuyPosition[1];        //计算仓位潜在盈利
    end
    else UnRealizedPL[1] = 0;
If BuyPosition[2]>0 then begin
    UnRealizedPL[2] = (CloseA[2] - AvCostBuy[2]) * ContraMultip * BuyPosition[2];
                                            //计算仓位潜在盈利
    end
    else UnRealizedPL[2] = 0;
        If BuyPosition[1]>0 and BuyPosition[2]>0 then begin
            InterValue = maxlist(StrikePrice[2] - CloseA[1],0);//期权内在价值
            TimeValue = CloseA[2] - InterValue;          //期权时间价值
```

```
        if CloseA[1] >= StrikePrice[2] then            //现货价>行权价
            UnRealizedPL[0] = UnRealizedPL[1] + UnRealizedPL[2];
                                                       //账户浮盈
        if CloseA[1] < StrikePrice[2] then             //现货价<行权价
            UnRealizedPL[0] = (StrikePrice[2] - AvCostBuy[1]) * BuyPosition[1] -
                              AvCostBuy[2] * BuyPosition[1];
    end;
    ComuProfit[0] = ComuProfit[2] + ComuProfit[1];     //组合累积盈利
    MarketValue[1] = CloseA[1] * BuyPosition[1];       //现货持仓市值
    MarketValue[2] = CloseA[2] * BuyPosition[2] * ContraMultip;
                                                       //期权持仓市值
    NetWorth[1] = BuyingPower[1] + MarketValue[1];     //现货账户净资产
    NetWorth[2] = BuyingPower[2] + MarketValue[2];     //期权账户净资产
    NetWorth[0] = NetWorth[2] + NetWorth[1];           //账户净资产合计
    BuyingPower[0] = BuyingPower[2] + BuyingPower[1];  //可用资金余额
    RealizedPL[0] = RealizedPL[2] + RealizedPL[1];     //已实现盈亏
```

(七) 调用下单组件下单

```
If BuyOrder[1] and LASTBARONCHART   and BuyVolume[1] >= 100 then Begin
    ……         //ETF 开仓下单
End;
If SellOrder[1] and SellVolume[1] > 0 and LASTBARONCHART   and quant2 > 0 then Begin
    ……         //ETF 平仓下单
End;
If SellOrder[2] and LASTBARONCHART   and BuyVolume[2] > 0 then Begin
    ……         //看跌期权开多下单
End;
If SellOrder[2] and SellVolume[2] > 0 and LASTBARONCHART   and quant2 > 0 then
Begin        ……   //看跌期权平多下单
End;
```

利用看跌期权进行套保的 EL 程序如图 5-12 所示。

```
{本指标用于 ETF 期权套保交易}
//声明命名空间
Using tsdata.marketdata;        // 需要引用 PriceSeriesProvider 的名字空间。
Using guosen;                   //包含国信的命名空间


Input: iAccountStok("410015000"){股票账号},
```

```
        iAccountOption("10001001000"){期权账号},n(3){图表资产数},
        ActiveHedge(1){消极-积极套保,0,1,2},InitialInvest(2000000){初始投资},
        InvestRatio(90){投资比率%},FeeRatio1(0.02){ETF手续费率%},
        FeeRatio2(5){期权手续费率元/手},PriceSlippage(0.0001){价格滑点},
        MaSLength1(5),MaMLength1(20),MaLLength1(60){均线区间长度};
Var: int k(0){股票循环变量},int BarID(0),PutRenewal(true){期权换月},
     intrabarpersist double InvestCash(0){可投资现金},
     ContraMultip(10000){期权乘数},
     intrabarpersist double InterValue(0){期权内在价值},
     intrabarpersist double TimeValue(0){期权时间价值};
Array: IntrabarPersist double CloseA[5](0){资产价格},
       IntrabarPersist double MAS[5](0),
       IntrabarPersist double MaM[5](0),IntrabarPersist double MAL[5](0){移动均线},
       double StrikePrice[3](0){期权行权价}, int ExpirateDate[3](0){期权到期日},
       int BuyTimes[5](0){交易次数}, int BuyPosition[5](0){持仓量},
       int UseablePosition[3](0){账户实际可用仓位},
       BuyOrder[5](false){开仓指令},SellOrder[5](false){平仓指令},
       OrderName[5]("None"){指令名称},ICode[5](""){资产代码},
       int buyVolume[5](0){交易量},SellVolume[5](0),{交易量}
       IntrabarPersist double AvCostBuy[5](0){开仓成本},
       IntrabarPersist double Profits[5](0){潜在盈利},
       IntrabarPersist double ComuProfit[5](0){累积盈利},
       intrabarpersist double BuyingPower[3](0){账户购买力},
       intrabarpersist double MarketValue[2](0){资产市值},
       intrabarpersist double NetWorth[5](0){账户资产净值},
       intrabarpersist double UnRealizedPL[3](0){未实现盈利},
       intrabarpersist double RealizedPL[3](0){实现盈利};
//获取行权价\合约乘数函数
method double priceload(QuotesProvider Qp1,int kk,string field)
begin
    QP1.Load = False;
    QP1.Symbol = ICode[kk];            // 设置 QP1.Symbol 为当前期权代码
    Qp1.Fields + = Field;               // 设置行权价字段
    QP1.Load = True;
    Return(qp1.Quote[Field].DoubleValue); //返回行权价
end;
// 获取期权到期日函数
method int  ExpirationDateload(QuotesProvider Qp1,int kk,string field)
```

```
begin
    QP1.Load = False;
    QP1.Symbol = ICode[kk];                    //设置 QP1.Symbol 为当前期权代码
    QP1.Fields + = field;
    QP1.Load = True;
    Return QP1.Quote["ExpirationDate"].Datevalue.ELDate;
end;
method void PP1_Updated(elsystem.Object sender, tsdata.trading.PositionUpdatedEventArgs
args)
begin
if PP1.Count>0 then
    begin                                      //查询 ETF 持仓量
            BuyPosition[1] = PP1.Position[0].Quantity;
    end;
end;
method void PP2_Updated(elsystem.Object sender, tsdata.trading.PositionUpdatedEventArgs
args)
begin
if PP2.Count>0 then
    begin                                      //查询期权持仓量
            BuyPosition[2] = PP2.Position[0].Quantity;
    end;
end;
BarID = BarID + 1;                             //K 线计数
//将初值赋予数组
if BarID = 1 then begin
    ICode[1] = GetSymbolName of data1;
    ICode[2] = GetSymbolName of data2;
    ICode[3] = GetSymbolName of data3;
    BuyingPower[1] = InitialInvest * (InvestRatio/100);
    BuyingPower[2] = InitialInvest * (1 - InvestRatio/100);
    For k = 1 to n  begin
        StrikePrice[k] = priceload(Qp1,k,"StrikePrice");
        ContraMultip = priceLoad(Qp1,k,"BigPointValue");
        ExpirateDate[k] = ExpirationDateload(Qp1,k,"ExpirationDate");
    end;
end;
    CloseA[1] = c of data1;
```

```
CloseA[2] = c of data2;
CloseA[3] = c of data3;
If date>= ExpirateDate[2] and PutRenewal then CloseA[2] = c of data3;
Mas[1] = Average(CloseA[1],MaSLength1);
MaM[1] = Average(CloseA[1],MaMLength1);
MaL[1] = Average(CloseA[1],MaLLength1);
//上升趋势开始 ETF 现货开多仓
if   CloseA[1]>MaS[1]  and  MaS[1]>MaM[1] and MaM[1] cross over MaL[1] and
BuyPosition[1] = 0    then begin
    buyVolume[1] = intportion(BuyingPower[1]/((CloseA[1]
            + PriceSlippage) * (1 + FeeRatio1/100))/100) * 100;
    BuyOrder[1] = true;                              //下单指令为 true
    OrderName[1] = "ETF-Buy";                        //开仓指令名称新开仓
    BuyTimes[1] = BuyTimes[1] + 1;                   //设置交易次数
    BuyPosition[1] = buyVolume[1];                   //记录开仓仓位,
    AvCostBuy[1] = (CloseA[1] + PriceSlippage) * (1 + FeeRatio1/100);
                                                     //建仓平均成本
    BuyingPower[1] = BuyingPower[1][1] - buyVolume[1] * AvCostBuy[1];
                                                     //计算现金余额
end;
//ETF 平仓
if ActiveHedge>1 and  CloseA[1]<MaS[1]   and   MaS[1]<MaM[1] and MaM[1] cross
under MaL[1] and   BuyPosition[1]>0     then begin
    SellVolume[1] = BuyPosition[1];
    SellOrder[1] = true;                             //下单指令为 true
    OrderName[1] = "ETF-Sell";                       //开仓指令名称新开仓
    BuyingPower[1] = BuyingPower[1][1] + SellVolume[1] * (CloseA[1]
            - PriceSlippage) * (1 - FeeRatio1/100);  //计算现金余额
    ComuProfit[1] = ComuProfit[1][1] + ((CloseA[1] - PriceSlippage) * (1 -
            FeeRatio1/100) - AvCostBuy[1][1]) * BuyPosition[1];
                                                     //品种平仓累积盈利
    BuyPosition[1] = 0;                              //持仓归零
end;
    //现货震荡,套期保值买进看跌期权
if date<ExpirateDate[2] and  CloseA[1]<MaS[1]   and   MaS[1] cross under  MaM[1]
and MaM[1]>MaL[1] and BuyPosition[1]>0  and BuyPosition[2] = 0 then begin
    BuyVolume[2] = intportion(BuyPosition[1]/(ContraMultip) + 0.5);
                                                     //记录开仓平均成本,
```

```
    BuyPosition[2] = BuyVolume[2];                        // 记录开仓仓位,
    AvCostBuy[2] = (CloseA[2] + PriceSlippage) + FeeRatio2/ContraMultip;
    buyOrder[2] = true;                                   // 下单指令为 true
    OrderName[2] = "HedgePut－Buy";                       // 开仓指令名称新
                                                          // 开仓
    BuyTimes[2] = BuyTimes[2] + 1;                        // 设置交易次数
    BuyingPower[2] = BuyingPower[2][1] － BuyVolume[2] * CloseA[2] * ContraMultip －
            FeeRatio2;
end;
// 恢复上升趋势平看跌期权多仓
If ActiveHedge＞0 and Mas[1] crosses over MaM[1] and MaM[1]＞MaL[1]  and
BuyPosition[2]＞0  and (CloseA[2]－PriceSlippage)－AvCostBuy[2]＞0 then begin
    SellOrder[2] = true;
    OrderName[2] = "Put－SelltoCover";                    // 趋势逆转平仓
    SellVolume[2] = BuyPosition[2];

    BuyingPower[2] = BuyingPower[2][1] + ((CloseA[2] － PriceSlippage) *
ContraMultip－FeeRatio2) * BuyPosition[2];
    ComuProfit[2] = ComuProfit[2][1] + (((CloseA[2]－PriceSlippage)
            －AvCostBuy[2]) * ContraMultip－FeeRatio2) * BuyPosition[2];
                                                          // 品种平仓累积盈利
    BuyPosition[2] = 0;
end;
// 期权到期日平仓
If date = ExpirateDate[2] and CloseA[1]＜StrikePrice[2] and CloseA[2]＞StrikePrice
[2]－CloseA[1]－FeeRatio2/ContraMultip and BuyPosition[2]＞0 and PutRenewal =
false   then begin
    SellOrder[2] = true;
    OrderName[2] = "Put－SelltoCover";                    // 趋势逆转平仓
    SellVolume[2] = BuyPosition[2];
    BuyingPower[2] = BuyingPower[2] + ((CloseA[2]－PriceSlippage) * ContraMultip
            －FeeRatio2) * BuyPosition[2];                // 计算现金余额

    ComuProfit[2] = ComuProfit[2] + (((CloseA[2]－PriceSlippage)－AvCostBuy[2]) *
            ContraMultip－FeeRatio2) * BuyPosition[2]; // 品种平仓累积盈利
        BuyPosition[2] = 0;
end;
// 套期保值期权换月开仓
```

```
UseablePosition[2] = GetPositionQuantity(ICode[2], iAccountOption);
If date = ExpirateDate[2] and PutRenewal and ExpirateDate[3]>ExpirateDate[2] and
BuyPosition[1]>0 and (Mas[1]<MaM[1] and MaM[1]>MaL[1])   and ((BuyPosition[2] =
0 and UseablePosition[2] = 0) or time>1400)   then begin
    ICode[2] = ICode[3];                                 //期权换月代码替换
    BuyVolume[2] = intportion(BuyPosition[1]/(ContraMultip) + 0.5);
    BuyPosition[2] = BuyVolume[2];
        AvCostBuy[2] = (CloseA[2] + PriceSlippage) + FeeRatio2/ContraMultip;
    buyOrder[2] = true;                                  //下单指令为 true
    PutRenewal = false;
    OrderName[2] = "HedgePut-Renewal";                   //开仓指令名称新
                                                         //开仓
    BuyTimes[2] = BuyTimes[2] + 1;                       //设置交易次数
    BuyingPower[2] = BuyingPower[2][1] - BuyVolume[2] * CloseA[2] * ContraMultip -
FeeRatio2;
    print(date,time,"套期保值期权已换月,请在收盘后将分析图 data3 栏的下月期权
换到 data2 栏,在 data3 栏插入新的月份期权。");
end;
//统计持仓盈利
If BuyPosition[1]>0 then begin
    UnRealizedPL[1] = ((CloseA[1] - PriceSlippage) * (1 - FeeRatio1/100)
                - AvCostBuy[1][1]) * BuyPosition[1];     //计算仓位潜在盈利,
    end
        else UnRealizedPL[1] = 0;
If BuyPosition[2]>0 then begin
    UnRealizedPL[2] = (CloseA[2] - AvCostBuy[2]) * ContraMultip * BuyPosition[2];
    end
        else UnRealizedPL[2] = 0;
    If BuyPosition[1]>0 and BuyPosition[2]>0 then begin
        InterValue = maxlist(StrikePrice[2] - CloseA[1],0);   //期权内在价值
        TimeValue = CloseA[2] - InterValue;                   //期权时间价值
        if CloseA[1]> = StrikePrice[2] then                   //现货价>行权价
            UnRealizedPL[0] = UnRealizedPL[1] + UnRealizedPL[2];
                                                              //账户浮盈
        if CloseA[1]<StrikePrice[2] then                      //现货价<行权价
            UnRealizedPL[0] = (StrikePrice[2] - AvCostBuy[1]) * BuyPosition[1]
                    - AvCostBuy[2] * BuyPosition[1];
    end;
```

```
    ComuProfit[0] = ComuProfit[2] + ComuProfit[1];              //组合累积盈利
    MarketValue[1] = CloseA[1] * BuyPosition[1];                //现货持仓市值
    MarketValue[2] = CloseA[2] * BuyPosition[2] * ContraMultip; //期权持仓市值
    NetWorth[1] = BuyingPower[1] + MarketValue[1];              //现货账户净资产
    NetWorth[2] = BuyingPower[2] + MarketValue[2];              //期权账户净资产
    NetWorth[0] = NetWorth[2] + NetWorth[1];                    //账户净资产合计
    BuyingPower[0] = BuyingPower[2] + BuyingPower[1];           //可用资金余额
    RealizedPL[0] = RealizedPL[2] + RealizedPL[1];              //已实现盈亏
        ComuProfit[0] = ComuProfit[2] + ComuProfit[1];//(CloseA[2]
                 - AvCostBuy[2]) * BuyPosition[2];
//调用下单组件下单
    If  LASTBARONCHART = false then begin
         BuyOrder[1] = false;
         buyOrder[2] = false;
         SellOrder[1] = false;
         SellOrder[2] = false;
    end;
 //符合股票开仓条件下单
If BuyOrder[1] and SellVolume[1]>=100 and LASTBARONCHART  then Begin
    OrderTicket1.Account = iAccountStok;                        //输入账户
    OrderTicket1.Symbol = ICode[1];                             //输入建仓商品代码
    OrderTicket1.Quantity = buyVolume[1];                       //输入交易量
    OrderTicket1.Action = OrderAction.Buy;                      //开多仓
    OrderTicket1.Type = tsdata.trading.OrderType.Limit;         //限价单
    OrderTicket1.LimitPrice = CloseA[1] + PriceSlippage;
    OrderTicket1.Duration = "GFD";                              //当日有效
    OrderTicket1.Send();                                        //下单
    BuyOrder[1] = false;
    buyVolume[1] = 0;
end;
//符合股票平仓条件下单
UseablePosition[1] = GetPositionQuantity(ICode[1], iAccountStok);
                                                                //查询账户品种持仓量
If SellOrder[1] and SellVolume[1]>0 and LASTBARONCHART  and UseablePosition[1]>0
then Begin
    If SellVolume[1]>UseablePosition[1] then SellVolume[1] = UseablePosition[1];
    OrderTicket1.Account = iAccountStok;
    OrderTicket1.Symbol = ICode[1];                             //输入平仓商品代码
```

```
        OrderTicket1.Quantity = SellVolume[1];              // 输入交易量
        OrderTicket1.Action = guosen.OrderAction.Sell;       // 卖出平仓
        OrderTicket1.Type = tsdata.trading.OrderType.Market; // 市价单
        OrderTicket1.Duration = "IC5";                       // 最优5档成交,其余
                                                             // 撤单
        OrderTicket1.Send();
        SellOrder[1] = false;
        SellVolume[1] = 0;
END;
// 符合期权开仓条件下单
If buyOrder[2]   and BuyVolume[2]>0 and LASTBARONCHART then Begin
        OrderTicket2.Symbol = ICode[2];                      // 设置期权代码
        OrderTicket2.SymbolType = tsdata.common.SecurityType.Stock; // 设置代码类型
        OrderTicket2.Account = iAccountOption;               // 输入账户
        OrderTicket2.Quantity = BuyVolume[2];                // 输入交易量
        OrderTicket2.Action = guosen.OrderAction.buytoopen;  // 开多建仓
        OrderTicket2.Type = tsdata.trading.OrderType.Limit;  // 限价单
        OrderTicket2.LimitPrice = CloseA[2] + PriceSlippage;
        OrderTicket2.Duration = "GFD";                       // 当日有效
        OrderTicket2.Send();                                 // 下单
        buyOrder[2] = false;
        BuyVolume[2] = 0;
end;
// 符合期权平仓条件下单
UseablePosition[2] = GetPositionQuantity(ICode[2], iAccountOption);
                                                             // 查询账户品种持仓量
If SellOrder[2] and SellVolume[2]>0  and UseablePosition[2]>0 and LASTBARONCHART
then Begin
        If SellVolume[2]>UseablePosition[2] then SellVolume[2] = UseablePosition[2];
        OrderTicket2.Account = iAccountOption;
        OrderTicket2.Symbol = ICode[2];                      // 输入平仓商品代码
        OrderTicket2.Quantity = SellVolume[2];               // 输入交易量
        OrderTicket2.SymbolType = tsdata.common.SecurityType.Stock; // 输入代码类型
        OrderTicket2.Action = OrderAction.selltoclose;       // 卖出平仓
        OrderTicket2.Type = tsdata.trading.OrderType.market; // 市价单
        OrderTicket2.Duration = "IOC";                       // 委托必须立即完成
                                                             // 或取消
        OrderTicket2.Send();
```

```
        sellOrder[2] = false;
        SellVolume[2] = 0;
END;
// 显示图形
plot11(NetWorth[2],"期权账户总资产");
plot12(NetWorth[1],"股票账户总资产");
plot13(NetWorth[0],"账户总资产");
plot3(BuyingPower[0],"账户现金余额");
plot4(BuyingPower[1],"股票账户现金");
plot5(BuyingPower[2],"期权账户现金");
plot6(MarketValue[2],"期权市值");
plot7(MarketValue[1],"股票市值");
plot1(ComuProfit[0],"累积盈亏合计");
plot8(ComuProfit[2],"期权累积盈利");
plot10(ComuProfit[1],"现货累积盈利");
```

图 5-12 利用看跌期权进行套保的 EL 程序

三、ETF 期权套保策略的应用

为了测试期权套保策略的套保效果，我们以上证 50ETF 代表现货组合，利用上证 50ETF 期权进行套保测试。由于期权数据区间较短，为了较好地显示套保效果，我们采用 5 分钟 K 线，如图 5-13 上半部所示，主图（data1）加载上证 50ETF 现货（代码 510050.SH），副图 1（data2）加载上证 50ETF 6 月期行权价 2 450 认沽期权（代码 10000805.SH），副图 2（data3）加载上证 50ETF 9 月期行权价 2 250 认沽期权（代码 10000805.SH）。为了测试策略的套保效果，我们分别模拟了消极套保策略（ETF 现货和期权建仓后持有）、积极套保策略 1（期权主动择时建仓平仓）和积极套保策略 2（ETF 现货和期权均主动择时建仓平仓）三种情况。

（一）消极套保策略

假设初始资金为 100 万元，为了便于图形显示，将现货和期权的资金平均分配（现货投资比率 InvestRario=50%，实际使用中，由于期权有杠杆，现货投资比率最高可以提高到 90%）。移动均线区间长度分别设为 5、10、20。图 5-13 显示了 ETF 现货和期权的净值变动以及两个账户净值平均值变动。从图可见，ETF 现货净值随其价格波动，而 ETF 看跌期权净值正好反向变动，基本对冲了现货价格波动对账户资产净值的影响。因此，套保账户净值总额波动很小。在模拟样本区间，ETF 现货价格从 2.4 下跌到 2.354，下跌 2.08%，而套保账户资产净值由 201.9 万元减少为 200.3 万元，下跌 0.79%，为现货下跌幅度的 38%。从中可见：

1. 期权消极套保策略较好地对冲了现货波动的影响，但并不能像期货消极套保那样几乎完全对冲其影响（比较图 5-4 和图 5-13）。

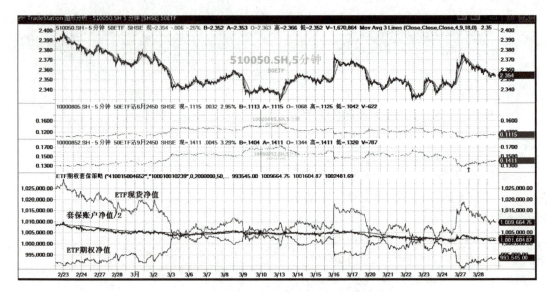

图 5-13　上证 50ETF 期权套保模拟效果

2. 期权消极套保策略在现货上涨中获利,在震荡和下跌趋势中,套保账户净资产将呈现小幅下跌,下跌幅度小于现货下跌幅度。其原因在于,期权套保实际上是购买了保险,在上涨时获利,在下跌时保险。当然,买保险是要支付保险费的。随着到期日的临近,现货走势的不确定性下降,保险费减少,期权的时间价值减少,其套保的净资产将会有所下降。

3. 不同行权价的套保效果不同。图 5-14 显示了不同行权价的看跌期权套保模拟效果。从中可见,高行权价的看跌期权对冲效果更好,账户净资产较为稳定,但现货价格上涨的好处也基本被期权价格下跌所抵消。而低行权价的看跌期权对冲效果更弱,账户净资产波动较大,现货价格上涨的好处较少被期权价格下跌所抵消。这验证了图 5-11 显示的在现货上涨趋势中,低行权价看跌期权比高行权价看跌期权好的较多收益;在现货下跌趋势中,则相反。

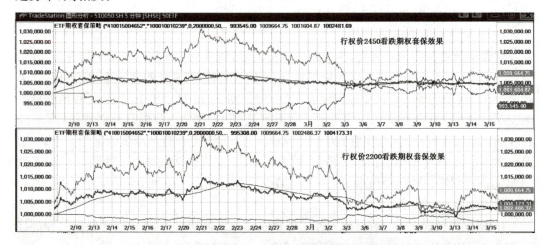

图 5-14　上证 50ETF 不同行权价看跌期权套保模拟效果

(二) 积极套保策略

虽然消极的期权套保策略比消极的期货套保策略能够在回避现货下跌风险的同时获得现货上涨时的好处，但作为一种保险策略，在获取保险的收益的同时，也需要支付一定的保险费用。在现货市场下跌时并不能完全对冲下跌风险。采用积极的套保策略能否取得更好效果呢？

图 5-15 显示了采用两种积极套保策略和消极套保策略的模拟效果比较。积极套保策略 1 仅期权可以主动建仓平仓、现货建仓后持有。其样本期模拟结果显示，其期末现货和期权资产净值（99.68×2＝199.36 万元）比消极套保策略（99.9×2＝199.8 万元）还略低。而积极套保策略 2 的现货和期权均可主动建仓平仓，其期末资产净值均值最高（100.7×2＝201.4 万元）。由于样本期时间较短，且现货市场波动不大，所以差异不大。

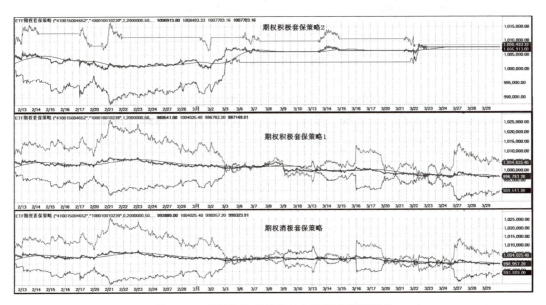

图 5-15　积极和消极的期权套保策略模拟效果

本 章 小 结

风险对冲就是指通过投资或购买与标的资产收益波动负相关的某种资产或衍生产品，来冲销标的资产潜在风险损失的一种风险管理策略。由于其使用的衍生品通常是未来某个时期交割的产品，因此，又可称为套期保值。进行金融风险对冲的工具种类很多，如远期、期货、期权、互换等，每一种工具各有其特点，投资者需要根据自己投资的标的资产的特点和自己风险管理的需要来选择。

利用期货对购买股票的风险进行对冲的策略就是股票期货套保策略。按照套期保值目标差异，可以分为积极套期保值策略和消极套期保值策略。

由于金融市场通常没有个股期货，只有股指期货，因此，利用期货股票现货进行套期保值只能通过做空股指期货来实现。为了比较方便地利用股指期货进行套保,我们可以利用相应的股票指数进行监测,而在达到股票下单条件时,利用下单组件对构建的股票组合的一篮子股票进行下单。构建股票组合的股票品种和权重可以参照该编制股票指数的股票品种和权重。

股票期权套保策略就是利用期权对股票组合或者个股进行套期保值交易,以降低其面临的系统性风险或个股风险。由于期权买卖双方权利义务的非对称性,因此利用期权进行套期保值,只能购买期权而不能出售期权。当我们持有现货多头,需要购买看跌期权(具有选择卖出标的资产的权利)进行套保;当我们持有现货空头,需要购买看涨期权(具有选择买进标的资产的权利)进行套保。

我们不仅可以利用 TL 的下单组件进行套保资产组合下单,还可以利用报价查询组件查询期货和期权的有关信息。

重 要 概 念

套期保值　风险对冲　远期　期货　期权　ETF　ETF期权　积极套保策略　消极套保策略　Workbook　QuotesProvider

习题与思考题

(1) 套期保值策略的含义是什么?有哪些基本策略类型?
(2) 期权套保与期货套保有何异同?
(3) 积极套保策略与消极套保策略有何差异?
(4) 怎样利用 EL 的 Workbook 组件读取股票组合的代码和权重?
(5) 怎样利用 EL 的 QuotesProvider 组件获取期权的相关信息?
(6) 怎样利用 EL 的下单组件进行股票组合的套保交易下单?

第六章

期货套利交易策略

> **学习目标**
> 1. 理解、掌握期货套利策略的基本原理,并充分认识套利交易存在的风险。
> 2. 理解、掌握期现套利策略、跨期套利策略以及协整套利策略的基本原理以及实施步骤。
> 3. 熟悉、掌握本章策略在 TradeStation 平台上的程序编写以及优化分析的过程。
> 4. 实践期货套利策略的程序化实现及其拓展。

第一节 期货套利交易策略概述

期货作为金融市场中重要的衍生产品,在金融市场的运作中发挥着重要作用。在与期货市场相关的交易中,常存在套期保值、套利和投机三种交易,它们的存在维持和保证了期货市场功能的正常发挥。上一章我们主要讨论了套期保值交易策略,在本章中,我们将视线转移至围绕期货市场展开的套利交易策略上。

所谓套利交易是指市场参与者利用不同期限、不同市场、不同商品等资产之间的价格联动关系,分别建立相反头寸,待它们之间的价差恢复到合理状态后再进行平仓,从价格相对变动中赚取价差收益的交易行为。就期货市场而言,常包括期现套利、跨期套利和跨品种套利三类类型①。

套利交易遵循的如下基本原理:(1)不同合约或资产的价格大体受相同因素影响,因而在正常情况下价格变动虽存在波幅差异,但应有相同的变化趋势。(2)不同合约或资产之间应存在合理的价格差异范围,但外界非正常因素会使价格变化超过该范围大于或小于合理的临界值。在非正常因素影响消除后,价格最终会回到原来的合理价差范围之内。(3)不同合约或资产之间的价差变动有规律可循,并且,它们的运动方式具有可预测性。套利交易的本质是对不同合约或资产之间相对价差的投资行为,由于它们之间的价

---

① 为更具针对性,期现套利、跨期套利和跨品种套利的定义及其基本原理将在本章第二、第三、第四节分别介绍。

差变动是可预测的,因而具有很大的获利空间①。因此,本质上看,套利交易依据的是价格关系的相对变动。这种相对运动是一种以价格关系为依据的双向投机行为,而价格关系能够反映价格水平的合理程度,市场往往在投机资金的作用下,市场价格关系常常以不公平的状态出现,市场的投机性越高,价格波动幅度越大,市场的套利机会也就越多②。

尽管如此,套利交易既具有天然的优点,也具有必然的缺点。风险较小、成本较低和收益较稳定是套利交易的主要优点。第一,合约或资产之间价差的变化往往比单一合约或资产的价格变化要小得多,且获利大小和风险大小都较易于估算。因此,它为套利者提供了一个较低风险的投资机会③。第二,由于套利交易的保证金和佣金水平都相对较低,相对于单向投资者,套利交易的成本较小。第三,套利交易充分发挥了杠杆特性,能使交易者以较少的保证金水平获取较为稳定的预期收益。可以说,套利的魅力就在于为交易者提供更多的市场选择,不仅降低了交易风险,增加了获利机会,而且使得投资报酬较为稳定。但是,与此同时,套利交易的单笔收益率低和价差信息获取难是其主要缺点。第一,根据风险溢价理论,限制了交易风险,往往也会限制潜在的收益。在套利交易中,风险往往是很低的,甚至为零,这会在一定程度上降低获利的空间。第二,由于针对价差报价的信息相对较少,套利者一般没有信息优势,这是套利交易的又一缺点。

一般而言,套利交易的操作过程一般可分为五步④:

第一步:发现套利机会。确定期货价格与其理论价格的差距已达到一定程度,发现套利机会,使投资者可以通过套利交易进行获利。首先,按期货定价模型计算期货的理论价格。其次,计算期货的市场价格与理论价格的差距,以理论价格为标准,当实际价格高于理论价格时,代表市场高估期货价格,按低买高卖原则,可以买现货同时抛空期货来套利。反之,如果期货价格较低,则投资者可买期货卖现货来套利⑤。

第二步:建立无套利区间。交易成本围绕期货理论价格形成无套利区间,期货的市场价格跌入该区间内就无法套利,一旦期货的市场价格超出无套利区间,就可以进行套利。

第三步:比较价格差距与交易成本。当价格差距大于交易成本时,即期货的市场价格在无套利区间之外时,就可以执行相应的套利策略。即,当期货合约在某一的市场价格大于其在该时间的理论价值时,且这一价格差距大于相关的交易成本时,应执行正向套利策略;当期货合约在某一的市场价格小于其在该时间的理论价值时,且其绝对值大于相关的交易成本时,应执行反向套利策略。

第四步:执行套利交易。决定套利规模及相应现货的买卖数量——套利规模指套利时的交易总值,一般以期货的手数为单位,价格偏离程度越大,市场成交越高,可以容纳的

---

① 在套利交易中,有些套利策略采用两种资产,如期现套利的期货和标的现货产品;有些套利策略可以采用多种资产,如同时考虑一组期货和两种关联现货产品。对本章而言,为简明起见,期现套利、跨期套利和跨品种套利策略将均采用两种资产进行分析。

② 正是由于套利交易的存在,才使得价格关系走向合理,从而使相应的市场资源得到合理和有效的配置,进而提高市场效率。

③ 相较于投机者,套利者的管理资金的心理压力要小。因此,对于风险承受能力较小的投资者而言,套利是一种较理想的投资工具。

④ 由于不同类别的套利原理存在一定差异性,为便于描述,套利的一般步骤将以期现套利为例来进行描述。

⑤ 要估算套利交易的成本,套利交易需要同时买卖现货及期货,交易成本包括现货买卖成本及期货买卖成本等。加上套利时建立的多空仓必须在到期日前平仓,现货及期货均是双边交易,总成本包括双边交易的总成本。

套利规模越大。决定套利规模后,就要计算现货投资需要买卖的股数①。原则上,现货投资的总市值,应尽量接近套利规模。

第五步:进行套利交易,并计算最终的套利收益。进行套利交易,其中期货市价低于(即低估)或高于(即高估)无套利区间的部分,就是套利的利润。期货套利可分为多头套利部位与空头套利部位,套利收益率采用[(卖价-买价)/买价×100%]为基本模式。这样,多头套利收益率=(建立时的期货价-平仓时的期货价-期货双边交易成本+平仓时的现货价-建立时的现货价-现货双边交易成本)/平仓时的期货价+建立时的现货价;空头套利收益率=(平仓时的期货价-建立时的期货价-期货双边交易成本+建立时的现货价-平仓时的现货价-现货双边交易成本)/建立时的期货价+平仓时的现货价。

虽然套利交易理论上难度不大,但在实际执行时却受到多方掣肘。这些障碍有的是法规的限制,有的源自证券市场制度上的缺陷。它们除了使得期货的套利变得比较困难,还加入了若干程度的风险:

1. 模拟误差风险。就股指期货套利而言,通过交易成分股票来复制标的指数会存在模拟误差,影响期现套利的精确性。特别是要模拟成分股众多的指数要靠各种选股技术的补救,设计一个取样较小的投资组合,目的是尽量使期货回报与组合回报相关。不过,无论现货组合如何配合期货,模拟误差始终在所难免。投资组合选用的成分股越少,模拟误差就越大。但若选用的成分股越多,则要面对短时间内买卖众多股票的困难,也会增加交易成本。

2. 现货卖空限制风险。现货交易一般存在卖空限制,反向套利交易模式在现实中操作的难度较大,如股票卖空须符合价格限制等有关规定。

3. 利率风险。从交易日到套利截止日这段时间的利率无法固定,套利就会产生一定的不确定性。

4. 股息风险。如果标的现货需要复制,如股票指数。那么,标的指数成分股的股息收益率具有不确定性,会影响到股指期货的理论价格的计算,股息预测有时会不准确,因此套利时存在一定的股息风险。

5. 套利成本的不确定性风险。等待成本和市场冲击成本的不确定性——由于市场价格瞬息万变,下单后的成交价格,未必就是察觉套利机会时的价格;这样,所得的套利利润,就会偏离持有成本模式引申的利润。成交价格所以有别于实际价,大致有两个原因:一是成交延缓。成交延缓从下单到撮合成交的时间过长,速度过慢,使得市场价格在过程中出现变化。在流通量较高的市场,撮合成交的时间较短,成交延缓的情况也会较少。二是流通量低。在交投淡静的市场,买盘和卖盘的数量有限。假如套利者突然下大笔买单,

---

① 如果期货是指数期货,且其标的没有对应的指数现货。我们需要对标的现货进行复制。具体而言,设计股票投资组合——交易现货指数是根据指数的计算方法,按有关比重选择个别成分股来买卖。这种过程得出的一篮子股票组合,称为指数现货投资组合。这就需要构建一个模拟股票指数的股票组合。因为任何股票市场都没有直接买卖股票指数的交易,只有通过买卖模拟股票指数的股票组合作为替代,并且该组合与股票指数的相关度要尽可能高,才能保证套利交易的有效。设计股票投资组合,期望代替不可交易的现货指数;因此,现货投资组合的回报必须尽量模拟现货指数的回报;未能完全模拟指数回报的部分,称为模拟误差。

市场需求量一下大幅攀升,价格随即上扬,最后必然以高价才能完成交易。同理,突然下的大笔卖单,也会把价格瞬间推低,最后也只能在低价完成买卖。这种因本身买卖盘导致的不利效果,就是前面提到的价格冲击成本。此外,期末相关手续费的不确定性——手续费由成交额和手续费率决定,由于期末价格的未知性,其手续费也具有不确定性。

6. 交易风险。期货套利要求期货和现货买卖需同步进行,任何时间上的偏差都会造成意料不到的损失。

7. 成分股变更风险。如果期货的标的是指数,那么,标的指数成分股的调整将对指数产生影响,为套利所做的模拟投资组合也必须作出相应的调整。

总之,通过买入低估值资产和卖出高估值资产,即双向的买低卖高交易,当实际价差偏离理论价差的幅度超过交易成本,就可以获取较低风险的价差收益。因此,有对价差的深刻认识和理解,并能及时发现不合理的定价,是套利成功的关键之所在。接下来,本章将具体对期现套利、跨期套利和跨品种套利这三种策略进行详细解析。

第二节 期现套利交易策略

一、期现套利的基本思想

期现套利是利用期货价格与其标的现货价格之间的价格差异,在两个市场上采取相反的操作,从而实现获利的交易活动[①]。期货套利的关键在于判断两个市场的价格差异。当实际价格大于理论价格时,卖出期货,买入现货,以此可获得无风险套利收益。当期货实际价格低于理论价格时,买入期货,卖出现货,以此获得无风险套利收益。

期现套利有两种类型——正向套利和反向套利。正向套利策略是指货币市场价格高于理论价格时所采用的策略。即,抛空目前被高估的期货资产合约;同时买入被低估的现货资产,即以无风险利息借入资金买入现货;当现货和期货价格差距趋于正常时,将期货合约平仓,同时卖出手上持有的现货并归还借款及利息。这种策略称为正向套利。相反地,买入低估的期货合约;同时卖空现货,将所得资金投资于无风险证券;当现货和期货价格趋于正常时,同时买入现货补仓并卖出无风险证券。这种策略称为反向套利。

本书以沪深 300 股指期货的期现套利为例,并以沪深 300ETF 作为标的现货的替代物[②]。期现套利的关键步骤如下:

1. 沪深 300 股指期货理论价格的计算。假设股指期货合约的理论价格满足持有成本模型:

$$F_t = S_t e^{(r-q)(T-t)} \tag{6.1}$$

[①] 由于本章第一节已经介绍了套利的基本原理及其具体步骤,在本节中,我们将不再重复其基本的步骤。为明晰起见,我们将期现套利的定价公式放在具体的实施步骤之中进行描述。

[②] 如 6.1 所言,我们可以仍可以通过指数复制的方式选择很多成份股份,来作为沪深 300 指数的代表。尚需提及的是,沪深 300 股指期货将采用当月连续数据作为代表,沪深 300ETF 将选择更具流动性的 T+0 交易的华泰柏瑞沪深 300ETF 基金数据作为代表。

其中：F_t 为 t 时刻期货的理论价格；S_t 为 t 时刻的股指现货价格；r 为无风险收益率；q 为红利收益率；T 时刻到期。

2. 无套利区间的确定。用 T_c 来表示进行一次期现套利所需的成本，无套利区间的上界等于股指期货理论价格加上套利成本 T_c，即 $S_t e^{(r-q)(T-t)} + T_c$；无套利区间的下界就等于股指期货理论价格减去套利成本 T_c，即 $S_t e^{(r-q)(T-t)} - T_c$。这样，无套利区间即可表达为：

$$[S_t e^{(r-q)(T-t)} - T_c, S_t e^{(r-q)(T-t)} + T_c] \tag{6.2}$$

当股指期货实际价格 $F'_t > S_t e^{(r-q)(T-t)} + T_c$ 时，进行正向套利，即做多现货，做空期货；当股指期货实际价格 $F'_t < S_t e^{(r-q)(T-t)} - T_c$ 时，进行反向套利，即做空现货，做多期货。

3. 价格差的计算。当期货价格与现货价格之差大于基差上限，即 $F'_t - S_t > S_t e^{(r-q)(T-t)} + T_c - S_t$ 时，进行正向套利，即做多现货，做空期货；当期货价格与现货价格之差小于基差下限，即 $F'_t - S_t < S_t e^{(r-q)(T-t)} - T_c - S_t$ 时，进行反向套利，即做空现货，做多期货。

4. 交易成本的计算。假设一次期现套利所需的成本中，期货市场交易双边手续费为 0.2 个基点、期货买卖冲击成本为 0.2 个基点、买卖沪深 300ETF 基金双边交易手续费的费率为 0.5‰、交易的税率为 0.01％、借贷利差成本为 0.3％，由于没有红利收益，因此 q 设定为 0。这样通过 6.1 节的交易费用计算公式，即可计算出具体的交易成本。

二、股指期现套利策略的 EL 程序

类似于上一章股指期货保值策略的程序编制，下文介绍沪深 300 指数期货与沪深 300ETF 之间的期现套利策略程序及其操作过程。

（一）EL 期现套利策略程序类型选择

期现套利策略需要同时监测沪深 300 指数期货与沪深 300ETF 的历史和当前动态，因此，类似于上一章套期保值的做法，可以选择分析图形作为监测的工具，利用 EL 的下单组件来下单，并利用 Plot 语句将期现套利指标值输出到分析图。因此，我们仍应该选择"指标"类型建立期现套利程序。本章以后各节程序相同。

（二）期货和现货监测和下单

由于利用股指期货进行期现套利，需要同时选择期货和标的现货 ETF，并根据实际的期现组合是否满足套利条件进行监测和下单。

（三）利用账户组件查询账户信息和下单

期现套利仍需要使用一个股指期货账户和标的股指现货 ETF 账户，查询相关账户信息和进行下单。在此，我们需要插入两个账户组件 AcountsProvider，简写为 AP1 和 AP2，分别输入期货账号和股票账号，并插入账户信息更新模块如下：

```
//组件 AP1 获取期货账户信息
method void AP1 _ Updated ( elsystem. Object sender, tsdata. trading.
AccountUpdatedEventArgs args)                         //期货账户
```

```
begin
    If AP1.Count>0 and LASTBARONCHART then
    Begin
        CashBalance[1] = AP1.Account[0].RTCashBalance;            //账户余额
        BuyingPower[1] = AP1.Account[0].RTDayTradingBuyingPower;  //可用余额
        NetWorth[1] = AP1.Account[0].RTAccountNetWorth;           //账户净值
        UnRealizedPL[1] = AP1.Account[0].RTUnrealizedPL;          //账户浮盈
        RealizedPL[1] = AP1.Account[0].RTRealizedPL;              //已实现盈亏
        Margin1 = AP1.Account[0].RTMaintenanceMargin;             //保证金
    End;
end;

//组件 AP2 获取股指现货 ETF 账户信息
method void AP2 _ Updated ( elsystem. Object sender, tsdata. trading.
AccountUpdatedEventArgs args)                                    //股票账户
begin
    If AP2.Count>0 and LASTBARONCHART then
    Begin
        CashBalance[2] = AP2.Account[0].RTCashBalance;            //账户余额
        BuyingPower[2] = AP2.Account[0].RTDayTradingBuyingPower;  //可用资金
        NetWorth[2] = AP2.Account[0].RTAccountNetWorth;           //总资产
        UnRealizedPL[2] = AP2.Account[0].RTUnrealizedPL;          //账户浮盈
    End;
end;
```

为了利用该查询进行历史回测和实时交易,在历史回测时不需要查询账户信息,而仅在实时监测和交易时需要查询账户信息。因此,加入 If LASTBARONCHART then 的限制条件,仅在最后一根 K 线时使用账户更新信息,其他时间则使用程序模拟的账户信息。

(四) 数组赋值和残差的计算

我们将分析图的 data1 作为股指期货,data2 为现货 ETF。将它们的收盘价赋予数组,并计算残差,获取分析图的代码:

```
CloseA[1] = c of data1;
CloseA[2] = c of data2;
CloseA[3] = CloseA[1] - XZbeta * CloseA[2];
```

(五) 期现套利的开仓和平仓时机选择

在期现套利时,不仅需要把握期现开仓是的时机,也需要把握平仓时的时机。事实上,当基差超过上异常临界值,卖空期货,买入现货。

需要注意期货和现货的开仓数量确定,进行期现套利时,期货与现货的市值应该基本相当。在此,期货的交易量有参数 TradeVolumeFuture(手数)输入确定;现货的交易量由期货交易量×期货合约乘数确定。由于在此没有对应的股指现货,而采用代用的 ETF 现货,应该乘上二者的价格序列的协整系数 XZbeta 值。

期现套利在期货到期日如果持有仓位,需要就行平仓,否则将形成短腿。在此暂未考虑期货到期的平仓问题。读者可以参考下节的相关讨论加上到期平仓条件。

```
if  CloseA[3]>GapBig    and BuyPosition[2] = 0 then Begin
    SellShortOrder[1] = true;                          //下单指令为 true
    SellShortVolume[1] = TradeVolumeFuture;            //设置期货交易手数
    BuyPosition[1] = SellShortVolume[1];               //记录开仓仓位
    CostBuy[1] = (CloseA[1] - PriceSlippage) * (1 - FeeRatio1/100)
                * BigPoint * SellShortVolume[1];       //建仓成本
    BuyingPower[1] = BuyingPower[1] - CloseA[1] * BigPoint
                * BuyPosition[1] * MarginRate/100;     //计算现金余额
    BuyOrder[2] = true;                                //下单指令为 true
    BuyVolume[2] = TradeVolumeFuture * BigPoint * XZbeta;//设置现货交易量 = 期货交易
                                                       //量 * 期货合约乘数 * XZbeta
    BuyPosition[2] = BuyVolume[2];                     //记录开仓仓位
    CostBuy[2] = (CloseA[2] + PriceSlippage) * (1 + FeeRatio2/100) * BuyVolume[2];
                                                       //建仓成本
    Margin1 = CloseA[1] * BigPoint * BuyPosition[1] * MarginRate/100;
                                                       //期货保证金
End;
```

当基差值返回正常区间时,可以对期货和现货进行平仓,并计算其累积收益。需要注意期货为当日无负债结算制度,在此以每一根 K 线为单位计算其保证金需求。

```
If CloseA[3] cross under GapSmall then Begin
    BuyToCoverOrder[1] = true;
    BuyToCoverVolume[1] = BuyPosition[1];
    ComuProfit[1] = ComuProfit[1] + CostBuy[1] - ((CloseA[1] + PriceSlippage)
                * (1 + FeeRatio1/100)) * BigPoint * BuyToCoverVolume[1];
                                                       //期货账户累积收益
    BuyingPower[1] = BuyingPower[1][1] + Margin1 + ((CloseA[1][1] - CloseA[1]
                + PriceSlippage) * (1 + FeeRatio1/100)) * BigPoint * BuyToCoverVolume[1];
    BuyPosition[1] = 0;
    CostBuy[1] = 0;
```

```
        SellOrder[2] = true;                                    //下单指令为 true
        SellVolume[2] = BuyPosition[2];
        ComuProfit[2] = ComuProfit[2] + ((CloseA[2] - PriceSlippage)
                * (1 - FeeRatio2/100)) * BuyPosition[2] - CostBuy[2];
                                                                //股票账户累积收益
        BuyingPower[2] = BuyingPower[2] + SellVolume[2] * (CloseA[2] - PriceSlippage)
                * (1 - FeeRatio2/100);                          //计算现金余额
        BuyPosition[2] = 0;
        CostBuy[2] = 0;
End;
```

(六) 期现套利持仓盈亏的计算

在期现套利交易中,仍需要计算股指期货和股票现货 ETF 的持仓盈亏。

```
//统计持仓盈利
If BuyPosition[2]>0 then begin
    UnRealizedPL[2] = CloseA[2] * BuyPosition[2] - CostBuy[2];   //股票仓位浮盈
end;
If BuyPosition[1]>0 then begin
    UnRealizedPL[1] = (CloseA[1][1] - CloseA[1]) * BigPoint * BuyPosition[1];
                                                                 //期货仓位浮盈
    Margin1 = CloseA[1] * BigPoint * BuyPosition[1] * MarginRate/100;//期货保证金
    BuyingPower[1] = BuyingPower[1] + UnRealizedPL[1] - (Margin1 - Margin1[1]);
                                                                 //期货账户现金余额
end
else begin
    UnRealizedPL[1] = 0;                                         //期货未实现盈利
    Margin1 = 0;                                                 //期货保证金
end;
```

(七) 调用下单组件对股指期货和现货 ETF 下单

由于图形分析里面的 Buy、Sell 等下单保留字不能对多品种下单,我们需要调用下单组件下单。为了区分股票的期货的账号和下单类型,我们分别用 OrderTicket1 和 OrderTicket2 下单组件对股指期货和股票现货 ETF 下单。在下单组件的属性设置里面,仍需要分别设置 OrderTicket1 的 SymbolType 为 Future,OrderTicket2 的 SymbolType 为 Stock。开仓使用限价单,平仓使用市价单。

(八) 股指期货套利盈利统计

为了回测模拟分析股指期现套利效果,有必要对套利盈利进行统计。为此,需要分别计算股票和期货的成本、盈利、持仓市值、可用资金和总资产。

```
MarketValue[1] = -CloseA[1] * BuyPosition[1];              //期货市值
MarketValue[2] = CloseA[2] * BuyPosition[2];               //股票市值
NetWorth[1] = BuyingPower[1] - MarketValue[1];             //期货账户净值
NetWorth[2] = BuyingPower[2] + MarketValue[2];             //股票账户净值
NetWorth[0] = NetWorth[1] + NetWorth[2];                   //账户净值
ComuProfit[0] = ComuProfit[1] + ComuProfit[2];             //组合累积盈利
UnRealizedPL[0] = UnRealizedPL[1] + UnRealizedPL[2];       //账户浮盈;
RealizedPL[0] = RealizedPL[1] + RealizedPL[2];             //账户已实现盈亏
```

图 6-1 给出了股指期货与现货套利的完整程序。在具体程序执行中,仍可对部分计算方法或模型进行优化。

```
//期现套利策略 EL 程序
Using tsdata.marketdata;
Using elsystem.io;
Using elsystem.Collections;
Using tsdata.common;
Using elsystem;
using tsdata.trading;
Using guosen;

Input: iAccountFutures("410019530000"){期货账号}, iAccountStok("410015000000")
{股票账号},
        InitialInvest(1000000){初始投资}, TradeVolumeFuture(1), BigPoint(300),
        FeeRatio1(0.005){期货手续费率%}, FeeRatio2(0.01){股票手续费率%},
        PriceSlippage(0.01){价格滑点}, MarginRate(10){期货保证金比率%},
        MaSLength(10), MaLLength(60){残差均线长度},
        double GapBig(8) {残差上限}, double GapSmall(1){残差下限},
        double XZbeta(997.5){构造协整序列的 beta 值};
Var: double Gap1(0){残差}, entrybar(0),
    int k(0){股票循环变量}, int t1(0), int BarID(0), int Mas(0), int MaL(0),
        intrabarpersist int tradetimes(0){交易次数变量},
        ICode1(GetSymbolName of data1){期货代码},
        ICode2(GetSymbolName of data2){股票代码},
        intrabarpersist double Margin1(0){期货保证金},
        intrabarpersist double TotalComuProfit(0){累积盈利},
        intrabarpersist double InvestCash(0){可投资现金};
```

```
Array:      IntrabarPersist double CloseA[5](0), ICode[5](""),
            IntrabarPersist BuyOrder[5](false){开仓指令},
            IntrabarPersist SellOrder[5](false){平仓指令},
            IntrabarPersist SellShortOrder[5](false){空仓指令},
            IntrabarPersist BuyToCoverOrder[5](false){卖空平仓指令},
            IntrabarPersist OrderName[5]("None"){指令名称},
            IntrabarPersist double BuyPosition[5](0),
            IntrabarPersist double BuyVolume[5](0),
            IntrabarPersist double SellVolume[5](0),
            IntrabarPersist double SellShortVolume[5](0),
            IntrabarPersist double BuyToCoverVolume[5](0),{开仓仓位、代码、交易量}
            IntrabarPersist double CostBuy[5](0),
            IntrabarPersist double ComuProfit[5](0),{平均成本、潜在盈利、累积盈利}
            IntrabarPersist double NetWorthR[2](0){账户净值变动率},
            intrabarpersist double CashBalance[3](0){账户现金},
            intrabarpersist double BuyingPower[3](0){账户购买力},
            intrabarpersist double MarketValue[2](0){市值},
            intrabarpersist double NetWorth[5](0){账户资产净值},
            intrabarpersist double UnRealizedPL[3](0){未实现盈利},
            intrabarpersist double RealizedPL[3](0){实现盈利};

method void AP1_Updated(elsystem.Object sender, tsdata.trading.AccountUpdatedEventArgs args)
begin
If AP1.Count>0 and LASTBARONCHART then
      Begin
          CashBalance[1] = AP1.Account[0].RTCashBalance;              //账户余额
          BuyingPower[1] = AP1.Account[0].RTDayTradingBuyingPower;    //可用余额
          NetWorth[1] = AP1.Account[0].RTAccountNetWorth;             //账户净值
          UnRealizedPL[1] = AP1.Account[0].RTUnrealizedPL;            //账户浮盈
          RealizedPL[1] = AP1.Account[0].RTRealizedPL;                //已实现盈亏
          Margin1 = AP1.Account[0].RTMaintenanceMargin;               //保证金
      End;
end;
method void AP2_Updated(elsystem.Object sender, tsdata.trading.AccountUpdatedEventArgs args)
begin
If AP2.Count>0 and LASTBARONCHART then
```

```
    Begin
        CashBalance[2] = AP2.Account[0].RTCashBalance;      //账户余额
        BuyingPower[2] = AP2.Account[0].RTDayTradingBuyingPower;
                                                            //可用资金
        NetWorth[2] = AP2.Account[0].RTAccountNetWorth;     //总资产
        UnRealizedPL[2] = AP2.Account[0].RTUnRealizedPL;    //账户浮盈
    End;
end;

BarID = BarID + 1;                                          //K线计数
if BarID = 1 then
begin
    ICode[1] = GetSymbolName of data1;                      //获取分析图1代码
    ICode[2] = GetSymbolName of data2;
    BuyingPower[1] = InitialInvest;
    BuyingPower[2] = InitialInvest;
End;
CloseA[1] = c of data1;
CloseA[2] = c of data2;
CloseA[3] = CloseA[1] - XZbeta * CloseA[2];                 //残差计算
    Mas = Average(CloseA[3],MaSLength);
    MaL = Average(CloseA[3],MaLLength);

//基差超过上异常临界值,卖空期货,买入现货
if   CloseA[3]>GapBig   and BuyPosition[2] = 0 then Begin
    SellShortOrder[1] = true;                               //下单指令为 true
    SellShortVolume[1] = TradeVolumeFuture;                 //设置期货交易手数
    BuyPosition[1] = SellShortVolume[1];                    //记录开仓仓位
    CostBuy[1] = (CloseA[1] - PriceSlippage) * (1 - FeeRatio1/100) * BigPoint *
            SellShortVolume[1];                             //建仓成本
    BuyingPower[1] = BuyingPower[1] - CloseA[1] * BigPoint * BuyPosition[1] *
            MarginRate/100;                                 //计算现金余额
    BuyOrder[2] = true;                                     //下单指令为 true
    BuyVolume[2] = TradeVolumeFuture * BigPoint * XZbeta;   //设置现货交易量 = 期货
                                                            //交易量 * 期货合约乘数
    BuyPosition[2] = BuyVolume[2];                          //记录开仓仓位
    CostBuy[2] = (CloseA[2] + PriceSlippage) * (1 + FeeRatio2/100) * BuyVolume[2];
                                                            //建仓成本
```

```
        Margin1 = CloseA[1] * BigPoint * BuyPosition[1] * MarginRate/100;
                                                              //期货保证金
        BuyingPower[2] = BuyingPower[2] - BuyVolume[2]
                    * (CloseA[2] + PriceSlippage) * (1 + FeeRatio2/100);
End;
//基差值返回正常区间,平仓期货,平仓现货
If CloseA[3] cross under GapSmall    and BuyPosition[2]>0 then Begin
    BuyToCoverOrder[1] = true;
    BuyToCoverVolume[1] = BuyPosition[1];
    ComuProfit[1] = ComuProfit[1] + CostBuy[1] - ((CloseA[1] + PriceSlippage) * (1 +
                FeeRatio1/100))
                * BigPoint * BuyToCoverVolume[1];      //期货账户累积收益
    BuyingPower[1] = BuyingPower[1][1] + Margin1 + ((CloseA[1][1] - CloseA[1] +
PriceSlippage) * (1 + FeeRatio1/100)) * BigPoint * BuyToCoverVolume[1];
    BuyPosition[1] = 0;
    CostBuy[1] = 0;
    SellOrder[2] = true;                                //下单指令为 true
    SellVolume[2] = BuyPosition[2];
    ComuProfit[2] = ComuProfit[2] + ((CloseA[2] - PriceSlippage)
                * (1 - FeeRatio2/100)) * BuyPosition[2] - CostBuy[2];
                                                       //股票账户累积收益
    BuyingPower[2] = BuyingPower[2] + SellVolume[2] * (CloseA[2] - PriceSlippage)
                * (1 - FeeRatio2/100);                 //计算现金余额
    BuyPosition[2] = 0;
    CostBuy[2] = 0;
End;


//统计持仓盈利
If BuyPosition[2]>0 then begin
    UnRealizedPL[2] = CloseA[2] * BuyPosition[2] - CostBuy[2]; //股票仓位浮盈
end;
If BuyPosition[1]>0   then begin
    UnRealizedPL[1] = (CloseA[1][1] - CloseA[1]) * BigPoint * BuyPosition[1];
                                                       //期货仓位浮盈
    Margin1 = CloseA[1] * BigPoint * BuyPosition[1] * MarginRate/100;//期货保证金
    BuyingPower[1] = BuyingPower[1] + UnRealizedPL[1] - (Margin1 - Margin1[1]);
                                                       //期货账户现金余额
end
```

```
else begin
    UnRealizedPL[1] = 0;                                        //期货未实现盈利
    Margin1 = 0;                                                //期货保证金
end;

//调用下单组件下单
If LASTBARONCHART = false then begin
    SellShortOrder[1] = false;
    BuyToCoverOrder[1] = false;
    BuyOrder[2] = false;
    SellOrder[2] = false;
end;
If SellShortOrder[1] and LASTBARONCHART then Begin              //期货开空
    OrderTicket1.Account = iAccountFutures;                     //输入账户
    OrderTicket1.Symbol = ICode[1];                             //输入建仓代码
    OrderTicket1.Quantity = SellShortVolume[1];                 //输入交易量
    OrderTicket1.Action = guosen.OrderAction.SellShort;         //开空仓
    OrderTicket1.Type = tsdata.trading.OrderType.Limit;         //限价单
    OrderTicket1.Duration = "GFD";                              //当日有效
    OrderTicket1.Send();                                        //下单
    SellShortOrder[1] = false;
    SellShortVolume[1] = 0;
end;
If BuyToCoverOrder[1] and LASTBARONCHART then Begin             //期货平空
    OrderTicket1.Account = iAccountFutures;                     //输入账户
    OrderTicket1.Symbol = ICode[1];                             //输入建仓代码
    OrderTicket1.Quantity = BuyToCoverVolume[1];                //输入交易量
    OrderTicket1.Action = guosen.OrderAction.BuyToCover;        //平空仓
    OrderTicket1.Type = tsdata.trading.OrderType.Limit;         //限价单
    OrderTicket1.Duration = "GFD";                              //当日有效
    OrderTicket1.Send();                                        //下单
    BuyToCoverOrder[1] = false;
    BuyVolume[1] = 0;
end;
If BuyOrder[2] and LASTBARONCHART then Begin                    //现货开多
    OrderTicket2.Account = iAccountStok;                        //输入账户
    OrderTicket2.Symbol = ICode[2];                             //输入建仓商品代码
    OrderTicket2.Quantity = BuyVolume[2];                       //输入交易量
```

```
    OrderTicket2.Action = guosen.OrderAction.Buy;           //开多仓
    OrderTicket2.Type = tsdata.trading.OrderType.Limit;     //限价单
    OrderTicket2.Duration = "GFD";                          //当日有效
    OrderTicket2.Send();                                    //下单
    BuyOrder[2] = false;
    BuyVolume[2] = 0;
end;
If SellOrder[2] and LASTBARONCHART then Begin              //现货平多
    OrderTicket2.Account = iAccountStok;                    //输入账户
    OrderTicket2.Symbol = ICode[2];                         //输入建仓代码
    OrderTicket2.Quantity = SellVolume[2];                  //输入交易量
    OrderTicket2.Action = guosen.OrderAction.Sell;          //平多仓
    OrderTicket2.Type = tsdata.trading.OrderType.Limit;     //限价单
    OrderTicket2.Duration = "GFD";                          //当日有效
    OrderTicket2.Send();                                    //下单
    SellOrder[2] = false;
    SellVolume[2] = 0;
end;
//套利策略盈利统计
MarketValue[1] = - CloseA[1] * BuyPosition[1];              //期货市值
MarketValue[2] = CloseA[2] * BuyPosition[2];                //股票市值
NetWorth[1] = BuyingPower[1] - MarketValue[1];              //期货账户净值
NetWorth[2] = BuyingPower[2] + MarketValue[2];              //股票账户净值
NetWorth[0] = NetWorth[1] + NetWorth[2];                    //账户净值
ComuProfit[0] = ComuProfit[1] + ComuProfit[2];              //组合累积盈利
UnRealizedPL[0] = UnRealizedPL[1] + UnRealizedPL[2];        //账户浮盈;
RealizedPL[0] = RealizedPL[1] + RealizedPL[2];              //账户已实现盈亏
//显示盈利图形
Plot1(ComuProfit[0],"累积盈亏合计");
Plot2(ComuProfit[1],"期货累积盈利");
Plot3(ComuProfit[2],"现货累积盈利");
plot4(CloseA[3] * 1000,"期限价差");
plot5(MaS * 1000,"期限价差 MAS");
plot6(MaL * 1000,"期限价差 MAL");
Plot7(UnRealizedPL[0],"持仓潜在盈利");
```

图 6-1　股指期现套利策略的 EL 程序

三、股指期现货套利策略的应用

为了测试股指期现套利策略的效果，我们以沪深 300 股票指数期货与沪深 300ETF 为例，对期现套利效果进行测试。

我们选择了沪深 300 股指期货连续数据 IFC1.ZJ 和沪深 300 股指 510300.SH(300ETF) 的 5 分钟数据。时间跨度为 2015 年 1 月 21 日—2017 年 6 月 18 日。图 6-2 给出了沪深 300 股指期货与沪深 300 现货 ETF 的基差图。可以看出，股指期货与股票 ETF 之间的价格走势是基本一致的，基差的变动相对平稳。模拟测试初始投资为 400 万元，期货与现货各 200 万元。期货保证金比率为 10%，交易费率期货 0.005%，股票为 0.01%，价格滑点为 0.01。其参数设置如图 6-3 所示，其模拟程序结果如图 6-4A 和图 6-4A 所示。

图 6-2 股指期货与现货 ETF 的基差图

设置指标：期现套利策略

常规 | 输入值 | 预警 | 样式 | 颜色 | 刻度轴 | 高级

名称	值
iAccountFutures	"410019530630"
iAccountStok	"410015004652"
InitialInvest	2000000
TradeVolumeFuture	1
BigPoint	300
FeeRatio1	0.005
FeeRatio2	0.01
PriceSlippage	0.01
MarginRate	10
MaSLength	30
MaLLength	60
GapBig	10
GapSmall	1
XZbeta	997.5

图 6-3 期现套利模拟测试参数设置

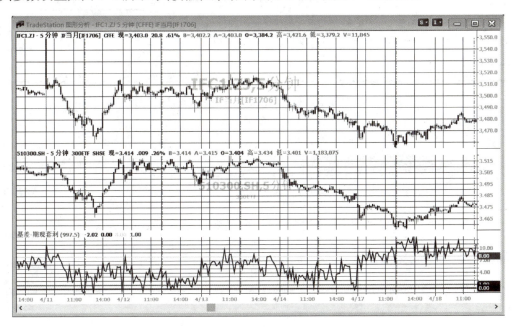

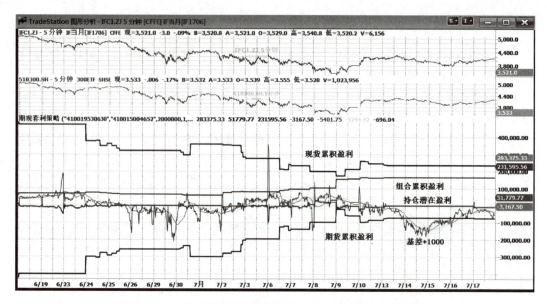

图 6-4A　期现套利模拟测试结果(2015 年 6 月—7 月段)

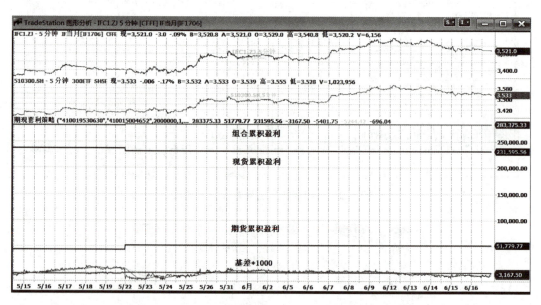

图 6-4B　期现套利模拟测试结果(2017 年 5 月—6 月段)

从图 6-4A 和图 6-4B 可见在,在模拟测试样本区间,以投资沪深 300 股指货 1 手的规模为例,期货空头累积盈利 5.18 万元,现货多头累积盈利 23.16 万元,组合盈利 28.34 万元,按实际占用资金最高 150 万元计算,投资收益率为 18.89%。但主要套利收益在 2015 年市场波动较大期间(如图 6-4A 所示),而在 2017 年市场波动较小时,套利机会较少(如图 6-4B 所示)。

第三节 股指期货跨期套利策略

一、股指期货跨期套利的基本思想

跨期套利是指在同一市场(常为同一交易所)同时买入、卖出同种不同交割月份的期货合约,以期在有利时机将这两个交割月份不同的合约同时对冲平仓进行获利的交易行为。

由于同时交易的不同交割月份的合约均是基于同一标的指数,在市场预期稳定的情况下,不同交割日期合约之间的价差应该是稳定的,一旦价差发生了变化,则会产生跨期套利机会。当股票市场趋势向上时,交割月份较远的期指合约价格会比近期月份合约期指的价格更易迅速上升,投资者可进行多头跨期套利操作,卖出近期月份合约买入远期月份合约获利。相反,在股票市场趋势向下时,套利者买进近期月份的期指合约,卖出远期月份的期指合约进行空头套期获利。但无论采取哪种操作模式,其本质均是对不同交割期的合约同时进行低买高卖,即同时买入价值被低估的合约而卖出价值被高估的合约。事实上,跨期套利能否获得收益决定于投资者对于近期股市多、空的判断是否正确,如果套利者的判断有误,则依然可能在"套利"过程中遭遇亏损。然而与直接根据对股市走势的判断投机不同的是,跨期套利由于实际投资的是价差,因此风险要远小于投机。

跨期套利主要包括多头跨期套利、空头跨期套利和蝶式跨期套利三种。所谓多头跨期套利,是指看多股市,预期较远交割期的股指期货合约涨幅将大于近期合约的涨幅,或者说较远期的股指期货合约跌幅将小于近期合约的跌幅,即预期较远交割期合约与较近交割期合约的价差将变大,此时较近期合约的价格被低估,投资者会卖出近期的股指期货,并同时买入远期的股指期货的交易行为。所谓空头跨期套利,是指看空股市,预期较远交割期合约的跌幅将大于近期合约,或者说远期的股指期货合约涨幅将小于近期合约涨幅,即预期较远交割期合约与较近交割期合约的价差将变小,此时较远期的合约当前的交易价格被高估,投资者将相应地卖出远期的股指期货,并同时买入近期的股指期货的交易行为。所谓蝶式跨期套利,是指两个方向相反、共享中间交割月份的跨期套利的组合,即同时进行三个交割月份的合约买卖,通过中间交割月份合约与前后两交割月份合约的价差的变化来获利的交易行为。当投资者认为中间交割月份的股指期货合约与两边交割月份合约价格之间的价差将发生变化时,会选择采用蝶式套利。

以沪深 300 股指期货为例,跨期套利的关键步骤如下:

1. 沪深 300 股指期货跨期套利理论价格的计算。假设近期股指期货合约的理论价格满足持有成本模型:

$$F_{1t} = S_t e^{(r-q)(T_1-t)} \tag{6.3}$$

其中:F_{1t} 为 t 时刻近期期货的理论价格;S_t 为 t 时刻的股指现货价格;r 为无风险收益率;q 为红利收益率;T_1 为近期到期日。

假设远期股指期货合约的理论价格满足持有成本模型:

$$F_{2t} = S_t e^{(r-q)(T_2-t)} \tag{6.4}$$

其中:F_{2t} 为 t 时刻远期期货的理论价格;S_t 为 t 时刻的股指现货价格;r 为无风险收益率;q 为红利收益率;T_2 为远期到期日。

那么,近期期货与远期期货理论价格之间的平价关系为:

$$F_{2t} = F_{1t} e^{(r-q)(T_2-T_1)} \tag{6.5}$$

近期期货与远期期货理论价差为:

$$\Delta F = F_{2t} - F_{1t} = F_{1t}(e^{(r-q)(T_2-T_1)} - 1) \tag{6.6}$$

2. 交易成本的计算。在实际操作中,由于交易成本、资金成本、冲击成本和机会成本等的存在,两个合约间的合理价差应在理论价差的基础上考虑到以上成本,由于买卖交易时产生正的交易成本,因此股指期货不同到期日合约的合理价差不是固定的数值,而是在一个无套利区间内波动。其中冲击成本指在套利交易中需要迅速而且大规模地买进或者卖出证券,未能按照预定价位成交,从而多支付的成本。资金成本与无套利区间的确定和结束套利所选择的形式有直接关系,跨期套利了结方式一般分为两种:一种是近月合约到期时转换为期现套利,另一种是直接平仓了结,不需要买卖现货。本书研究考虑第二种情况,即直接平仓了结套利交易。表 6-1 给出了跨期套利成本明细表。

表 6-1 跨期套利成本明细

拟产生成本	费率	备注	本策略是否考虑
交易手续费	0.9‰—0.1‰	按双边收取	是
利率	—	可参考一年存款利率	是
股息率	0.90%—0.98%	分红派息多集中在 7 月前后	否
冲击成本和等待成本	小资金量为 0,大资金量需酌情考虑		是

3. 无套利区间的确定。用 T_c 来表示进行一次跨期套利所需的成本,我们可以得到:

$$T_c = (F_{2t} + F_{1t} + F_{2T} + F_{1T}) \times C_1 \tag{6.7}$$

其中:F_{1t} 为建仓时近期合约期货价格;F_{2t} 为建仓时远期合约期货价格;F_{1T} 为近期合约临近交割日时的期货价格;F_{2T} 为远期合约在 T 时刻的期货价格;C_1 为期货买卖综合费率(包括手续费、冲击成本、等待成本等)。

这样,无套利区间的上界等于远期股指期货理论价格加上套利成本 T_c,即 $F_{1t}(e^{(r-q)(T_2-T_1)} - 1) + T_c$;无套利区间的下界就等于股指期货理论价格减去套利成本 T_c,即 $F_{1t}(e^{(r-q)(T_2-T_1)} - 1) - T_c$。这样,远期与近期价差 ΔF 无套利区间即可表达为:

$$[F_{1t}(e^{(r-q)(T_2-T_1)} - 1) - T_c, F_{1t}(e^{(r-q)(T_2-T_1)} - 1) + T_c] \tag{6.8}$$

4. 远期与近期期货价差的计算。当股指期货实际价格 $\Delta F' > F_{1t}(e^{(r-q)(T_2-T_1)} - 1) + T_c$ 时,做多近期期货合约,做空远期期货合约;当股指期货实际价格 $\Delta F' < F_{1t}(e^{(r-q)(T_2-T_1)} - 1) - T_c$ 时,做空近期期货合约,做多远期期货合约。

二、跨期套利策略的 EL 程序

下面,我们介绍沪深 300 指数期货跨期套利策略的程序及其具体操作过程。

(一) 不同月份期货的监测和下单

由于利用沪深股指期货进行跨期套利,需要同时选择不同期限的期货合约,进而根据实际的不同期限的期货合约组合是否满足跨期套利条件进行监测和下单。

(二) 利用 QuotProvider 函数查询到期日和合约乘数

由于跨期套利涉及 2 个不同到期日的期货合约,因此,在近月合约到期时,如果持仓,必须进行平仓。可以利用 QuotesProvider 来查询近月合约到期日。这只能在非连续合约数据系列才能查询,而不能在连续数列里面查询。此外,我们也可利用 QuotesProvider 来查询合约乘数。

```
// 获取合约乘数函数
method double priceload(QuotesProvider Qp1, string ICodec, string field)
begin
    QP1.Load = False;
    QP1.Symbol = ICodec;                       // 设置 QP1.Symbol 为当前期货代码
    Qp1.Fields + = Field;                      // 设置合约乘数字段
    QP1.Load = True;
    Return(qp1.Quote[Field].DoubleValue);      // 返回合约乘数
end;
// 获取期货到期日函数
method int  ExpirationDateload(QuotesProvider Qp1, string field)
begin
    QP1.Load = False;
    QP1.Symbol = ICode1;                       // 设置 QP1.Symbol 为当前期货代码
    QP1.Fields + = field;
    QP1.Load = True;
    Return QP1.Quote["ExpirationDate"].Datevalue.ELDate;
end;
BarID = BarID + 1;                             // K 线计数

if BarID = 1 then begin
// 调用 QuotProvider 函数查询
    ContraMultip = priceLoad(Qp1, ICode1, "BigPointValue");
                                               // 查询合约乘数
    ExpirateDate1 = ExpirationDateload(Qp1, "ExpirationDate");
                                               // 查询到期日
end;
```

(三) 数组赋值和残差的计算

我们将分析图的 data1 作为近月期货合约数据，data2 为远月期货合约数据。将它们的收盘价赋予数组，并计算残差，获取分析图的代码：

```
CloseA[1] = c of data1;
CloseA[2] = c of data2;
CloseA[3] = CloseA[1] - XZbeta * CloseA[2];
```

(四) 跨期套利的开仓和平仓时机选择

在跨期套利时，不仅需要把握期现开仓的时机，也需要把握平仓的时机。事实上，当远期和近期期货合约的价差超过上异常临界值，正向套利：卖空期货1，买入期货2。基差超过下异常临界值，反向套利：买入1，卖空2。

```
// 基差超过上异常临界值,正向套利：卖空1,买入2
If CloseA[3]>GapBig and Margin1[0]<InitialInvest and BuyPosition[1] = 0 then Begin
    SellShortOrder[1] = true;                     // 下单指令为 true
    BuyOrder[2] = true;                           // 下单指令为 true
    ……
End;

// 基差超过下异常临界值,反向套利：买入1,卖空2
If CloseA[3]<GapBigN and Margin1[0]<InitialInvest and BuyPosition[1] = 0 then Begin
    BuyOrder[1] = true;
    SellShortOrder[2] = true;
    ……
End;
```

当基差值返回正常区间时，可以对不同期货合约进行平仓，并计算其累积收益。在近月合约到期时，如果持仓，则需要进行平仓。

为了便于分析策略的盈亏状况，我们分别统计近月做空盈利、远月做多盈利、近月做多盈利、远月做空盈利和近月盈利、远月盈利以及正向套利盈利和反向套利盈利。

```
// 基差值返回正常区间,平仓1,平仓2
If (CloseA[3] cross under GapSmall  or date = ExpirateDate1 and time>1440) and
BuyPosition[1]>0 then Begin
    BuyToCoverOrder[1] = true;
    BuyToCoverVolume[1] = BuyPosition[1];
    近月做空盈利 = CostBuy[1] - ((CloseA[1] + PriceSlippage) * (1 + FeeRatio/100))
                * BigPoint * BuyToCoverVolume[1];
    近月盈利 = 近月盈利 + 近月做空盈利;
```

```
        CostBuy[1] = 0;
        BuyPosition[1] = 0;
        SellOrder[2] = true;                                    //下单指令为 true
        SellVolume[2] = BuyPosition[2];
        远月做多盈利 = ((CloseA[2] - PriceSlippage) * (1 - FeeRatio/100))
                    * BigPoint * SellVolume[2] - CostBuy[2];
        远月盈利 = 远月盈利 + 远月做多盈利;
        CostBuy[2] = 0;
        BuyPosition[2] = 0;
        正向套利盈利 = 正向套利盈利 + 近月做空盈利 + 远月做多盈利;
End;
```

(五) 调用下单组件对股指期货下单

我们用 OrderTicket1 下单组件对近期期货合约和远期期货合约下单。在下单组件的属性设置里面，需要设置 OrderTicket1 的 SymbolType 为 Future。正反两种跨期套利策略做多做空、平多平空需要分别调用 OrderTicket1 进行下单。详见图 6-5 给出的跨期套利策略 EL 的完整程序。在具体程序执行中，仍可对部分计算方法或模型进行优化。

```
//期货跨期套利策略 EL 程序
Using tsdata.marketdata;
Using elsystem.io;
Using elsystem.Collections;
Using tsdata.common;
Using elsystem;
Input:    iAccountFuture("410019530630"){期货账号},
          InitialInvest(300000){初始投资},
          FeeRatio(0.005){期货手续费率%},
          MarginRate(10){期货保证金比率%},
          PriceSlippage(0.02){价格滑点},

          TradeValumne(1){交易手数},
          double GapBig(4) {残差上限},
          double GapBigN(-7){残差上限},
          double GapSmall(2){残差下限},
          double GapSmallN(-3){残差下限},
          double XZbeta(1.025){构造协整序列的 beta 值};

Var:      int KC(0){交易标识},int t1(0),int BarID(0),
```

```
            int tradetimes(0){交易次数变量},ContraMultip(300){合约乘数},
            ICode1(GetSymbolName of data1){期货代码1},ExpirateDate1(0),
            ICode2(GetSymbolName of data2){期货代码2},ExpirateDate2(0),
            double 近月做空盈利(0),double 远月做多盈利(0),
            double 近月做多盈利(0),double 远月做空盈利(0),
            double 近月盈利(0),double 远月盈利(0),
            double 正向套利盈利(0),double 反向套利盈利(0),
            double TotalComuProfit(0){累积盈利},
            double InvestCash(0){可投资现金};

Array:      double CloseA[5](0), BuyOrder[5](false){开仓指令},
            SellOrder[5](false){平仓指令}, SellShortOrder[5](false){空仓指令},
            BuyToCoverOrder[5](false){卖空平仓指令}, OrderName[5]("None"){指令名
            称},
            double BuyPosition[5](0), double BuyVolume[5](0),
            double SellVolume[5](0),double SellShortVolume[5](0),
            double BuyToCoverVolume[5](0),{开仓仓位、交易量}
            double CostBuy[5](0),{平均成本}
            double Margin1[3](0){期货保证金};
// 获取合约乘数函数
method double priceload(QuotesProvider Qp1,string ICodec, string field)
begin
    QP1.Load = False;
    QP1.Symbol = ICodec;                    // 设置 QP1.Symbol 为当前期货代码
    Qp1.Fields + = Field;                   // 设置合约乘数字段
    QP1.Load = True;
    Return(qp1.Quote[Field].DoubleValue);   // 返回合约乘数
end;


// 获取期货到期日函数
method int  ExpirationDateload(QuotesProvider Qp1,string field)
begin
    QP1.Load = False;
    QP1.Symbol = ICode1;                    // 设置 QP1.Symbol 为当前期货代码
    QP1.Fields + = field;
    QP1.Load = True;
    Return QP1.Quote["ExpirationDate"].Datevalue.ELDate;
end;
```

```
BarID = BarID + 1;                                          //K 线计数


if BarID = 1 then begin
// 调用 QuotProvider 函数查询
    ContraMultip = priceLoad(Qp1,ICode1,"BigPointValue");   // 查询合约乘数
    ExpirateDate1 = ExpirationDateload(Qp1,"ExpirationDate");// 查询到期日
end;
BarID = BarID + 1;                                          //K 线计数
CloseA[1] = c of data1;
CloseA[2] = c of data2;
CloseA[3] = CloseA[1] - XZbeta * CloseA[2];                 // 残差计算

If CloseA[3]>GapBig and Margin1[0]<InitialInvest and BuyPosition[1] = 0 then Begin
// 基差超过上异常临界值,卖空 1,买入 2
    SellShortOrder[1] = true;                               // 下单指令为 true
    SellShortVolume[1] = TradeValume;
    BuyPosition[1] = SellShortVolume[1];                    // 记录开仓仓位
    Margin1[1] = absvalue(CloseA[1] * BigPoint * BuyPosition[1]) * MarginRate/100;
// 期货标的 1 保证金
    CostBuy[1] = (CloseA[1] - PriceSlippage) * (1 - FeeRatio/100) * BigPoint *
SellShortVolume[1];                                         // 建仓成本
    BuyOrder[2] = true;                                     // 下单指令为 true
    BuyVolume[2] = TradeValume;
    BuyPosition[2] = BuyVolume[2];                          // 记录开仓仓位
    Margin1[2] = absvalue(CloseA[2] * BigPoint * BuyPosition[2]) * MarginRate/100;
// 期货标的 2 保证金
    CostBuy[2] = (CloseA[2] + PriceSlippage) * (1 + FeeRatio/100) * BigPoint *
BuyVolume[2];                                               // 建仓成本
End;

If (CloseA[3] cross under GapSmall  or date = ExpirateDate1 and time>1440) and
BuyPosition[1]>0 then Begin
// 基差值返回正常区间,平仓 1,平仓 2
    BuyToCoverOrder[1] = true;
    BuyToCoverVolume[1] = BuyPosition[1];
    近月做空盈利 = CostBuy[1] - ((CloseA[1] + PriceSlippage) * (1 + FeeRatio/100))
        * BigPoint * BuyToCoverVolume[1];
    近月盈利 = 近月盈利 + 近月做空盈利;
```

```
        CostBuy[1] = 0;
        BuyPosition[1] = 0;
        SellOrder[2] = true;                                      //下单指令为true
        SellVolume[2] = BuyPosition[2];
        远月做多盈利 = ((CloseA[2] - PriceSlippage) * (1 - FeeRatio/100))
                    * BigPoint * SellVolume[2] - CostBuy[2];
        远月盈利 = 远月盈利 + 远月做多盈利;
        CostBuy[2] = 0;
        BuyPosition[2] = 0;
        正向套利盈利 = 正向套利盈利 + 近月做空盈利 + 远月做多盈利;
End;

//基差超过下异常临界值,买入1,卖空2
If CloseA[3]<GapBigN and Margin1[0]<InitialInvest and BuyPosition[1] = 0 then Begin
        BuyOrder[1] = true;
        BuyVolume[1] = TradeValume;
        BuyPosition[1] = BuyVolume[1];
        CostBuy[1] = (CloseA[1] + PriceSlippage) * (1 + FeeRatio/100) * BigPoint *
BuyVolume[1];
        SellShortOrder[2] = true;
        SellShortVolume[2] = TradeValume;
        BuyPosition[2] = SellShortVolume[2];
        CostBuy[2] = (CloseA[2] - PriceSlippage) * (1 - FeeRatio/100)
                    * BigPoint * SellShortVolume[2];
End;

//基差值返回正常区间,平仓1,平仓2
If CloseA[3] cross over GapSmallN  or date = ExpirateDate1 and time>1440) and
BuyPosition[1]>0 then Begin
        SellOrder[1] = true;                                      //下单指令为true
        SellVolume[1] = BuyPosition[1];
        近月做多盈利 = ((CloseA[1] - PriceSlippage) * (1 - FeeRatio/100))
                    * BigPoint * SellVolume[1] - CostBuy[1];
        近月盈利 = 近月盈利 + 近月做多盈利;
        BuyPosition[1] = 0;
        CostBuy[1] = 0;
        BuyToCoverOrder[2] = true;
        BuyToCoverVolume[2] = BuyPosition[2];
```

```
        远月做空盈利 = CostBuy[2] - ((CloseA[2] + PriceSlippage) * (1 + FeeRatio/100))
                    * BigPoint * BuyToCoverVolume[2];
    BuyPosition[2] = 0;
    CostBuy[2] = 0;
    远月盈利 = 远月盈利 + 远月做空盈利;
    反向套利盈利 = 反向套利盈利 + 近月做多盈利 + 远月做空盈利;
End;


//调用下单组件下单
If LASTBARONCHART = false then begin
BuyOrder[1] = false;    BuyOrder[2] = false;
SellOrder[1] = false;   SellOrder[2] = false;
SellShortOrder[1] = false;    SellShortOrder[2] = false;
BuyToCoverOrder[1] = false; BuyToCoverOrder[2] = false;
End;


If BuyOrder[1] and LASTBARONCHART then Begin              //近月开多
    OrderTicket1.Account = iAccountFuture;                //输入账户
    OrderTicket1.Symbol = ICode1;                         //输入建仓代码
    OrderTicket1.Quantity = BuyVolume[1];                 //输入交易量
    OrderTicket1.Action = guosen.OrderAction.Buytoopen;   //开多仓
    OrderTicket1.Type = tsdata.trading.OrderType.Limit;   //限价单
    OrderTicket1.Duration = "GFD";                        //当日有效
    OrderTicket1.Send();                                  //下单
    BuyOrder[1] = false;
    BuyVolume[1] = 0;
end;


If BuyOrder[2] and LASTBARONCHART then Begin              //远月开多
    OrderTicket1.Account = iAccountFuture;                //输入账户
    OrderTicket1.Symbol = ICode2;                         //输入建仓商品代码
    OrderTicket1.Quantity = BuyVolume[2];                 //输入交易量
    OrderTicket1.Action = guosen.OrderAction.Buytoopen;   //开多仓
    OrderTicket1.Type = tsdata.trading.OrderType.Limit;   //限价单
    OrderTicket1.Duration = "GFD";                        //当日有效
    OrderTicket1.Send();                                  //下单
    BuyOrder[2] = false;
    BuyVolume[2] = 0;
```

```
end;

If SellOrder[1] and LASTBARONCHART then Begin                      //近月平多
    OrderTicket1.Account = iAccountFuture;                         //输入账户
    OrderTicket1.Symbol = ICode1;                                  //输入建仓代码
    OrderTicket1.Quantity = SellVolume[1];                         //输入交易量
    OrderTicket1.Action = guosen.OrderAction.Selltoclose;          //开多仓
    OrderTicket1.Type = tsdata.trading.OrderType.Limit;            //限价单
    OrderTicket1.Duration = "GFD";                                 //当日有效
    OrderTicket1.Send();                                           //下单
    SellOrder[1] = false;
    SellVolume[1] = 0;
end;

If SellOrder[2] and LASTBARONCHART then Begin                      //远月平多
    OrderTicket1.Account = iAccountFuture;                         //输入账户
    OrderTicket1.Symbol = ICode2;                                  //输入建仓代码
    OrderTicket1.Quantity = SellVolume[2];                         //输入交易量
    OrderTicket1.Action = guosen.OrderAction.Selltoclose;          //平多仓
    OrderTicket1.Type = tsdata.trading.OrderType.Limit;            //限价单
    OrderTicket1.Duration = "GFD";                                 //当日有效
    OrderTicket1.Send();                                           //下单
    SellOrder[2] = false;
    SellVolume[2] = 0;
end;

If SellShortOrder[1] and LASTBARONCHART then Begin                 //近月开空
    OrderTicket1.Account = iAccountFuture;                         //输入账户
    OrderTicket1.Symbol = ICode1;                                  //输入建仓代码
    OrderTicket1.Quantity = SellShortVolume[1];                    //输入交易量
    OrderTicket1.Action = guosen.OrderAction.Selltoopen;           //开多仓
    OrderTicket1.Type = tsdata.trading.OrderType.Limit;            //限价单
    OrderTicket1.Duration = "GFD";                                 //当日有效
    OrderTicket1.Send();                                           //下单
    SellShortOrder[1] = false;
    SellShortVolume[1] = 0;
end;
```

```
If SellShortOrder[2] and LASTBARONCHART then Begin            //远月开空
    OrderTicket1.Account = iAccountFuture;                    //输入账户
    OrderTicket1.Symbol = ICode2;                             //输入建仓代码
    OrderTicket1.Quantity = SellShortVolume[2];               //输入交易量
    OrderTicket1.Action = guosen.OrderAction.Selltoopen;      //开多仓
    OrderTicket1.Type = tsdata.trading.OrderType.Limit;       //限价单
    OrderTicket1.Duration = "GFD";                            //当日有效
    OrderTicket1.Send();                                      //下单
    SellShortOrder[2] = false;
    SellShortVolume[2] = 0;
end;

If BuyToCoverOrder[1] and LASTBARONCHART then Begin           //近月平空
    OrderTicket1.Account = iAccountFuture;                    //输入账户
    OrderTicket1.Symbol = ICode1;                             //输入建仓代码
    OrderTicket1.Quantity = BuyToCoverVolume[1];              //输入交易量
    OrderTicket1.Action = guosen.OrderAction.BuyToclose;      //开多仓
    OrderTicket1.Type = tsdata.trading.OrderType.Limit;       //限价单
    OrderTicket1.Duration = "GFD";                            //当日有效
    OrderTicket1.Send();                                      //下单
    BuyToCoverOrder[1] = false;
    BuyVolume[1] = 0;
end;

If BuyToCoverOrder[2] and LASTBARONCHART then Begin           //远月平空
    OrderTicket1.Account = iAccountFuture;                    //输入账户
    OrderTicket1.Symbol = ICode2;                             //输入建仓商品代码
    OrderTicket1.Quantity = BuyToCoverVolume[2];              //输入交易量
    OrderTicket1.Action = guosen.OrderAction.BuyToclose;      //开多仓
    OrderTicket1.Type = tsdata.trading.OrderType.Limit;       //限价单
    OrderTicket1.Duration = "GFD";                            //当日有效
    OrderTicket1.Send();                                      //下单
    BuyToCoverOrder[2] = false;
    BuyToCoverVolume[2] = 0;
end;
//显示盈利图形
Plot1(正向套利盈利,"正向套利盈利");
Plot2(反向套利盈利,"反向套利盈利");
```

```
Plot3(近月做多盈利,"近月做多盈利");
Plot4(近月做空盈利,"近月做空盈利");
Plot5(远月做多盈利,"远月做多盈利");
Plot6(远月做空盈利,"远月做空盈利");
Plot7(CloseA[3]*BigPoint,"跨期期差");
Plot8(-6000,"基差下限");
Plot9(3000,"基差上限");
```

图 6-5　跨期套利策略的 TradeStation 程序

三、股指期货跨期套利策略的应用

为了测试期货跨期套利策略的效果，我们以沪深 300 股票指数期货为例，对跨期套利效果进行了模拟测试。

我们选择了沪深 300 股指期货当月连续数据 IFC1.ZJ 和下个季月数据 IFC3.ZJ 的 5 分钟 K 线数据。时间跨度为 2016 年 8 月 1 日—2017 年 6 月 18 日。初始投资为 30 万元，期货保证金比率为 10%，交易费率期货 0.005%，价格滑点为 0.02。图 6-6 为模拟测试参数设置。从图 6-7 当月和下个季月的沪深 300 股指期货的价格趋势及其价差图可见，不同期限的股指期货价格之间的价格走势是基本一致的，价差的变动相对平稳。其跨期套利结果如图 6-7A 和 B 所示。

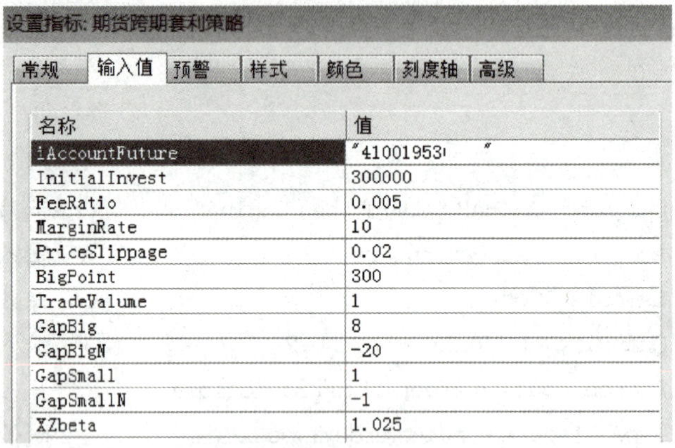
设置指标：期货跨期套利策略

常规　输入值　预警　样式　颜色　刻度轴　高级

名称	值
iAccountFuture	"41001953 "
InitialInvest	300000
FeeRatio	0.005
MarginRate	10
PriceSlippage	0.02
BigPoint	300
TradeValume	1
GapBig	8
GapBigN	-20
GapSmall	1
GapSmallN	-1
XZbeta	1.025

图 6-6　期货跨期套利模拟测试参数设置

从图可见，期货跨期套利策略在一次交易 1 手和相应的参数设置下，在样本区投资 30 万元，正向套利盈利 7.22 万元，反向套利盈利 6.53 万元，合计盈利 13.75 万元，盈利率达 43.83%。当然，由于目前股指期货的保证金比率和交易手续费率都远高于 2015 年危机前水平，即使 2017 年 2 月 17 日下调为交易所保证金比率 20%，交易手续费率 0.092%，仍然偏高。按此计算，保证金资金需求约 75 万元，套利盈利 12 万元，盈利率约 6.25%。另外，在此测试使用的股指期货的连续序列，无法获得到期日，也没有在到期日平仓，可能出现合约换月后连续序列价格跳空带来的虚假盈利为。实际套利收益要远低得多。

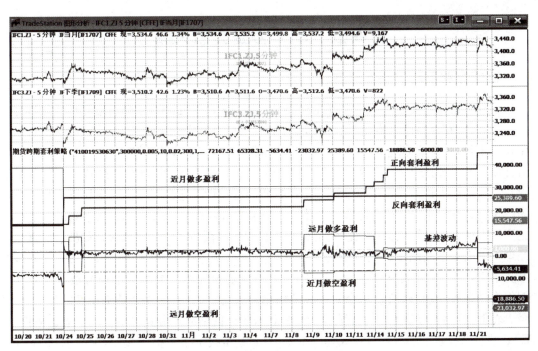

图 6-7A　期货跨期套利模拟测试结果 A(2016 年 10 月—2016 年 11 月)

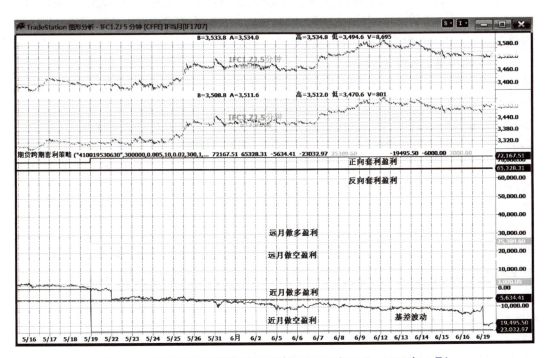

图 6-7B　期货跨期套利模拟测试结果 B(2017 年 5 月—2017 年 6 月)

第四节 ETF 协整套利策略

一、协整套利策略的基本思想

根据上海证券交易所的定义,ETF(Exchange Traded Funds)是交易型开放式指数证券投资基金,在交易所上市交易,亦被称为交易所交易基金。ETF 作为一种特殊的指数化投资工具,具有诸多优势:第一,ETF 的流动性高。ETF 允许投资者全天都进行交易;与开放式基金相比,ETF 不仅允许投资者随时进行申购和赎回,还允许投资者于交易日内在二级市场上进行实时买卖,因此具有更高的流动性。第二,ETF 的交易费用低。作为一种指数化投资,ETF 的交易成本及管理费都非常低;而且 ETF 与主动型管理基金的主要区别就在于其投资的股票倾向于长期持有,除了指数成分发生变化的情况以外,基金经理并不需要主动调整其投资组合,因此 ETF 的换手率很低,从而降低了 ETF 交易成本。第三,ETF 的投资操作透明。由于 ETF 通常通过完全复制指数的成分股的投资比例作为基金投资组合,所以基金的持股结构相当透明。此外,证券交易所在盘中每 15 秒会更新 ETF 的基金份额参考净值(IOPV),让投资人能随时掌握其价格变动状态。第四,ETF 的组合投资能够有效分散风险。由于 ETF 基金投资于一揽子股票,因此 ETF 交易相比于单只股票交易,投资标的更加分散,相应承担的风险也就变小了,因此,ETF 也可以作为一种市场避险工具。

随着投资者对 ETF 越来越熟悉,其相关的交易策略也越来越丰富,投资者可以利用 ETF 进行一系列套利交易、中短线投资、短线投机以及衍生产品设计。在本章节中,我们主要关注利用 ETF 进行套利的交易策略。

(一) 利用单支 ETF 套利

ETF 套利是指投资者在一级市场通过指定的 ETF 交易商向基金管理公司用一篮子股票组合申购 ETF 份额或把 ETF 份额赎回成一篮子股票组合的同时在二级市场上以市场价格买卖 ETF,以赚取利润。这一做法本质上是 ETF 的复制过程。在无套利假设下,基于一价定律意义的"批发"与"零售"的价值是一致的。然而,事实上,由于市场上是有摩擦的,"批发"与"零售"的价值未必一样。这样,当"批发"与"零售"的价差差异大于成本时,套利者就可以进入市场进行套利,以获取无风险收益。这就是单支 ETF 套利的基本思想。

更具体地,投资者在二级市场中可以随时观察到 ETF 的交易价格,而 ETF 在一级市场的申赎价格则由 IOPV 给出。IOPV 是 ETF 的基金份额参考净值,计算的方法是由证券交易所根据基金管理人提供的计算方法以及每日提供的申购、赎回清单,按照 ETF 清单内的组合证券的最新成交价格计算而成的。由于跨市场间交易形式和交易机制的不同,基金一级市场份额净值和二级市场买卖价格间会存在价差的情况,这样就产生了套利空间;当价差足够大时(至少能够覆盖交易成本),投资者可通过两个市场间的申购赎回和买卖行为实现无风险套利。根据价差的高低可以将瞬时套利分为折价套利与溢价套利。

利用单支 ETF 进行套利的具体交易策略如下：

1. 当 ETF 基金份额二级市场上的交易价格高于份额净值时，可进行溢价套利：

(1) 买入一篮子股票；

(2) 将一篮子股票申购为 ETF；

(3) 在二级市场上卖出 ETF。

2. 当 ETF 基金份额二级市场上的交易价格低于份额净值时，可进行折价套利：

(1) 在二级市场买入 ETF；

(2) ETF 赎回为一篮子股票；

(3) 卖出股票组合。

(二) 利用多支 ETF 协整套利

除了对单支 ETF 进行套利交易，我们也可以利用统计套利中的协整套利模型对多支 ETF 进行套利。

Engle 和 Granger(1987)提出了协整理论及其方法，为非平稳的时间序列建模提供了一种新的方法：他们认为虽然一些时间序列本身是非平稳序列，但是其线性组合却有可能是平稳序列，这个线性组合反映了两个变量之间长期稳定的均衡关系，就称为协整关系。经过统计检验，我们发现采用类似标的的不同 ETF 价格往往具有协整关系。这意味着两支或多支 ETF 具有均衡关系，这是进行协整套利的理论基础[①]。

当确定了两个投资标的的协整关系之后，我们就可以计算出协整模型中残差序列的观察值，并在此基础上选择一个代表交易成本的阈值，当残差的绝对值超过阈值时，我们可以通过做多某项资产同时做空另一项资产进行套利。协整套利策略是建立在均值回复的理论基础之上的，该理论认为残差序列总是会回归到均值，因此当残差序列偏离均值，就被视为存在套利机会。事实上，在协整套利交易中，投资者往往会将残差的一倍波动率设为阈值，当残差偏离均值超过了这个阈值，就发出开仓信号。如果残差恢复到均值，那么就发出平仓信号反向操作完成套利。投资者还会设置一个止损阈值，一般为残差的两倍波动率，当残差序列并没有向历史的均值靠拢而超出了止损线，就应该立即将套利组合平仓处理。

不失一般性，我们以两支 ETF 为例，来给出跨期套利的关键步骤：

1. 沪深 300 股指期货跨期套利理论价格的计算。假设两支 ETF 的价格满足如下线性关系：

$$ETF_{2t} = \alpha + \beta \times ETF_{1t} + \varepsilon_t \qquad (6.9)$$

其中：ETF_{1t} 和 ETF_{2t} 分别为 t 时刻 ETF_1 和 ETF_2 的价格；α 为截距项；β 为 ETF_{1t} 和 ETF_{2t} 序列的相关系数；ε_t 为残差项。

通过实证分析检测，ETF_{1t} 和 ETF_{2t} 分别为两支非平稳的时间序列，当 ε_t 估计值为

[①] 与前文讲述的期现套利和跨期套利不同，由于协整套利本没有切实的定价理论作为支撑，其常伴随着较大风险，往往归为风险套利的范畴；而前者，常归为无风险套利的范畴。

平稳序列时，根据 Engle 和 Granger(1987)提出的协整理论[①]，我们认为 ETF_{1t} 和 ETF_{2t} 存在协整关系。既然如此，我们就可以通过对残差项 ε_t 的分析，进行套利交易。

2. 交易成本的计算。在实际操作中，由于交易成本、资金成本、冲击成本和机会成本等的存在，两个合约间的合理价差应在理论价差的基础上考虑到以上成本。其中冲击成本指在套利交易中需要迅速而且大规模地买进或者卖出证券，未能按照预定价位成交，从而多支付的成本。表 6-2 给出了协整套利成本明细表。

表 6-2 协整套利成本明细

拟产生成本	费　率	备　注	本策略是否考虑
交易手续费	0.9‰—0.1‰	按双边收取	是
冲击成本和等待成本	小资金量为 0，大资金量需酌情考虑		是

3. 无套利区间的确定。用 T_c 来表示进行一次跨期套利所需的成本，当 ε_t 的估计值 $|e_t| > T_c$ 时，就存在套利机会。因此，协整套利的无套利区间即可表达为：

$$[e_t - T_c, e_t + T_c] \tag{6.10}$$

4. 残差项 ε_t 估计值的计算。当 $ETF_{2t} > \hat{\alpha} + \hat{\beta} \times ETF_{1t} + T_c$ 时，做多 ETF_{1t} 合约，做空 ETF_{2t} 合约；当 $ETF_{2t} < \hat{\alpha} + \hat{\beta} \times ETF_{1t} - T_c$ 时，做空 ETF_{1t} 合约，做多 ETF_{2t} 合约。

二、协整套利策略的 EL 程序

下面，我们以沪深 300ETF 和上证 50ETF 为例讨论 ETF 协整套利策略的 TL 程序。

（一）不同 ETF 的监测和下单

利用沪深 300ETF 和上证 50ETF 进行协整套利，需要同时选择不同 ETF 合约，进而根据实际的 ETF 合约组合是否满足协整套利条件进行监测和下单。

（二）数组赋值和残差的计算

我们将分析图的 data1 作为沪深 300ETF 合约数据，data2 为上证 50ETF 合约数据。将它们的收盘价赋予数组，并计算残差。其中，XZbeta 为两系列的协整系数，可以通过统计估计。

```
CloseA[1] = c of data1;
CloseA[2] = c of data2;
CloseA[3] = CloseA[1] - XZbeta * CloseA[2];
```

（三）统计套利的开仓和平仓时机选择

在统计套利时，不仅需要把握期现开仓是的时机，也需要把握平仓时的时机。事实上，当两支 ETF 的残差超过上异常临界值，卖空高估的沪深 300ETF，买入低估的上证 50ETF。它们的代码为：

[①] 文中所给的协整检测法为 E-G 两步法。事实上，我们也可以直接用 Johanson(1991)检验法来进行协整检测。

```
   If CloseA[3]＞GapBig   and MC = 0 then Begin
//残差值超过上异常临界值,卖空1,买入2
    SellShortOrder[1] = true;                    //下单指令为 true
    SellShortVolume[1] = tradeValume;
    BuyPosition[1] = SellShortVolume[1];         //记录开仓仓位
    CostBuy[1] = (CloseA[1] − PriceSlippage) * (1 − FeeRatio/100) * SellShortVolume
[1];                                              //建仓成本
    BuyOrder[2] = true;                          //下单指令为 true
    BuyVolume[2] = XZbeta * tradeValume;
    BuyPosition[2] = BuyVolume[2];               //记录开仓仓位
    CostBuy[2] = (CloseA[2] + PriceSlippage) * (1 + FeeRatio/100) * BuyVolume[2];
    MC = 1;                                       //设置套利交易标志
End;
```

当残差值返回正常区间时,且持仓盈利到达最低盈利目标时,可以对不同 ETF 进行平仓,并计算其累积收益。

```
If CloseA[3]＜0  and UnRealizedPL[0]＞ProfitGoal  and MC = 1 then Begin
//残差值返回正常区间,平空仓1,平多仓2
    BuyToCoverOrder[1] = true;
    BuyToCoverVolume[1] = BuyPosition[1];
    ComuProfit[1] = ComuProfit[1] − ((CloseA[1] + PriceSlippage) * (1 + FeeRatio/100))
            * BuyToCoverVolume[1] + CostBuy[1];   //资产1累积收益
    BuyPosition[1] = 0;
    CostBuy[1] = 0;
    SellOrder[2] = true;                          //下单指令为 true
    SellVolume[2] = BuyPosition[2];
    ComuProfit[2] = ComuProfit[2] + ((CloseA[2] − PriceSlippage) * (1 − FeeRatio/100))
        * SellVolume[2] − CostBuy[2];             //资产1累积收益
    BuyPosition[2] = 0;
    CostBuy[2] = 0;
    MC = 0;
End;
```

当残差值低于下界异常临界值,买入被低估的沪深 300ETF,卖出被高估的上证 50ETF。它们的代码为:

```
//残差值超过下异常临界值,买入1,卖空2
 If CloseA[3]＜Gapsmall and MC = 0   then Begin
```

```
        BuyOrder[1] = true;
        BuyVolume[1] = tradeValume;
        BuyPosition[1] = BuyVolume[1];
        CostBuy[1] = (CloseA[1] + PriceSlippage) * (1 + FeeRatio/100) * BuyVolume[1];
        SellShortOrder[2] = true;
        SellShortVolume[2] = XZbeta * tradeValume;
        BuyPosition[2] = SellShortVolume[2];
        CostBuy[2] = (CloseA[2] - PriceSlippage) * (1 - FeeRatio/100)
                     * SellShortVolume[2];
        MC = -1;
End;
```

当残差值返回正常区间时,可以对不同 ETF 进行平仓,并计算其累积收益。

```
//残差值返回正常区间,平多仓1,平空仓2
If CloseA[3]>0 and (UnRealizedPL[0]>ProfitGoal) and MC = -1 then Begin
    SellOrder[1] = true;                                    //下单指令为 true
    SellVolume[1] = BuyPosition[1];
    ComuProfit[1] = ComuProfit[1][1] + ((CloseA[1] - PriceSlippage) * (1 - FeeRatio/
                    100)) * SellVolume[1] - CostBuy[1];     //资产1累积收益
    BuyPosition[1] = 0;
    CostBuy[1] = 0;
    BuyToCoverOrder[2] = true;
    BuyToCoverVolume[2] = BuyPosition[2];
    ComuProfit[2] = ComuProfit[2][1] - ((CloseA[2] + PriceSlippage) * (1 + FeeRatio/
                    100)) * BuyToCoverVolume[2] + CostBuy[2];  //资产2累积收益
    BuyPosition[2] = 0;
    CostBuy[2] = 0;
    MC = 0;
End;
```

(四) 协整套利持仓盈亏的计算

在协整套利交易中,仍需要计算不同 ETF 合约的持仓盈亏。

```
//统计持仓盈利
If MC = 1 then begin
    UnRealizedPL[1] = (-CloseA[1]) * BuyPosition[1] + CostBuy[1];  //ETF 仓位浮盈-
                                                                    //标的1
    UnRealizedPL[2] = (CloseA[2]) * BuyPosition[2] - CostBuy[2];   //ETF 仓位浮盈-
                                                                    //标的2
```

```
End;
If MC = -1 then begin
    UnRealizedPL[1] = (CloseA[1]) * BuyPosition[1] - CostBuy[1];   //ETF 仓位浮盈 -
                                                                   //标的 1
    UnRealizedPL[2] = ( - CloseA[2]) * BuyPosition[2] + CostBuy[2];//ETF 仓位浮盈 -
                                                                   //标的 2
end;
If MC = 0 then begin
        UnRealizedPL[1] = 0;
        UnRealizedPL[2] = 0;
end;
//套利策略盈利统计
ComuProfit[0] = ComuProfit[1] + ComuProfit[2];
BuyingPower[0] = BuyingPower[1] + BuyingPower[2];
UnRealizedPL[0] = UnRealizedPL[1] + UnRealizedPL[2];
TotalProft[0] = ComuProfit[0] + UnRealizedPL[0];
```

(五) 调用下单组件对 ETF 下单

我们需要调用下单组件下单。在下单组件的属性设置里面，仍需要设置 OrderTicket1 的 SymbolType 为沪深 Stock。对于 ETF 现货交易买卖用 buy,sell 命令，对于 ETF 做空只能采用融券交易。其命令为融券卖出：Borrowtosell,卖券还券用 buytopay。在使用时需要注意区分。

在此选择沪深 300ETF 和上证 50ETF 为操作对象执行协整套利策略。根据以上假设与策略思想，图 6-8 给出了协整套利策略的 EL 完整程序。

```
//ETF 协整套利策略 EL 程序
Using tsdata.marketdata;
Using elsystem.io;
Using elsystem.Collections;
Using tsdata.common;
Using elsystem;
using tsdata.trading;
Using guosen;

Input:    iAccountStok1("410015004652"){ETF 账号},
          iAccountCredit("410009984205"){融资融券账号},
          InitialInvest(100000){初始投资},ProfitGoal(200),
          FeeRatio(0.01){股票手续费率%},
```

```
                    PriceSlippage(0.001){价格滑点},
                    TradeValume(10000){交易量},
                    double GapBig(0.015){残差上限},
                    double GapSmall(0.002){残差下限},
                    double XZbeta(1.47){构造协整序列的 beta 值};
Var:                double Gap1(0){残差},MC(0){交易标识},
                    int k(0){股票循环变量},int t1(0),int BarID(0),
                    intrabarpersist int tradetimes(0){交易次数变量},
                    ICode1(GetSymbolName of data1){ETF 代码},
                    ICode2(GetSymbolName of data2){ETF 代码},
                    intrabarpersist double TotalComuProfit(0){累积盈利},
                    intrabarpersist double InvestCash(0){可投资现金};
Array:              IntrabarPersist double CloseA[5](0),
                    IntrabarPersist BuyOrder[5](false){开仓指令},
                    IntrabarPersist SellOrder[5](false){平仓指令},
                    IntrabarPersist SellShortOrder[5](false){空仓指令},
                    IntrabarPersist BuyToCoverOrder[5](false){卖空平仓指令},
                    IntrabarPersist OrderName[5]("None"){指令名称},
                    IntrabarPersist double BuyPosition[5](0),
                    IntrabarPersist double BuyVolume[5](0),
                    IntrabarPersist double SellVolume[5](0),
                    IntrabarPersist double SellShortVolume[5](0),
                    IntrabarPersist double BuyToCoverVolume[5](0),{开仓仓位、代码、交易量}
                    IntrabarPersist double CostBuy[5](0),
                    IntrabarPersist double ComuProfit[5](0),{成本、潜在盈利、累积盈利}
                    IntrabarPersist double NetWorthR[2](0){账户净值变动率},
                    intrabarpersist double MarketValue[2](0){市值},
                    intrabarpersist double NetWorth[5](0){账户资产净值},
                    intrabarpersist double UnRealizedPL[3](0){未实现盈利},
                    intrabarpersist double TotalProft[3](0),
                    intrabarpersist double RealizedPL[3](0){实现盈利};

CloseA[1] = c of data1;
CloseA[2] = c of data2;
CloseA[3] = CloseA[1] - XZbeta * CloseA[2];                    //残差计算
If CloseA[3]>GapBig   and MC = 0 then Begin
//残差值超过上异常临界值,卖空1,买入2
    SellShortOrder[1] = true;                                  //下单指令为 true
    SellShortVolume[1] = tradeValume;
```

```
    BuyPosition[1] = SellShortVolume[1];                    //记录开仓仓位
    CostBuy[1] = (CloseA[1] − PriceSlippage) * (1 − FeeRatio/100)
            * SellShortVolume[1];                           //建仓成本
    BuyOrder[2] = true;                                     //下单指令为 true
    BuyVolume[2] = XZbeta * tradeValume;
    BuyPosition[2] = BuyVolume[2];                          //记录开仓仓位
    MC = 1;
    CostBuy[2] = (CloseA[2] + PriceSlippage) * (1 + FeeRatio/100) * BuyVolume[2];

End;
//Gapsmall/2
If CloseA[3]<0  and UnRealizedPL[0]>ProfitGoal  and MC = 1 then Begin
//残差值返回正常区间,平空仓1,平多仓2
    BuyToCoverOrder[1] = true;
    BuyToCoverVolume[1] = BuyPosition[1];
    ComuProfit[1] = ComuProfit[1] − ((CloseA[1] + PriceSlippage) * (1 + FeeRatio/
            100)) * BuyToCoverVolume[1] + CostBuy[1];  //资产1累积收益
    BuyPosition[1] = 0;
    CostBuy[1] = 0;
    SellOrder[2] = true;                                    //下单指令为 true
    SellVolume[2] = BuyPosition[2];
    ComuProfit[2] = ComuProfit[2] + ((CloseA[2] − PriceSlippage) * (1 − FeeRatio/
            100)) * SellVolume[2] − CostBuy[2];             //资产2累积收益
    BuyPosition[2] = 0;
    CostBuy[2] = 0;
    MC = 0;
End;

//残差值超过下异常临界值,买入1,卖空2
If CloseA[3]<Gapsmall and MC = 0   then Begin
    BuyOrder[1] = true;
    BuyVolume[1] = tradeValume;
    BuyPosition[1] = BuyVolume[1];
    CostBuy[1] = (CloseA[1] + PriceSlippage) * (1 + FeeRatio/100) * BuyVolume[1];
    SellShortOrder[2] = true;
    SellShortVolume[2] = XZbeta * tradeValume;
    BuyPosition[2] = SellShortVolume[2];
    CostBuy[2] = (CloseA[2] − PriceSlippage) * (1 − FeeRatio/100)
            * SellShortVolume[2];
```

```
        MC = -1;
End;

//残差值返回正常区间,平多仓1,平空仓2
If CloseA[3]>0 and (UnRealizedPL[0]>ProfitGoal) and MC = -1 then Begin
    SellOrder[1] = true;                          //下单指令为true
    SellVolume[1] = BuyPosition[1];
    ComuProfit[1] = ComuProfit[1][1] + ((CloseA[1] - PriceSlippage) * (1 - FeeRatio/100))
              * SellVolume[1] - CostBuy[1];       //资产1累积收益
    BuyPosition[1] = 0;
    CostBuy[1] = 0;
    BuyToCoverOrder[2] = true;
    BuyToCoverVolume[2] = BuyPosition[2];
    ComuProfit[2] = ComuProfit[2][1] - ((CloseA[2] + PriceSlippage) * (1 + FeeRatio/
              100)) * BuyToCoverVolume[2] + CostBuy[2];
                                                  //资产2累积收益
    BuyPosition[2] = 0;
    CostBuy[2] = 0;
    MC = 0;
End;

//统计持仓盈利
If MC = 1 then begin
    UnRealizedPL[1] = (-CloseA[1]) * BuyPosition[1] + CostBuy[1];
                                                  //ETF仓位浮盈-标的1
    UnRealizedPL[2] = (CloseA[2]) * BuyPosition[2] - CostBuy[2];
                                                  //ETF仓位浮盈-标的2
End;
If MC = -1 then begin
    UnRealizedPL[1] = (CloseA[1]) * BuyPosition[1] - CostBuy[1];
                                                  //ETF仓位浮盈-标的1
    UnRealizedPL[2] = (-CloseA[2]) * BuyPosition[2] + CostBuy[2];
                                                  //ETF仓位浮盈-标的2
end;
If MC = 0 then begin
        UnRealizedPL[1] = 0;
        UnRealizedPL[2] = 0;
end;
```

```
// 套利策略盈利统计
ComuProfit[0] = ComuProfit[1] + ComuProfit[2];
BuyingPower[0] = BuyingPower[1] + BuyingPower[2];
UnRealizedPL[0] = UnRealizedPL[1] + UnRealizedPL[2];
TotalProft[0] = ComuProfit[0] + UnRealizedPL[0];
// 显示盈利图形
Plot1(ComuProfit[0],"累积盈亏合计");
Plot2(ComuProfit[1],"股票累积盈利");
Plot3(ComuProfit[2],"信用累积盈利");
Plot4(CloseA[3] * 10000,"基差");
Plot5(GapBig * 10000,"GapBig");
Plot6(GapSmall * 10000,"GapSmall");
Plot7(UnRealizedPL[1],"持仓盈利 1");
Plot8(UnRealizedPL[2],"持仓盈利 2");
Plot9(UnRealizedPL[0],"持仓盈利");


// 调用下单组件下单
If LASTBARONCHART = false then begin
BuyOrder[1] = false; BuyOrder[2] = false;
SellOrder[1] = false; SellOrder[2] = false;
SellShortOrder[1] = false;
SellShortOrder[2] = false;
BuyToCoverOrder[1] = false;
buyToCoverOrder[2] = false;
End;
// 符合 300ETF 开多条件下单买进
If BuyOrder[1] and LASTBARONCHART then Begin
    OrderTicket1.Account = iAccountStok1;              // 输入账户
    OrderTicket1.Symbol = ICode1;                      // 输入建仓代码
    OrderTicket1.Quantity = BuyVolume[1];              // 输入交易量
    OrderTicket1.Action = guosen.OrderAction.Buy;      // 开多仓
    OrderTicket1.Type = tsdata.trading.OrderType.Limit; // 限价单
    OrderTicket1.Duration = "GFD";                     // 当日有效
    OrderTicket1.Send();                               // 下单
    BuyOrder[1] = false;
    BuyVolume[1] = 0;
end;
// 符合 50ETF 开多条件下单买进
If BuyOrder[2] and LASTBARONCHART then Begin
```

```
        OrderTicket1.Account = iAccountStok1;          // 输入账户
        OrderTicket1.Symbol = ICode2;                  // 输入建仓商品代码
        OrderTicket1.Quantity = BuyVolume[2];          // 输入交易量
        OrderTicket1.Action = guosen.OrderAction.Buy;  // 开多仓
        OrderTicket1.Type = tsdata.trading.OrderType.Limit;  // 限价单
        OrderTicket1.Duration = "GFD";                 // 当日有效
        OrderTicket1.Send();                           // 下单
        BuyOrder[2] = false;
        BuyVolume[2] = 0;
    end;
// 符合300ETF平多条件下单卖出
If SellOrder[1] and LASTBARONCHART then Begin
        OrderTicket1.Account = iAccountStok1;          // 输入账户
        OrderTicket1.Symbol = ICode1;                  // 输入建仓代码
        OrderTicket1.Quantity = SellVolume[1];         // 输入交易量
        OrderTicket1.Action = guosen.OrderAction.Sell; // 开多仓
        OrderTicket1.Type = tsdata.trading.OrderType.Limit;  // 限价单
        OrderTicket1.Duration = "GFD";                 // 当日有效
        OrderTicket1.Send();                           // 下单
        SellOrder[1] = false;
        SellVolume[1] = 0;
    end;
// 符合50ETF平多条件下单卖出
If SellOrder[2] and LASTBARONCHART then Begin
        OrderTicket1.Account = iAccountStok1;          // 输入账户
        OrderTicket1.Symbol = ICode2;                  // 输入建仓代码
        OrderTicket1.Quantity = SellVolume[2];         // 输入交易量
        OrderTicket1.Action = guosen.OrderAction.Sell; // 开多仓
        OrderTicket1.Type = tsdata.trading.OrderType.Limit;  // 限价单
        OrderTicket1.Duration = "GFD";                 // 当日有效
        OrderTicket1.Send();                           // 下单
        SellOrder[2] = false;
        SellVolume[2] = 0;
    end;
// 符合300ETF开空条件融券下单卖出
If SellShortOrder[1] and LASTBARONCHART then Begin
        OrderTicket1.Account = iAccountCredit;         // 输入账户
        OrderTicket1.Symbol = ICode1;                  // 输入建仓代码
        OrderTicket1.Quantity = SellShortVolume[1];    // 输入交易量
```

```
    OrderTicket1.Action = guosen.OrderAction.Borrowtosell;      //融券卖出
    OrderTicket1.Type = tsdata.trading.OrderType.Limit;         //限价单
    OrderTicket1.Duration = "GFD";                              //当日有效
    OrderTicket1.Send();                                        //下单
    SellShortOrder[1] = false;
    SellShortVolume[1] = 0;
end;
//符合50ETF开空条件融券下单卖出
If SellShortOrder[2] and LASTBARONCHART then Begin
    OrderTicket1.Account = iAccountCredit;                      //输入账户
    OrderTicket1.Symbol = ICode2;                               //输入建仓代码
    OrderTicket1.Quantity = SellShortVolume[2];                 //输入交易量
    OrderTicket1.Action = guosen.OrderAction.Borrowtosell;      //融券卖出
    OrderTicket1.Type = tsdata.trading.OrderType.Limit;         //限价单
    OrderTicket1.Duration = "GFD";                              //当日有效
    OrderTicket1.Send();                                        //下单
    SellShortOrder[2] = false;
    SellShortVolume[2] = 0;
end;
//符合300ETF平空条件融券下单买券还券
If BuyToCoverOrder[1] and LASTBARONCHART then Begin
    OrderTicket1.Account = iAccountCredit;                      //输入账户
    OrderTicket1.Symbol = ICode1;                               //输入建仓代码
    OrderTicket1.Quantity = BuyToCoverVolume[1];                //输入交易量
    OrderTicket1.Action = guosen.OrderAction.Buytopay;          //买券还券
    OrderTicket1.Type = tsdata.trading.OrderType.Limit;         //限价单
    OrderTicket1.Duration = "GFD";                              //当日有效
    OrderTicket1.Send();                                        //下单
    BuyToCoverOrder[1] = false;
    BuyVolume[1] = 0;
end;
//符合50ETF平空条件融券下单买券还券
If BuyToCoverOrder[2] and LASTBARONCHART then Begin
    OrderTicket1.Account = iAccountCredit;                      //输入账户
    OrderTicket1.Symbol = ICode2;                               //输入建仓商品代码
    OrderTicket1.Quantity = BuyToCoverVolume[2];                //输入交易量
    OrderTicket1.Action = guosen.OrderAction.Buytopay;          //买券还券
    OrderTicket1.Type = tsdata.trading.OrderType.Limit;         //限价单
    OrderTicket1.Duration = "GFD";                              //当日有效
```

```
        OrderTicket1.Send();                              //下单
        BuyToCoverOrder[2] = false;
        BuyToCoverVolume[2] = 0;
end;
```

图 6-8 协整套利策略的 EL 程序

三、ETF 协整套利策略的应用

为了测试协整套利策略的效果,我们以沪深 300ETF 和上证 50ETF 为例,对协整套利效果进行了测试。

我们选择了沪深 300ETF 数据 510300.SH 和上证 50ETF 数据 510050.SH 的 5 分钟 K 线数据。时间跨度为 2016 年 10 月 1 日—2017 年 6 月 20 日。初始投资为 10 万元,交易费率 0.01%,价格滑点为 0.001。图 6-9 为模拟测试参数设置,图 6-10 为模拟措施的阶段结果图。每次套利交易单边 1 万份 ETF,买入需要全额支付价款,融券卖出不需要支付价款,但需要支付融券利息(在此尚未考虑)。实际使用资金估计

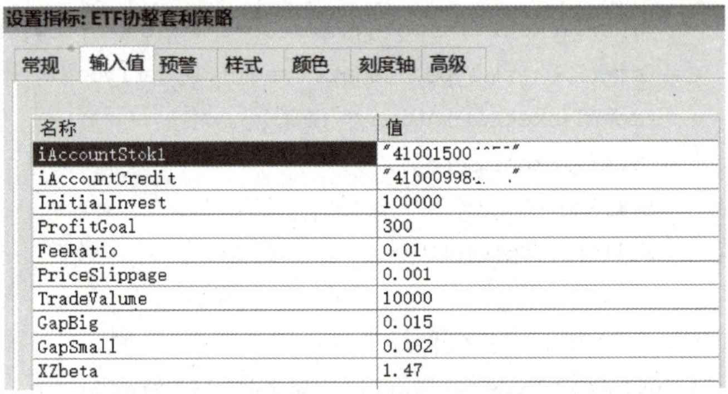

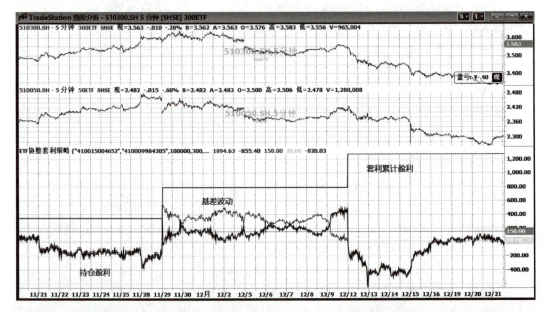

图 6-9 协整套利策略模拟测试参数设置

图 6-10 沪深 300ETF 和上证 50ETF 协整套利模拟测试结果

在 3.5 万元,其模拟测试收益为 1 903 元,收益率为 5.4%。套利机会还是比较小的。

本 章 小 结

　　套利交易是指市场参与者利用不同期限、不同市场、不同商品等资产之间的价格联动关系,分别建立相反头寸,待它们之间的价差恢复到合理状态后再进行平仓,从价格相对变动中赚取价差收益的交易行为。就期货市场而言,通常包括期现套利、跨期套利和跨品种套利三类类型。

　　期现套利是利用期货价格与其标的现货价格之间的价格差异,在两个市场上采取相反的操作,从而实现获利的交易活动。期现套利有正向套利和反向套利两种方式。

　　跨期套利是指在同一市场同时买入、卖出同种不同交割月份的期货合约,以期在有利时机将这两个交割月份不同的合约同时对冲平仓进行获利的交易行为。跨期套利主要包括多头跨期套利、空头跨期套利和蝶式跨期套利三种方式。

　　协整套利策略是建立在均值回复的理论基础之上的,该理论认为残差序列总是会回归到均值,因此当残差序列偏离均值,就被视为存在套利机会。我们可以利用统计套利中的协整套利模型对多只 ETF 进行套利。

　　基于 TradeStation 交易平台,本章给出了期货套利策略程序编写的示例以及回测分析方法。期货套利需要对不同期限、不同品种进行监测和下单,可利用 QuotProvider 函数查询到期日和合约乘数,利用 plot 输出套利盈利曲线,利用 ordertickt 下单组件对组合进行下单。

重 要 概 念

期现套利　　跨期套利　　跨品种套利　　协整套利

习题与思考题

(1) 套利策略的内涵是什么?有哪些基本的套利策略?
(2) 期现套利的基本原理是什么?
(3) 跨期套利的基本原理是什么?
(4) 协整套利的基本原理是什么?
(5) 正向套利和反向套利有何异同?
(6) 多头跨期套利、空头跨期套利和蝶式跨期套利有何异同?
(7) 利用 EL 程序进行套利时应注意哪些关键问题?

第七章

期权套利交易策略

> **学习目标**
> 1. 掌握期权平价套利、垂直套利和箱型套利这三种套利策略基本思想。
> 2. 能够编制 EL 程序实现其套利策略,包括构造套利指标,套利建仓时机和平仓方式,以及调用 orderticket 下单组件进行下单。
> 3. 能够利用 TS 平台进行不同交易品种策略的回测和模拟交易。

第一节 期权套利策略引言

期权的套利可以分为无风险套利与统计套利。无风险套利理论上是指无风险地获得正收益的投资策略。根据金融学的相关理论,在一个高效的市场中,每个投资者都是理性的,市场能够快速地反映一切信息,从而驱使那些被错误定价的资产价格迅速回归合理,因此市场不会存在无风险的套利机会。但在现实市场中,由于种种原因,往往会出现市场交易价格与其无套利的合理价格出现差异的情况,为无风险套利提供了机会。统计套利是将套利建立在对历史数据进行统计分析的基础之上,估计相关变量的概率分布,并结合基本面数据进行分析,用以指导套利交易。统计套利的结果依赖于每个交易者的假设模型与历史数据的获取渠道。本章重点讨论期权无风险套利的基本类型:期权平价套利、垂直套利和箱型套利。

第二节 期权平价套利策略

一、策略基本思想

平价套利策略的理论基础来源于欧式看涨(认购)和欧式看跌(认沽)期权的平价关系,即标的资产、到期日及行权价格均相同的欧式看涨期权和看跌期权价格之间存在的必然关系,平价公式如下:$C+Ke^{-rT}=P+S$,其中,C、P 分别表示行权价格为 K,距离到期时间为 T 的看涨、看跌期权的价格;r 表示市场无风险利率;S 表示标的资产的当前价格。

（一）正向平价套利

1. 策略原理。当买进 1 份期权现货标的,同时买入看跌期权、卖出看涨期权(具有相同行权价格和到期日),如果构建该组合的成本低于期权的行权价格的现值,那么根据期权平价关系就存在套利机会。

2. 盈亏分析如表 7-1 所示。

表 7-1 正向平价套利盈亏分析表

构建组合	组合期初现金流	期权到期时组合现金流		
		$S_T > K$	$S_T < K$	$S_T = K$
卖出行权价为 K 的看涨期权	C	看涨期权处于实值状态,被行权卖出现货,获得资金 K	看涨期权为虚值,理论上不会被行权	所卖出的看涨期权理论上不会行权,但实际情况较复杂
买入行权价为 K 的看跌期权	$-P$	看跌期权为虚值,理论上不行权	看跌期权处于实值状态,提出行权以将现货标的按行权价卖出,获得资金 K	
买入现货标的	$-S$	作为看涨期权行权交割使用	作为看跌期权行权交割使用	
合 计	$C-P-S$	K	K	
组合到期收益		$K-(C-P-S)\mathrm{e}^{rT}$		

当 $K-(C-P-S)\mathrm{e}^{rT}$ －各类交易成本－保证金利息＞0,就实现了正向平价套利,在该套利策略中可将买入的现货进行备兑开仓,以节省期权卖出开仓保证金的占用。

（二）反向平价套利

1. 策略原理。当卖空期权现货标的,同时买进看涨期权、卖出看跌期权(具有相同行权价格和到期日),如果组合构建初期获得的资金高于期权的行权价格,那么根据期权平价关系就存在套利机会。

2. 盈亏分析如表 7-2 所示。

表 7-2 反向平价套利盈亏分析表

构建组合	组合期初现金流	期权到期时组合现金流		
		$S_T > K$	$S_T < K$	$S_T = K$
卖出行权价为 K 的看跌期权	P	看跌期权为虚值,理论上不会被行权	看跌期权处于实值状态,被行权买入出现货,获得资金 K	所卖出的看涨期权理论上不会行权,但实际情况较复杂
买入行权价为 K 的看跌期权	$-C$	看跌期权处于实值状态,以行权价 K 买入现货	看涨期权为虚值,理论上不行权	
卖空现货标的	S	将看涨期权行权获得的现货用以还券	将看跌期权行权获得的现货用以还券	
合 计	$S+P-C$	$-K$	$-K$	

构建组合	组合期初现金流	期权到期时组合现金流		
		$S_T > K$	$S_T < K$	$S_T = K$
组合到期收益		$(S+P-C)e^{rT} - K$		

当 $(C-P-S)e^{rT}-K-$各类交易成本$-$保证金利息>0，就实现了反向平价套利，在该套利策略中要将融券做空现货的成本考虑在内，目前我国融券做空成本相对较高。

二、期权平价套利的 EL 程序

我们以上海证券交易所交易的 ETF 期权为研究对象，根据期权的套利平价公式，选取期权正向和反向平价套利策略为例讨论其 EL 程序和回测。

(一) 建仓时机

期权平价套利策略的基差公式为：$RS = Call + K \times \exp(-rt) - Put - S$。当基差 RS 偏离 0 时出现套利机会。扣除交易成本，当基差 RS 大于最小套利目标时，即可进行正向套利，即卖出看涨期权，买入看跌期权，买入标的资产；当基差 RS 小于负的最小套利目标时，即可进行反向套利，即买入看涨期权，卖出看跌期权，卖出标的资产。

在反向水平套利时，做空 ETF 现货和看跌期权，做多看涨期权，由于 ETF 不能直接做空，但可以融券做空。融券做空需要支付融券费用。

融券费用＝实际使用证券金额×使用天数×融券年费率/360
实际使用证券金额＝实际使用证券数量×卖出成交价格

由于在计算组合基差的时候已经用无风险利率计算资金成本，融券只需要计算超额融券成本部分。该成本是用期权剩余天数计算，提前平仓应该扣除平仓时的剩余天数，按实际使用天数计算。

```
剩余天数 = DateToJulian(ExpirateDate[2]) - DateToJulian(Date);
融券成本 = S * ContraMultip * (剩余天数/360 * 融券利差);
```

组合基差围绕其移动均线上下波动，我们可以利用布林线上下轨和最低套利阈值来确定套利机会。正向套利在基差下穿上轨且基差大于最低套利阈值时建仓；反向套利在基差上穿下轨且基差小于负的最低套利阈值时建仓。为了尽可能大地获取套利收益，我们还可以利用基差变动的均线来确定套利时机。当短期均线与长期均线死叉，且基差 RS 大于最小套利目标时，即可进行正向套利；当短期均线与长期均线金叉，且基差 RS 小于负的最小套利目标时，即可进行反向套利。本书是利用布林线上下轨和最低套利阈值为例来确定套利机会的。

```
基差 = (Call_c + StrikePrice/(1 + 剩余天数/360 * 无风险利率) - Put_p - S) * ContraMultip;
基差均线 = average(基差,均线长度);
方差 = StdDev(基差,均线长度);
```

```
上轨 = 基差均线 + 方差倍数 * 方差;
下轨 = 基差均线 - 方差倍数 * 方差;
// 正向水平套利建仓
if 基差 cross below 上轨 and 基差>最低套利阈值  and KC = 0   then
begin
    ……
end;
// 反向水平套利建仓
if 基差 cross over 下轨 and 基差< - 最低套利阈值 and KC = 0   then
begin
    ……
end;
```

(二) 平仓方式

我们同样可以利用布林线上下轨和最低套利阈值来确定套利平仓时机;当期权到期日所有仓位平仓。平仓时需要统计平仓累积盈利。反向套利使用现货融券做空,平仓时需要买券还券,并计算其使用期的融券超额成本。

```
// 正向水平套利平仓
if 基差<下轨 and 持仓盈利 1>最低套利阈值 and KC = 1   then
begin
    ……
end;
// 反向水平套利平仓
if  基差>上轨 and  持仓盈利 2>最低套利阈值 and KC = - 1   then
begin
    ……
end;

// 期权到期日平仓
if   KC = 1 and date = ExpirateDate then
begin
    ……
end;
if   KC = - 1 and date = ExpirateDate then
begin
    ……
end;
```

(三) 调用 orderticket 下单组件进行下单

本策略有 3 个品种(ETF 标的资产现货、ETF 看涨期权、看跌期权),在正向水平套利时,做多 ETF 现货和看跌期权,做空看涨期权,需要股票账户和期权账户。在反向水平套利时,做空 ETF 现货和看跌期权,做多看涨期权,虽然 ETF 不能直接做空,但可以融券做空,因此,需要信用账户和期权账户。因此,我们在策略发出交易信号时,分别以 1 代表正向套利,−1 代表反向套利。在调用 orderticket 下单组件进行下单时,分别在期权和股票账户与期权和信用账户中下单。

需要注意:现货买卖用 bay、sell;融券开空用 Borrowtosell,买券还券用 Buytopay;期权开多用 buytoopen,开空用 Selltoopen;平多用 Selltoclose,平空用 buytoclose。其用法详见 2.2.1 节。

完整的 EL 程序如图 7-1 所示。

```
// 期权正向和反向水平套利 EL 程序
Using tsdata.marketdata;
Using elsystem.io;
Using elsystem.Collections;
Using tsdata.common;
Using elsystem;
Inputs:
    均线长度(60),方差倍数(3),交易费用(15){元/手},无风险利率(0.05),
    融券利差(0.03),最低套利阈值(0.1),期权交易量(1),
    iAccountCredit("410009984205"),{信用账号}
    iAccountStock("410015004652"),{现货账号}
    iAccountoption("100010010239");{期权账号}

variable:
    Call_c(0),Put_p(0),S(0),k(0),BarID(0),
    ICodef(GetSymbolName of data1),
    ICodec1(GetSymbolName of data2),
    ICodep1(GetSymbolName of data3),
    StrikePrice(0),ExpirateDate(0),ContraMultip(0),
    基差(0),成本(0),KC(0),KC2(0),基差均线(0),短期均线(0),方差(0),上轨(0),下轨(0),
    建仓成本 1(0),建仓成本 2(0),融券成本(0),融券成本 0(0),剩余天数(0),
    持仓盈利 1(0),持仓盈利 2(0),持仓盈利(0),
    平仓累积盈利 1(0),平仓累积盈利 2(0),平仓累积盈利(0),
    开仓信号(0),平仓信号(0);
// 定义获取行权价\合约乘数函数
method double priceload(QuotesProvider Qp1,string field)
```

```
begin
    QP1.Load = False;
    QP1.Symbol = ICodec1;                                  // 设置 QP1.Symbol 为当
                                                           // 前期权代码
    Qp1.Fields + = Field;                                  // 设置行权价字段
    QP1.Load = True;
    Return(qp1.Quote[Field].DoubleValue);                  // 返回行权价
end;
// 定义获取期权到期日函数
method int   ExpirationDateload(QuotesProvider Qp1,string field)
begin
    QP1.Load = False;
    QP1.Symbol = ICodeC1;                                  // 设置 QP1.Symbol 为当
                                                           // 前期权代码
    QP1.Fields + = field;
    QP1.Load = True;
    Return QP1.Quote["ExpirationDate"].Datevalue.ELDate;
end;

BarID = BarID + 1;                                         //K 线计数
if BarID = 1 then begin
// 调用 QuotProvider 函数查询
    StrikePrice = priceload(Qp1,"StrikePrice");            // 查询行权价
    ContraMultip = priceLoad(Qp1,"BigPointValue");         // 查询合约乘数
    ExpirateDate = ExpirationDateload(Qp1,"ExpirationDate");// 查询到期日
end;

// 变量赋值
S = close of data1;
Call_c = close   of data2;
Put_p = close    of data3;
// 计算到期时间
剩余天数 = DateToJulian(ExpirateDate[2]) - DateToJulian(Date);
融券成本 = S * ContraMultip * (剩余天数/360 * 融券利差);
基差 = (Call_c + StrikePrice/(1 + 剩余天数/360 * 无风险利率) - Put_p - S) *
     ContraMultip;
基差均线 = average(基差,均线长度);
方差 = StdDev(基差,均线长度);
上轨 = 基差均线 + 方差倍数 * 方差;
```

下轨 = 基差均线 - 方差倍数 * 方差;
// 正向水平套利
if 基差 cross below 上轨 and 基差＞最低套利阈值 and KC = 0 then
begin
　　开仓信号 = 1;
　　建仓成本1 = 基差 - 交易费用;
　　KC = 1;
end;
if 基差＜下轨 and 持仓盈利1＞最低套利阈值 and KC = 1 then
begin
　　平仓信号 = 1;
　　平仓累积盈利1 = 平仓累积盈利1 + (建仓成本1 - 基差 - 交易费用) * 期权交易量;
　　KC = 0;
end;

// 反向水平套利
if 基差 cross over 下轨 and 基差＜ - 最低套利阈值 and KC = 0 then
begin
　　开仓信号 = -1;
　　建仓成本2 = 基差 + 交易费用;
　　KC = -1;
　　融券成本0 = 融券成本;
end;
if 　基差＞上轨 and 　持仓盈利2＞最低套利阈值 and KC = -1 then
begin
　　平仓信号 = -1;
　　平仓累积盈利2 = 平仓累积盈利2 + (基差 - 建仓成本2 - 交易费用 + 融券成本 - 融券成
　　　　　　　本0) * 期权交易量;
　　KC = 0;
end;

// 期权到期日平仓
if 　KC = 1 and date = ExpirateDate then
begin
　　平仓信号 = 1;
　　平仓累积盈利1 = 平仓累积盈利1 + (建仓成本1 - 基差 - 交易费用) * 期权交易量;
　　KC = 0;
end;
if 　KC = -1 and date = ExpirateDate then

```
begin
    平仓信号 = -1;
    平仓累积盈利2 = 平仓累积盈利2 + (基差 - 建仓成本2 - 交易费用) * 期权交易量;
    KC = 0;
end;

If KC = 1 then 持仓盈利1 = 建仓成本1 - 基差
    else 持仓盈利1 = 0;
If KC = -1 then 持仓盈利2 = 基差 - 建仓成本2
    else 持仓盈利2 = 0;
持仓盈利 = 持仓盈利1 + 持仓盈利2;
平仓累积盈利 = 平仓累积盈利1 + 平仓累积盈利2;


plot1(基差,"价差");
plot2(下轨,"下轨");
plot3(上轨,"上轨");
plot4(平仓累积盈利,"平仓累积盈利");
plot5(平仓累积盈利1,"平仓累积盈利1");
plot6(平仓累积盈利2,"平仓累积盈利2");
plot7(持仓盈利,"持仓盈利");
plot8(持仓盈利1,"持仓盈利1");
plot9(持仓盈利2,"持仓盈利2");
plot10(基差均线,"基差均线");

If   LASTBARONCHART = false then begin          //避免重新加载程序时对非
                                                //最后K线下单
            开仓信号 = 0;
            平仓信号 = 0;
        end;
If 开仓信号 = 1 and KC2 = 0 and LASTBARONCHART   then
Begin
    //现货开多
    OrderTicket1.Account = iAccountStock;        //输入期货账户
    OrderTicket1.Symbol = ICodef;                //输入建仓商品代码
    OrderTicket1.Quantity = 期权交易量 * ContraMultip; //输入现货交易量,合约乘
                                                //数调
    OrderTicket1.Action = guosen.orderaction.buy; //对现货 ETFS 开多仓
    OrderTicket1.Type = tsdata.trading.OrderType.Market;//市价单
    OrderTicket1.Duration = "IC5";               //最优5档成交,其余撤单
```

```
        OrderTicket1.Send();
        //看涨期权开空
        OrderTicket1.Account = iAccountoption;              //输入账户
        OrderTicket1.Symbol = ICodec1;                       //输入建仓商品代码
        OrderTicket1.Quantity = 期权交易量;                  //输入交易量
        OrderTicket1.Action = guosen.OrderAction.Selltoopen; //C1 开空
        OrderTicket1.Type = tsdata.trading.OrderType.Market; //市价单
        OrderTicket1.Duration = "IOC";                       //立即完成剩余撤销
        OrderTicket1.Send();                                 //下单
    //看跌期权开多
        OrderTicket1.Account = iAccountoption;              //输入账户
        OrderTicket1.Symbol = ICodep1;                       //输入建仓商品代码
        OrderTicket1.Quantity = 期权交易量;                  //输入交易量
        OrderTicket1.Action = guosen.OrderAction.buytoOpen;  //p1 开多仓
        OrderTicket1.Type = tsdata.trading.OrderType.Market; //市价单
        OrderTicket1.Duration = "IOC";                       //立即完成剩余撤销
        OrderTicket1.Send();
        KC2 = 1;
        开仓信号 = 0;
end;
// LASTBARONCHART
If 平仓信号 = 1 and KC2 = 1 and LASTBARONCHART then
begin
    //现货平多
        OrderTicket1.Account = iAccountStock;                //输入现货账户
        OrderTicket1.Symbol = ICodef;                        //输入平仓期货代码
        OrderTicket1.Quantity = 期权交易量 * ContraMultip;   //输入交易量,由合约乘数调整
        OrderTicket1.Action = guosen.OrderAction.sell;       //对现货 S 平多仓
        OrderTicket1.Type = tsdata.trading.OrderType.Market; //市价单
        OrderTicket1.Duration = "IC5";                       //最优 5 档成交,其余撤单
        OrderTicket1.Send();
    //看涨期权平空
        OrderTicket1.Account = iAccountoption;              //输入账户
        OrderTicket1.Symbol = ICodec1;                       //输入平仓商品代码
        OrderTicket1.Quantity = 期权交易量;                  //输入交易量
        OrderTicket1.Action = guosen.OrderAction.buytoclose; //对 C1 平多仓
        OrderTicket1.Type = tsdata.trading.OrderType.Market; //市价单
        OrderTicket1.Duration = "IOC";                       //立即完成剩余撤销
```

```
    OrderTicket1.Send();
    //看跌期权平多
    OrderTicket1.Account = iAccountoption;              //输入账户
    OrderTicket1.Symbol = ICodep1;                      //输入平仓看跌期权代码
    OrderTicket1.Quantity = 期权交易量;                  //输入交易量
    OrderTicket1.Action = guosen.orderaction.selltoClose; //对 P1 平多仓
    OrderTicket1.Type = tsdata.trading.OrderType.Market; //市价单
    OrderTicket1.Duration = "IOC";                      //立即完成剩余撤销
    OrderTicket1.Send();
    平仓信号 = 0;
    KC2 = 0;
end;

//反向水平套利下单 LASTBARONCHART
If 开仓信号 = -1 and KC2 = 0 and LASTBARONCHART then
Begin
//现货融券开空
    OrderTicket1.Account = iAccountCredit;              //输入期货账户
    OrderTicket1.Symbol = ICodef;                       //输入建仓商品代码
    OrderTicket1.Quantity = 期权交易量 * ContraMultip;   //输入现货交易量,合约乘
                                                        //数调整
    OrderTicket1.Action = guosen.OrderAction.Borrowtosell; //对现货 ETF 融券开空仓
    OrderTicket1.Type = tsdata.trading.OrderType.limit; //限价单
    OrderTicket1.LimitPrice = S;                        //ETF 现货收盘价
    OrderTicket1.Duration = "GFD";                      //当日有效
    OrderTicket1.Send();
//看跌期权开空
    OrderTicket1.Account = iAccountoption;              //输入账户
    OrderTicket1.Symbol = ICodeP1;                      //输入建仓商品代码
    OrderTicket1.Quantity = 期权交易量;                  //输入交易量
    OrderTicket1.Action = guosen.OrderAction.Selltoopen; //P1 开空
    OrderTicket1.Type = tsdata.trading.OrderType.Market; //市价单
    OrderTicket1.Duration = "IOC";                      //立即完成剩余撤销
    OrderTicket1.Send();                                //下单
//看涨期权开多
    OrderTicket1.Account = iAccountoption;              //输入账户
    OrderTicket1.Symbol = ICodeC1;                      //输入建仓商品代码
    OrderTicket1.Quantity = 期权交易量;                  //输入交易量
```

```
        OrderTicket1.Action = guosen.OrderAction.buytoOpen;      //C1 开多仓
        OrderTicket1.Type = tsdata.trading.OrderType.Market;     //市价单
        OrderTicket1.Duration = "IOC";                           //立即完成剩余撤销
        OrderTicket1.Send();
        KC2 = 1;
        开仓信号 = 0;
end;

If 平仓信号 = 1 and KC2 = -1 and LASTBARONCHART then
begin
  //现货平空
        OrderTicket1.Account = iAccountCredit;                   //输入现货账户
        OrderTicket1.Symbol = ICodef;                            //输入平仓期货代码
        OrderTicket1.Quantity = 期权交易量 * ContraMultip;        //输入交易量
        OrderTicket1.Action = guosen.OrderAction.Buytopay;       //对现货 S 买券还券
        OrderTicket1.Type = tsdata.trading.OrderType.Market;     //市价单
        OrderTicket1.Duration = "IC5";                           //最优 5 档成交,其余撤单
        OrderTicket1.Send();
  //看跌期权平空
        OrderTicket1.Account = iAccountoption;                   //输入账户
        OrderTicket1.Symbol = ICodeP1;                           //输入平仓商品代码
        OrderTicket1.Quantity = 期权交易量;                       //输入交易量
        OrderTicket1.Action = guosen.OrderAction.buytoclose;     //对 P1 平空仓
        OrderTicket1.Type = tsdata.trading.OrderType.Market;     //市价单
        OrderTicket1.Duration = "IOC";                           //立即完成剩余撤销
        OrderTicket1.Send();
  //看涨期权平多
        OrderTicket1.Account = iAccountoption;                   //输入账户
        OrderTicket1.Symbol = ICodeC1;                           //输入平仓看涨期权代码
        OrderTicket1.Quantity = 期权交易量;                       //输入交易量
        OrderTicket1.Action = guosen.orderaction.selltoClose;    //对 C1 平多仓
        OrderTicket1.Type = tsdata.trading.OrderType.Market;     //市价单
        OrderTicket1.Duration = "IOC";                           //立即完成剩余撤销
        OrderTicket1.Send();
        平仓信号 = 0;
        KC2 = 0;
end;
```

图 7-1　期权平价套利 EL 程序

三、期权平价套利应用

我们选取了上证 50ETF 现货和期权作为正反水平套利策略测试的标的资产。现货为上证 50ETF，看涨期权为 50ETF 购 6 月 2300，看跌期权为 50ETF 沽 6 月 2300。回测期间为 2017 年 4 月 5 日至 6 月 13 日 5 分钟 K 线。其参数设置如图 7-2 所示，期权交易成本每手 5 元，组合 3 个品种计费用每手约 15 元。在此以 1 手为例，其模拟测试结果如图 7-3 所示。

设置指标: 期权平价套利策略

常规 | 输入值 | 预警 | 样式 | 颜色 | 刻度轴 | 高级

名称	值
均线长度	60
方差倍数	3
交易费用	15
无风险利率	0.05
融券利差	0.03
最低套利阈值	100
期权交易量	1
iAccountCredit	"410009984. "
iAccountStock	"410015004 "
iAccountoption	"100099994 "

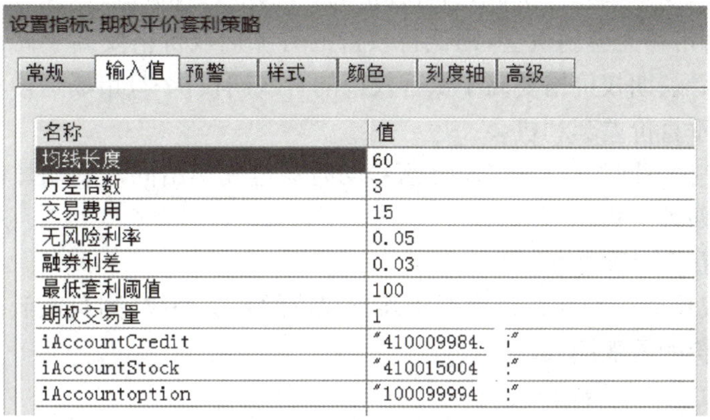

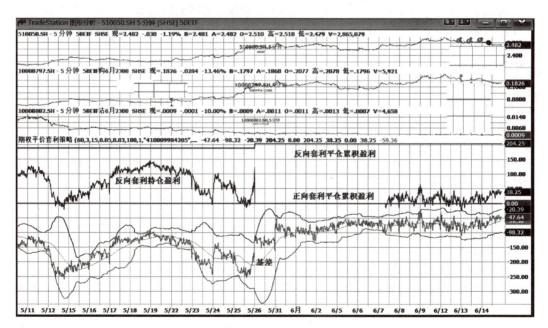

图 7-2 期权平价套利参数设置

图 7-3 平价套利回测结果

从图可见，在样本期间，模拟回测每次交易期权 1 手为基准的正向套利盈利为零，其原因在于该期间基差为负，没有发生正向水平套利。反向套利平仓盈利为 204 元，持仓潜在盈利 38.25 元。在假设融券利率价差(融券利率－无风险利率)为 8%－5%＝3%的情况下,融券超额成本 247 元。可见,套利机会虽然存在,但获利并不高。

第三节 期权垂直套利策略

一、策略基本思想

通常情况下,同一到期月份,不同行权价的看涨期权之间或看跌期权之间应满足合理的价差范围。若市场无套利机会,则低行权价的看涨期权价格要高于高行权价的看涨期权,高行权价的看跌期权价格要高于低行权价的看跌期权,一旦市场这种不等式关系被破坏,那就出现了垂直价差套利机会。

垂直套利是按不同的行权价($K_1<K_2$)同时买进和卖出同一到期月份的看涨期权或看跌期权,共有四种形式。

(一) 熊市看涨期权垂直价差套利

如果低行权价的看涨期权价格低于高行权价的看涨期权,则买入低行权价的看涨期权,卖出高行权价的看涨期权。

盈亏分析如表 7-3 所示。

表 7-3 看涨期权垂直价差套利盈亏分析

构建组合 ($K_1<K_2$)	组合期初现金流 ($C_1<C_2$)	期权到期时组合现金流		
		$S_T>K_2$	$S_T<K_1$	$K_1<S_T<K_2$
买入行权价格为 K_1 的看涨期权	$-C_1$	看涨期权为实值,行权以 K_1 买入现货	看涨期权为虚值,不行权	看涨期权为实值,行权,以 K_1 买入现货
卖出行权价格为 K_2 的看涨期权	C_2	看涨期权为实值,被行权,以 K_2 卖出现货	看涨期权为虚值,理论上不会被行权	看涨期权为虚值,理论上不会被行权
合 计	C_2-C_1	K_2-K_1	0	S_T-K_1
组合到期收益		$K_2-K_1+ (C_2-C_1)e^{rT}$	$(C_2-C_1)e^{rT}$	$(C_2-C_1)e^{rT}+ S_T-K_1$

当 $C_1<C_2$ 时,不论到期时标的资产价格处于何种状态,整个组合的盈亏大于 0,产生无风险套利机会。

(二) 牛市看跌期权垂直套利

如果高行权价的看跌期权价格低于低行权价的看跌期权,则买入高行权价的看跌期权,卖出低行权价的看跌期权。

盈亏分析如表 7-4 所示。

当 $P_1>P_2$ 时,不论到期时标的资产价格处于何种状态,整个组合的盈亏大于 0,产生无风险套利机会。

除了以上两种期权垂直套利策略外,还有牛市看涨期权垂直套利和熊市看跌期权垂直套利,它们的套利方式正好与以上两种方式相反,就不再详述,在此将表 7-4 中垂直套利策略的套利条件和操作方式总结如表 7-5 所示:

表 7-4 看跌期权垂直套利盈亏分析

构建组合 ($K_1 < K_2$)	组合期初现金流 ($P_2 < P_1$)	期权到期时组合现金流		
		$S_T > K_2$	$S_T < K_1$	$K_1 < S_T < K_2$
买入行权价格为 K_2 的看跌期权	$-P_2$	看跌期权为虚值,不行权	看跌期权为实值,行权卖出现货,产生现金流 $K_2 - S_T$	看跌期权为实值,行权卖出现货,产生现金流 $K_2 - S_T$
卖出行权价格为 K_1 的看跌期权	P_1	看跌期权为虚值,不被行权	看跌期权为实值,被行权,以 K_1 买入现货,产生现金流 $S_T - K_1$	看跌期权为虚值,理论上不会被行权
合 计	$P_1 - P_2$	0	$K_2 - K_1$	$K_2 - S_T$
组合到期收益		$(P_1 - P_2) e^{rT}$	$K_2 - K_1 + (P_1 - P_2) e^{rT}$	$(P_1 - P_2) e^{rT} + K_2 - S_T$

表 7-5 期权垂直套利的套利条件和操作方式($K_2 > K_1$)

策略名称	套利条件	操作方式	
		低行权价 K_1	高行权价 K_2
牛市看涨期权垂直套利	$(C_2 - C_1) > (K_2 - K_1) e^{-rT}$	买 C_1	卖 C_2
牛市看跌期权垂直套利	$(P_2 - P_1) > (K_2 - K_1) e^{-rT}$	买 P_1	卖 P_2
熊市看涨期权垂直套利	$(C_1 - C_2) > (K_2 - K_1) e^{-rT}$	卖 C_1	买 C_2
熊市看跌期权垂直套利	$(P_1 - P_2) > (K_2 - K_1) e^{-rT}$	卖 P_1	买 P_2

二、期权垂直套利 EL 程序

根据垂直套利原理,我们选取期权合约应该是相同到期月份,不同行权价格的期权合约,进行垂直套利。在此以熊市看涨期权垂直套利和牛市看跌期权垂直套利策略为例说明期权垂直套利的 EL 程序。

(一) 套利策略开仓时机

熊市看涨期权垂直套利策略以基差 $RS = (C_1 - C_2) - (K_2 - K_1) \times \exp(-rT)$ 作为判断套利时机的依据。我们可以观察到序列 RS 也是着围绕均值上下波动的。我们以 RS 的布林线为判断交易时机的工具,当基差上穿布林线下轨且基差小于负的最低套利目标时,我们对整个组合做多,也就是买入 C_2,卖出 C_1 开仓。当基差大于上轨,且套利达到最低套利目标时,我们卖出 C_2,买入 C_1 平仓。

牛市看跌期权垂直套利策略以基差 $RS = (P_2 - P_1) - (K_2 - K_1) \times \exp(-rT)$ 作为判断套利时机的依据。其套利策略为:当基差上穿布林线下轨且基差小于负的最低套利目标时,我们对整个组合做多,也就是买入 P_1,卖出 P_2 开仓。当基差大于上轨,且套利达到最低套利目标时,我们卖出 P_1,买入 P_2 平仓。

除此之外,在期权到期日进行全部仓位平仓。

```
基差 C = ((Call1 – Call2) – (StrikePrice2 – StrikePrice1)/(1 + 剩余天数
        /360 * 无风险利率)) * ContraMultip;
基差 P = ((Put2 – Put1) – (StrikePrice2 – StrikePrice1)/(1 + 剩余天数
        /360 * 无风险利率)) * ContraMultip;
//熊市看涨期权垂直套利开仓(买高 C2 卖低 C1)
if 基差 C cross over 下轨 C and 基差 C<－最低套利阈值 and KC = 0 then
begin
        开仓信号 = 1;
        建仓成本 C = 基差 C + 交易费用;
        KC = 1;
end;

if 基差 C<下轨 C and 持仓盈利 C>最低套利阈值 and KC = 1 then
begin
        平仓信号 = 1;
        平仓累积盈利 C = 平仓累积盈利 C +(基差 C－建仓成本 C－交易费用)
                    * 期权交易量;
        KC = 0;
end;
//看跌期权垂直套利开仓(买低 P1 卖高 P2)
if 基差 P cross over 下轨 P and 基差 P<－最低套利阈值 and KC = 0 then
begin
    开仓信号 = －1;
    建仓成本 P = 基差 P + 交易费用;
    KC = －1;
end;
    if 基差 P>上轨 P and  持仓盈利 P>最低套利阈值 and KC = －1 then
begin
    平仓信号 = －1;
    平仓累积盈利 P = 平仓累积盈利 P +(基差 P－建仓成本 P－交易费用)* 期权交易量;
    KC = 0;
end;
```

(二) 调用 orderticket 组件进行下单

根据开平仓信号在期权账户中下单。开仓信号＝1 和平仓信号＝1 对熊市看涨期权开仓和平仓。仓信号＝－1 和平仓信号＝－1 对牛市看跌期权开仓和平仓。

完整的期权垂直套利策略 EL 程序如图 7-4 所示。

```
// 期权垂直套利策略
Using tsdata.marketdata;
Using elsystem.io;
Using elsystem.Collections;
Using tsdata.common;
Using elsystem;
Inputs:
    均线长度(60),方差倍数(3),交易费用(10){元/手},
    无风险利率(0.05),最低套利阈值(300),期权交易量(1),
    iAccountoption("100010010239");{期权账号}

variable:
    Call1(0),Call2(0),Put1(0),Put2(0),k(0),BarID(0),
    ICodec1(GetSymbolName of data1),
    ICodeC2(GetSymbolName of data2),
    ICodeP1(GetSymbolName of data1),
    ICodeP2(GetSymbolName of data2),
    StrikePrice1(0),StrikePrice2(0),ExpirateDate(0),ContraMultip(0),
    基差C(0),KC(0),KC2(0),基差均线C(0),方差C(0),上轨C(0),下轨C(0),
    基差P(0),基差均线P(0),方差P(0),上轨P(0),下轨P(0),
    建仓成本C(0),建仓成本P(0),剩余天数(0),持仓盈利C(0),持仓盈利P(0),持仓盈利(0),
    平仓累积盈利C(0),平仓累积盈利P(0),平仓累积盈利(0),
    开仓信号(0),平仓信号(0);
// 获取行权价\合约乘数函数
method double priceload(QuotesProvider Qp1,string ICodec, string field)
begin
    QP1.Load = False;
    QP1.Symbol = ICodec;        // 设置 QP1.Symbol 为当前期权代码
    Qp1.Fields + = Field;       // 设置行权价字段
    QP1.Load = True;
    Return(qp1.Quote[Field].DoubleValue); // 返回行权价
end;

// 获取期权到期日函数
method int  ExpirationDateload(QuotesProvider Qp1,string field)
begin
    QP1.Load = False;
    QP1.Symbol = ICodeC1;       // 设置 QP1.Symbol 为当前期权代码
```

```
    QP1.Fields + = field;
    QP1.Load = True;
    Return QP1.Quote["ExpirationDate"].Datevalue.ELDate;
end;
BarID = BarID + 1;    //K 线计数

if BarID = 1 then begin
// 调用 QuotProvider 函数查询
    StrikePrice1 = priceload(Qp1,ICodeC1,"StrikePrice");    //查询行权价
    StrikePrice2 = priceload(Qp1,ICodeC2,"StrikePrice");    //查询行权价
    ContraMultip = priceLoad(Qp1,ICodeC1,"BigPointValue");  //查询合约乘数
    ExpirateDate = ExpirationDateload(Qp1,"ExpirationDate");//查询到期日
end;

// 变量赋值
Call1 = close   of data1;
Call2 = close   of data2;
Put1 = close    of data3;
Put2 = close    of data4;

// 计算到期时间
剩余天数 = DateToJulian(ExpirateDate[2]) - DateToJulian(Date);
// 计算序列 rs,期权的价格也相应乘上合约乘数
基差 C = ((Call1 - Call2) - (StrikePrice2 - StrikePrice1)/(1 + 剩余天数/360 * 无风险利率)) * ContraMultip;
基差均线 C = average(基差 C,均线长度);
方差 C = StdDev(基差 C,均线长度);
上轨 C = 基差均线 C + 方差倍数 * 方差 C;
下轨 C = 基差均线 C - 方差倍数 * 方差 C;
基差 P = ((Put2 - Put1) - (StrikePrice2 - StrikePrice1)/(1 + 剩余天数/360 * 无风险利率)) * ContraMultip;
基差均线 P = average(基差 P,均线长度);
方差 P = StdDev(基差 P,均线长度);
上轨 P = 基差均线 P + 方差倍数 * 方差 P;
下轨 P = 基差均线 P - 方差倍数 * 方差 P;

// 熊市看涨期权垂直套利开仓(买高 C2 卖低 C1)
    if 基差 C cross over 下轨 C and 基差 C<－最低套利阈值   and KC = 0   then
```

```
begin
  开仓信号 = 1;
  建仓成本 C = 基差 C + 交易费用;
  KC = 1;
end;
if 基差 C < 下轨 C and 持仓盈利 C > 最低套利阈值 and KC = 1  then
begin
  平仓信号 = 1;
  平仓累积盈利 C = 平仓累积盈利 C + (基差 C - 建仓成本 C - 交易费用) * 期权交易量;
  KC = 0;
end;

// 看跌期权垂直套利开仓(买低 P1 卖高 P2)
  if 基差 P cross over 下轨 P and 基差 P < - 最低套利阈值 and KC = 0  then
begin
  开仓信号 = - 1;
  建仓成本 P = 基差 P + 交易费用;
  KC = - 1;
end;
  if  基差 P > 上轨 P and  持仓盈利 P > 最低套利阈值 and KC = - 1  then
begin
  平仓信号 = - 1;
  平仓累积盈利 P = 平仓累积盈利 P + (基差 P - 建仓成本 P - 交易费用) * 期权交易量;
  KC = 0;
end;

// 期权到期日平仓
if   KC = 1 and date = ExpirateDate then
begin
  平仓信号 = 1;
  平仓累积盈利 C = 平仓累积盈利 C + (基差 C - 建仓成本 C - 交易费用) * 期权交易量;
  KC = 0;
end;
if   KC = - 1 and date = ExpirateDate then
begin
  平仓信号 = - 1;
  平仓累积盈利 P = 平仓累积盈利 P + (基差 P - 建仓成本 P - 交易费用) * 期权交易量;
  KC = 0;
```

```
    end;

If KC = 1 then 持仓盈利 C = 基差 C - 建仓成本 C
    else 持仓盈利 C = 0;
If KC = -1 then 持仓盈利 P = 基差 P - 建仓成本 P
    else 持仓盈利 P = 0;
持仓盈利 = 持仓盈利 C + 持仓盈利 P;
平仓累积盈利 = 平仓累积盈利 C + 平仓累积盈利 P;

plot1(基差 C,"价差 C");
plot2(下轨 C,"下轨 C");
plot3(上轨 C,"上轨 C");
plot4(平仓累积盈利,"平仓累积盈利");
plot5(平仓累积盈利 C,"平仓累积盈利 C");
plot6(平仓累积盈利 P,"平仓累积盈利 P");
plot7(持仓盈利,"持仓盈利");
plot8(持仓盈利 C,"持仓盈利 C");
plot9(持仓盈利 P,"持仓盈利 P");
plot10(基差均线 P,"基差均线 P");
plot11(基差 P,"价差 P");
plot12(下轨 P,"下轨 P");
plot13(上轨 P,"上轨 P");

If  LASTBARONCHART = false then begin    //避免重新加载程序时对非最后 K 线下单
        开仓信号 = 0;
        平仓信号 = 0;
    end;
//熊市看涨期权垂直套利开仓(买高 C2 卖低 C1)
If 开仓信号 = 1 and KC2 = 0 and LASTBARONCHART  then
Begin
  //看涨期权 C2 开多
    OrderTicket1.Account = iAccountoption;              //输入账户
    OrderTicket1.Symbol = ICodeC2;                      //输入建仓商品代码
    OrderTicket1.Quantity = 期权交易量;                  //输入交易量
    OrderTicket1.Action = guosen.OrderAction.BuytoOpen; //对 C1 开多
    OrderTicket1.Type = tsdata.trading.OrderType.Market;//市价单
    OrderTicket1.Duration = "IOC";                      //立即完成剩余撤销
    OrderTicket1.Send();                                //下单
```

```
//看涨期权 C1 开空
    OrderTicket1.Account = iAccountoption;                  //输入账户
    OrderTicket1.Symbol = ICodeC1;                          //输入建仓商品代码
    OrderTicket1.Quantity = 期权交易量;                      //输入交易量
    OrderTicket1.Action = guosen.OrderAction.SelltoOpen;    //对 C2  开空仓
    OrderTicket1.Type = tsdata.trading.OrderType.Market;    //市价单
    OrderTicket1.Duration = "IOC";                          //立即完成剩余撤销
    OrderTicket1.Send();
    KC2 = 1;
    开仓信号 = 0;
end;
//熊市看涨期权垂直套利平仓(卖高 C2 买低 C1)
If 平仓信号 = 1 and KC2 = 1 and LASTBARONCHART then
begin
//看涨期权 C1 多平
    OrderTicket1.Account = iAccountoption;                  //输入账户
    OrderTicket1.Symbol = ICodeC2;                          //输入平仓商品代码
    OrderTicket1.Quantity = 期权交易量;                      //输入交易量
    OrderTicket1.Action = guosen.OrderAction.SelltoClose;   //对 C1 平多仓
    OrderTicket1.Type = tsdata.trading.OrderType.Market;    //市价单
    OrderTicket1.Duration = "IOC";                          //立即完成剩余撤销
    OrderTicket1.Send();
//看涨期权 C2 平空
    OrderTicket1.Account = iAccountoption;                  //输入账户
    OrderTicket1.Symbol = ICodeC1;                          //输入平仓商品代码
    OrderTicket1.Quantity = 期权交易量;                      //输入交易量
    OrderTicket1.Action = guosen.OrderAction.BuytoClose;    //对 C2 平空仓
    OrderTicket1.Type = tsdata.trading.OrderType.Market;    //市价单
    OrderTicket1.Duration = "IOC";                          //立即完成剩余撤销
    OrderTicket1.Send();
    平仓信号 = 0;
    KC2 = 0;
end;
//看跌期权垂直套利开仓(买低 P1 卖高 P2)
If 开仓信号 = 1 and KC2 = 0 and LASTBARONCHART  then
Begin
   //看跌期权 P1 开多
    OrderTicket1.Account = iAccountoption;                  //输入账户
    OrderTicket1.Symbol = ICodeP1;                          //输入建仓商品代码
```

```
        OrderTicket1.Quantity = 期权交易量;              //输入交易量
        OrderTicket1.Action = guosen.OrderAction.BuytoOpen;   //对 C1 开多
        OrderTicket1.Type = tsdata.trading.OrderType.Market;  //市价单
        OrderTicket1.Duration = "IOC";                  //立即完成剩余撤销
        OrderTicket1.Send();                            //下单
//看跌期权 P2 开空
        OrderTicket1.Account = iAccountoption;          //输入账户
        OrderTicket1.Symbol = ICodeP2;                  //输入建仓商品代码
        OrderTicket1.Quantity = 期权交易量;              //输入交易量
        OrderTicket1.Action = guosen.OrderAction.SelltoOpen;  //对 C2 开空仓
        OrderTicket1.Type = tsdata.trading.OrderType.Market;  //市价单
        OrderTicket1.Duration = "IOC";                  //立即完成剩余撤销
        OrderTicket1.Send();
        KC2 = 1;
        开仓信号 = 0;
end;
//牛市看跌期权垂直套利平仓
If 平仓信号 = 1 and KC2 = 1 and LASTBARONCHART then
begin
//看跌期权 P2 平多
        OrderTicket1.Account = iAccountoption;          //输入账户
        OrderTicket1.Symbol = ICodeP1;                  //输入平仓商品代码
        OrderTicket1.Quantity = 期权交易量;              //输入交易量
        OrderTicket1.Action = guosen.OrderAction.SelltoClose; //对 C1 平多仓
        OrderTicket1.Type = tsdata.trading.OrderType.Market;  //市价单
        OrderTicket1.Duration = "IOC";                  //立即完成剩余撤销
        OrderTicket1.Send();
//看跌期权 P2 平空
        OrderTicket1.Account = iAccountoption;          //输入账户
        OrderTicket1.Symbol = ICodeP2;                  //输入平仓商品代码
        OrderTicket1.Quantity = 期权交易量;              //输入交易量
        OrderTicket1.Action = guosen.OrderAction.BuytoClose;  //对 C2 平空仓
        OrderTicket1.Type = tsdata.trading.OrderType.Market;  //市价单
        OrderTicket1.Duration = "IOC";                  //立即完成剩余撤销
        OrderTicket1.Send();
        平仓信号 = 0;
        KC2 = 0;
end;
```

图 7-4 期权垂直套利策略 EL 程序

三、期权垂直套利策略的应用

我们选取了上证 50ETF 期权 2017 年 6 月份的 4 个合约为例测试期权垂直套利策略。4 个合约分别为低行权价看涨期权 C1：50ETF 购 6 月 2300；高行权价看涨期权 C2：50ETF 购 6 月 2500；低行权价看跌期权 P1：50ETF 购 6 月 2300；高行权价看跌期权 P2：50ETF 购 6 月 2500。时间区间选取了 2017 年 2 月 6 日至 6 月 16 日，图表周期为 5 分钟。参数设置如图 7-5 所示，模拟测试结果如图 7-6 所示。

图 7-5 期权垂直套利模拟测试参数设置

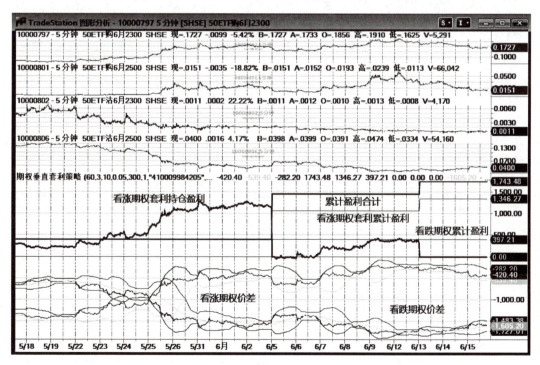

图 7-6 期权垂直套利模拟测试结果

从图 7-6 可见，模拟测试期间，熊市看涨期权和牛市看跌期权垂直套利均有获利，在交易 1 手期权规模下，前者获利 1 346.27 元，后者获利 397.21 元。

第四节 期权箱型套利策略

一、策略基本思想

箱体套利是一种复合组合,套利机会来源于相同到期日、不同行权价格的多组配对期权所隐含的标的无套利远期价格之间的差异。

(一) 正向箱体套利

如果低行权价配对期权所隐含的无套利远期价格低于高行权价的配对期权所隐含的无套利远期价格,可"买入开仓低行权价的看涨期权"+"卖出开仓低行权价的看跌期权"合成现货标的的远期多头,"卖出开仓高行权价的看涨期权"+"买入开仓高行权价的看跌期权"合成现货标的的远期空头,即由看涨期权牛市价差组合和看跌期权熊市价差组合构成。

盈亏分析如表 7-6 所示。

表 7-6 期权正向箱型套利盈亏分析

构建组合 ($K_1 < K_2$)	组合期初 现金流	组合到期时现金流		
		$S_T > K_2$	$S_T < K_1$	$K_1 < S_T < K_2$
买入行权价格为 K_1 的看涨期权	$-C_1$	看涨期权为实值,行权以 K_1 买入现货	看涨期权为虚值,不行权	看涨期权为实值,行权以 K_1 买入现货
卖出行权价格为 K_2 的看涨期权	C_2	看涨期权为实值,被行权,卖出现货,获得资金 K_2	看涨期权为虚值,理论上不会被行权	看涨期权为虚值,理论上不会被行权
买入行权价格为 K_2 的看跌期权	$-P_2$	看跌期权为虚值,不行权	看跌期权为实值,行权以 K_2 卖出现货,获得资金 K_2	看跌期权为实值,行权以 K_2 卖出现货,获得资金 K_2
卖出行权价格为 K_1 的看跌期权	P_1	看跌期权为虚值,理论上不会被行权	看跌期权为实值,被行权,以 K_1 买入现货	看跌期权为虚值,理论上不会被行权
合 计	$C_2 - C_1 + P_1 - P_2$	$K_2 - K_1$	$K_2 - K_1$	$K_2 - K_1$
组合到期收益		$K_2 - K_1 + (C_2 - C_1 + P_1 - P_2)\mathrm{e}^{rT}$		

(二) 反向箱体套利

如果低行权价配对期权所隐含的无套利远期价格高于高行权价的配对期权所隐含的无套利远期价格,可"卖出开仓低行权价的看涨期权 C_1"+"买入开仓低行权价的看跌期权 P_1"合成现货标的的远期空头,"买入开仓高行权价的看涨期权 C_2"+"卖出开仓高行权价的看跌期权 P_2"合成现货标的的远期多头,即由看跌期权牛市价差组合和看涨期权熊市价差组合构成。

盈亏分析如表 7-7 所示。

表 7-7 期权反向箱型套利盈亏分析

构建组合 ($K_1 < K_2$)	组合期初现金流	组合到期时现金流		
		$S_T > K_2$	$S_T < K_1$	$K_1 < S_T < K_2$
买入行权价格为 K_1 的看跌期权	$-P_1$	看跌期权为虚值,不行权	看跌期权为实值,行权以 K_1 卖出现货,获得资金 K_1	看跌期权为虚值,不行权
卖出行权价格为 K_2 的看跌期权	P_2	看跌期权为虚值,理论上不会被行权	看跌期权为实值,被行权以 K_2 买入现货	看跌期权为实值,被行权以 K_2 买入现货
买入行权价格为 K_2 的看涨期权	$-C_2$	看涨期权为实值,行权以 K_2 买入现货	看涨期权为虚值,不行权	看涨期权为虚值,不行权
卖出行权价格为 K_1 的看涨期权	C_1	看涨期权为实值,被行权,以 K_1 卖出现货	看涨期权为虚值,理论上不会被行权	看涨期权为实值,被行权,以 K_1 卖出现货
合　计	$C_1 - C_2 + P_2 - P_1$	$K_1 - K_2$	$K_1 - K_2$	$K_1 - K_2$
组合到期收益		$K_1 - K_2 + (C_1 - C_2 + P_2 - P_1) e^{rT}$		

二、期权箱型套利策略 EL 程序

(一)开仓和平仓

在此,我们讨论期权正向和反向箱型套利策略的 EL 程序。根据期权箱型套利原理,组合选取期权合约应该是相同到期月份,两个不同行权价格的看涨期权合约与看跌合约,一共 4 份合约,两份开多,两份开空。

我们选取基差 $RS = (C_1 - C_2 + P_2 - P_1) - (K_2 - K_1) e^{-rT}$ 作为套利判断标准。我们可以观察到基差 RS 也是着围绕均值上下波动,且波动幅较小。我们以布林线为判断交易的辅助方法,当 $RS <$ 下轨且 $RS <-$ 最低套利阈值,持仓为 0 时,我们进行反向套利开仓:买高 C_2 卖低 C_1,买低 P_1 卖高 P_2;当 $RS >$ 上轨且持仓盈利 $C -$ 交易费用 $>$ 最低套利阈值,持仓标志位 -1 时,我们进行反向套利平仓:买低 C_1 卖高 C_2,买高 P_2 卖低 P_1。反之进行正向套利。

(二) 调用 orderticket 组件进行下单

根据开平仓信号分别在期权账户中对 4 种不同的合约下单。

完整的 EL 程序如图 7-7 所示。

```
//期权箱型套利策略
Using tsdata.marketdata;
Using elsystem.io;
Using elsystem.Collections;
```

```
Using tsdata.common;
Using elsystem;
Inputs:
    均线长度(60),方差倍数(3),交易费用(10){元/手},
    无风险利率(0.05),最低套利阈值(300),期权交易量(1),
    iAccountoption("100010010239");{期权账号}


variable:
  Call1(0),Call2(0),Put1(0),Put2(0),k(0),BarID(0),
  ICodec1(GetSymbolName of data1),
  ICodeC2(GetSymbolName of data2),
  ICodeP1(GetSymbolName of data1),
  ICodeP2(GetSymbolName of data2),
  StrikePrice1(0),StrikePrice2(0),ExpirateDate(0),ContraMultip(0),
  基差 RS(0),KC(0),KC2(0),基差均线 C(0),方差 RS(0),上轨 RS(0),下轨 RS(0),
  建仓成本 C(0),建仓成本 P(0),剩余天数(0),持仓盈利 C(0),持仓盈利 P(0),持仓盈利(0),
  平仓累积盈利 C(0),平仓累积盈利 P(0),平仓累积盈利(0),
  开仓信号(0),平仓信号(0);
// 获取行权价\合约乘数函数
method double priceload(QuotesProvider Qp1,string ICodec, string field)
begin
    QP1.Load = False;
    QP1.Symbol = ICodec;                    // 设置 QP1.Symbol 为当前期权代码
    Qp1.Fields + = Field;                   // 设置行权价字段
    QP1.Load = True;
    Return(qp1.Quote[Field].DoubleValue);   // 返回行权价
end;


// 获取期权到期日函数
method int  ExpirationDateload(QuotesProvider Qp1,string field)
begin
    QP1.Load = False;
    QP1.Symbol = ICodeC1;                   // 设置 QP1.Symbol 为当前期权代码
    QP1.Fields + = field;
    QP1.Load = True;
    Return QP1.Quote["ExpirationDate"].Datevalue.ELDate;
end;
BarID = BarID + 1;                          //K 线计数
```

```
if BarID = 1 then begin
//调用 QuotProvider 函数查询
    StrikePrice1 = priceload(Qp1,ICodeC1,"StrikePrice");    //查询行权价
    StrikePrice2 = priceload(Qp1,ICodeC2,"StrikePrice");    //查询行权价
    ContraMultip = priceLoad(Qp1,ICodeC1,"BigPointValue");  //查询合约乘数
    ExpirateDate = ExpirationDateload(Qp1,"ExpirationDate");//查询到期日
end;

//变量赋值
Call1 = close  of data1;
Call2 = close  of data2;
Put1 = close   of data3;
Put2 = close   of data4;


//计算到期时间
剩余天数 = DateToJulian(ExpirateDate[2]) - DateToJulian(Date);
//计算序列 rs,期权的价格也相应乘上合约乘数
基差 RS = ((Call1 - Call2 + Put2 - Put1) - (StrikePrice2 - StrikePrice1)/(1 + 剩余天数/
      360 * 无风险利率)) * ContraMultip;
基差均线 C = average(基差 RS,均线长度);
方差 RS = StdDev(基差 RS,均线长度);
上轨 RS = 基差均线 C + 方差倍数 * 方差 RS;
下轨 RS = 基差均线 C - 方差倍数 * 方差 RS;
If BarID>均线长度 + 1 then
Begin

//期权正向箱型套利开仓(买低 C1 卖高 C2,买高 P2 卖低 P1)
if 基差 RS>上轨 RS and 基差 RS>最低套利阈值 and KC = 0   then
begin
  开仓信号 = 1;
  建仓成本 P = 基差 RS - 交易费用;
  KC = 1;
end;
  if  基差 RS<下轨 RS and  持仓盈利 P - 交易费用>最低套利阈值 and KC = 1   then
begin
  平仓信号 = 1;
  平仓累积盈利 P = 平仓累积盈利 P + (建仓成本 P - 基差 RS - 交易费用) * 期权交易量;
```

        KC = 0;
    end;

// 期权反向箱型套利开仓(买高 C2 卖低 C1,买低 P1 卖高 P2)
    if 基差 RS＜下轨 RS and 基差 RS＜－最低套利阈值　and KC = 0　then
begin
    开仓信号 = －1;
    建仓成本 C = 基差 RS + 交易费用;
    KC = －1;
end;
if　基差 RS＞上轨 RS and 持仓盈利 C－交易费用＞最低套利阈值 and KC = －1　then
begin
    平仓信号 = －1;
    平仓累积盈利 C = 平仓累积盈利 C + (基差 RS－建仓成本 C－交易费用) * 期权交易量;
    KC = 0;
end;

// 期权到期日平仓
if　KC = 1 and date = ExpirateDate then
begin
    平仓信号 = 1;
    平仓累积盈利 P = 平仓累积盈利 P + (建仓成本 P－基差 RS－交易费用) * 期权交易量;
    KC = 0;
end;
if　KC = －1 and date = ExpirateDate then
begin
    平仓信号 = 1;
    平仓累积盈利 C = 平仓累积盈利 C + (基差 RS－建仓成本 C－交易费用) * 期权交易量;
    KC = 0;
end;

If KC = －1 then 持仓盈利 C = 基差 RS－建仓成本 C
        else 持仓盈利 C = 0;
If KC = 1 then 持仓盈利 P = 建仓成本 P－基差 RS
        else 持仓盈利 P = 0;
持仓盈利 = 持仓盈利 C + 持仓盈利 P;
平仓累积盈利 = 平仓累积盈利 C + 平仓累积盈利 P;

```
plot1(基差 RS,"基差 RS");
plot2(下轨 RS,"下轨 RS");
plot3(上轨 RS,"上轨 RS");
plot4(平仓累积盈利,"平仓累积盈利");
plot5(平仓累积盈利 C,"平仓累积盈利 C");
plot6(平仓累积盈利 P,"平仓累积盈利 P");
plot7(持仓盈利,"持仓盈利");
plot8(持仓盈利 C,"持仓盈利 C");
plot9(持仓盈利 P,"持仓盈利 P");

If   LASTBARONCHART = false then begin           //避免重新加载程序时对非最
                                                 //后 K 线下单
          开仓信号 = 0;
          平仓信号 = 0;
end;
//期权正向箱型套利开仓(买低 C1 卖高 C2,买高 P2 卖低 P1)
If 开仓信号 = 1 and KC2 = 0 and LASTBARONCHART   then
Begin
  //看涨期权 C1 开多
      OrderTicket1.Account = iAccountoption;              //输入账户
      OrderTicket1.Symbol = ICodeC1;                      //输入建仓商品代码
      OrderTicket1.Quantity = 期权交易量;                  //输入交易量
      OrderTicket1.Action = guosen.OrderAction.BuytoOpen; //对 C1 开多
      OrderTicket1.Type = tsdata.trading.OrderType.Market;//市价单
      OrderTicket1.Duration = "IOC";                      //立即完成剩余撤销
      OrderTicket1.Send();                                //下单
  //看涨期权 C2 开空
      OrderTicket1.Account = iAccountoption;              //输入账户
      OrderTicket1.Symbol = ICodeC2;                      //输入建仓商品代码
      OrderTicket1.Quantity = 期权交易量;                  //输入交易量
      OrderTicket1.Action = guosen.OrderAction.SelltoOpen;//对 C2 开空仓
      OrderTicket1.Type = tsdata.trading.OrderType.Market;//市价单
      OrderTicket1.Duration = "IOC";                      //立即完成剩余撤销
      OrderTicket1.Send();
  //看跌期权 P2 开多
      OrderTicket1.Account = iAccountoption;              //输入账户
      OrderTicket1.Symbol = ICodeP2;                      //输入建仓商品代码
      OrderTicket1.Quantity = 期权交易量;                  //输入交易量
      OrderTicket1.Action = guosen.OrderAction.BuytoOpen; //对 P2 开多
```

```
            OrderTicket1.Type = tsdata.trading.OrderType.Market;    //市价单
            OrderTicket1.Duration = "IOC";                          //立即完成剩余撤销
            OrderTicket1.Send();                                    //下单
    //看跌期权 P1 开空
            OrderTicket1.Account = iAccountoption;                  //输入账户
            OrderTicket1.Symbol = ICodeP1;                          //输入建仓商品代码
            OrderTicket1.Quantity = 期权交易量;                      //输入交易量
            OrderTicket1.Action = guosen.OrderAction.SelltoOpen;    //对 P1 开空仓
            OrderTicket1.Type = tsdata.trading.OrderType.Market;    //市价单
            OrderTicket1.Duration = "IOC";                          //立即完成剩余撤销
            OrderTicket1.Send();
            KC2 = -1;
            开仓信号 = 0;
    end;
    //期权正向箱型套利平仓(买低 P1 卖高 P2,买高 C2 卖低 C1)
    If 平仓信号 = 1 and KC2 = 1 and LASTBARONCHART then
    begin
    //看涨期权 C1 平多
            OrderTicket1.Account = iAccountoption;                  //输入账户
            OrderTicket1.Symbol = ICodeC1;                          //输入平仓商品代码
            OrderTicket1.Quantity = 期权交易量;                      //输入交易量
            OrderTicket1.Action = guosen.OrderAction.SelltoClose;   //对 C1 平多仓
            OrderTicket1.Type = tsdata.trading.OrderType.Market;    //市价单
            OrderTicket1.Duration = "IOC";                          //立即完成剩余撤销
            OrderTicket1.Send();
    //看涨期权 C2 平空
            OrderTicket1.Account = iAccountoption;                  //输入账户
            OrderTicket1.Symbol = ICodeC2;                          //输入平仓商品代码
            OrderTicket1.Quantity = 期权交易量;                      //输入交易量
            OrderTicket1.Action = guosen.OrderAction.BuytoClose;    //对 C2 平空仓
            OrderTicket1.Type = tsdata.trading.OrderType.Market;    //市价单
            OrderTicket1.Duration = "IOC";                          //立即完成剩余撤销
            OrderTicket1.Send();
    //看跌期权 P2 平多
            OrderTicket1.Account = iAccountoption;                  //输入账户
            OrderTicket1.Symbol = ICodeP2;                          //输入平仓商品代码
            OrderTicket1.Quantity = 期权交易量;                      //输入交易量
            OrderTicket1.Action = guosen.OrderAction.SelltoClose;   //对 P2 平多仓
```

```
        OrderTicket1.Type = tsdata.trading.OrderType.Market；  //市价单
        OrderTicket1.Duration = "IOC"；                        //立即完成剩余撤销
        OrderTicket1.Send()；
    //看跌期权 P1 平空
        OrderTicket1.Account = iAccountoption；                //输入账户
        OrderTicket1.Symbol = ICodeP1；                        //输入平仓商品代码
        OrderTicket1.Quantity = 期权交易量；                    //输入交易量
        OrderTicket1.Action = guosen.OrderAction.BuytoClose；  //对 P1 平空仓
        OrderTicket1.Type = tsdata.trading.OrderType.Market；  //市价单
        OrderTicket1.Duration = "IOC"；                        //立即完成剩余撤销
        OrderTicket1.Send()；
        平仓信号 = 0；
        KC2 = 0；
end；

//期权反向箱型套利开仓(买高 C2 卖低 C1，买低 P1 卖高 P2)
If 开仓信号 = －1 and KC2 = 0 and LASTBARONCHART   then
Begin
    //看涨期权 C2 开多
        OrderTicket1.Account = iAccountoption；                //输入账户
        OrderTicket1.Symbol = ICodeC2；                        //输入建仓商品代码
        OrderTicket1.Quantity = 期权交易量；                    //输入交易量
        OrderTicket1.Action = guosen.OrderAction.BuytoOpen；   //对 C2 开多
        OrderTicket1.Type = tsdata.trading.OrderType.Market；  //市价单
        OrderTicket1.Duration = "IOC"；                        //立即完成剩余撤销
        OrderTicket1.Send()；                                  //下单
    //看涨期权 C1 开空
        OrderTicket1.Account = iAccountoption；                //输入账户
        OrderTicket1.Symbol = ICodeC1；                        //输入建仓商品代码
        OrderTicket1.Quantity = 期权交易量；                    //输入交易量
        OrderTicket1.Action = guosen.OrderAction.SelltoOpen；  //对 C1 开空仓
        OrderTicket1.Type = tsdata.trading.OrderType.Market；  //市价单
        OrderTicket1.Duration = "IOC"；                        //立即完成剩余撤销
        OrderTicket1.Send()；
    //看跌期权 P1 开多
        OrderTicket1.Account = iAccountoption；                //输入账户
        OrderTicket1.Symbol = ICodeP1；                        //输入建仓商品代码
        OrderTicket1.Quantity = 期权交易量；                    //输入交易量
```

```
            OrderTicket1.Action = guosen.OrderAction.BuytoOpen;    // 对 P1 开多
            OrderTicket1.Type = tsdata.trading.OrderType.Market;    // 市价单
            OrderTicket1.Duration = "IOC";                          // 立即完成剩余撤销
            OrderTicket1.Send();                                    // 下单
      // 看跌期权 P2 开空
            OrderTicket1.Account = iAccountoption;                  // 输入账户
            OrderTicket1.Symbol = ICodeP2;                          // 输入建仓商品代码
            OrderTicket1.Quantity = 期权交易量;                       // 输入交易量
            OrderTicket1.Action = guosen.OrderAction.SelltoOpen;    // 对 P2 开空仓
            OrderTicket1.Type = tsdata.trading.OrderType.Market;    // 市价单
            OrderTicket1.Duration = "IOC";                          // 立即完成剩余撤销
            OrderTicket1.Send();
            KC2 = -1;
            开仓信号 = 0;
end;

// 熊市看涨期权垂直套利平仓(卖高 C2 买低 C1)
If 平仓信号 = -1 and KC2 = -1 and LASTBARONCHART then
begin
  // 看涨期权 C2 平多
            OrderTicket1.Account = iAccountoption;                  // 输入账户
            OrderTicket1.Symbol = ICodeC2;                          // 输入平仓商品代码
            OrderTicket1.Quantity = 期权交易量;                       // 输入交易量
            OrderTicket1.Action = guosen.OrderAction.SelltoClose;   // 对 C2 平多仓
            OrderTicket1.Type = tsdata.trading.OrderType.Market;    // 市价单
            OrderTicket1.Duration = "IOC";                          // 立即完成剩余撤销
            OrderTicket1.Send();
  // 看涨期权 C1 平空
            OrderTicket1.Account = iAccountoption;                  // 输入账户
            OrderTicket1.Symbol = ICodeC1;                          // 输入平仓商品代码
            OrderTicket1.Quantity = 期权交易量;                       // 输入交易量
            OrderTicket1.Action = guosen.OrderAction.BuytoClose;    // 对 C1 平空仓
            OrderTicket1.Type = tsdata.trading.OrderType.Market;    // 市价单
            OrderTicket1.Duration = "IOC";                          // 立即完成剩余撤销
            OrderTicket1.Send();
  // 看跌期权 P1 平多
            OrderTicket1.Account = iAccountoption;                  // 输入账户
            OrderTicket1.Symbol = ICodeP1;                          // 输入平仓商品代码
```

```
        OrderTicket1.Quantity = 期权交易量;                    //输入交易量
        OrderTicket1.Action = guosen.OrderAction.SelltoClose;//对 P1 平多仓
        OrderTicket1.Type = tsdata.trading.OrderType.Market; //市价单
        OrderTicket1.Duration = "IOC";                      //立即完成剩余撤销
        OrderTicket1.Send();
    //看跌期权 P2 平空
        OrderTicket1.Account = iAccountoption;              //输入账户
        OrderTicket1.Symbol = ICodeP2;                      //输入平仓商品代码
        OrderTicket1.Quantity = 期权交易量;                    //输入交易量
        OrderTicket1.Action = guosen.OrderAction.BuytoClose; //对 P2 平空仓
        OrderTicket1.Type = tsdata.trading.OrderType.Market; //市价单
        OrderTicket1.Duration = "IOC";                      //立即完成剩余撤销
        OrderTicket1.Send();
        平仓信号 = 0;
        KC2 = 0;
    end;
    END;
```

图 7-7 期权箱型套利 EL 程序

三、期权箱型套利策略应用

我们选取了上证 50ETF 期权 2017 年 6 月份的 4 个合约为例测试期权垂直套利策略。4 个合约分别为低行权价看涨期权 C1：50ETF 购 6 月 2300；高行权价看涨期权 C2：50ETF 购 6 月 2500；低行权价看跌期权 P1：50ETF 购 6 月 2300；高行权价看跌期权 P2：50ETF 购 6 月 2500。时间区间选取了 2017 年 2 月 6 日至 6 月 16 日，图表周期为 5 分钟。参数设置如图 7-8 所示，模拟测试结果如图 7-9 所示。

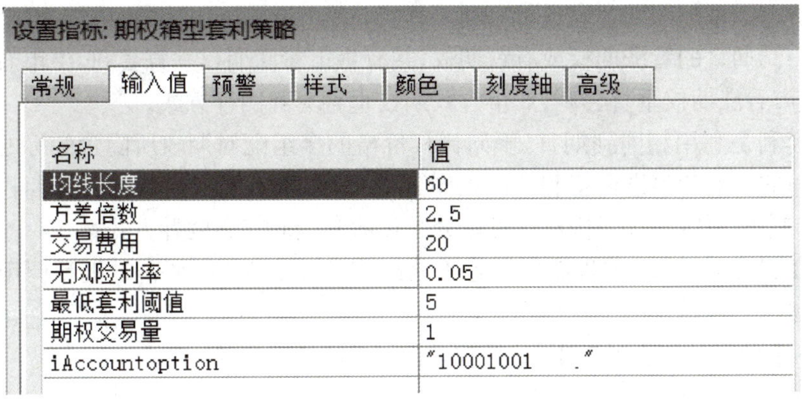

名称	值
均线长度	60
方差倍数	2.5
交易费用	20
无风险利率	0.05
最低套利阈值	5
期权交易量	1
iAccountoption	″10001001 .″

图 7-8 期权箱型套利模拟测试参数设置

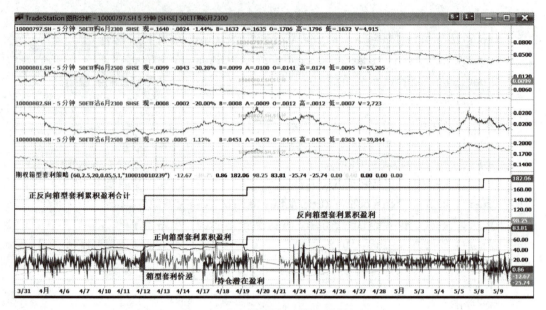

图 7-9 期权箱型套利模拟测试结果

从图 7-9 可见,在模拟测试区间,期权箱型套利的价差波动较小,最低套利阈值扣除交易成本 20 元(每手 5 元,每次交易 4 个品种共 20 元)后设置较低才有套利机会。测试期间套利交易 6 次,每次 1 手,盈利仅 182 元,套利空间甚小。如果考虑滑点和空头保证金利息支出,则基本无利可套。

本 章 小 结

期权平价套利是利用标的资产的市场价格与看涨期权、看跌期权和现货价格之间存在的平价关系的短期背离进行套利,包括正向和反向套利两种方式。

期权垂直套利是利用相同到期日,不同行权价的看涨期权之间或看跌期权之间应满足的合理价差关系的短期背离进行套利。垂直套利按不同的行权价($K_1 < K_2$)同时买进和卖出同一到期日的看涨期权或看跌期权,共有牛市看涨期权垂直套利、牛市看跌期权垂直套利、熊市看涨期权垂直套利、熊市看跌期权垂直套利四种方式。

箱体套利是利用相同到期日、不同行权价格的多组配对期权所隐含的标的无套利远期价格之间的短期背离进行套利。由相同到期日,两个不同行权价的看涨期权与看跌期权,两份多头,两份空头合约构成。可以分为正向和反向套利两种方式。

期权套利策略的 EL 编程需要考虑策略组合的建仓时机、平仓时机和调用下单组建下单等问题。

在 TS 平台上利用上证 50ETF 期权实现了各个套利策略。

重 要 概 念

期权平价套利　期权垂直套利　期权箱型套利　看涨看跌期权平价公式　正向平价套利　反向平价套利　牛市看涨期权垂直套利　牛市看跌期权垂直套利　熊市看涨期权垂直套利　熊市看跌期权垂直套利　正向箱体套利　反向箱体套利

习题与思考题

(1) 期权平价套利策略的基本原理和组合构成？正向和反向平价套利的差异？特别是在中国目前的市场条件下反向平价套利实现的方式和限制。

(2) 期权垂直套利策略的基本原理和组合构成？看涨期权和看跌期权的牛市和熊市垂直套利有何差异？请编写熊市看跌期权垂直套利策略和牛市看涨期权垂直套利策略的 EL 程序并进行测试。

(3) 期权箱型套利策略的基本原理和组合构成？正向箱型套利与反向箱型套利策略有何差异？请对比分析第三节和第四节期权垂直套利策略和箱型套利策略在同样的 4 只期权样本,同样的测试区间,后者的收益为什么要小得多？

第八章

期权组合交易策略

> **学习目标**
> 1. 掌握期权行权价差组合策略、期限价差组合策略、对角价差组合策略、混合期权策略等期权组合策略的基本思想。
> 2. 能够编制 EL 程序实现套利策略,关键是确定策略的建仓条件和平仓条件,以及调用 orderticket 下单组件进行下单等模块,特别是如何利用数组变量循环下单简化程序编写。
> 3. 能够选择适当的市场工具进行策略回测和模拟交易。

第一节 期权组合交易策略概述

不同的金融资产有不同的回报和损益状态,尤其是期权,由于其权利和义务的非对称性,不同期权种类、行权价格和到期日的异同和头寸位置的差异,具有多种回报和盈亏状态,因此,对不同的期权品种和其他金融资产进行构造组合,就能形成众多具有不同回报和盈亏分布特征的投资组合。投资者可以根据各自对未来标的资产现货价格概率分布的预期,以及各自的风险——收益偏好,选择最适合自己需求的期权组合,形成相应的交易策略。

期权交易策略主要有如下三个特点:一是高杠杆性,通过期权交易可以获得比融资融券(2倍左右)、期货交易(10倍左右),甚至于场外配资平台(20倍左右)更高的杠杆,从而在趋势交易中获得更高的收益;二是风险收益非对称性,通过期权交易既能获得股票波动带来的收益,又能规避股票波动带来的风险;三是组合的多样性,通过期权可以针对任何预期设计交易策略,不仅能在牛市中获利,也能在熊市中获利,还能在不涨不跌的情况下获利。

期权是一把双刃剑,用好了可以在任何的预期中实现盈利,但如果判断失误也能带来损失。在期权交易中,首先要对市场未来走势做出判断,在此基础上构造最合适该走势风险收益特征的交易策略,同时,也要根据市场走势,及时调整交易策略。

期权组合策略种类甚多,根据期权与其标的资产的平价关系,可以构造各种套利组合策略;根据相同到期日的期权行权价格的差异,可以构造各种行权价差组合(Option Spreads);根据相同行权价格期权,不同到期日的差异,可以构造各种期限价差组合(Calendar Spreads);同时考虑不同行权价格和不同到期日差异,可以构造对角价差组合(Diagonal Spreads);由具有相同行权价格、相同期限的不同份额的看涨期权和看跌期权组成,可以构造跨式组合(Straddle)、条式组合(Strip)和带式组合(Strap)等。每一类组合又可以构造出许多细的分类组合。这些组合策略都各有其特点。本章将重点讨论行权价差组合、期限价差组合、对角价差组合和马鞍式组合策略在 TS 平台的应用。其他组合策略的应用可以举一反三。

第二节　行权价差组合策略

一、策略基本思想

行权价差组合又称期权价差(Option Spreads)组合,是指由相同到期期限,不同行权价格的两个或多个同种期权头寸(即同是看涨期权,或者同是看跌期权)构造而成的组合,其主要类型有牛市价差组合、熊市价差组合、蝶式价差组合等。

(一) 牛市价差(Bull Spreads)组合

一份看涨期权多头与一份相同标的资产、相同期限较高行权价格的看涨期权空头,或者一份看跌期权多头与一份相同标的资产、相同期限较高行权价格的看跌期权空头组合都可以组成一个牛市价差组合,其到期收益可用图 8-1 和 8-2 表示。从图中可以看出,到期日现货价格升高对组合持有者较有利,故称牛市价差组合。牛市价差策略限制了投资者当股价上升时的潜在收益,也限制了股价下跌时的损失。

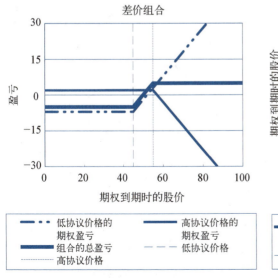

图 8-1　看涨期权的牛市价差组合

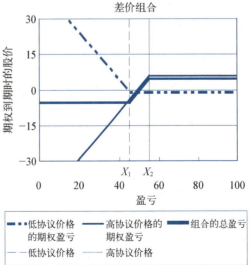

图 8-2　看跌期权的牛市价差组合

通过比较标的资产现价与行权价格的关系,可以把牛市价差期权分为三类:

1. 两虚值期权组合,指期初两个期权均为虚值期权,例如在看涨期权的情况下,两个期权的行权价格均比现货价格高;而在看跌期权的情况下则两个期权的行权价格都比现货价格低。

2. 实值期权与虚值期权的组合,在看涨期权的情况下就是多头实值期权加空头虚值期权组合,指多头期权的行权价格比现货价格低,而空头期权的行权价格比现货价格高;在看跌期权的情况下就是多头虚值和空头实值的组合。

3. 两实值期权组合,指期初两个期权均为实值期权,在看涨期权的情况下,两个期权的行权价格均比现货价格低;在看跌期权的情况下,两个期权的行权价格均比现货价格高。

比较看涨期权的牛市价差与看跌期权的牛市价差组合可见,行权价格越高,看涨期权价格越低,而看跌期权价格越高,因此构建看涨期权的牛市价差组合需要初始投资,即期初现金流为负,而构建看跌期权的牛市价差组合则有初期收入,期初现金流为正(忽略保证金的要求),但前者的最终收益可能大于后者。

(二)熊市价差组合

熊市价差(Bear Spreads)组合刚好和牛市价差组合相反,它可以由一份看涨期权多头和一份相同期限、行权价格较低的看涨期权空头组成(如图8-3所示),也可以由一份看跌期权多头和一份相同期限、行权价格较低的看跌期权空头组成(如图8-4所示)。显然,到期日现货价格降低对组合持有者较有利,故称熊市价差组合。

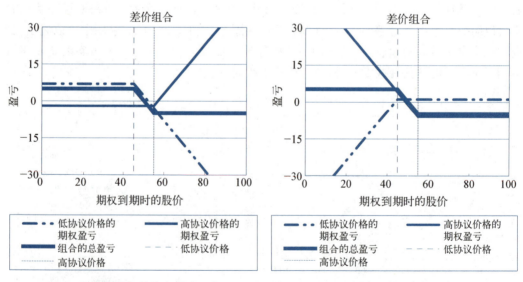

图8-3 看涨期权的熊市价差组合　　图8-4 看跌期权的熊市价差组合

看涨期权的熊市价差组合和看跌期权的熊市价差组合的差别在于,前者在期初有正的现金流,后者在期初则有负的现金流,但后者的最终收益可能大于前者。

通过比较牛市和熊市价差组合可见,对于同种期权而言,凡"买低卖高"的即为牛市价差策略,而"买高卖低"的即为熊市价差策略,这里的"低"和"高"是指行权价格。两者的图

形刚好关于 X 轴对称。

(三) 蝶式价差组合

蝶式价差(Butterfly Spreads)组合是由四份具有相同期限、不同行权价格的同种期权头寸组成。蝶式价差策略因其策略组合的到期收益曲线形同展翅飞翔的蝴蝶而得名。一个蝶式策略包含了三个或四个期权头寸,这些期权都有相同的标的资产和到期日。根据构造蝶式策略的双翼使用的期权头寸为多头头寸或空头头寸的差异,将蝶式价差策略区分为多头蝶式策略与空头蝶式策略。蝶式价差策略组合可能同时包含看涨期权和看跌期权,也可能只包含看涨期权或看跌期权。仅包含看涨期权的多头(空头)蝶式策略为多头(空头)看涨蝶式策略,仅包含看跌期权的多头(空头)蝶式策略为多头(空头)看跌蝶式策略。同时包含看涨期权或看跌期权的蝶式策略为铁蝶式策略。

一般来说,有多种方式来构造一个蝶式价差组合的收益结构。其中的一种典型组合为:这四份期权头寸里共有三个执行价格,$X_1 < X_2 < X_3$,且 $X_2 = (X_1 + X_3)/2$,则相应的蝶式价差组合有如下四种:

1. 看涨期权多头蝶式价差组合,它由行权价格分别为 X_1 和 X_3 的看涨期权多头和两份行权价格为 X_2 的看涨期权空头组成,其盈亏分布图如图 8-5 所示;

2. 看涨期权空头蝶式价差组合,它由行权价格分别为 X_1 和 X_3 的看涨期权空头和两份行权价格为 X_2 的看涨期权多头组成,其盈亏图刚好与图 8-5 相反;

3. 看跌期权多头蝶式价差组合,它由行权价格分别为 X_1 和 X_3 的看跌期权多头和两份行权价格为 X_2 的看跌期权空头组成,其盈亏图如图 8-6 所示。

4. 看跌期权空头蝶式价差组合,它由行权价格分别为 X_1 和 X_3 的看跌期权空头和两份行权价格为 X_2 的看跌期权多头组成,其盈亏图与图 8-6 刚好相反。

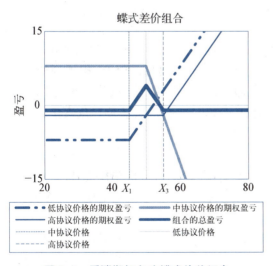

图 8-5　看涨期权多头蝶式价差组合

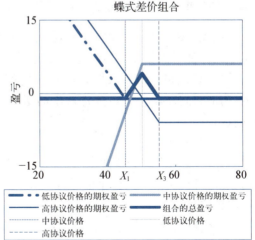

图 8-6　看跌期权多头蝶式价差组合

事实上,由于蝶式价差组合的最终盈亏状况比较复杂,我们可以借助于盈亏分析表进一步理解这一组合。表 8-1 给出了看涨期权多头蝶式价差组合的最后盈亏状况。读者可以仿照这一方式,作出其他三种蝶式价差组合的盈亏状态表。

表 8-1 看涨期权多头蝶式价差组合的盈亏状况分析

S_T	X_1盈亏	2份X_2盈亏	X_3的盈亏	总盈亏
$S_T \leqslant X_1$	$0 - c_1$	$0 + 2c_2$	$0 - c_3$	$2c_2 - c_1 - c_3$
$X_1 < S_T \leqslant X_2$	$S_T - X_1 - c_1$	$0 + 2c_2$	$0 - c_3$	$S_T - X_1 + 2c_2 - c_1 - c_3$
$X_2 < S_T \leqslant X_3$	$S_T - X_1 - c_1$	$2X_2 - 2S_T + 2c_2$	$0 - c_3$	$X_3 - S_T + 2c_2 - c_1 - c_3$
$S_T \geqslant X_3$	$S_T - X_1 - c_1$	$2X_2 - 2S_T + 2c_2$	$S_T - X_3$	$2c_2 - c_1 - c_3$

注：c_1、c_2 和 c_3 分别表示对应三个执行价格的看涨期权价格。

从图 8-5 和 8-6 中可以发现，在不考虑期权费的条件下，如果未来的标的资产价格在 X_1 和 X_3 之间变动，则运用正向蝶式价差策略就可以获利，而如果未来标的资产价格在任何方向上有较大的波动，这一组合没有损失。因此对于那些认为股票价格不可能发生较大波动的投资者来说，这是一个非常适合的策略。从这一点看，正向蝶式价差组合需要初期投资，即 $2c_2 - c_1 - c_3$ 和 $2p_2 - p_1 - p_3$ 应该小于零，才能保证不会出现初期获利，将来没有损失可能的现象。表现在图 8-5 和图 8-6 中，就是有初期少量的负现金流。

反过来，如果是空头蝶式价差组合，则未来价格变化较小的时候，组合会有所亏损，而价格波动较大的时候则没有收益，因此空头蝶式价差组合的投资者初期应该有正的现金流。

最后，如果以上所有期权都为欧式期权，则运用看涨看跌期权平价公式，可以发现运用看跌期权构造与运用看涨期权构造的蝶式价差组合是完全相同的。

二、看涨期权蝶式价差策略的 EL 程序

在此，我们以多头和空头看涨蝶式策略来分析期权价差策略在 TS 的应用。多头和空头看涨蝶式策略（long call butterfly）都包含了 3 份有相同标的资产、相同到期日的看涨期权，但每一份看涨期权的行权价都不同，并且这 3 份期权行权价一般都是等差的，有时也可不等差。虽然构造出的组合可能有多种形式，但在此主要讨论直接的蝶式期权组合。

（一）策略构成

1. 多头看涨蝶式组合。需要购买 1 份高行权价和 1 份低行权价期权，出售 2 份中间行权价期权，我们得到头寸相等的 2 份多头和 2 份空头期权。由于两翼的期权为多头，故称多头蝶式。

外侧行权价是买入价，内侧行权价是卖出价。卖出内侧（处于中间）行权价期权，买入外侧（即最高和最低）行权价期权。如果到期日股票指数收盘价正好处于内侧行权价上，那么此时就会得到这个组合的最高收益。这种情形下，最低行权价的多头看涨期权是唯一有价值的期权。根据多头看涨蝶式期权的收益结构来看，它并不是真正意义上的具有多头倾向的组合，而是期望期权到期时，标的资产价格处在一个特定的价格或在其附近的交易策略。因此，它是一个适用于区间盘整的策略。

2. 空头看涨蝶式组合。需要出售1份高行权价和1份低行权价期权,购买2份中间行权价期权,我们得到头寸相等的2份多头和2份空头期权。由于两翼的期权为空头,故称空头蝶式。空头蝶式的到期收益曲线与多头蝶式正好相反。因此,在标的资产小幅盘整时将亏损,而波幅超过上下盈亏平衡点将获得有限的盈利。

(二) 分析图监测

在此利用 TS 的分析图进行策略监测,数据加载顺序为:Data1 为股指期货,Data2 低行权价看涨期权 Call1,Data3 为中行权价看涨期权 Call2,Data4 为高行权价看涨期权 Call3。EL 程序中分别将其赋予数组1—4。

```
ICode[1] = GetSymbolName of data1;        //获取分析图1代码
    ......
    ICode[4] = GetSymbolName of data4;
CloseA[1] = c of data1;                   //分析图1收盘价赋予数组1
    ......
CloseA[4] = c of data4;
```

(三) 利用 QuotProvider 组件编写函数查询有关品种参数

我们可以利用 QuotProvider 组件编写函数查询有关品种参数,在组件窗口插入 QuotProvider 组件,并在程序里面编写函数和相关调用程序。

```
//定义获取行权价\合约乘数函数
method double priceload(QuotesProvider Qp1,int kk,string field)
begin
    QP1.Load = False;
    QP1.Symbol = ICode[kk];              //设置 QP1.Symbol 为当前期权代码
    Qp1.Fields + = Field;                //设置行权价字段
    QP1.Load = True;
    Return(qp1.Quote[Field].DoubleValue);//返回行权价
end;
// 定义获取期权到期日函数
method int ExpirationDateload(QuotesProvider Qp1,int kk,string field)
begin
    QP1.Load = False;
    QP1.Symbol = ICode[kk];              //设置 QP1.Symbol 为当前期权代码
    QP1.Fields + = field;
    QP1.Load = True;
    Return QP1.Quote["ExpirationDate"].Datevalue.ELDate;
end;
//调用相关函数
```

```
For k = 1 to n begin
        StrikePrice[k] = priceload(Qp1,k,"StrikePrice");           //查询行权价
        ContraMultip[k] = priceLoad(Qp1,k,"BigPointValue");         //查询合约乘数
        ExpirateDate[k] = ExpirationDateload(Qp1,k,"ExpirationDate");
                                                                    //查询到期日
end;
```

(四) 利用程序检查分析图品种代码加载是否正确

在分析图加载交易品种代码时容易出错,这会导致策略交易结果出错而带来损失。因此,我们可以利用程序自动监测分析图加载的代码是否正确。不准确,系统将提示用户重新加载正确代码。这里以 TS 目前可以交易的 50ETF 期权为例进行检测。其他交易品种则需要做相应的修改。

```
//检查分析图加载品种代码是否正确,以50ETF 期权为例
    if ICode[1] = "510050.SH" and LeftStr(ICode[2],5) = "10000" and LeftStr(ICode
[3],5) = "10000" and LeftStr(ICode[4],5) = "10000"
    and rightStr(ICode[2],3) = ".SH" and rightStr(ICode[3],3) = ".SH" and rightStr
(ICode[4],3) = ".SH" then
            代码类型正确 = true
        Else
        Begin
            Alert("图表代码类型错误,请重新输入: 现货、期权1、期权2、期权3");
            代码类型正确 = false;
        end;
    if StrikePrice[2]<StrikePrice[3] and StrikePrice[3]<StrikePrice[4] then
            期权行权价正确 = true
        Else
        Begin
            Alert("Data2 - data4 期权行权价应该从低到高排列,请重新输入");
            期权行权价正确 = false;
        end;
    if ExpirateDate[2] = ExpirateDate[3] and ExpirateDate[3] = ExpirateDate[4]then
            期权期限正确 = true
        Else
        Begin
            Alert(! ("期权期限不正确,请重新输入相同到期日的期权"));
            期权期限正确 = false;
        end;
If  代码类型正确 and 期权行权价正确 and 期权期限正确 then begin// 开始监测 否则退出
```

(五) 策略价差

由于多头看涨蝶式策略买入 1 份低行权价看涨期权 Call1 和 1 份高行权价看涨期权 Call3，卖出 2 份中行权价看涨期权 Call2。看涨期权空头和多头各有 2 个仓位，建仓时支付购买期权价格减出售期权收益的差额：(Call1+Call3)−Call2×2 为建仓成本，平仓时获得期权多头平仓的收益减期权空头平仓支付的差额：(Call1+Call3)−Call2×2 为平仓收益，平仓收益与建仓成本的差额为策略盈利(在此未考虑交易成本和持仓成本，实际使用时应该考虑)。任何投资盈利都需要遵循低买，高卖原则。多头看涨蝶式策略盈利需要建仓成本越低越好，平仓收益越高越好，这样才能获得更高的收益。其多头蝶式价差为：

> 多头蝶式价差 C = ((CloseA[2] + CloseA[4]) − CloseA[3] * 2) * ContraMultip[2];
> 多头蝶式价差 CM1 = Average(多头蝶式价差 C, MaSLength);
> 多头蝶式价差 CM2 = Average(多头蝶式价差 C, MaLLength);

空头蝶式价差与之相反。

(六) 建仓条件

多头蝶式的建仓条件是在价差短期均线上穿长期均线，且价差低于最高建仓价差阈值时未持仓。

空头蝶式的建仓条件是在价差短期均线下穿长期均线，且价差大于最小建仓价差阈值时未持仓。

> 多头蝶式价差建仓条件 = 多头蝶式价差 CM1 Cross over 多头蝶式价差 CM2 and
> 　　　　　　　　　　多头蝶式价差 C<多头建仓最大价差 1 and KC<=0;
> 空头蝶式价差建仓条件 = 多头蝶式价差 CM1 Cross below 多头蝶式价差 CM2 and
> 　　　　　　　　　　多头蝶式价差 C>空头建仓最小价差 and KC>=0;

(七) 平仓条件

多头蝶式策略平仓包括盈利平仓和到期日平仓两种方式。

> 多头蝶式价差盈利平仓条件 = 多头蝶式价差 CM1 Cross below 多头蝶式价差 CM2 and
> 　　　　　　　　　　　　多头蝶式价差 C − 多头策略建仓成本>平仓最小盈利 and KC = 1;
> 多头蝶式价差到期平仓条件 = date = ExpirateDate[2] and time = 1450 and KC = 1;

空头蝶式策略平仓包括盈利平仓、止损平仓和到期日平仓三种方式。

> 空头蝶式价差盈利平仓条件 = 多头蝶式价差 CM1 Cross over 多头蝶式价差 CM2 and
> 　　　　　　　　　　　　空头策略建仓成本 − 多头蝶式价差 C>平仓最小盈利 and KC = −1;
> 空头蝶式价差止损平仓条件 = 多头蝶式价差 CM1<多头蝶式价差 CM2 and
> 　　　　　　　　　　　　空头策略建仓成本 − 多头蝶式价差 C< − 平仓最小盈利 * 2 and
> 　　　　　　　　　　　　KC = −1;
> 空头蝶式价差到期平仓条件 = date = ExpirateDate[2] − 5 and time = 1450 and KC = −1;

(八)利用下单组件下单

EL 的下单组件为我们组合多种下单提供了方便。在达到建仓或者平仓条件时,我们设置组合的几个品种下单指令为 true,并对相关参数进行设置。

```
IF 多头蝶式价差建仓条件 then
begin
    SellOrder[2] = true;                                    //卖出近月合约
    buyOrder[3] = true;                                     //买进远月合约
    SellVolume[2] = 建仓手数;
    BuyVolume[3] = 建仓手数;                                 //交易量
    Ordername[2] = "期权多头蝶式价差建仓近月卖出下单 ICode[2]";  //交易信号名称
    Ordername[3] = "期权多头蝶式价差建仓远月买进下单 ICode[3]";
    多头策略建仓成本 = 多头蝶式价差 C + 期权手续费率 * 2;       //计算单位建仓
                                                            //成本
    BuyPosition[2] = SellVolume[2];
    BuyPosition[3] = BuyVolume[3];                          //持仓量
    KC = 1;                                                 //持仓标志 = 1
end;
```

利用数组变量循环下单可减少程序重复编写。

```
For k = 2 to 3 begin
If SellOrder[k]  and SellVolume[k]>0  and LASTBARONCHART then Begin
    OrderTicket1.Symbol = ICode[k];                         //输入期权代码
        OrderTicket1.SymbolType = tsdata.common.SecurityType.Stock; //股票类型
        OrderTicket1.Account = iAccountOption;              //输入期权账户
        OrderTicket1.Quantity = SellVolume[k];              //输入交易量
        OrderTicket1.Action = guosen.OrderAction.selltoopen; //开空
        ……
    end;
If buyOrder[k]  and BuyVolume[k]>0  and LASTBARONCHART then Begin
        ……
        OrderTicket1.Action = guosen.OrderAction.buytoopen;  //开多仓
        ……
    end;
If BuytoCloseOrder[k] and buyVolume[k] > 0  and UseablePosition[k] > 0  and
LASTBARONCHART then Begin
        ……
        OrderTicket1.Action = OrderAction.buytoclose;        //买进平空仓
        ……
```

```
        end;
    If SelltoCloseOrder[k] and SellVolume[k]>0 and UseablePosition[k]>0 and
LASTBARONCHART then Begin
        ……
        OrderTicket1.Action = OrderAction.selltoclose;        //卖出平多仓
        ……
    end;
end;    //循环下单结束
```

(九) 统计盈亏指标

在分析图上使用下单组件下单,需要程序自己统计盈亏等指标。
在建仓时:

> 多头策略建仓成本 = 多头蝶式价差 C + 期权手续费率 * 2;//计算单位建仓成本

在平仓时:

> 累计盈利 C = 累计盈利 C + (多头蝶式价差 C - 多头策略建仓成本 - 期权手续费率 * 4)
> * BuyVolume[2];
> 多头策略建仓成本 = 0;

在持仓时:

> if KC = 1 then   持仓潜在盈利 C = (多头蝶式价差 C - 多头策略建仓成本 -
>   期权手续费率 * 4) * BuyPosition[2];
> if KC = -1 then 持仓潜在盈利 C = (-多头蝶式价差 C + 空头策略建仓成本 -
>   期权手续费率 * 4) * BuyPosition[2];
> if KC = 0 then 持仓潜在盈利 C = 0;

看涨期权蝶式价差策略 EL 的完整程序如图 8-7 所示。除此程序外,需要在工具箱插入 QuotProvider 组件和 OrderTicket 下单组件。

```
{本指标用于看涨期权多头蝶式和空头蝶式价差交易}
//声明命名空间
Using tsdata.marketdata;    // 需要引用 PriceSeriesProvider 的名字空间。
Using guosen;               // 包含国信的命名空间

Input: iAccountOption("100010010239"){期权账号},初始投资(2000000),
    投资比率(90),
    期权手续费率(5){期权手续费率元/手}, n(4){图表资产数},
    MaSLength(30),MaLLength(60){价差均线区间长度},
```

多头建仓最大价差 1(-300),空头建仓最大价差 1(100),
建仓手数(10),平仓最小盈利(100);
var: double 时间价值 C1(0),double 时间价值 C2(0),double 内在价值 C(0),double
多头蝶式价差 C(0),double 多头蝶式价差 CM1(0),double 多头蝶式价差 CM2(0),
多头蝶式价差建仓条件(false),多头蝶式价差盈利平仓条件(false),
多头蝶式价差到期平仓条件(false),空头蝶式价差建仓条件(false),
空头蝶式价差盈利平仓条件(false),空头蝶式价差到期平仓条件(false),
多头蝶式价差止损平仓条件(false),空头蝶式价差止损平仓条件(false),
代码类型正确(false),期权行权价正确(false),期权期限正确(false),
double 多头策略建仓成本(0),double 空头策略建仓成本(0),
double 平仓最小盈利1(50),double 持仓潜在盈利 C(0),double 累计盈利 C(0),KC(0),
int k(0){股票循环变量},int BarID(0),double 可用资金(0),
double 购买期权资金需求(0),double 建仓资金总需求(0);
Array: double CloseA[4](0){资产价格},double ContraMultip[4](10000){期权乘数},
double StrikePrice[4](0){期权行权价},int ExpirateDate[4](0){期权到期日},
int BuyPosition[4](0){持仓量},int UseablePosition[4](0){账户实际可用仓位},
BuyOrder[4](false){开多仓指令},SellOrder[4](false){平空仓指令},
BuytoCloseOrder[4](false){平多仓指令},
SelltoCloseOrder[4](false){平空仓指令},
OrderName[4]("None"){指令名称},ICode[4](""){资产代码},
double 看涨期权虚值[4](0), double 看涨期权开空保证金[4](0),
int buyVolume[4](0){买交易量},int SellVolume[4](0){卖交易量};

// 获取行权价\合约乘数函数
method double priceload(QuotesProvider Qp1,int kk,string field)
begin
    QP1.Load = False;
    QP1.Symbol = ICode[kk];   // 设置 QP1.Symbol 为当前期权代码
    Qp1.Fields + = Field;   // 设置行权价字段
    QP1.Load = True;
    Return(qp1.Quote[Field].DoubleValue);// 返回行权价
end;

// 获取期权到期日函数
method int ExpirationDateload(QuotesProvider Qp1,int kk,string field)
begin
    QP1.Load = False;
    QP1.Symbol = ICode[kk];   // 设置 QP1.Symbol 为当前期权代码

```
        QP1.Fields + = field;
        QP1.Load = True;
        Return QP1.Quote["ExpirationDate"].Datevalue.ELDate;
end;
//********************************************
BarID = BarID + 1;                                          //K线计数
//将初值赋予数组
if BarID = 1 then begin
        ICode[1] = GetSymbolName of data1;                  //获取分析图1代码
        ICode[2] = GetSymbolName of data2;
        ICode[3] = GetSymbolName of data3;
        ICode[4] = GetSymbolName of data4;
//调用QuotProvider函数查询
        For k = 1 to n begin
                StrikePrice[k] = priceload(Qp1,k,"StrikePrice");     //查询行权价
                ContraMultip[k] = priceLoad(Qp1,k,"BigPointValue");  //查询合约乘数
                ExpirateDate[k] = ExpirationDateload(Qp1,k,"ExpirationDate");
                                                                     //查询到期日
        end;
end;
        CloseA[1] = c of data1;                             //收盘价赋予数组
        CloseA[2] = c of data2;
        CloseA[3] = c of data3;
        CloseA[4] = c of data4;
//检查分析图加载品种代码是否正确
if ICode[1] = "510050.SH" and LeftStr(ICode[2],5) = "10000" and LeftStr(ICode[3],
5) = "10000" and LeftStr(ICode[4],5) = "10000" and rightStr(ICode[2],3) = ".SH" and
rightStr(ICode[3],3) = ".SH" and rightStr(ICode[4],3) = ".SH" then
                代码类型正确 = true
        Else
        Begin
                Alert("图表代码类型错误,请重新输入:现货、期权1、期权2、期权3");
                代码类型正确 = false;
        end;
        if StrikePrice[2]<StrikePrice[3] and StrikePrice[3]<StrikePrice[4] then
                期权行权价正确 = true
        Else
        Begin
```

```
                Alert("Data2-data4 期权行权价应该从低到高排列,请重新输入");
                期权行权价正确 = false;
        end;
if ExpirateDate[2] = ExpirateDate[3] and ExpirateDate[3] = ExpirateDate[4] then
                期权期限正确 = true
        Else
        Begin
                Alert(! ("期权期限不正确,请重新输入相同到期日的期权"));
                期权期限正确 = false;
        end;
If   代码类型正确 and 期权行权价正确 and 期权期限正确 then begin   //开始监测 否则退出
//计算相关条件

        多头蝶式价差 C = ((CloseA[2] + CloseA[4]) - CloseA[3] * 2) * ContraMultip[2];
//计算多头看涨与看跌期权的价差
        多头蝶式价差 CM1 = Average(多头蝶式价差 C,MaSLength);              //价差短期均线
        多头蝶式价差 CM2 = Average(多头蝶式价差 C,MaLLength);              //价差短期均线
        多头蝶式价差建仓条件 = 多头蝶式价差 CM1 Cross over 多头蝶式价差 CM2 and
                        多头蝶式价差 C＜多头建仓最大价差 1 and   KC＜ = 0;
        多头蝶式价差盈利平仓条件 = 多头蝶式价差 CM1 Cross below 多头蝶式价差 CM2 and
                        多头蝶式价差 C - 多头策略建仓成本＞平仓最小盈利 and
                        KC = 1;
多头蝶式价差到期平仓条件 = date = ExpirateDate[2] and time = 1450 and KC = 1;


空头蝶式价差建仓条件 = 多头蝶式价差 CM1 Cross below 多头蝶式价差 CM2 and
                        多头蝶式价差 C＞空头建仓最大价差 1 and   KC＞ = 0;
        空头蝶式价差盈利平仓条件 = 多头蝶式价差 CM1 Cross over 多头蝶式价差 CM2 and
                        空头策略建仓成本 - 多头蝶式价差 C＞平仓最小盈利 and
                        KC = -1;
        空头蝶式价差止损平仓条件 = 多头蝶式价差 CM1＜多头蝶式价差 CM2 and
                        空头策略建仓成本 - 多头蝶式价差 C＜ - 平仓最小盈利 * 2
                        and   KC = -1;
空头蝶式价差到期平仓条件 = date = ExpirateDate[2] - 5 and time = 1450 and KC = -1;

//符合盈利平仓条件平仓
    IF   空头蝶式价差盈利平仓条件 or 空头蝶式价差到期平仓条件    or
    空头蝶式价差止损平仓条件 Then
```

```
begin
    SelltocloseOrder[2] = true;                                    // 卖出远月平仓
    buytocloseOrder[3] = true;                                     // 买进近月平仓
    SellVolume[2] = BuyPosition[2];                                // 平仓数量
    BuyVolume[3] = BuyPosition[3];
    BuyPosition[2] = 0;
    BuyPosition[3] = 0;
    Ordername[2] = "看涨期权空头蝶式价差近月卖出平仓 ICode[2]";
    Ordername[3] = "看涨期权空头蝶式价差远月买进平仓 ICode[3]";
    累计盈利 C = 累计盈利 C + (空头策略建仓成本 - 多头蝶式价差 C - 期权手续费率 * 4)
* BuyVolume[3];
    空头策略建仓成本 = 0;
    KC = 0;                                                        // 持仓标志 = 0
end;

// 符合多头蝶式价差建仓条件建仓
IF 多头蝶式价差建仓条件 then   begin
    SellOrder[2] = true;                                           // 卖出近月合约
    buyOrder[3] = true;                                            // 买进远月合约
    SellVolume[2] = 建仓手数;                                        // 交易量
    BuyVolume[3] = 建仓手数;
    BuyPosition[2] = SellVolume[2];
    BuyPosition[3] = BuyVolume[3];                                 // 持仓量
    Ordername[2] = "期权多头蝶式价差建仓近月卖出下单 ICode[2]"; // 交易信号名称
    Ordername[3] = "期权多头蝶式价差建仓远月买进下单 ICode[3]";
    多头策略建仓成本 = 多头蝶式价差 C + 期权手续费率 * 2;              // 计算单位建仓成本
KC = 1;
end;

// 符合盈利平仓条件和到期平仓条件平仓
    IF   多头蝶式价差盈利平仓条件 or 多头蝶式价差到期平仓条件 Then
    begin
        buytocloseOrder[2] = true;                                 // 买进近月平仓
        SelltocloseOrder[3] = true;                                // 卖出远月平仓
        BuyVolume[2] = BuyPosition[2];                             // 平仓数量
        SellVolume[3] = BuyPosition[3];
        BuyPosition[2] = 0;
        BuyPosition[3] = 0;
```

```
        Ordername[2] = "看涨期权多头蝶式价差近月买进平仓 ICode[2]";
        Ordername[3] = "看涨期权多头蝶式价差远月卖出平仓 ICode[3]";
        累计盈利 C = 累计盈利 C + (多头蝶式价差 C - 多头策略建仓成本 - 期权手续费率 * 4)
 * BuyVolume[2];
        多头策略建仓成本 = 0;
KC = 0;
end;


//符合反向建仓条件建仓
IF 空头蝶式价差建仓条件 then// and 可用资金>多头蝶式资金总需求 Then
begin
        buyOrder[2] = true;                                           //买进远月合约
        SellOrder[3] = true;                                          //卖出近月合约
        BuyVolume[2] = 建仓手数;                                       //交易量
        SellVolume[3] = 建仓手数;
        空头策略建仓成本 = 多头蝶式价差 C - 期权手续费率 * 2;            //计算单位建仓成本
        可用资金 = 可用资金 - 空头蝶式资金总需求;
        BuyPosition[2] = BuyVolume[2];
        BuyPosition[3] = SellVolume[3];                               //持仓量
        Ordername[2] = "期权空头蝶式价差建仓近月买进下单 ICode[2]";
        Ordername[3] = "期权空头蝶式价差建仓远月卖出下单 ICode[3]";//交易信号名称
        KC = -1;                                                      //持仓标志 = 1
end;


// 持仓潜在盈利 C 统计
if KC = 1 then
   持仓潜在盈利 C = (多头蝶式价差 C - 多头策略建仓成本 - 期权手续费率 * 4) *
BuyPosition[2];
if KC = -1 then
   持仓潜在盈利 C = (- 多头蝶式价差 C + 空头策略建仓成本 - 期权手续费率 * 4) *
BuyPosition[2];
if KC = 0 then 持仓潜在盈利 C = 0;


Plot4(多头蝶式价差 C,"多头蝶式价差 C");
plot5(多头蝶式价差 CM1,"多头蝶式价差 CM1");
plot6(多头蝶式价差 CM2,"多头蝶式价差 CM2");
plot7(多头策略建仓成本,"多头策略建仓成本");
plot8(空头策略建仓成本,"空头策略建仓成本");
```

```
plot9(持仓潜在盈利 C,"持仓潜在盈利 C");
plot10(累计盈利 C,"累计盈利 C");

//调用下单组件下单
If   LASTBARONCHART = false then begin           //避免重新加载程序时
                                                  //对非最后 K 线下单
    For k = 2 to 3   begin
            buyOrder[k] = false;
            SellOrder[k] = false;
    end;
end;
//各期权品种循环下单
For k = 2 to 3 begin
//符合卖出开空仓条件下单
    If SellOrder[k]   and SellVolume[k]>0   and LASTBARONCHART then Begin
        OrderTicket1.Symbol = ICode[k];                     //输入期权代码
        OrderTicket1.SymbolType = tsdata.common.SecurityType.Stock;
                                                            //股票类型
        OrderTicket1.Account = iAccountOption;              //输入期权账户
        OrderTicket1.Quantity = SellVolume[k];              //输入交易量
        OrderTicket1.Action = guosen.OrderAction.selltoopen; //开多
        OrderTicket1.Type = tsdata.trading.OrderType.limit;  //限价单
        OrderTicket1.LimitPrice = CloseA[k];                //限价为当前收盘价
        OrderTicket1.Duration = "GFD";                      //当日有效
        OrderTicket1.Send();                                //下单
        SellOrder[k] = false;                               //重置下单命令
        SellVolume[k] = 0;                                  //重置交易量
    end;

//符合买入开多仓条件下单     and LASTBARONCHART
    If buyOrder[k]   and BuyVolume[k]>0   and LASTBARONCHART then Begin
    //买入开多仓
        OrderTicket1.Symbol = ICode[k];
        OrderTicket1.SymbolType = tsdata.common.SecurityType.Stock;
        OrderTicket1.Account = iAccountOption;
        OrderTicket1.Quantity = BuyVolume[k];               //输入交易量
        OrderTicket1.Action = guosen.OrderAction.buytoopen; //开多仓
        OrderTicket1.Type = tsdata.trading.OrderType.limit; //限价单
```

```
            OrderTicket1.LimitPrice = CloseA[k];
            OrderTicket1.Duration = "GFD";
            OrderTicket1.Send();                              //下单
            buyOrder[k] = false;                              //重置下单命令
            BuyVolume[k] = 0;
        end;

//符合买进平空仓条件下单
UseablePosition[k] = GetPositionQuantity(ICode[k], iAccountOption);
                                                             //查询账户该品种持仓
                                                             //量 and LASTBARONCHART
If BuytoCloseOrder[k] and buyVolume[k]>0 and UseablePosition[k]>0 and
LASTBARONCHART then Begin
        If buyVolume[k]>UseablePosition[k] then buyVolume[k] = UseablePosition[k];
            OrderTicket1.Account = iAccountOption;
            OrderTicket1.Symbol = ICode[k];                   //输入平仓商品代码
            OrderTicket1.SymbolType = tsdata.common.SecurityType.Stock;
            OrderTicket1.Quantity = buyVolume[k];             //输入交易量
            OrderTicket1.Action = OrderAction.buytoclose;     //买进平空仓
            OrderTicket1.Type = tsdata.trading.OrderType.market; //市价单
            OrderTicket1.Duration = "IOC";                    //委托必须立即完成或
                                                             //取消
            OrderTicket1.Send();                              //下单
            BuytoCloseOrder[k] = false;                       //重置下单命令
            buyVolume[k] = 0;                                 //重置交易量
END;
//符合卖出平多仓条件下单
    UseablePosition[k] = GetPositionQuantity(ICode[k], iAccountOption);
                                                             //查询账户该品种持仓量
If SelltoCloseOrder[k] and SellVolume[k]>0 and UseablePosition[k]>0 and
LASTBARONCHART  then Begin
        If SellVolume[k]>UseablePosition[k] then SellVolume[k] = UseablePosition
[k];
            OrderTicket1.Account = iAccountOption;
            OrderTicket1.Symbol = ICode[k];                   //输入平仓商品代码
            OrderTicket1.SymbolType = tsdata.common.SecurityType.Stock;
            OrderTicket1.Quantity = SellVolume[k];            //输入交易量
            OrderTicket1.Action = OrderAction.selltoclose;    //卖出平多仓
```

```
            OrderTicket1.Type = tsdata.trading.OrderType.market; //市价单
            OrderTicket1.Duration = "IOC";           //委托必须立即完成或
                                                     //取消
            OrderTicket1.Send();
            selltoCloseOrder[k] = false;
            SellVolume[k] = 0;
        END;
    end;   //循环下单结束
end;       //程序执行结束
```

图 8-7　看涨期权蝶式价差策略 EL 程序

三、看涨期权蝶式价差策略的应用

由于目前国信 TS 期权交易只有上海证券交易所的 50ETF 期权，所以，我们目前只能用该期权进行测试。如图 8-8 所示，分别加载 50ETF、50ETF 购 6 月 2300、50ETF 购 6 月 2400 和 50ETF 购 6 月 2500 看涨期权的 5 分钟 K 线图。回测期间为 2017 年 1 月 5 日至 5 月 22 日。参数设置如图 8-9 所示，每次下单 1 手，回测结果如图 8-8 下部所示。从图可见，在该参数设置下，看涨期权多头蝶式策略和空头蝶式策略均有交易。交易 1 手扣除交易手续费可以获得 498 元的收益。

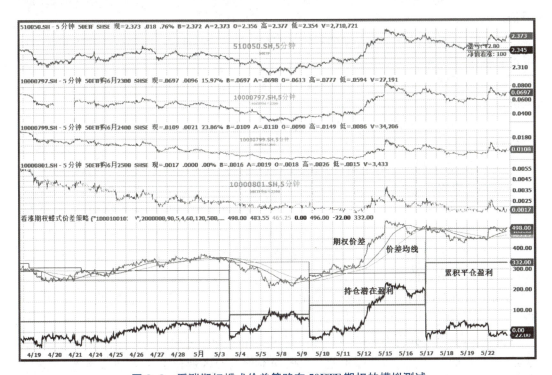

图 8-8　看涨期权蝶式价差策略在 50ETF 期权的模拟测试

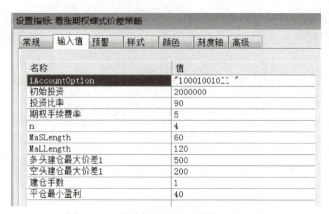

图 8-9　看涨期权蝶式价差策略参数设置

第三节　期限价差组合策略

一、策略基本思想

期限价差(Calendar Spreads)又称日历价差组合、期差组合,是由两份相同行权价格、不同到期期限的同种期权的不同头寸组成的组合。它有四种类型:

1. 一份看涨期权多头与一份期限较短的看涨期权空头的组合,称看涨期权的正向期限价差组合。

2. 一份看涨期权多头与一份期限较长的看涨期权空头的组合,称看涨期权的反向期限价差组合。

3. 一份看跌期权多头与一份期限较短的看跌期权空头的组合,称看跌期权的正向期限价差。

4. 一份看跌期权多头与一份期限较长的看跌期权空头的组合,称看跌期权的反向期限价差。

先分析看涨期权的正向期限价差的盈亏分布。令 T 表示期限较短的期权到期时刻, c_1、c_2 分别代表期限较长和较短的看涨期权的期初价格, c_{1T} 代表 T 时刻期限较长的看涨期权的时间价值, S_T 表示 T 时刻标的资产的价格。当期限较短的期权到期时,若 $S_T \to \infty$,空头亏 S_T-X-c_2,而多头虽未到期,但由于此时 S_T 已远高于 X,故其价值趋近于 S_T-X,即多头盈利趋近于 S_T-X-c_1,总盈亏趋近于 c_2-c_1。若 $S_T=X$,空头赚 c_2,多头还未到期,尚有价值 c_{1T},即多头亏 c_1-c_{1T},总盈亏为 $c_2-c_1+c_{1T}$。若 $S_T \to 0$,空头赚 c_2,多头虽未到期,但由于 S_T 远低于 X,故其价值趋于 0,即多头亏损趋近于 c_1,总盈亏趋近于 c_2-c_1。把上述三种情况列于表 8-2。

实际上,从上文分析可见,正如牛市价差组合和熊市价差组合的区别在于"买低卖高"还是"买高卖低"一样,正向期限价差与反向期限价差的区别在于前者"买长卖短"而后者"买短卖长"。

表 8-2 看涨期权的正向期限价差的盈亏状况分析

S_T 的范围	看涨期权多头的盈亏	看涨期权空头的盈亏	总 盈 亏
$S_T \to \infty$	趋近 $S_T - X - c_1$	$X - S_T + c_2$	趋近 $c_2 - c_1$
$S_T = X$	$c_{1T} - c_1$	c_2	$c_2 - c_1 + c_{1T}$
$S_T \to 0$	趋近 $-c_1$	c_2	趋近 $c_2 - c_1$

根据表 8-2，可以画出看涨期权正向期限价差的盈亏分布图如图 8-10 所示。看涨期权反向期限价差的盈亏分布图正好与图 8-10 相反，故从略。用同样的分析法我们可以画出看跌期权正向期限价差的盈亏分布图如图 8-11 所示。看跌期权反向期限价差的盈亏分布图正好与图 8-11 相反，也从略。

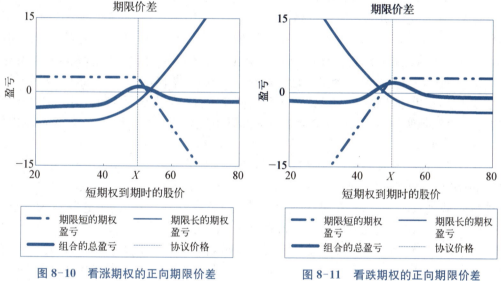

图 8-10 看涨期权的正向期限价差　　图 8-11 看跌期权的正向期限价差

期权期限价差策略是利用不同期限的期权时间价值变化速率差来获利。期权的时间价值随到期日的临近而加速变小。期权策略中用希腊字母 theta 表示时间变化对期权价值的影响。Theta 的特点是，对于行权价格非常接近或者与标的资产价格在同一水平上的期权而言，时间的推移将以非线性速率减少期权的价值。

图 8-12 显示了行权价格为 50 的看涨期权价值，标的股票交易价格为 50，价格隐含波动率为 25%。横坐标表明了从 0 到 90 不同的到期剩余天数。注意期权价值在从 90 天到 60 天的时间区间内以恒定速率减小。而在从 60 天到 30 天的时间区间内，曲线斜率逐渐变大，期权价值加速损失；在最后 30 天里，期权价值急剧下跌，并在最后几天将期权时间价值几乎全部消耗殆

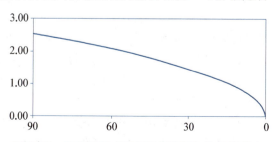

图 8-12 时间推移对于平值看涨期权价值的影响

尽。正向期限价差策略正是利用期权时间价值变化的这种特性,买远卖近,买进的远期期权时间价值递减慢,卖出平仓损失下;卖出的近期期权时间价值递减快,买回平仓更加便宜,因而可以从中获利。

期权的时间价值不仅受到期日的影响,还受期权行权价格与标的资产价格关系、隐含波动率等因素的影响。反向期限价差策略就是利用这些因素对不同期限的期权时间价值的影响差异而获利。

二、看涨期权期限价差策略的 EL 程序

在此,我们使用看涨期权正向和反向期限价差策略来说明如何利用 EL 开发其交易策略程序。根据以上策略思想,我们可以总结看涨期权正反期限价差策略开仓和平仓的条件如下。

1. 当标的资产出现震荡行情时建仓。虽然期权期限价差策略只对期权进行交易而不对标的资产进行交易,但标的资产价格变动将直接影响期权的内在价值和时间价值。当标的资产呈现趋势性上涨或下跌时,均不宜采用期权期限价差策略。只有在标的资产出现震荡行情,并预期在近月合约到期前不会出现大幅上涨或下跌时才能采用期权期限价差策略。

2. 正向期限价差策略选择卖出近月期权,买进远月期权,反向期限价差策略选择买进近月期权,卖出远月期权。两个合约的标的资产和行权价格必须相同。另外,如果已经临近当月合约到期日(如只有 2—3 个交易日),其时间价值将加速逼近于零,反向期限价差策略不宜建仓。

3. 正向期限价差策略选择在两个期权价差均线金叉时建仓,死叉时平仓;反向期限价差策略则相反。由于期权期限价差策略买进次月合约,其建仓时需要支付权利金 $P2_0$;卖出当月合约,收到权利金 $P1_t$,其建仓成本为价差 $DP_0 = P2_0 - P1_0$。平仓收益为其价差 $DP_t = P2_t - P1_t$,在不考虑交易成本和持仓成本的情况下,其策略收益 $= DP_t - DP_0$,如果 $DP_t - DP_0 > 0$,则套利策略可以获利。要使策略收益最大化,则 DP_0 越小,DP_t 越大越好。由于两个期权价格在不断变动,我们并不确知其未来变动方向,也就不知什么时候 DP_0 最小,什么时候 DP_t 最大。我们可以利用价差移动均线金叉和死叉来确定其建仓和平仓点。

4. 正向期限价差策略建仓成本必须低于最高成本上限,反向期限价差策略建仓成本必须高于最高成本上限,近月合约到期前平仓必须达到最低盈利下限。要能获得更高的价差收益,建仓成本越低越好,我们需要确定一个最高建仓成本,超过该上限策略获利机会较低,将不予建仓,低于该上限,价差均线金叉时我们才建仓。近月合约到期前,如果策略达到最低盈利要求,且价差均线死叉,即可平仓。

5. 如果当月合约到期,尚未平仓,则在到期日收盘前对全部合约平仓。如果直到当月合约到期,其策略价差均线仍未出现死叉,即策略尚未平仓,则在到期日收盘前对全部合约平仓,以避免当月合约到期后出现次月合约风险敞口。

据此思想开发的看涨期权正反向期限价差策略分析图交易程序如图 8-13 所示。其要点在此简单说明如下:

1. 该策略程序用于分析图交易,加载商品顺序为现货、近月看涨期权、远月看涨期权。使用数组变量处理 3 个商品品种,利用代码、行权价和到期日检查代码加载是否符合

条件。在此以 TS 上可交易的上证 50ETF 期权为例进行检测。如果使用其他期权则需要对此代码进行修改。

2. 利用 QuotesProvider 组件查询行权价、合约乘数和到期日，利用数组循环使用 OrderTicket 组件进行下单。

3. 对看涨期权正向和反向期限价差策略放在 1 张分析图 1 个程序进行检测和下单，不允许单向重复建仓。

4. 对策略的建仓成本、持仓潜在盈利和平仓累积盈利进行统计。为简化，在此只考虑了期权成交价格、交易手续费，没有考虑交易滑点、做空期权保证金及其利息。对此盈利统计仅供回测参考。实盘交易可以利用账户信息查询组件 AccountsProvider 和持仓信息查询组件 PositionsProvider 查询账户实盘信息（需要对程序做一些修改）。

```
{本指标用于看涨期权正反向期限价差策略分析图交易}
//声明命名空间
Using tsdata.marketdata;        //需要引用 PriceSeriesProvider 的名字空间。
Using guosen;                   //包含国信的命名空间

Input:iAccountOption("100010010239"){期权账号},
    期权手续费率(5){期权手续费率元/手}, n(3){图表资产数},
    MaSLength(30),MaLLength(60){价差均线区间长度},
    建仓最大价差1(300),建仓手数(10);
var: double 时间价值 C1(0),double 时间价值 C2(0),
double 内在价值 C(0),double
    期权价差 C(0),double 期权价差 CM1(0),double 期权价差 CM2(0),
    正向期限价差建仓条件(false),正向期限价差盈利平仓条件(false),
    正向期限价差到期平仓条件(false),
    反向期限价差建仓条件(false),反向期限价差盈利平仓条件(false),
    反向期限价差到期平仓条件(false),
    代码类型正确(false),期权行权价正确(false),期权期限正确(false),
    double 正向建仓成本(0),double 反向建仓成本(0),
    double 平仓最小盈利1(50),int k(0){股票循环变量},
    double 持仓潜在盈利 C(0),double 累计盈利 C(0),KC(0),int BarID(0);
Array:double CloseA[3](0){资产价格},double ContraMultip[3](10000){期权乘数},
    double StrikePrice[3](0){期权行权价},int ExpireDate[3](0){期权到期日},
    int BuyPosition[3](0){持仓量},int UseablePosition[3](0){账户实际可用仓位},
    BuyOrder[3](false){开多仓指令},SellOrder[3](false){平空仓指令},
    BuytoCloseOrder[3](false){平多仓指令},SelltoCloseOrder[3](false){平空仓指令},
    OrderName[3]("None"){指令名称},ICode[3](""){资产代码},
    int buyVolume[3](0){买交易量},int SellVolume[3](0){卖交易量};
```

```
// 获取行权价\合约乘数函数
method double priceload(QuotesProvider Qp1,int kk,string field)
begin
    QP1.Load = False;
    QP1.Symbol = ICode[kk];                    // 设置 QP1.Symbol 为当前期权代码
    Qp1.Fields + = Field;                       // 设置行权价字段
    QP1.Load = True;
    Return(qp1.Quote[Field].DoubleValue);      // 返回行权价
end;

// 获取期权到期日函数
method int   ExpirationDateload(QuotesProvider Qp1,int kk,string field)
begin
    QP1.Load = False;
    QP1.Symbol = ICode[kk];                    // 设置 QP1.Symbol 为当前期权代码
    QP1.Fields + = field;
    QP1.Load = True;
    Return QP1.Quote["ExpirationDate"].Datevalue.ELDate;
end;

BarID = BarID + 1;                             //K 线计数
// 将初值赋予数组
if BarID = 1 then begin
    ICode[1] = GetSymbolName of data1;         // 获取分析图 1 代码
    ICode[2] = GetSymbolName of data2;
    ICode[3] = GetSymbolName of data3;

// 调用 QuotProvider 函数查询
    For k = 1 to n begin
        StrikePrice[k] = priceload(Qp1,k,"StrikePrice");
                                               // 查询行权价
        ContraMultip[k] = priceLoad(Qp1,k,"BigPointValue");
                                               // 查询合约乘数
        ExpirateDate[k] = ExpirationDateload(Qp1,k,"ExpirationDate");
                                               // 查到期日
    end;
end;
    CloseA[1] = c of data1;                    // 收盘价赋予数组
```

```
        CloseA[2] = c of data2;
        CloseA[3] = c of data3;

//检查分析图加载品种代码是否正确
    if ICode[1] = "510050.SH" and LeftStr(ICode[2],5) = "10000" and LeftStr(ICode
[3],5) = "10000" and rightStr(ICode[2],3) = ".SH" and rightStr(ICode[3],3) =
".SH" then
            代码类型正确 = true
        Else
        Begin
            print("图表代码类型错误,请重新输入:现货、期权1、期权2");
            代码类型正确 = false;
    end;
    if StrikePrice[2] = StrikePrice[3] then
            期权行权价正确 = true
        Else
        Begin
            print("期权行权价应该相同,请重新输入");
            期权行权价正确 = false;
    end;
    if ExpirateDate[2]<ExpirateDate[3] then
            期权期限正确 = true
        Else
        Begin
            print("期权期限不正确,请重新输入 data2:近月,data3:远月");
            期权期限正确 = false;
    end;
    If  代码类型正确 and 期权行权价正确 and 期权期限正确 then begin
                                        //开始监测 否则退出

//计算相关条件
    内在价值 C = maxlist(CloseA[1] - StrikePrice[2],0);     //计算期权内在价值
    时间价值 C1 = (CloseA[2] - 内在价值 C) * ContraMultip[2];//计算近月期权的时间
                                                        //价值
    时间价值 C2 = (CloseA[3] - 内在价值 C) * ContraMultip[3];//计算远月期权的时间
                                                        //价值
    期权价差 C = 时间价值 C2 - 时间价值 C1;              //计算远月期权与近月
                                                        //期权的价差
```

期权价差 CM1 = Average(期权价差 C,MaSLength);   //计算价差短期均线
期权价差 CM2 = Average(期权价差 C,MaLLength);   //计算价差长期均线

正向期限价差建仓条件 = 期权价差 CM1 Cross over 期权价差 CM2 and 期权价差 C<
    建仓最大价差 1 and   KC = 0;
正向期限价差盈利平仓条件 = 期权价差 CM1 Cross below 期权价差 CM2 and
    期权价差 C - 正向建仓成本>平仓最小盈利 1 and   KC = 1;
正向期限价差到期平仓条件 = date = ExpirateDate[2] and time = 1450 and KC = 1;
反向期限价差建仓条件 = 期权价差 CM1 Cross below 期权价差 CM2 and 期权价差 C>
    建仓最大价差 1 and   KC = 0;
反向期限价差盈利平仓条件 = 期权价差 CM1 Cross over 期权价差 CM2 and
    反向建仓成本 - 期权价差 C>平仓最小盈利 1 and   KC = -1;
反向期限价差到期平仓条件 = date = ExpirateDate[2] - 5 and time = 1450 and KC = -1;
//符合正向期限价差建仓条件建仓
IF 正向期限价差建仓条件 and ExpirateDate[2] - date<300 Then
begin
    SellOrder[2] = true;   //卖出近月合约
    buyOrder[3] = true;   //买进远月合约
    SellVolume[2] = 建仓手数;
    BuyVolume[3] = 建仓手数;   //交易量
    Ordername[2] = "期权正向期限价差建仓近月卖出下单 ICode[2]";
                                            //交易信号名称
    Ordername[3] = "期权正向期限价差建仓远月买进下单 ICode[3]";
    正向建仓成本 = 期权价差 C + 期权手续费率 * 2;   //计算单位建仓成本
    BuyPosition[2] = SellVolume[2];
    BuyPosition[3] = BuyVolume[3];   //持仓量
    KC = 1;   //持仓标志 = 1
end;

//符合盈利平仓条件和到期平仓条件平仓
  IF 正向期限价差盈利平仓条件 or 正向期限价差到期平仓条件 Then
  begin
    buytocloseOrder[2] = true;   //买进近月平仓
    SelltocloseOrder[3] = true;   //卖出远月平仓
    BuyVolume[2] = BuyPosition[2];   //平仓数量
    SellVolume[3] = BuyPosition[3];
    BuyPosition[2] = 0;
    BuyPosition[3] = 0;

```
        Ordername[2] = "Call 正向期限价差达盈利目标近月买进平仓 ICode[2]";
        Ordername[3] = "Call 正向期限价差达盈利目标远月卖出平仓 ICode[3]";
        累计盈利 C = 累计盈利 C + (期权价差 C - 正向建仓成本 - 期权手续费率 * 2) *
                    BuyVolume[2];
        KC = 0;                                                 //持仓标志 = 0
end;

//符合反向建仓条件建仓
IF 反向期限价差建仓条件 and ExpirateDate[2] - date>10 Then
begin
        buyOrder[2] = true;                                     //买进远月合约
        SellOrder[3] = true;                                    //卖出近月合约
        BuyVolume[2] = 建仓手数;                                //交易量
        SellVolume[3] = 建仓手数;
        BuyPosition[2] = BuyVolume[2];
        BuyPosition[3] = SellVolume[3];                         //持仓量
        Ordername[2] = "Call 反向期限价差建仓近月买进下单 ICode[2]";
        Ordername[3] = "Call 反向期限价差建仓远月卖出下单 ICode[3]";
        反向建仓成本 = 期权价差 C - 期权手续费率 * 2;            //计算单位建仓成本
        KC = -1;                                                //持仓标志 = 1
end;

//符合盈利平仓条件平仓
    IF   反向期限价差盈利平仓条件 or 反向期限价差到期平仓条件   Then
    begin
        SelltocloseOrder[2] = true;                             //卖出远月平仓
        buytocloseOrder[3] = true;                              //买进近月平仓
        BuyVolume[3] = BuyPosition[3];                          //平仓数量
        SellVolume[2] = BuyPosition[2];
        BuyPosition[3] = 0;
        BuyPosition[2] = 0;
        Ordername[2] = "Call 反向期限价差达盈利目标近月卖出平仓 ICode[2]";
        Ordername[3] = "Call 反向期限价差达盈利目标远月买进平仓 ICode[3]";
        累计盈利 C = 累计盈利 C + (反向建仓成本 - 期权价差 C - 期权手续费率 * 2) *
                    BuyVolume[3];
        KC = 0;                                                 //持仓标志 = 0
end;
```

// 持仓潜在盈利 C 统计
　　if KC = 1 then 持仓潜在盈利 C = (期权价差 C - 正向建仓成本 - 期权手续费率 * 2) *
　　　　BuyPosition[2];
　　if KC = -1 then 持仓潜在盈利 C = (- 期权价差 C + 反向建仓成本 - 期权手续费率 * 2)
　　　　　* BuyPosition[2];
　　if KC = 0 then 持仓潜在盈利 C = 0;

//Plot1(时间价值 C1,"近月时间价值 C1");
//Plot2(时间价值 C2,"远月时间价值 C2");
//Plot3(内在价值 C,"内在价值 C");
Plot4(期权价差 C,"期权价差 C");
plot5(期权价差 CM1,"期权价差 CM1");
plot6(期权价差 CM2,"期权价差 CM2");
plot7(正向建仓成本,"正向建仓成本");
plot8(反向建仓成本,"反向建仓成本");
plot9(持仓潜在盈利 C/10,"持仓潜在盈利 C");
plot10(累计盈利 C/10,"累计盈利 C");

//各期权品种循环下单
For k = 2 to 3 begin
//符合卖出开空仓条件下单
　　If SellOrder[k]　 and SellVolume[k]>0 and LASTBARONCHART then Begin
　　　OrderTicket1.Symbol = ICode[k];　　　　　　　　　　// 输入期权代码
　　　　OrderTicket1.SymbolType = tsdata.common.SecurityType.Stock;
　　　　OrderTicket1.Account = iAccountOption;　　　　// 输入期权账户
　　　　OrderTicket1.Quantity = SellVolume[k];　　　　// 输入交易量
　　　　OrderTicket1.Action = guosen.OrderAction.selltoopen;// 开多
　　　　OrderTicket1.Type = tsdata.trading.OrderType.limit;　// 限价单
　　　　OrderTicket1.LimitPrice = CloseA[k];　　　　　// 限价为当前收盘价
　　　　OrderTicket1.Duration = "GFD";　　　　　　　　// 当日有效
　　　　OrderTicket1.Send();　　　　　　　　　　　　　// 下单
　　　　SellOrder[k] = false;　　　　　　　　　　　　 // 重置下单命令
　　　　SellVolume[k] = 0;　　　　　　　　　　　　　　// 重置交易量
　　end;

//符合买入开多仓条件下单
　　If buyOrder[k]　 and BuyVolume[k]>0 and LASTBARONCHART then Begin
　　　　　　　　　　　　　　　　　　　　　　　　　　　　// 买入开多仓

```
        OrderTicket1.Symbol = ICode[k];
        OrderTicket1.SymbolType = tsdata.common.SecurityType.Stock;
        OrderTicket1.Account = iAccountOption;
        OrderTicket1.Quantity = BuyVolume[k];              //输入交易量
        OrderTicket1.Action = guosen.OrderAction.buytoopen;  //开多仓
        OrderTicket1.Type = tsdata.trading.OrderType.limit;  //限价单
        OrderTicket1.LimitPrice = CloseA[k];
        OrderTicket1.Duration = "GFD";
        OrderTicket1.Send();                               //下单
        buyOrder[k] = false;                               //重置下单命令
        BuyVolume[k] = 0;
    end;

//符合买进平空仓条件下单
UseablePosition[k] = GetPositionQuantity(ICode[k], iAccountOption);
                                                          //查询账户该品种持仓量
If BuytoCloseOrder[k] and buyVolume[k]>0  and UseablePosition[k]>0 and
LASTBARONCHART then Begin
    If buyVolume[k]>UseablePosition[k] then
buyVolume[k] = UseablePosition[k];
        OrderTicket1.Account = iAccountOption;
        OrderTicket1.Symbol = ICode[k];                    //输入平仓商品代码
        OrderTicket1.SymbolType = tsdata.common.SecurityType.Stock;
OrderTicket1.Quantity = buyVolume[k];                      //输入交易量
        OrderTicket1.Action = OrderAction.buytoclose;      //买进平空仓
        OrderTicket1.Type = tsdata.trading.OrderType.market; //市价单
        OrderTicket1.Duration = "IOC";                     //委托必须立即完成或
                                                          //取消
        OrderTicket1.Send();                               //下单
        BuytoCloseOrder[k] = false;                        //重置下单命令
        buyVolume[k] = 0;                                  //重置交易量
END;
//符合卖出平多仓条件下单
UseablePosition[k] = GetPositionQuantity(ICode[k], iAccountOption);
If SelltoCloseOrder[k] and SellVolume[k]>0  and UseablePosition[k]>0  then Begin
    If SellVolume[k]>UseablePosition[k] then
        SellVolume[k] = UseablePosition[k];
        OrderTicket1.Account = iAccountOption;
```

```
            OrderTicket1.Symbol = ICode[k];                        //输入平仓商品代码
            OrderTicket1.SymbolType = tsdata.common.SecurityType.Stock;
            OrderTicket1.Quantity = SellVolume[k];                 //输入交易量
            OrderTicket1.Action = OrderAction.selltoclose;         //卖出平多仓
            OrderTicket1.Type = tsdata.trading.OrderType.market;   //市价单
            OrderTicket1.Duration = "IOC";                         //委托必须立即完成或
                                                                   //取消
            OrderTicket1.Send();
            selltoCloseOrder[k] = false;
            SellVolume[k] = 0;
       END;
    end;   //循环下单结束
end;   //程序执行结束
```

图 8-13　看涨期权正向和反向期限价差策略 EL 程序

三、看涨期权期限价差策略的应用

在此,我们以上证 50ETF 期权为例说明其应用。在此,我们选择了目前挂牌交易的品种:50ETF 购 6 月 2400 和 50ETF 购 9 月 2400,即以 50ETF 为标的物,行权价为 2.4 元,到期日分别为 6 月和 9 月的看涨期权进行测试。测试时间段为 2017 年 1 月 26 日至 5 月 19 日,K 线间隔为 5 分钟。测试参数如图 8-14 所示,测试结果如图 8-15 所示。

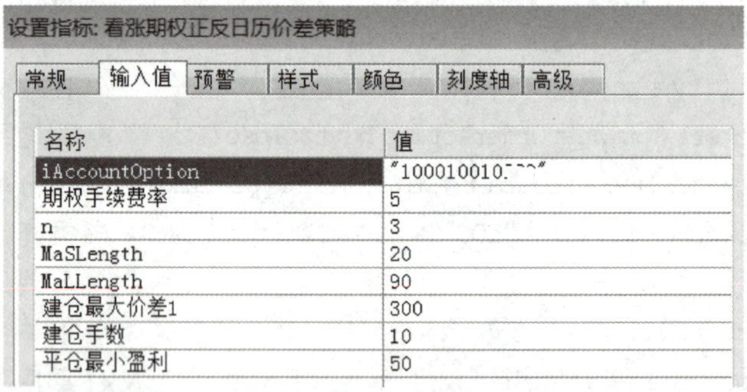

图 8-14　看涨期权期限价差策略在上证 50ETF 期权模拟测试参数设置

从图可见,在模拟测试期间,看涨期权反向期限价差策略建仓和平仓 1 次,正向期限价差策略建仓 2 次,平仓 1 次,每次交易 10 手,测试结束仍持有 10 个正向仓位。两次平仓盈利 1 220 元。可见,看涨期权正向和反向期限价差策略在实际应用中还是有用武之地的。需要注意,在近月期权临近到期日时,其时间价值将加速下跌,其价差有可能扩大,从而为正向期限价差策略提供了获利机会,但如果时间价值已经逼近于零,则基本上没有获利机会,所以应该限制此时的正向期限价差策略的使用。对于反向期限价差策略而言,在离近月合约到期日较近时,基本上没有获利机会,因此应该限制其开仓。

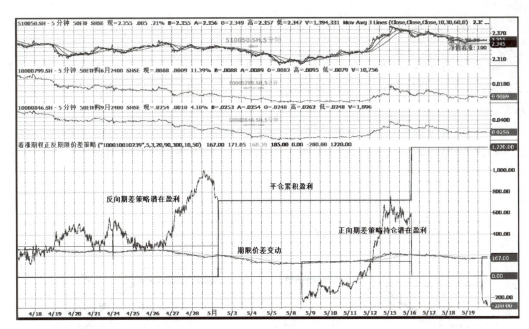

图 8-15　看涨期权正反向期限价差策略在上证 50ETF 期权的模拟测试

第四节　对角价差组合策略

一、策略基本思想

对角价差组合(Diagonal Spreads)是指由两份行权价格不同(X_1 和 X_2，且 $X_1 < X_2$)、期限也不同(T 和 T^*，且 $T < T^*$)的同种期权的不同头寸购成的组合。它有八种类型：

1. 看涨期权牛市正向对角价差组合。看涨期权牛市正向对角价差组合是由看涨期权的(X_1, T^*)多头加(X_2, T)空头组合而成的，即买低卖高且买长卖短。在期限较短的期权到期时，若 $S_T = X_2$，空头赚 c_2，由于多头尚未到期，其价值为 $X_2 - X_1 + c_{1T}$（即内在价值加时间价值），按价值卖掉，则多头盈利 $X_2 - X_1 + c_{1T} - c_1$，共计盈亏 $X_2 - X_1 + c_2 - c_1 + c_{1T}$；若 $S_T \to \infty$，空头亏 $S_T - X_2 - c_2$，多头虽未到期，但由于 S_T 远高于 X_1，故此时多头价值趋近于 $S_T - X_1$，即多头盈利 $S_T - X_1 - c_1$，共计盈亏 $X_2 - X_1 + c_2 - c_1$；若 $S_T \to 0$，空头赚 c_2，多头虽未到期，但由于 S_T 远低于 X_1，故此时多头价值趋近于 0，即多头亏损 c_1，共计盈亏 $c_2 - c_1$。我们把上述三种情形列于表 8-3。

表 8-3　看涨期权的正向牛市对角价差组合

S_T 的范围	(X_1, T^*)多头的盈亏	(X_2, T)空头的盈亏	总 盈 亏
$S_T \to \infty$	趋近于 $S_T - X_1 - c_1$	$X_2 - S_T + c_2$	趋近 $X_2 - X_1 + c_2 - c_1$
$S_T = X_2$	$X_2 - X_1 + c_{1T} - c_1$	c_2	$X_2 - X_1 + c_2 - c_1 + c_{1T}$
$S_T \to 0$	趋近 $-c_1$	c_2	趋近 $c_2 - c_1$

根据表 8-3，我们可以画出看涨期权的牛市正向对角价差组合的盈亏分布图如图 8-16 所示。

2. 看涨期权熊市反向对角价差组合。它是由看涨期权的 (X_1, T^*) 空头加 (X_2, T) 多头组成的组合，即买高卖低且买短卖长。其盈亏图与图 8-16 刚好相反，即关于 X 轴对称。

3. 看涨期权熊市正向对角价差组合。它是由看涨期权的 (X_2, T^*) 多头加 (X_1, T) 空头组成的组合，即买高卖低且买长卖短。用同样的办法我们可以画出该组合的盈亏分布图如图 8-17 所示。

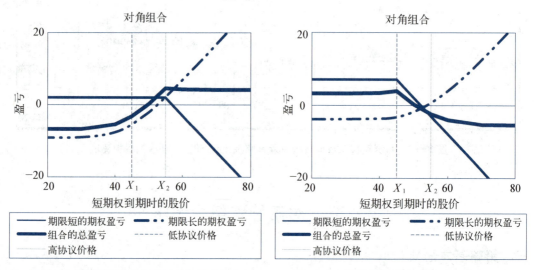

图 8-16　看涨期权牛市正向对角价差组合　　图 8-17　看涨期权熊市正向对角价差组合

4. 看涨期权牛市反向对角价差组合。它是由看涨期权的 (X_2, T^*) 空头加 (X_1, T) 多头组成的组合，即买低卖高且买短卖长。其盈亏图与图 8-17 刚好相反。

5. 看跌期权牛市正向对角价差组合。它是由看跌期权的 (X_1, T^*) 多头加 (X_2, T) 空头组成的组合，即买低卖高且买长卖短。其盈亏图如图 8-18 所示。

6. 看跌期权熊市反向对角价差组合。它是由看跌期权的 (X_1, T^*) 空头加 (X_2, T) 多头组成的组合，即买高卖低且买短卖长。其盈亏图与图 8-18 刚好相反。

7. 看跌期权熊市正向对角价差组合。它是由看跌期权的 (X_2, T^*) 多头加 (X_1, T) 空头组成的组合，即买高卖低且买长卖短。其盈亏图如图 8-19 所示。

8. 看跌期权牛市反向对角价差组合。它是由看跌期权的 (X_2, T^*) 空头加 (X_1, T) 多头组成的组合，即买低卖高且买短卖长。其盈亏图与图 8-19 刚好相反。

将以上对角价差策略进行一定的两两组合，可以形成双对角价差策略。如图 8-20 所示，双对角价差策略具有两个盈亏高点，它由 4 个不同的期权组成：由 1 对不同月份和不同行权价的看涨期权和 1 对不同月份和不同行权价的看跌期权构成。如将看涨期权熊市正向对角价差策略与看跌期权牛市正向价差策略可以组合成正向双对角价差策略。同样，利用看涨期权牛市正向对角价差策略与看涨期权熊市正向对角价差策略也可以组合成看涨

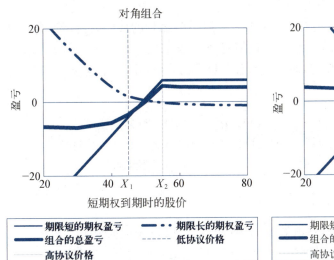

图 8-18　看跌期权牛市正向对角价差组合

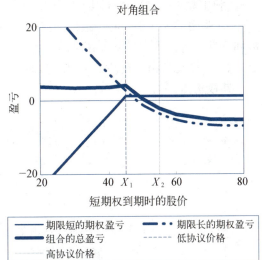

图 8-19　看跌期权熊市正向对角价差组合

期权正向双对角价差策略，看跌期权牛市正向对角价差策略与看跌期权的熊市正向对角价差策略可以组合成看跌期权正向双对角价差策略。与对角价差策略相比，它从震荡趋跌和震荡趋涨的策略变成了中性策略。与中性策略的反向马鞍式策略相比，正向双对角价差策略拓展了较高盈利区间，使策略在较宽的标的资产价格波动区间里都能获利。

二、对角价差组合策略的 EL 程序

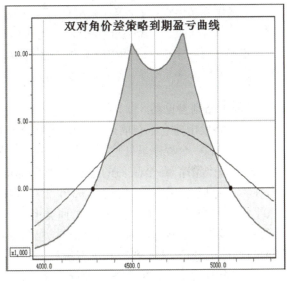

图 8-20　双对角价差策略到期收益曲线

前面我们简单介绍了期权对角价差策略的几种基本类型。在此，我们以看涨期权的牛市正向对角价差策略、看跌期权的熊市正向对角价差策略和双对角价差策略组合为例，讨论怎样利用 EL 开发策略程序和在 TS 分析图进行监测下单问题。

1. 分析图加载品种顺序。双对角价差策略需要用 2 个看涨期权，2 个看跌期权品种进行组合交易。分析图加载品种顺序为：data1：标的资产；data2：高行权价近月看涨期权 C1，data3：低行权价远月看涨期权 C2，data4：低行权价近月看跌期权 P1，data5：高行权价远月看跌期权 P2。并通过程序对分析图加载的品种代码及其属性是否符合程序要求，对不符合的警示重新输入。避免代码输入错误带来的策略错误。

2. 利用数组变量循环处理相关数据和交易。有 4 个期权品种需要计算数据和交易

下单,利用数组变量循环处理可以简化程序。

3. 调用 QuotProvider 函数查询有关品种参数。对于各品种的代码、行权价、合约乘数和到期日等均可通过 QuotProvider 函数查询使用,而不必需要人工输入。

4. 计算交易相关条件。主要包括期权价差及其长短期均线,开仓、平仓条件。

期权价差:

```
期权价差 C = (CloseA[3] - CloseA[2]) * ContraMultip[2];  //计算看涨期权价差
期权价差 P = (CloseA[5] - CloseA[4]) * ContraMultip[2];  //计算看跌期权的价差
期权价差 D = 期权价差 C + 期权价差 P;                    //计算看涨看跌期权的价差
```

看涨期权对角价差策略开仓平仓条件如下所示:

```
对角价差建仓条件 C = 期权价差 CM1 Cross over 期权价差 CM2 and 期权价差 CM1<
                  建仓最大价差 C  and  KC = 0;
对角价差平仓条件 C = 期权价差 CM1 Cross below 期权价差 CM2 and 期权价差 C -
                  建仓成本 C>平仓最小盈利  and KC = 1;
止盈平仓条件 C = 持仓潜在盈利 C>平仓最小盈利  and 持仓潜在盈利 C/
                  minlist(持仓潜在盈利 C,5)>1.01 and KC = 1;
止损平仓条件 C = - (期权价差 C - 建仓成本 C)>持仓最大亏损  and KC = 1;
到期平仓条件 = date = ExpirateDate[2] and time = 1450;
```

其他策略则参见图 8-21 所示。

5. 策略发出建仓平仓信号与实际下单分开处理。由于该程序将 3 个价差策略放在一张分析图和一个程序里处理,需要下单的期权品种有 4 个,在 3 个策略里面有不同的组合。如果每个策略,每个品种的建仓和平仓都单独写出下单程序将至少有 16 个下单程序,在考虑止损、止盈策略,将达到 32 个下单程序。但实际上下单类型只有开多、平多、开空、平空 4 种类型。我们只需要写 4 种类型的下单程序,而采用数组变量循环下单即可。而每一种策略需要哪些品种的组合交易类型,则可以在判断策略条件达到后进行设置,并同时对策略的仓位、成本和盈利进行统计。

如符合双对角价差建仓条件进行建仓设置:双对角价差策略有 4 个期权品种需要同时建仓,需要对这 4 个品种进行相关的建仓命令、建仓手数、持仓手数等进行设置,并统计建仓成本。

```
IF 对角价差建仓条件 D then
begin
    SellOrder[2] = true;            //卖出近月合约 C1
    buyOrder[3] = true;             //买进远月合约 C2
    SellOrder[4] = true;            //卖出近月合约 P1
    buyOrder[5] = true;             //买进远月合约 P2
    SellVolume[2] = 建仓手数;        //交易量
```

```
    BuyVolume[3] = 建仓手数;
    SellVolume[4] = 建仓手数;
    BuyVolume[5] = 建仓手数;
    Ordername[2] = "双对角价差建仓近月卖出下单 ICode[2]";
    Ordername[3] = "双对角价差建仓近月买进下单 ICode[3]";
    Ordername[4] = "双对角价差建仓近月卖出下单 ICode[4]";
    Ordername[5] = "双对角价差建仓远月买进下单 ICode[5]";//交易信号名称
    DDPosition[2] = SellVolume[2];                      //持仓量
    DDPosition[3] = BuyVolume[3];
    DDPosition[4] = SellVolume[4];
    DDPosition[5] = BuyVolume[5];
    建仓成本 D = 期权价差 C + 期权价差 P + 期权手续费率 * 4;//计算单位建仓成本
    KD = 1;
end;
```

对符合双对角价差平仓条件进行平仓设置,包括价差均线死叉平仓、到期平仓和止盈平仓和止损平仓四种条件达到后可以进行统一的策略平仓设置,并计算平仓累积盈利。

```
IF 对角价差平仓条件 D or (到期平仓条件 and KD = 1) or 止盈平仓条件 C or 止损平仓条件 D Then
    begin
        buytocloseOrder[2] = true;              //买进近月平仓 C1
        SelltocloseOrder[3] = true;             //卖出远月平仓 C2
        buytocloseOrder[4] = true;              //买进近月平仓 P1
        SelltocloseOrder[5] = true;             //卖出远月平仓 P2
        BuyVolume[2] = DDPosition[2];           //平仓数量
        SellVolume[3] = DDPosition[3];
        BuyVolume[4] = DDPosition[4];
        SellVolume[5] = DDPosition[5];
        DDPosition[2] = 0;
        DDPosition[3] = 0;
        DDPosition[4] = 0;
        DDPosition[5] = 0;
        Ordername[2] = "双对角价差近月买进平仓 ICode[2]";
        Ordername[3] = "双对角价差远月卖出平仓 ICode[3]";
        Ordername[2] = "双对角价差近月买进平仓 ICode[4]";
        Ordername[3] = "双对角价差远月卖出平仓 ICode[5]";
        累计盈利 D = 累计盈利 D + (期权价差 C + 期权价差 P - 建仓成本 D - 期权手续费率 * 4)
                    * BuyVolume[2];
```

建仓成本 D = 0;
　　　KD = 0;   // 持仓标志 = 0
end;

　　对符合下单填的下单指令,则使用数组变量循环下单的方法。在此分为开多、平多、开空、平空四种指令类型进行设置和下单。在此没有考虑下单没有成交,以及撤单和重新下单等问题。这些功能利用 TL 都可以实现,但程序较为复杂,也容易出错。在此,暂不讨论。

　　用于看涨期权牛市正向对角价差、看跌期权熊市正向对角价差和双对角价差策略交易的 TL 程序如图 8-21 所示。

```
{本指标用于看涨期权牛市正向对角价差、看跌期权熊市正向对角价差和双对角价差策略交易}
//声明命名空间
Using tsdata.marketdata;         // 需要引用 PriceSeriesProvider 的名字空间。
Using guosen;                    // 包含国信的命名空间

Input: iAccountOption("100010010239"){期权账号},
       期权手续费率(5){期权手续费率元/手},n(5){图表资产数},
       MaSLength(60),MaLLength(120){价差均线区间长度},
       建仓最大价差 C(300),建仓最大价差 P(800),建仓最大价差 D(1000),建仓手数(1),
       平仓最小盈利(100),持仓最大亏损(50);
var:   double 期权价差 C(0),double 期权价差 CM1(0),double 期权价差 CM2(0),
       double 期权价差 P(0),double 期权价差 PM1(0),double 期权价差 PM2(0),
       double 期权价差 D(0),double 期权价差 DM1(0),double 期权价差 DM2(0),

       对角价差建仓条件 C(false),对角价差平仓条件 C(false),到期平仓条件(false),
       对角价差建仓条件 P(false),对角价差平仓条件 P(false),
       对角价差建仓条件 D(false),对角价差平仓条件 D(false),
       止盈平仓条件 C(false),止盈平仓条件 P(false),止盈平仓条件 D(false),
       止损平仓条件 C(false),止损平仓条件 P(false),止损平仓条件 D(false),
       代码类型正确(false),期权行权价正确(false),期权期限正确(false),
       double 建仓成本 C(0),double 建仓成本 P(0),double 建仓成本 D(0),
       double 持仓潜在盈利 C(0),double 持仓潜在盈利 P(0),
       double 持仓潜在盈利 D(0),double 持仓潜在盈利(0),
       double 累计盈利 C(0),double 累计盈利 P(0),double 累计盈利 D(0),
       double 累计盈利(0),int KC(0),int KP(0),int KD(0),
       int k(0){股票循环变量},int BarID(0);

Array: double CloseA[5](0){资产价格},double ContraMultip[5](10000){期权乘数},
```

```
    double StrikePrice[5](0){期权行权价},int ExpirateDate[5](0){期权到期日},
    int BuyPosition[5](0){持仓量},int UseablePosition[5](0){账户实际可用仓位},
    BuyOrder[5](false){开多仓指令},SellOrder[5](false){平空仓指令},
    BuytoCloseOrder[5](false){平多仓指令},SelltoCloseOrder[5](false){平空仓指令},
    DDPosition[5](0){双对角持仓},
    OrderName[5]("None"){指令名称},ICode[5](""){资产代码},
    int buyVolume[5](0){买交易量},int SellVolume[5](0){卖交易量};

// 获取行权价\合约乘数函数
method double priceload(QuotesProvider Qp1,int kk,string field)
begin
    QP1.Load = False;
    QP1.Symbol = ICode[kk];          // 设置 QP1.Symbol 为当前期权代码
    Qp1.Fields + = Field;            // 设置行权价字段
    QP1.Load = True;
    Return(qp1.Quote[Field].DoubleValue); // 返回行权价
end;

// 获取期权到期日函数
method int   ExpirationDateload(QuotesProvider Qp1,int kk,string field)
begin
    QP1.Load = False;
    QP1.Symbol = ICode[kk];          // 设置 QP1.Symbol 为当前期权代码
    QP1.Fields + = field;
    QP1.Load = True;
    Return QP1.Quote["ExpirationDate"].Datevalue.ELDate;
end;

//**********************************************
BarID = BarID + 1;                   //K 线计数
// 将初值赋予数组
if BarID = 1 then begin
    ICode[1] = GetSymbolName of data1;   // 获取分析图 1 代码
    ICode[2] = GetSymbolName of data2;
    ICode[3] = GetSymbolName of data3;
    ICode[4] = GetSymbolName of data4;
    ICode[5] = GetSymbolName of data5;
```

```
//调用 QuotProvider 函数查询
    For k = 1 to    n begin
        StrikePrice[k] = priceload(Qp1,k,"StrikePrice");           //查询行权价
        ContraMultip[k] = priceLoad(Qp1,k,"BigPointValue");        //查询合约乘数
        ExpirateDate[k] = ExpirationDateload(Qp1,k,"ExpirationDate");//查询到期日
    end;
end;
    CloseA[1] = c of data1;                                         //收盘价赋予数组
    CloseA[2] = c of data2;
    CloseA[3] = c of data3;
    CloseA[4] = c of data4;
    CloseA[5] = c of data5;
//检查分析图加载品种代码是否正确
    if ICode[1] = "510050.SH" and LeftStr(ICode[2],5) = "10000" and
        LeftStr(ICode[3],5) = "10000"
    and LeftStr(ICode[4],5) = "10000" and LeftStr(ICode[5],5) = "10000" and
        rightStr(ICode[2],3) = ".SH"
    and rightStr(ICode[3],3) = ".SH" and rightStr(ICode[4],3) = ".SH" and rightStr
        (ICode[5],3) = ".SH" then
            代码类型正确 = true
        Else
        Begin
            Alert("图表代码类型错误,请重新输入:现货、看涨期权1、看涨期权2、看跌
                期权1、看跌期权2");
            代码类型正确 = false;
        end;
    if StrikePrice[2]＞StrikePrice[3] and StrikePrice[3] = StrikePrice[4]    and
        StrikePrice[4]＜StrikePrice[5]then
            期权行权价正确 = true
        Else
        Begin
            Alert("Data2－data5 期权行权价应该从高到低,低再到高排列,请重新输入");
            期权行权价正确 = false;
        end;
    if  ExpirateDate[2] = ExpirateDate[4] and ExpirateDate[3] = ExpirateDate[5]
    and ExpirateDate[2]＜ExpirateDate[3] and ExpirateDate[4]＜ExpirateDate[5] then
            期权期限正确 = true
        Else
```

        Begin
            Alert("期权期限不正确,请重新输入 data2:C 近月,data3:C 远月, data4:
                P 近月,data5:P 远月");
            期权期限正确 = false;
        end;
If 代码类型正确 and 期权行权价正确 and 期权期限正确 then begin
                                                    // 开始监测 否则退出

// 计算相关条件
    期权价差 C = (CloseA[3] - CloseA[2]) * ContraMultip[2]; // 看涨期权价差
    期权价差 CM1 = Average(期权价差 C,MaSLength);   // 看涨期权的价差短期均线
    期权价差 CM2 = Average(期权价差 C,MaLLength);   // 看涨期权的价差长期均线
    期权价差 P = (CloseA[5] - CloseA[4]) * ContraMultip[2]; // 看跌期权的价差
    期权价差 PM1 = Average(期权价差 P,MaSLength);   // 看跌期权的价短期均线
    期权价差 PM2 = Average(期权价差 P,MaLLength);   // 看跌期权的价长期均线
    期权价差 D = 期权价差 C + 期权价差 P;   // 看涨看跌期权的价差
    期权价差 DM1 = Average(期权价差 D,MaSLength);   // 看涨看跌期权的价短期
                                                          // 均线
    期权价差 DM2 = Average(期权价差 D,MaLLength);   // 计算看涨看跌期权的价长
                                                          // 期均线

    对角价差建仓条件C = 期权价差 CM1 Cross over 期权价差 CM2 and 期权价差 CM1<
            建仓最大价差 C   and KC = 0;
    对角价差平仓条件C = 期权价差 CM1 Cross below 期权价差 CM2 and 期权价差 C -
            建仓成本 C>平仓最小盈利   and KC = 1;
    止盈平仓条件 C = 持仓潜在盈利 C>平仓最小盈利 and 持仓潜在盈利 C/
            minlist(持仓潜在盈利 C,5)>1.01 and KC = 1;
    止损平仓条件 C = 期权价差 C - 建仓成本 C>持仓最大亏损   and KC = 1;

    对角价差建仓条件P = 期权价差 PM1 Cross over 期权价差 PM2 and 期权价差 PM1<
            建仓最大价差 P   and KP = 0;
    对角价差平仓条件P = 期权价差 PM1 Cross below 期权价差 PM2 and 期权价差 P -
            建仓成本 P>平仓最小盈利   and KP = 1;
    止盈平仓条件 P = 持仓潜在盈利 P>平仓最小盈利 and 持仓潜在盈利 P/
            minlist(持仓潜在盈利 P,5)>1.01 and KP = 1;
    止损平仓条件 P = 期权价差 P - 建仓成本 P>持仓最大亏损   and KP = 1;

    对角价差建仓条件D = 期权价差 DM1 Cross over 期权价差 DM2 and 期权价差 D<
            建仓最大价差 D   and KD = 0;

对角价差平仓条件 D = 期权价差 DM1 Cross below 期权价差 DM2 and 期权价差 D −
建仓成本 D＞平仓最小盈利　 and KD = 1;
止盈平仓条件 D = 持仓潜在盈利 D＞平仓最小盈利　 and 持仓潜在盈利 D/
minlist(持仓潜在盈利 C,5)＞1.01 and KD = 1;
止损平仓条件 D = 期权价差 D − 建仓成本 D＞持仓最大亏损　 and KD = 1;
到期平仓条件 = date = ExpirateDate[2] and time = 1450;

// ＊＊＊＊＊＊＊看涨期权对角价差策略＊＊＊＊＊＊＊
// 符合对角价差建仓条件 C 建仓
IF 对角价差建仓条件 C then
begin
　　SellOrder[2] = true;　　　　　　　　　　　　　　　　// 卖出近月合约 C1
　　buyOrder[3] = true;　　　　　　　　　　　　　　　　// 买进远月合约 C2
　　SellVolume[2] = 建仓手数;
　　BuyVolume[3] = 建仓手数;　　　　　　　　　　　　　// 交易量
　　BuyPosition[2] = SellVolume[2];
　　BuyPosition[3] = BuyVolume[3];　　　　　　　　　　// 持仓量
　　Ordername[2] = "看涨期权对角价差建仓近月卖出下单 ICode[2]";// 交易信号名称
　　Ordername[3] = "看涨期权对角价差建仓远月买进下单 ICode[3]";
　　建仓成本 C = 期权价差 C + 期权手续费率＊2;　　　　　// 计算单位建仓
　　　　　　　　　　　　　　　　　　　　　　　　　　　// 成本
　　KC = 1;　　　　　　　　　　　　　　　　　　　　　　// 持仓标志 = 1
end;

// 看涨期权对角价差符合盈利平仓条件平仓
　IF　对角价差平仓条件 C or (到期平仓条件 and KC = 1) or 止盈平仓条件 C　or 止损平仓
条件 C Then
　begin
　　buytocloseOrder[2] = true;　　　　　　　　　　　　// 买进近月平仓 C1
　　SelltocloseOrder[3] = true;　　　　　　　　　　　　// 卖出远月平仓 C2
　　BuyVolume[2] = BuyPosition[2];　　　　　　　　　　// 平仓数量
　　SellVolume[3] = BuyPosition[3];
　　BuyPosition[2] = 0;
　　BuyPosition[3] = 0;
　　Ordername[2] = "看涨期权对角价差达盈利目标近月买进平仓 ICode[2]";
　　Ordername[3] = "看涨期权对角价差达盈利目标远月卖出平仓 ICode[3]";
　　累计盈利 C = 累计盈利 C + (期权价差 C − 建仓成本 C − 期权手续费率＊2)＊BuyVolume[2];
　　建仓成本 C = 0;

```
        KC = 0;                                              //持仓标志 = 0
    end;


//＊＊＊＊＊＊＊＊＊看跌期权对角价差策略＊＊＊＊＊＊＊＊＊＊＊＊＊＊＊
//符合对角价差建仓条件 P 建仓
IF 对角价差建仓条件 P then
begin
        SellOrder[4] = true;                                 //卖出近月合约 P1
        buyOrder[5] = true;                                  //买进远月合约 P2
        SellVolume[4] = 建仓手数;
        BuyVolume[5] = 建仓手数;                              //交易量
        BuyPosition[4] = SellVolume[4];                      //持仓量
        BuyPosition[5] = BuyVolume[5];
        Ordername[4] = "看跌期权对角价差建仓近月卖出下单 ICode[4]";
        Ordername[5] = "看跌期权对角价差建仓远月买进下单 ICode[5]";//交易信号名称
        建仓成本 P = 期权价差 P - 期权手续费率*2;                //计算单位建仓
                                                             //成本
        KP = 1;                                              //持仓标志 = 1
end;
    //符合平仓条件 p 平仓
    IF   对角价差平仓条件 P or (到期平仓条件 and KP = 1) or 止盈平仓条件 C    or 止损平
仓条件 P Then
    begin
        buytocloseOrder[4] = true;                           //买进近月平仓
        SelltocloseOrder[5] = true;                          //卖出远月平仓
        BuyVolume[4] = BuyPosition[4];                       //平仓数量
        SellVolume[5] = BuyPosition[5];
        BuyPosition[4] = 0;
        BuyPosition[5] = 0;
        Ordername[4] = "看跌期权对角价差近月买进平仓 ICode[4]";
        Ordername[5] = "看跌期权对角价差远月卖出平仓 ICode[5]";
        累计盈利 P = 累计盈利 P + (期权价差 P - 建仓成本 P - 期权手续费率*2)*BuyVolume[4];
        建仓成本 P = 0;
        KP = 0;                                              //持仓标志 = 0
end;
//符合双对角价差建仓条件建仓
IF 对角价差建仓条件 D then
begin
```

```
        SellOrder[2] = true;                              // 卖出近月合约 C1
        buyOrder[3] = true;                               // 买进远月合约 C2
        SellOrder[4] = true;                              // 卖出近月合约 P1
        buyOrder[5] = true;                               // 买进远月合约 P2
        SellVolume[2] = 建仓手数;                          // 交易量
        BuyVolume[3] = 建仓手数;
        SellVolume[4] = 建仓手数;
        BuyVolume[5] = 建仓手数;
        Ordername[2] = "双对角价差建仓近月卖出下单 ICode[2]";
        Ordername[3] = "双对角价差建仓近月买进下单 ICode[3]";
        Ordername[4] = "双对角价差建仓近月卖出下单 ICode[4]";
        Ordername[5] = "双对角价差建仓远月买进下单 ICode[5]"; // 交易信号名称
        DDPosition[2] = SellVolume[2];                    // 持仓量
        DDPosition[3] = BuyVolume[3];
        DDPosition[4] = SellVolume[4];
        DDPosition[5] = BuyVolume[5];
        建仓成本 D = 期权价差 C + 期权价差 P + 期权手续费率 * 4;  // 计算单位建仓成本
        KD = 1;
end;

// 符合盈利平仓条件平仓
    IF  对角价差平仓条件 D or (到期平仓条件 and KD = 1) or 止盈平仓条件 C or 止损平仓条件 D Then
    begin
        buytocloseOrder[2] = true;                        // 买进近月平仓 C1
        SelltocloseOrder[3] = true;                       // 卖出远月平仓 C2
        buytocloseOrder[4] = true;                        // 买进近月平仓 P1
        SelltocloseOrder[5] = true;                       // 卖出远月平仓 P2
        BuyVolume[2] = DDPosition[2];                     // 平仓数量
        SellVolume[3] = DDPosition[3];
        BuyVolume[4] = DDPosition[4];
        SellVolume[5] = DDPosition[5];
        DDPosition[2] = 0;
        DDPosition[3] = 0;
        DDPosition[4] = 0;
        DDPosition[5] = 0;
        Ordername[2] = "双对角价差近月买进平仓 ICode[2]";
        Ordername[3] = "双对角价差远月卖出平仓 ICode[3]";
```

```
        Ordername[2] = "双对角价差近月买进平仓 ICode[4]";
        Ordername[3] = "双对角价差远月卖出平仓 ICode[5]";
        累计盈利 D = 累计盈利 D + (期权价差 C + 期权价差 P - 建仓成本 D - 期权手续费率 * 4)
 * BuyVolume[2];
        建仓成本 D = 0;
KD = 0;                                                        //持仓标志 = 0
end;

// 持仓潜在盈利统计
    if KC = 1 then 持仓潜在盈利 C = (期权价差 C - 建仓成本 C - 期权手续费率 * 2) *
            BuyPosition[2]
if KC = 0 then 持仓潜在盈利 C = 0;
    if KP = 1 then  持仓潜在盈利 P = (期权价差 P - 建仓成本 P - 期权手续费率 * 2) *
            BuyPosition[4];
     if KP = 0 then 持仓潜在盈利 P = 0;
      if KD = 1 then  持仓潜在盈利 D = (期权价差 C + 期权价差 P - 建仓成本 D -
            期权手续费率 * 4) * BuyPosition[4];
      if KD = 0 then 持仓潜在盈利 D = 0;

        持仓潜在盈利 = 持仓潜在盈利 C + 持仓潜在盈利 P + 持仓潜在盈利 D;
        累计盈利 = 累计盈利 C + 累计盈利 P + 累计盈利 D;

Plot1(期权价差 C,"期权价差 C");
Plot4(建仓成本 C,"建仓成本 C");
plot7(持仓潜在盈利 C,"持仓潜在盈利 C");
plot11(累计盈利 C,"累计盈利 C");
Plot2(期权价差 P,"期权价差 P");
plot5(建仓成本 P,"建仓成本 P");
plot8(持仓潜在盈利 p,"持仓潜在盈利 p");
plot12(累计盈利 P,"累计盈利 P");
Plot3(期权价差 D,"期权价差 D");
plot6(建仓成本 D,"建仓成本 D");
plot9(持仓潜在盈利 D,"持仓潜在盈利 D");
plot10(持仓潜在盈利,"持仓潜在盈利");
plot13(累计盈利 D,"累计盈利 D");
plot14(累计盈利,"累计盈利");

//调用下单组件下单
```

```
        If  LASTBARONCHART = false then begin           // 避免重新加载程序
                                                        // 时对非最后 K 线
                                                        // 下单
            For k = 2 to 5 begin
                BuyOrder[k] = false;
                buytocloseOrder[k] = false;
                SellOrder[k] = false;
                SelltocloseOrder[k] = false;
            end;
        end;

// 各期权品种循环下单
For k = 2 to 5 begin
// 符合卖出开空仓条件下单
    If SellOrder[k]  and SellVolume[k]>0   and LASTBARONCHART then Begin
        OrderTicket1.Symbol = ICode[k];                                    // 输入期权代码
        OrderTicket1.SymbolType = tsdata.common.SecurityType.Stock;        // 股票类型
        OrderTicket1.Account = iAccountOption;                             // 输入期权账户
        OrderTicket1.Quantity = SellVolume[k];                             // 输入交易量
        OrderTicket1.Action = guosen.OrderAction.selltoopen;               // 开多
        OrderTicket1.Type = tsdata.trading.OrderType.limit;                // 限价单
        OrderTicket1.LimitPrice = CloseA[k];                               // 限价为当前收盘价
        OrderTicket1.Duration = "GFD";                                     // 当日有效
        OrderTicket1.Send();                                               // 下单
        SellOrder[k] = false;                                              // 重置下单命令
        SellVolume[k] = 0;                                                 // 重置交易量
    end;

// 符合买入开多仓条件下单
    If buyOrder[k]  and BuyVolume[k]>0   and LASTBARONCHART then Begin
        OrderTicket1.Account = iAccountOption;
        OrderTicket1.Symbol = ICode[k];
        OrderTicket1.SymbolType = tsdata.common.SecurityType.Stock;
        OrderTicket1.Account = iAccountOption;
        OrderTicket1.Quantity = BuyVolume[k];                              // 输入交易量
        OrderTicket1.Action = guosen.OrderAction.buytoopen;                // 开多仓
        OrderTicket1.Type = tsdata.trading.OrderType.limit;                // 限价单
        OrderTicket1.LimitPrice = CloseA[k];
```

```
        OrderTicket1.Duration = "GFD";
        OrderTicket1.Send();                                    //下单
        buyOrder[k] = false;                                    //重置下单命令
        BuyVolume[k] = 0;
end;

//符合买进平空仓条件下单
UseablePosition[k] = GetPositionQuantity(ICode[k], iAccountOption);
                                                        //查询账户该品种持仓量
                                                        // and LASTBARONCHART
If BuytoCloseOrder[k] and buyVolume[k]>0  and UseablePosition[k]>0   and
LASTBARONCHART then Begin
        If buyVolume[k]>UseablePosition[k] then buyVolume[k] = UseablePosition[k];
        OrderTicket1.Account = iAccountOption;
        OrderTicket1.Symbol = ICode[k];                         //输入平仓商品代码
         OrderTicket1.SymbolType = tsdata.common.SecurityType.Stock;
OrderTicket1.Quantity = buyVolume[k];                           //输入交易量
        OrderTicket1.Action = OrderAction.buytoclose;           //买进平空仓
        OrderTicket1.Type = tsdata.trading.OrderType.market;    //市价单
        OrderTicket1.Duration = "IOC";                          //委托必须立即完成或取消
        OrderTicket1.Send();                                    //下单
        BuytoCloseOrder[k] = false;                             //重置下单命令
        buyVolume[k] = 0;                                       //重置交易量
END;
//符合卖出平多仓条件下单
        UseablePosition[k] = GetPositionQuantity(ICode[k], iAccountOption);
                                                        //查询账户该品种持仓量
                                                        // and LASTBARONCHART
        If SelltoCloseOrder[k] and SellVolume[k]>0  and UseablePosition[k]>0   and
LASTBARONCHART  then Begin
        If SellVolume[k]>UseablePosition[k] then SellVolume[k] = UseablePosition[k]
        OrderTicket1.Account = iAccountOption;
        OrderTicket1.Symbol = ICode[k];                         //输入平仓商品代码
        OrderTicket1.SymbolType = tsdata.common.SecurityType.Stock;
        OrderTicket1.Quantity = SellVolume[k];                  //输入交易量
        OrderTicket1.Action = OrderAction.selltoclose;          //卖出平多仓
        OrderTicket1.Type = tsdata.trading.OrderType.market;    //市价单
        OrderTicket1.Duration = "IOC";                          //委托必须立即完成或取消
        OrderTicket1.Send();
```

```
        selltoCloseOrder[k] = false;
        SellVolume[k] = 0;
END;
    end;      //循环下单结束
    end;      //程序执行结束
```

图 8-21　对角价差策略的 TL 程序

二、对角价差策略的应用

在此我们将以上讨论的对角价差程序加载到 TS 的上证 50ETF 期权 5 分钟 K 线图上进行模拟测试。其参数设置如图 8-22 所示，模拟测试的期权品种为 50ETF 购 6 月 2500，50ETF 购 9 月 2400，50ETF 沽 6 月 2400，50ETF 沽 9 月 2500，样本区间为 2017 年 2 月 14 日至 2017 年 5 月 26 日。其模拟测试结果如图 8-23 所示。从图可见，经过参数的调试，该程序的看涨期权正

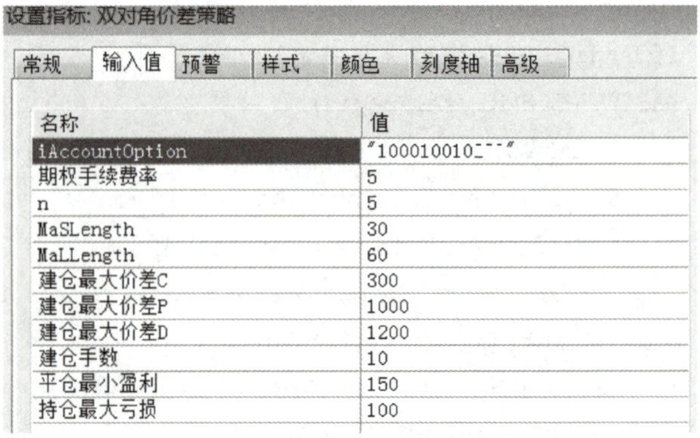

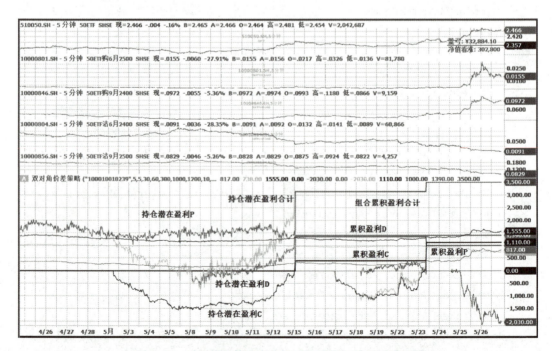

图 8-22　对角价差策略模拟测试参数设置

图 8-23　对角价差策略在上证 50ETF 期权模拟测试结果

向对角价差策略、看跌期权正向对角价差策略、双对角价差策略均有交易并均有盈利,但盈利并不高。

第五节 混合期权策略

一、策略基本思想

混合期权交易策略是由不同种期权,即看涨期权和看跌期权构成的组合,其形式可谓各式各样,这里仅介绍最简单的几种。

(一) 跨式组合

跨式组合(Straddle)也称为马鞍式组合,由具有相同行权价格、相同期限的一份看涨期权和一份看跌期权组成。跨式组合分为两种:底部跨式组合和顶部跨式组合。前者由两份多头组成,后者由两份空头组成。

底部跨式组合的盈亏图如图 8-24 所示。显然,在期权到期日,如果标的资产价格非常接近执行价格,底部跨式期权组合就会发生损失;反之,如果标的资产价格在任何方向上有很大偏移,这一组合就会有很大的盈利。当投资者预期标的资产价格将会有很大变动,但无法确认其变动方向的时候,就可以应用底部跨式期权策略。例如当某公司将被兼并收购的时候,投资者就可以投资于该公司股票的底部跨式期权组合。如果兼并收购成功,可以预期股票价格将迅速上升;如果兼并收购失败,股票价格将急剧下降。而这两种情况正是底部跨式组合盈利的区间。当然,由于市场是有效的,当预期股票价格会出现

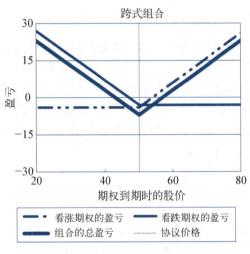

图 8-24 底部跨式组合

剧烈波动的时候,该股票的期权价格也将迅速上涨,从而提高底部跨式组合的投资成本。

顶部跨式组合的盈亏状况则与底部跨式组合正好相反,其盈亏图与图 8-24 正好关于 X 轴对称。这是一个高风险的策略。如果在到期日标的资产价格接近执行价格,该组合会产生一定的利润;然而,一旦标的资产价格在任何方向上出现重要变动,该策略的损失就可以说是无限的。

(二) 条式组合和带式组合

条式组合(Strip)由具有相同行权价格、相同期限的一份看涨期权和两份看跌期权组成。条式组合也分底部和顶部两种,前者由多头构成,后者由空头构成。底部条式组合的盈亏图如图 8-25 所示,顶部条式组合的盈亏图刚好相反。

带式组合(Strap)由具有相同行权价格、相同期限的两份看涨期权和一份看跌期权组成,带式组合也分底部和顶部两种,前者由多头构成,后者由空头构成。底部带式组合

的盈亏图如图 8-26 所示，顶部带式组合的盈亏图刚好相反。

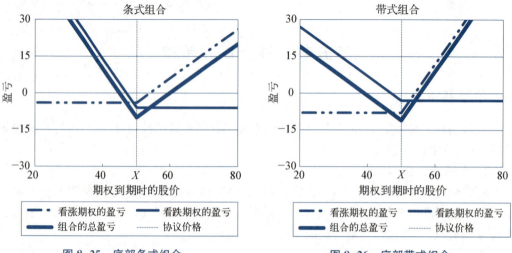

图 8-25　底部条式组合　　　　图 8-26　底部带式组合

对跨式组合、条式组合和带式组合进行比较，我们可以看出，投资于底部条式组合和底部带式组合，也是在标的资产价格发生较大变动的时候有较高的收益，而价格变化很小的时候则出现亏损。但与跨式组合的对称性不同，底部条式组合适应于投资者预测未来标的资产价格变化较大，且下跌可能大于上涨可能的情形（从图 8-25 中我们可以看到，当标的资产价格下跌的时候，底部条式组合的收益高于标的资产价格上涨的时候），而底部带式组合则适应于投资者预测未来标的资产价格变化较大，且上涨可能大于下跌可能的情形（从图 8-26 中我们可以看到，当标的资产价格上涨的时候，底部带式组合的收益高于标的资产价格下跌的时候）。

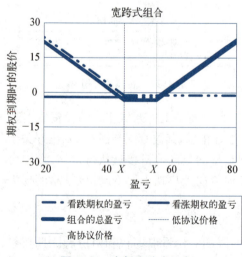

图 8-27　底部宽跨式组合

（三）宽跨式组合

宽跨式组合（Strangle）又称勒束式组合，由到期日相同但行权价格不同的一份看涨期权和一份看跌期权组成，其中看涨期权的行权价格高于看跌期权。宽跨式组合也分底部和顶部，前者由多头组成，后者由空头组成。前者的盈亏图如图 8-27 所示。后者的盈亏图刚好相反。

与跨式期权类似，底部宽跨式组合的投资者也预期标的资产价格会有较大波动，但是无法确定方向，在上涨和下跌的可能之间具有对称性。但是与跨式期权相比，底部宽跨式组合的标的资产价格必须有更大的波动才能获利，但是当标的资产价格位于中间价态时，宽跨式期权的损失也较小。也就是说，底部宽跨式组合的利润大小取决于两个执行价格的接近程度，距离越远，潜在损失越小，为获得利润，标的资产价格的变动需要更大一些。

二、马鞍式组合策略的 EL 程序

（一）马鞍式多头策略的建仓平仓思路

由于马鞍式多头策略(Long Straddle)的到期收益率曲线呈现两头高,中间低的形状（如图 8-24 所示）,因此,其适用于市场行情可能出现突破,但方向不明的情况。只要当前市场处于小幅震荡,面临突破的市场均可使用。

对于一些事件的发生,可能对市场行情带来一定冲击,但冲击方向不确定的时候,也可使用马鞍式多头策略。比如周末多为一些政策发布的时间,但会发布什么样的政策并不清楚,如升息,降息,幅度如何等。当这些政策发布后,市场必然作出反应。因此,可以在周五或者周四收盘前建立马鞍式策略仓位。不管周末是否发生政策冲击,在周一均平仓。再如,一些关键的统计数据的发布也会对市场形成一定冲击,在固定的统计数据发布日之前一天,也可建立马鞍式多头策略仓位,守株待兔,等待事件的发生。事件发生后即平仓退出。

```
周末事件建仓条件 = DayOfWeek(Date) = 4  and time>1300  and time<1450;
周一平仓条件 = DayOfWeek(Date) = 1  and date>建仓日;
```

隐含波动率对很多期权交易而言都是很重要的定价因子,尤其是马鞍式价差策略更是如此。这是由于马鞍式策略包含两个期权多头——一份看涨期权和一份看跌期权,因此隐含波动率的上升对两者的价格都有正的影响。反之,隐含波动率的下降对马鞍式多头策略的两边都有负的影响。由于隐含波动率对马鞍式多头策略价格重大的影响,当我们准备考虑该策略时,就应该调查清楚对应资产的隐含波动率相对于其历史水平是低还是高。比如市场在经过一段持续的上升或下降之后,进入一个敏感的价格区间,市场可能发生大幅的震荡。如 2015 年 5 月上证指数在经过一波 3000 点的大幅上涨后进入 5000 点的关键价位区间,能否有效突破成为市场一个较大的分歧点,市场出现连续几天 5% 以上的大幅震荡。这时建立一个马鞍式多头策略仓位,在价格大幅波动使盈利达到目标盈利后即可平仓退出。

```
震荡突破建仓条件 = bbtop/bbbot<bwC and CloseA[1]>bbtop*1.05;
关键点震荡建仓条件 = CloseA[1]>关键点位*(1-区间波幅) and CloseA[1]<关键点位*(1+区间波幅)  and CloseA[2]+CloseA[3]<highest(CloseA[2]+CloseA[3],50)-期权价格回落;
```

此外,我们还可以利用看涨期权价格加看跌期权价格的移动均线进行马鞍式多头策略的建仓和平仓。

```
马鞍式多头建仓条件 = TPM1 Cross OVER TPM2 隐含波动率<Minlist(隐含波动率,120)*1.2;
马鞍式多头平仓条件 = TPM1 Cross below TPM2 and TP<TPM1;
```

（二）马鞍式空头策略的建仓平仓思路

马鞍式空头策略（short straddle）与马鞍式多头策略刚好相反——同时卖空有着相同行权价格和到期日的看涨、看跌期权各一份。持有马鞍式多头策略是基于对标的证券价格将有大幅变动的预期。马鞍式空头策略则是由于相反的预期，即标的资产价格可能窄幅波动的预期。

在隐含波动率方面，马鞍式空头策略交易会由于波动率下降而受益。职业交易员们通常把那些他们希望从隐含波动率的上升或下降中获利的头寸称为做多隐含波动率或做空隐含波动率。马鞍式多头策略能够从隐含波动率上升中获利。因此，持有马鞍式多头策略是一种做多隐含波动率的方法。与之相反，马鞍式空头策略则是一种做空隐含波动率的方法。

因此，马鞍式空头策略的建仓可以考虑以下情况：标的资产价格在大幅波动后即将进入小幅震荡时，即隐含波动率大幅上升后开始回落之时。由于马鞍式空头策略建仓时卖出1个看涨期权和1个看跌期权，因而其收益为建仓时收到的卖空2个期权的期权费减去平仓时买入2个期权支付的期权费和交易成本加持仓成本。当$(Call_0+Put_0)-(Call_t+Put_t)-($交易成本$+$持仓成本$)>0$时，该策略获得收益。由于（交易成本+持仓成本）$>0$，平仓或交割时的平仓成本或交割成本$(Call_t+Put_t)$均不可能为0。要想获得收益，必须$(Call_0+Put_0)>(Call_t+Put_t)+($交易成本$+$持仓成本$)$。由于建仓时并不知道平仓成本和持仓成本，只能做一个预测。简单的方法就是将过去一段较长时间的期权平均价格作为预期的未来平仓成本，在此基础上增加10%—20%作为建仓时的最低建仓收益。当看涨期权和看跌期权的总价格低于该最低建仓收益阈值时，不予建仓；当高于该阈值时才可建仓。当然，建仓时的建仓收益越高越好，当建仓收益高于该阈值，且期权价格移动均线死叉建仓。

期权价格有时会出现短期异常大幅波动，随后迅速恢复正常状态，这为马鞍式空头策略提供了盈利机会。为了获取这种短期异常大幅波动带来的收益，可以在期权价格波动率出现异常大幅上升时进行马鞍式空头策略建仓，在波动率回复正常后平仓。

马鞍式空头建仓条件1 = TPM1 Cross below TPM2 and TP＜TPM1；
马鞍式空头建仓条件2 = TPM1 Cross below TPM2 and 　隐含波动率＞Maxlist（隐含波动率，120）*.8；

马鞍式空头策略的平仓有两种方法：一种是当策略持仓收益达到目标盈利后，期权总价移动均线金叉时平仓。这可以避免期权价格小幅震荡，移动均线纠缠，过早平仓出局的问题。

另一种方法则是止损的方法。由于马鞍式空头策略持有两个裸空头，当价格波动超过上下两盈亏平衡点后，其出现的亏损可能是巨大的，因此，该策略必须设止损点，当持仓出现亏损并达到其可以承受的上限时，必须坚决平仓止损。

马鞍式空头止损条件 = －空头持仓盈利＞持仓最大亏损；
马鞍式空头平仓条件2 = TPM1 Cross OVER TPM2 and TP＞TPM1；

(三) 隐含波动率的计算

期权隐含波动率(Implied Volatility)是根据期权定价理论公式和期权行权价格、期权价格、标的资产价格和剩余到期天数及市场无风险利率计算的期权价格隐含的波动率,它反映了市场对影响期权价格因素变动的预期。隐含波动率的计算较为复杂,EL提供了一个基于BS期权定价公式计算隐含波动率的函数,可直接调用。其函数输入参数和格式如下:

ImpliedVolatility(到期月份,到期年份,行权价,无风险利率,期权价格,期权类型(Call 或 Put),标的资产价格);

为了获得相关参数,我们可以利用 QuaterProvider 查询到期日、行权价,再利用字符串处理功能得到到期月份和年份后代入隐含波动率函数。

```
ExpMonth = StrtoNum(rightStr(LeftStr(NumToStr(ExpirateDate[2],0),5),2));
ExpYear = StrtoNum(LeftStr(NumToStr(ExpirateDate[2],0),3));
隐含波动率 C = ImpliedVolatility(ExpMonth,Expyear,StrikePrice[2],SafeIntrestRate,
            CloseA[2],call,CloseA[1]);
隐含波动率 P = ImpliedVolatility(ExpMonth,Expyear,StrikePrice[3],SafeIntrestRate,
            CloseA[3],put,CloseA[1]);
隐含波动率 = 隐含波动率 C + 隐含波动率 P;
```

(四) 统一下单和统计盈亏

在马鞍式多头和空头策略里面,我们设计了多种建仓和平仓的条件。在达到这些条件时,我们就可以进行下单和统计盈亏。如果我们每一次建仓或平仓单独写一个下单和统计盈亏的格式,则程序会有许多的重复地方,而且相当的庞杂。由于所有的交易都包含在开多、平多、开空、平空四种下单类型中,而盈亏统计仅分为先买后买(多头)和先买后买(空头)四种交易情况进行统计。这样,我们就可以先定义各种建仓或平仓条件,然后判断是否达到其中一种条件,达到条件则进行下单设置和盈亏统计,最后再利用数组变量进行统一循环下单(其逻辑关系如图 8-28 所示)。这样就可化繁为简,避免了大量重复编写的程序,既可提高程序编写速度,也可提高程序运行速度。

其策略条件判断和相应的下单设置如下:相同的策略建仓、平仓设置统一放在一起处理。

```
IF (马鞍式多头建仓条件  OR  周末事件建仓条件 or 震荡突破建仓条件 or 关键点震荡建仓条件) and  KC = 0 then
begin
    TradeOrder[2] = "BuytoOpen";              //买进看涨期权建仓
    TradeOrder[3] = "BuytoOpen";              //买进看跌期权建仓
    ……
end;
IF (马鞍式多头平仓条件 or 周一平仓条件 or 价格突破平仓条件 or  价格未突破平仓条件 or 马鞍式多头止损条件 or  到期平仓条件) and  KC = 1 and 建仓日<date then
```

```
begin
    TradeOrder[2] = "SelltoClose";                     //卖出看涨期权平仓
    TradeOrder[3] = "SelltoClose";                     //卖出看涨期权平仓
    ……
end;

If (马鞍式空头建仓条件 1 or 马鞍式空头建仓条件 2) and  KC = 0 then
  begin
    TradeOrder[2] = "SelltoOpen";                      //卖出看涨期权建仓
    TradeOrder[3] = "SelltoOpen";                      //卖出看跌期权建仓
    ……
end;
IF (马鞍式空头平仓条件 1   OR 马鞍式空头平仓条件 2 or 马鞍式空头止损条件 or 到期平
仓条件) and KC = -1 Then
begin
    TradeOrder[2] = "BuytoClose";                      //买进看涨期权平仓
    TradeOrder[3] = "SelltoClose";                     //卖出看跌期权平仓
    ……
end;
```

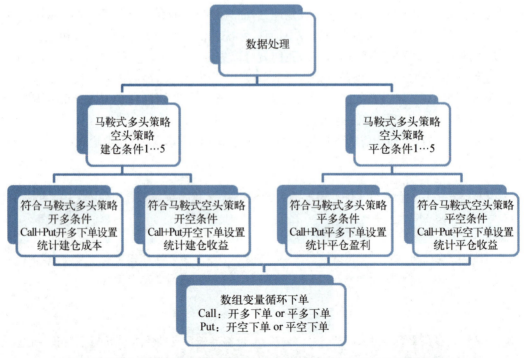

图 8-28 利用数组变量对多策略对条件多变量循环下单的逻辑关系图

将相同的下单设置放在一起,不同的下单命令进行区分设置。如果使用不同的下单类型也可分别设置。

```
//各期权品种循环下单
For k = 2 to n begin
//符合卖出开空仓条件下单
    If  TradeOrder[k] = "BuytoOpen"  or  TradeOrder[k] = "SelltoOpen"
      or  TradeOrder[k] = "BuytoClose"  or  TradeOrder[k] = "SelltoClose"
      and  TradeQuants[k]>0 and LASTBARONCHART then
    Begin
    //相同设置
        OrderTicket1.Symbol = ICode[k];                              //输入期权代码
        OrderTicket1.SymbolType = tsdata.common.SecurityType.Stock;  //股票类型
        OrderTicket1.Account = iAccountOption;                       //输入期权账户
        OrderTicket1.Quantity = TradeQuants[k];                      //输入交易量
    //不同设置
        If TradeOrder[k] = "BuytoOpen" then
            OrderTicket1.Action = guosen.OrderAction.buytoopen;      //开多仓
        If TradeOrder[k] = "SelltoOpen" then
            OrderTicket1.Action = guosen.OrderAction.selltoopen;     //开空仓
        If TradeOrder[k] = "BuytoClose" then
            OrderTicket1.Action = OrderAction.buytoclose;            //买进平空仓
        If TradeOrder[k] = "SelltoClose" then
            OrderTicket1.Action = OrderAction.selltoclose;           //卖出平多仓
    //相同设置
        OrderTicket1.Type = tsdata.trading.OrderType.limit;          //限价单
        OrderTicket1.LimitPrice = CloseA[k];                         //限价为当前收
                                                                     //盘价
        OrderTicket1.Duration = "GFD";                               //当日有效
        OrderTicket1.Send();                                         //下单
        TradeOrder[k] = "";                                          //重置下单命令
        TradeQuants[k] = 0;                                          //重置交易量
    end;                                                             //单次下单结束
end;                                                                 //循环下单结束
```

根据以上策略思路,我们编制马鞍式多空策略的 EL 程序如图 8-29 所示。该图表的主数据(data1)为期货数据,参考数据 data2 和 data3 分别为看涨期权和看跌期权数据。对于马鞍式多头策略,其交易资产仅为期权,但作为交易决策的参考依据是其标的资产价格走势。

```
{本指标用于马鞍式多头和空头策略交易}
//声明命名空间
Using tsdata.marketdata;        //需要引用 PriceSeriesProvider 的名字空间。
Using guosen;                   //包含国信的命名空间

//马鞍式多头空头策略整合指标程序
Input: iAccountOption ("100010010239"){期权账号},
    SafeIntrestRate(4){无风险利率%},
    期权手续费率(5){期权手续费率元/手},n(3){图表资产数},
    MaSLength(30),MaLLength(60){价格合计均线区间长度},
    BollinLength(20),bwc(1.03){布林线区间长度、宽度},
    建仓手数(1),平仓最小盈利(100),持仓最大亏损(50),
    目标盈利(100),盈利回落(10),期权价格回落(0.1),关键点位(2.3),
    区间波幅(0.1),止损限额(200);
var: double bbtop(0),double bbbot(0),int ExpYear(0), int ExpMonth(0),
    double TP(0),double TPM1(0),double TPM2(0), double 隐含波动率(0),
    int 剩余交易日(0),int 建仓日(0),double 隐含波动率 C(0),
    double 隐含波动率P(0),马鞍式多头建仓条件(false),周末事件建仓条件(false),马
鞍式多头平仓条件(false),
    震荡突破建仓条件(false),关键点震荡建仓条件(false),
    周一平仓条件(false),价格突破平仓条件(false),
    价格未突破平仓条件(false),马鞍式多头止损条件 (false),
    马鞍式空头建仓条件1(false),马鞍式空头建仓条件2(false),
    马鞍式空头平仓条件1(false),马鞍式空头平仓条件2(false),
    马鞍式空头止损条件(false),到期平仓条件(false),
    代码类型正确(false),期权行权价正确(false),期权期限正确(false),
    double 多头建仓成本(0),double 空头建仓收益(0),
    double 多头持仓盈利(0),double 空头持仓盈利(0),double 持仓潜在盈利(0),
    double 多头累计盈利(0),double 空头累计盈利(0),double 累计盈利(0),
    int KC(0), int k(0){股票循环变量},int BarID(0);

Array:double CloseA[5](0){资产价格},double ContraMultip[5](10000){期权乘数},
    double StrikePrice[5](0){期权行权价},int ExpirateDate[5](0){期权到期日},
    int BuyPosition[5](0){持仓量},int UseablePosition[5](0){账户实际可用仓位},
    TradeOrder[5](""){交易指令},OrderName[5]("None"){指令名称},
    ICode[5](""){资产代码},int TradeQuants[5](0){交易量};

//获取行权价\合约乘数函数
method double priceload(QuotesProvider Qp1,int kk,string field)
```

```
begin
    QP1.Load = False;
    QP1.Symbol = ICode[kk];                             // 设置 QP1.Symbol 为当前期
                                                        // 权代码
    Qp1.Fields + = Field;                               // 设置行权价字段
    QP1.Load = True;
    Return(qp1.Quote[Field].DoubleValue);               // 返回行权价
end;

// 获取期权到期日函数
method int  ExpirationDateload(QuotesProvider Qp1,int kk,string field)
begin
    QP1.Load = False;
    QP1.Symbol = ICode[kk];                             // 设置 QP1.Symbol 为当前期
                                                        // 权代码
    QP1.Fields + = field;
    QP1.Load = True;
    Return QP1.Quote["ExpirationDate"].Datevalue.ELDate;
end;
// ********************************************
BarID = BarID + 1;                                      //K 线计数
// 将初值赋予数组
if BarID = 1 then begin
    ICode[1] = GetSymbolName of data1;                  // 获取分析图 1 代码
    ICode[2] = GetSymbolName of data2;
    ICode[3] = GetSymbolName of data3;

// 调用 QuotProvider 函数查询
For k = 1 to n begin
    StrikePrice[k] = priceload(Qp1,k,"StrikePrice");    // 查询行权价
    ContraMultip[k] = priceLoad(Qp1,k,"BigPointValue"); // 查询合约乘数
    ExpirateDate[k] = ExpirationDateload(Qp1,k,"ExpirationDate");
                                                        // 查询到期日
end;

// 检查分析图加载品种代码是否正确
    if ICode[1] = "510050.SH" and LeftStr(ICode[2],5) = "10000" and
LeftStr(ICode[3],5) = "10000"
    and rightStr(ICode[2],3) = ".SH" and rightStr(ICode[3],3) = ".SH" then
```

```
                代码类型正确 = true
            Else
            Begin
                Alert("图表代码类型错误,请重新输入：现货、看涨期权、看跌期权");
                代码类型正确 = false;
            end;
        if StrikePrice[2] = StrikePrice[3] then
                期权行权价正确 = true
            Else
            Begin
                Alert("Data2－data3 期权行权价应该相等,请重新输入");
                期权行权价正确 = false;
            end;
        if  ExpirateDate[2] = ExpirateDate[3] then
                期权期限正确 = true
            Else
            Begin
                Alert("两个期权到期期限应该相同,请重新输入");
                期权期限正确 = false;
            end;
end;// 第一根 K 线检查结束


If   代码类型正确 and 期权行权价正确 and 期权期限正确 then
Begin                          // 开始监测 否则退出
// 引用数据
    CloseA[1] = c of data1;     // 主品种为期货
    CloseA[2] = c of data2;     // 参考图表 data2 为看涨期权
    CloseA[3] = c of data3;     // 参考图表 data3 为看跌期权
// 数据处理
TP = (CloseA[2] + CloseA[3]) * ContraMultip[k];
TPM1 = Average(TP,MaSLength);
TPM2 = Average(TP,MalLength);
ExpMonth = StrtoNum(rightStr(LeftStr(NumToStr(ExpirateDate[2],0),5),2));
ExpYear = StrtoNum(LeftStr(NumToStr(ExpirateDate[2],0),3));
隐含波动率 C = ImpliedVolatility(ExpMonth,Expyear, StrikePrice[2], SafeIntrestRate,
            CloseA[2], call, CloseA[1]);
隐含波动率 P = ImpliedVolatility(ExpMonth,Expyear, StrikePrice[3], SafeIntrestRate,
            CloseA[3], put, CloseA[1]);
```

隐含波动率 = 隐含波动率 C + 隐含波动率 P;
剩余交易日 = ExpirateDate[2] - date;
bbtop = Average(CloseA[1], BollinLength) + 2 * StandardDev(CloseA[1], BollinLength,1);
bbbot = Average(CloseA[1], BollinLength) - 2 * StandardDev(CloseA[1], BollinLength,1);
//计算相关交易条件
马鞍式多头建仓条件 = TPM1 Cross OVER TPM2 and 隐含波动率＜Minlist(隐含波动率,120)
              * 1.2;
周末事件建仓条件 = DayOfWeek(Date) = 4　and time＞1300　and time＜1450;
震荡突破建仓条件 = bbtop/bbbot＜bwC and CloseA[1]＞bbtop * 1.05;
关键点震荡建仓条件 = CloseA[1]＞关键点位 * (1 - 区间波幅) and CloseA[1]＜关键点位
             * (1 + 区间波幅)　and CloseA[2] + CloseA[3]＜highest(CloseA
             [2] + CloseA[3],50) - 期权价格回落;

马鞍式多头平仓条件 = TPM1 Cross below TPM2 and TP＜TPM1;
周一平仓条件 = DayOfWeek(Date) = 1　and date＞建仓日;
价格突破平仓条件 = 多头持仓盈利＞目标盈利 and 多头持仓盈利＜highest(多头持仓盈
             利,5) - 盈利回落;
马鞍式多头止损条件 = - 多头持仓盈利＞持仓最大亏损;
到期平仓条件 = date = ExpirateDate[2] and time = 1450;

马鞍式空头建仓条件 1 = TPM1 Cross below TPM2 and TP＜TPM1;
马鞍式空头建仓条件 2 = TPM1 Cross below TPM2 and　隐含波动率＞Maxlist(隐含波动率,
             120) * .8;
马鞍式空头止损条件 = - 空头持仓盈利＞持仓最大亏损;
马鞍式空头平仓条件 2 = TPM1 Cross OVER TPM2 and TP＞TPM1;

// * * * * * * * 马鞍式多头策略 * * * * * * *
IF （马鞍式多头建仓条件　OR　周末事件建仓条件 or 震荡突破建仓条件 or 关键点震荡
建仓条件) and　KC = 0 then
begin
    TradeOrder[2] = "BuytoOpen";   //买进看涨期权建仓
    TradeOrder[3] = "BuytoOpen";   //买进看跌期权建仓
    TradeQuants[2] = 建仓手数;
    TradeQuants[3] = 建仓手数;
    BuyPosition[2] = TradeQuants[2];
    BuyPosition[3] = TradeQuants[3];
    Ordername[2] = "马鞍式多头看涨期权开多 ICode[2]"; //交易信号名称
    Ordername[3] = "马鞍式多头看跌期权开多 ICode[3]";

```
    多头建仓成本 = (CloseA[2] + CloseA[3]) * ContraMultip[2] + 期权手续费率 * 2;
    KC = 1;                                                    // 持仓标志 = 1
    建仓日 = date;
end;
IF (马鞍式多头平仓条件 or 周一平仓条件 or 价格突破平仓条件 or 价格未突破平仓条
件 or 马鞍式多头止损条件 or 到期平仓条件) and  KC = 1 and 建仓日＜date then
  begin
    TradeOrder[2] = "SelltoClose";                             // 卖出看涨期权平仓
    TradeOrder[3] = "SelltoClose";                             // 卖出看涨期权平仓
    TradeQuants[2] = BuyPosition[2];                           // 平仓数量
    TradeQuants[3] = BuyPosition[3];
    BuyPosition[2] = 0;
    BuyPosition[3] = 0;
    Ordername[2] = "马鞍式多头看涨期权平多 ICode[2]";
    Ordername[3] = "马鞍式多头看跌期权平多 ICode[3]";
    多头累计盈利 = 多头累计盈利 + ((CloseA[2] + CloseA[3]) * ContraMultip[2] - 多头
                建仓成本 - 期权手续费率 * 2) * TradeQuants[2];
    多头建仓成本 = 0;
    KC = 0;
  end;
  // 马鞍式空头建仓
If (马鞍式空头建仓条件 1 or 马鞍式空头建仓条件 2)  and  KC = 0 then
  begin
    TradeOrder[2] = "SelltoOpen";                              // 卖出看涨期权建仓
    TradeOrder[3] = "SelltoOpen";                              // 卖出看跌期权建仓
    TradeQuants[2] = 建仓手数;                                  // 交易量
    TradeQuants[3] = 建仓手数;
    BuyPosition[2] = TradeQuants[2];                           // 持仓量
    BuyPosition[3] = TradeQuants[3];
    Ordername[2] = "马鞍式空头看涨期权开空 ICode[2]";
    Ordername[3] = "马鞍式空头看跌期权开空 ICode[3]";           // 交易信号名称
    空头建仓收益 = ((CloseA[2] + CloseA[3]) * ContraMultip[2] - 期权手续费率 * 2) *
                TradeQuants[2];                                // 计算单位建仓成本
    KC = -1;                                                   // 持仓标志 = 1
end;

// 马鞍式空头平仓
IF (马鞍式空头平仓条件 1  OR 马鞍式空头平仓条件 2 or 马鞍式空头止损条件 or 到期平
```

仓条件) and KC = -1 Then
begin
  TradeOrder[2] = "BuytoClose";   // 买进看涨期权平仓
  TradeOrder[3] = "SelltoClose";   // 卖出看跌期权平仓
  TradeQuants[2] = BuyPosition[2];   // 平仓数量
  TradeQuants[3] = BuyPosition[3];
  BuyPosition[2] = 0;
  BuyPosition[3] = 0;
  Ordername[2] = "马鞍式空头看涨期权平空 ICode[2]";
  Ordername[3] = "马鞍式空头看跌期权平空 ICode[3]";
  空头累计盈利 = 空头累计盈利 + 空头建仓收益 - ((CloseA[2] + CloseA[3]) *
ContraMultip[2] - 期权手续费率 * 2) * TradeQuants[2];
  空头建仓收益 = 0;
  KC = 0;   // 持仓标志 = 0
end;

// 持仓潜在盈利统计
if KC = 1 then 多头持仓盈利 = ((CloseA[2] + CloseA[3]) * ContraMultip[2] -
      多头建仓成本 - 期权手续费率 * 2) * BuyPosition[2];
if KC = -1 then 空头持仓盈利 = (空头建仓收益 - (CloseA[2] - CloseA[3]) *
    ContraMultip[2] - 期权手续费率 * 2) * BuyPosition[2];
if KC = 0 then 多头持仓盈利 = 0;
 持仓潜在盈利 = 多头持仓盈利 + 空头持仓盈利;
 累计盈利 = 多头累计盈利 + 空头累计盈利;

Plot4(TP,"TP");
Plot5(TPm1,"TPM1");
Plot6(TPm2,"TPM2");
plot7(多头持仓盈利,"多头持仓盈利");
plot8(空头持仓盈利,"空头持仓盈利");
plot10(持仓潜在盈利,"持仓潜在盈利");
plot11(多头累计盈利,"多头累计盈利");
plot12(空头累计盈利,"空头累计盈利");
plot13(累计盈利,"累计盈利");

// 调用下单组件下单
  If LASTBARONCHART = false then begin // 避免重新加载程序时对非最后 K
                  // 线下单

```
        For  k = 2 to n begin
            TradeOrder[k] = "";
            TradeOrder[k] = "";
            TradeOrder[k] = "";
            TradeOrder[k] = "";
        end;
    end;
//各期权品种循环下单
For k = 2 to n begin
//符合卖出开空仓条件下单
If TradeOrder[k] = "BuytoOpen"  or  TradeOrder[k] = "SelltoOpen"
    or  TradeOrder[k] = "BuytoClose" or  TradeOrder[k] = "SelltoClose"
    and TradeQuants[k]>0 and LASTBARONCHART then
    Begin
        OrderTicket1.Symbol = ICode[k];                              //输入期权代码
        OrderTicket1.SymbolType = tsdata.common.SecurityType.Stock;  //股票类型
        OrderTicket1.Account = iAccountOption;                       //输入期权账户
        OrderTicket1.Quantity = TradeQuants[k];                      //输入交易量
        If TradeOrder[k] = "BuytoOpen" then
            OrderTicket1.Action = guosen.OrderAction.buytoopen;      //开多仓
        If TradeOrder[k] = "SelltoOpen" then
            OrderTicket1.Action = guosen.OrderAction.selltoopen;     //开空仓
        If TradeOrder[k] = "BuytoClose" then
            OrderTicket1.Action = OrderAction.buytoclose;            //买进平空仓
        If TradeOrder[k] = "SelltoClose" then
            OrderTicket1.Action = OrderAction.selltoclose;           //卖出平多仓
        OrderTicket1.Type = tsdata.trading.OrderType.limit;          //限价单
        OrderTicket1.LimitPrice = CloseA[k];                         //限价为当前收
                                                                     //盘价
        OrderTicket1.Duration = "GFD";                               //当日有效
        OrderTicket1.Send();                                         //下单
        TradeOrder[k] = "";                                          //重置下单命令
        TradeQuants[k] = 0;                                          //重置交易量
    end;
end;    //循环下单结束
end;    //程序结束
```

图 8-29 马鞍式多空策略的 EL 程序

三、马鞍式组合策略的应用

在 TS 平台目前可以交易的期权品种为 50ETF 期权，我们将以上马鞍式策略的 EL 程序代入加载该期权品种的 TS 分析图中进行模拟测试。马鞍式组合策略要求具有相同标的资产、相同行权价、相同到期日的看涨期权和看跌期权的组合。在此，选择上证 50ETF 购 6 月 2300 和 50ETF 沽 6 月 2300 两个期权品种，并以上证 50ETF 作为标的资产加载在 Data1，两个期权品种分别加载在 Data2 和 Data3。样本为 2017 年 1 月 16 日到 6 月 2 日的 5 分钟 K 线数据。其参数设置如图 8-30 所示，其交易 1 手模拟测试结果如图 8-31 所示。

设置指标: 马鞍式多空策略

常规 | 输入值 | 预警 | 样式 | 颜色 | 刻度轴 | 高级

名称	值
iAccountOption	"100010010___"
SafeIntrestRate	4
期权手续费率	5
n	3
MaSLength	30
MaLLength	120
BollinLength	20
bwc	1.03
建仓手数	1
平仓最小盈利	200
持仓最大亏损	50
目标盈利	100
盈利回落	10
期权价格回落	0.02
关键点位	2.3
区间波幅	0.1
止损限额	200

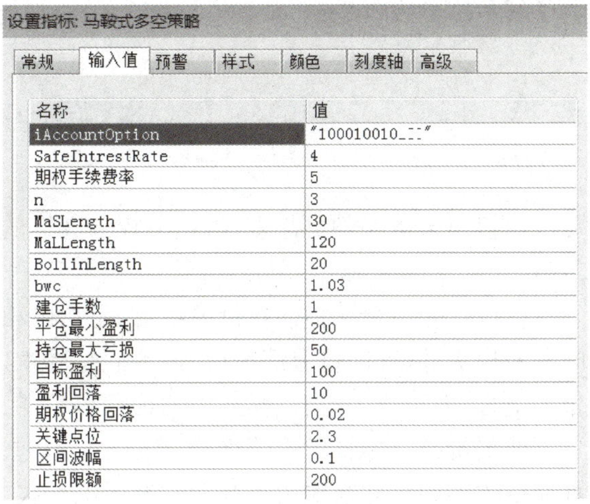

图 8-30　马鞍式策略模拟测试参数设置

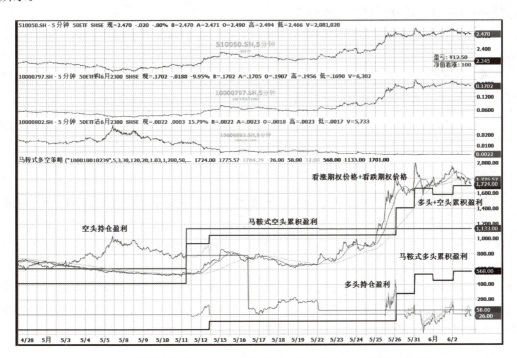

图 8-31　马鞍式策略在上证 50ETF 期权 5 分钟 K 线的模拟测试结果

从图可见，马鞍式多头策略和空头策略在上证 50ETF 期权的测试样本区间均能好的正的收益。从 2017 年 1 月到 5 月上旬，样本期权合计价格（看涨期权价格＋看跌期权价格）呈现逐步下跌趋势，期权隐含波动率逐步下降，马鞍式空头策略从中获利较多。而在

5月中旬开始标的资产价格大幅上涨,期权隐含波动率大幅上升,马鞍式多头策略从中获利。在此仅考虑了交易手续费,没有考虑交易滑点、做空期权的保证金需求及其利息。在实际交易中均需考虑。

本 章 小 结

期权组合策略种类甚多,根据期权与其标的资产的平价关系,可以构造各种套利组合策略。

行权价差组合又称期权价差组合,是指由相同到期期限、不同行权价格的两个或多个同种期权头寸(即同是看涨期权,或者同是看跌期权)构造而成的组合,其主要类型有牛市价差组合、熊市价差组合、蝶式价差组合等。

期限价差又称日历价差组合、期差组合,是由两份相同行权价格、不同到期期限的同种期权的不同头寸组成的组合。它有看涨期权(或看跌期权)的正向(或反向)期限价差组合四种类型。

对角价差组合是指由两份行权价格不同(X_1 和 X_2,且 $X_1 < X_2$)、期限也不同(T 和 T^*,且 $T < T^*$)的同种期权的不同头寸购成的组合。它有看涨期权(看跌期权)牛市(熊市)正向(反向)对角价差组合八种类型。

混合期权交易策略是由不同种期权,即看涨期权和看跌期权构成的组合,其形式可谓各式各样。

本章主要讨论了看涨期权碟式价差策略、看涨期权期限价差策略、对角价差策略和马鞍式组合策略的 EL 编程和 TS 分析图交易。其他策略可以参考这些案例自行编写程序。

重 要 概 念

期权行权价差组合　期限价差组合　对角价差组合　混合期权策略期权组合　牛市价差组合　熊市价差组合　蝶式价差组合　看涨期权正向期限价差组合　看涨期权反向期限价差组合　看跌期权正向期限价差组合　看跌期权反向期限价差组合　看涨期权牛市正向对角价差组合　看涨期权熊市反向对角价差组合　看涨期权熊市正向对角价差组合　看涨期权牛市反向对角价差组合　看跌期权牛市正向对角价差组合　看跌期权熊市反向对角价差组合　看跌期权熊市正向对角价差组合　看跌期权牛市反向对角价差组合　跨式组合　条式组合　带式组合　宽跨式组合

习题与思考题

(1) 期权组合策略有哪些基本类型,它们各有何特点?

(2) 期权行权价差组合的基本特点是什么？有哪些主要子类型？各自特点何在？
(3) 期权期限价差组合的基本特点是什么？有哪些主要子类型？各自特点何在？
(4) 期权对角价差组合的基本特点是什么？有哪些主要子类型？各自特点何在？
(5) 马鞍式期权多空策略各有什么样的特点，各适用什么样的市场行情？
(6) 怎样利用数组变量处理多品种多策略的下单程序的简化处理？
(7) 请参考本章期权价差策略的 EL 程序，自己尝试开发其他类型的期权组合策略的 EL 程序和在 TS 上的应用。

第九章

算法交易策略

> **学习目标**
> 1. 理解算法交易的概念。
> 2. 掌握 TWAP 和 VWAP 策略的基本逻辑和计算方法,以及这两种策略在 EL 上的具体实现过程。

第一节 算法交易概述

算法交易,又称黑匣交易,是通过事先开发好的计算机算法,决定交易下单的时机、价格乃至最终下单的数量与笔数等,并依据算法规则发出交易指令的一种交易方法。

相比于手动订单执行而言,算法交易的优势主要体现在减少冲击成本、自动监控交易机会,隐蔽交易意图,避免人的非理性因素对交易造成的干扰等;同时通过算法交易还可以寻求最佳的成交执行路径,得到市场最好的报价;除此之外,还可以快速分析多种技术指标,更精确地下单。

在欧美市场,算法交易作为订单执行的策略和工具,被机构交易者广泛采用,并诞生了很多业绩相当突出的量化基金。而目前,我国在算法交易的研究和应用上还刚刚起步。

根据各个算法交易中算法的主动程度不同,可以把算法交易分为被动型算法交易、主动型算法交易、综合型算法交易三大类。被动型算法交易除利用历史数据估计交易模型的关键参数外,不会根据市场的状况主动选择交易的时机与交易的数量。被动型算法交易使用广泛,如在国际市场上使用最多的成交量加权平均价格(VWAP)、时间加权平均价格(TWAP)等都属于被动型算法交易。主动型算法交易也叫机会型算法交易。这类交易算法根据市场的状况做出实时的决策,判断是否交易、交易的数量、交易的价格等。综合型算法交易是前两者的结合。即包含既定的交易目标,具体实施交易的过程中也会对是否交易进行一定的判断。

第二节　TWAP 策略

TWAP(Time Weighted Average Price),时间加权平均价格算法;将交易时间进行均匀分割,并在每个分割点上将拆分的订单进行提交。

例如,可以将某个交易日的交易时间平均分成 N 段,TWAP 策略会将该交易日需要执行的订单均匀分配在这 N 个时间段上去执行,从而使得交易均价跟踪 TWAP。

$$TWAP = \frac{\sum_{i=1}^{N} P_i}{N}$$

TWAP 不考虑交易量的因素,仅考虑时间因素,把一个母单的数量平均分配到每一个交易时段上。

例如,投资者需要在某个交易日买入 48 000 股某股票,直接提交数万股的委托,将会对市场产生比较大的冲击,可能会迅速拉高股价,提高成交的成本;同时,也暴露了建仓的交易意图。按照 TWAP 策略,投资者可以在交易时段(9:30—11:30,13:00—15:00)切分为 48 个 5 分钟片段,每个时间片段提交 1 000 股。

由此可见,TWAP 策略的设计目标是在减少市场冲击成本,在减轻交易对市场的冲击后,争取一个相对低的成本。这个策略的优势在于简单、易操作,无需额外的数据信息和预测。但是,如果订单总规模很大的情况下,分散在每个时间片段的委托量依然高,市场冲击的减轻程度有限。另外,由于 TWAP 策略仅关注时间因素,没有考虑到真实市场上每个时间段的交易量是不同的。基于时间的均分委托,可能在不同的时间段成交情况也会有所差异。

在此以 TWAP 策略的思路为例,用 EasyLanguage 构造一个交易应用来实现算法拆单的过程。

一、TWAP 策略实现过程

在构造交易应用时,我们可以将股票代码,总委托量,买卖方向,委托开始时间,终止时间,时间间隔等参数作为应用的界面,允许用户自行设置,以提高应用的适用范围。用户设置应用后,使用 Timer 组件按照设定的时间触发每一次的委托下单,信息提示栏会显示相关的委托发送信息。

（一）窗体构建

开发环境中,新建 App,右击鼠标,添加窗体,从左侧工具箱窗口中选择相应的控件,如"Button","TextBox"等,双击后添加到窗体,在窗体中排列位置;从右侧的属性窗口中选择对应控件的事件,双击添加事件函数,如图 9-1 所示。

（二）初始化,实体化应用组件,显示界面

在属性窗口,双击 Initialize 添加 Initialize 事件,在交易应用打开时,加载窗体页面,

程序化交易中级教程

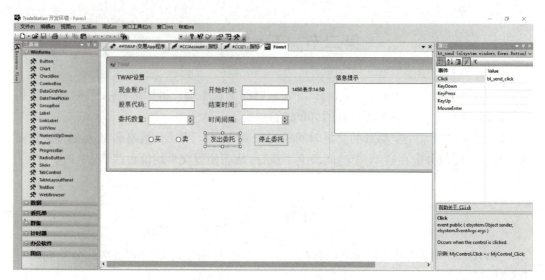

图 9-1　TWAP 界面构建

并将变量初始化。

```
//1. 初始化
method void AnalysisTechnique _ Initialized ( elsystem. Object sender, elsystem.
InitializedEventArgs args)
begin
    Clearprintlog();
    Print("Program start……");
    tm1 = new timer;
    tm2 = new timer;
    tm1.Elapsed + = tm1_Elapsed;
    tm2.Elapsed + = tm2_Elapsed;
    AP = new AccountsProvider;
    AP.StateChanged + = AP_StateChanged;
    AP.Load = True;
    nud_quantity.Increment = 100;
    nud_interval.Increment = 1;
    Form1.Show();
end;
```

(三) AccountProvider 的 statechanged 事件函数

初始化中，当 AccountProvider 组件 Load 属性为 True 之后，会触发 AP 的 stateChanged 函数，函数遍历所有的资金账户(股票账户、期货账户等)，将股票现货账户加载在窗体中对应的下拉框，并显示第一个现金账户。

```
//2.加载现金账户信息
method void AP _ StateChanged ( elsystem. Object sender, tsdata. common.
StateChangedEventArgs args)
begin
    if(AP.State = tsdata.common.DataState.Loaded)then
    Begin
        for Value1 = 0 to AP.Count – 1
        Begin
            if(AP[value1].Type = tsdata.trading.AccountType.Cash)then//获取现金
账户
            Begin
                Account_CB.AddItem(AP[value1].AccountID);
            End;
        End;
        if(Account_CB.Count>0)then
        Begin
            Account_CB.SelectedIndex = 0;
        End;
    End;
end;
```

（四）发出委托按钮的 Click 事件函数

在 TWAP 应用的窗体中，有"发出委托"的按钮，用于存储参数设置，开始拆单、发送委托。因此，按钮的 Click 事件，是触发 TWAP 策略算法以及委托发送的主体。单击按钮后，应用判断参数设置无误（设置的起始时间、终止时间格式是否正确、是否在交易时间段内）后，则计算总委托次数、每一次委托的委托数量、开始发送委托的时间距离当前时间的间隔。

例如，10 000 股分为 10 次，开始时间为 10:30；则首先计算总委托次数为 10，每次委托 1 000 股。当前时间为 9:45，则开始发送委托的时间距离当前时间的间隔（记为 interv_s）为 15 分钟。

使用 Timer 组件，将 timer1 的 interval 属性设置为 interv_s 的值，并且将 timer1 的 enable 属性设为 True；也就是在用户设置的开始时间，发出第一笔委托单。

如果设置有误，则会在信息提示栏，显示相关提示。

```
//3.设置无误,首先计算每次委托量,然后计算距离第一次下单的时间,设置timer1,以触发第一次下单
method void bt_send_Click(elsystem.Object sender, elsystem.EventArgs args)
Vars: Datetime dt_now, int interv_s, int quantity_temp;
begin
    // 判断设置是否无误
```

```
    If Account_CB.Text.Trim().Length = 12 and tb_code.Text<>"" and nud_quantity.
Value<>0 and tb_start.Text<>"" and tb_end.Text<>"" and nud_interval.Value<>0
then begin
        start_time = strtonum(tb_start.Text.Trim());
        start_time = optTime(start_time);// 调用自定义函数 optTime,以处理用户输入
的开始,终止时间的问题(如开始时间设置 965,1135)
        end_time = strtonum(tb_end.Text.Trim());
        end_time = optTime(end_time);
        // 判断设置的买卖方向及开始,终止时间是否无误
        If (RB_buy.Checked = False and RB_sell.Checked = False) or (RB_buy.Checked =
True and RB_sell.Checked = True) then begin
            tb_message.Text = DateTime.Now.ToString() + Spaces(3) + "买卖方向设置有
误,请重新设置…";
            Return;
        End;
        If start_time >= end_time then begin
            tb_message.Text = DateTime.Now.ToString() + Spaces(3) + "时间设置有误,
请重新设置…";
            Return;
        End;
        dt_now = DateTime.Now;
        // 计算当前时间距离第一次发单的时间(s),并把它设置为 tm1 的间隔
        interv_s = ( intportion ( start _ time/ 100 ) - dt _ now. Hour ) * 3600 +
(fracportion(start_time/ 100) * 100 - dt_now.Minute) * 60 - dt_now.Second;
        print("Interv_s%%%" + interv_s.ToString());
        If interv_s<0 then begin
            tb_message.Text = DateTime.Now.ToString() + Spaces(3) + "开始时间早于当
前时间,请重新设置…";
            Return;
        End;
        // interval 存储用户设置的时间间隔,quantity 储存总的数量
        interval = strtonum(nud_interval.Text.Trim());
        quantity = strtonum(nud_quantity.Text.Trim());
        // 计算发委托单的次数和每次委托的数量,需把委托数量设置为 100 的整数倍
        num_order = fn(start_time, end_time, interval);
        quantity_temp = floor(quantity/ num_order);
        each_quantity = floor(quantity_temp/ 100.0) * 100;
        residule_quantity = quantity - each_quantity * (num_order-1);
```

```
            tb_message.Text = Datetime.Now.ToString() + Spaces(3) + "委托将分" + numostr
(num_order,0) + "次发出" + NewLine;
        If each_quantity>0 then
            tb_message.Text = tb_message.Text + spaces(20) + "前" + numtostr(num_
order – 1,0) + "次,每次委托" + numtostr(each_quantity,0) + "股" + newline + spaces
(20) + "最后一次委托" + numtostr(residule_quantity,0) + "股" + newline
        Else
            tb_message.Text = tb_message.Text + spaces(20) + "每次委托" + numtostr
(each_quantity,0) + "股" + newline;
    Print("＊＊＊" + numtostr(num_order,0) + "＊＊＊" + numtostr(each_quantity,
0) + "＊＊＊" + numtostr(residule_quantity,0));
        //enable timer1,到达设定的时间,触发 tm1 的 Elapsed 事件
        tm1.Enable = False;
        tm1.AutoReset = False;
        tm1.Interval = interv_s * 1000;
        tm1.Enable = True;
        Print("tm1 start...");
    End
    Else begin
        tb_message.Text = DateTime.Now.ToString() + Spaces(3) + "TWAP 设置有误,请重
新设置...";
        Return;
    End;
end;
```

(五) Timer1 的 Elapsed 事件,发送第一笔委托单

Timer1 的 Enable 属性设为 True 后,将开始倒计时,直到 interval 属性的时间倒计时完成后,触发 Elapsed 事件,发出第一笔委托单,并设置后续委托的时间。

在设置后一笔委托时,应判断后一笔发送的委托时间是否为开市时间。如果在非交易时间,则顺延 90 分钟。设置 timer2 对应的 interval 属性后,将 timer2 的 enable 属性设置为 true,开始倒计时。

```
//4. timer1 的 elapsed 事件,按计算好的委托量发出订单,并且设置 timer2 以发出后续
委托
method void tm1_Elapsed(elsystem.Object sender, elsystem.TimerElapsedEventArgs args)
vars: int now_time, int later_time, int tm2_interval;
begin
    sendorder(each_quantity);
```

```
    // 判断两次发单是否恰好跨越中午休市,设置 tm2 的时间间隔,以触发下一次的委托
    now_time = Datetime.Now.Hour * 100 + DateTime.Now.Minute;
    later_time = optTime(now_time + interval);
    If now_time<1130 and later_time>1130 and later_time<1300 then
        tm2_interval = (interval + 90) * 60000
    Else
        tm2_interval = interval * 60000;

    tm2.Enable = False;
    tm2.Interval = tm2_interval;
    tm2.Enable = True;
    Print("tm2 start * * *");
end;
```

(六) Timer2 的 Elapsed 事件,发出后续委托单

当 Timer2 的倒计时完成时,将触发 Elapsed 事件,发出后续的委托单。与 Timer1 的 Elapsed 事件类似,综合考虑跨越中午休市和不跨越中午休市两种情况后,设置下一次发委托单的时间间隔,以重复触发该段事件函数。

```
//5. timer2 的 elapsed 事件,发出后续委托
method void tm2_Elapsed(elsystem.Object sender, elsystem.TimerElapsedEventArgs args)
vars: int now_time, int later_time, int tm2_interval;
begin
    tm2.Enable = False;
    If num_order = 1 then begin
        sendorder(residule_quantity);
        tm2.Enable = False;
        tb_message.Text = tb_message.Text + DateTime.Now.ToString() + spaces(3) + "所有委托发送完毕!" + Newline;
        Return;
    End
    Else begin
        sendorder(each_quantity);
    End;

    Print("% % % %" + Datetime.Now.ToString() + spaces(3) + numtostr(num_order, 0));
    // 判断两次发单是否恰好跨越中午休市,设置 tm2 的时间间隔,以触发下一次的委托
    now_time = Datetime.Now.Hour * 100 + DateTime.Now.Minute;
```

```
    later_time = optTime(now_time + interval);
    If now_time<1130 and later_time>1130 and later_time<1300 then begin
        tm2_interval = (interval + 90) * 60000;
        Print("中午休市");
    end
    Else
        tm2_interval = interval * 60000;
    tm2.Interval = tm2_interval;
    tm2.Enable = True;
end;
```

(七)停止委托按钮的 Click 事件

在应用界面,用户可以点击停止委托按钮,结束后续的委托发送动作。因此,停止委托按钮的 Click 事件,将直接改变 timer2 的 enable 属性为 false,从而终止后续发单。

```
//6. 停止委托按钮
method void bt_stop_Click(elsystem.Object sender, elsystem.EventArgs args)
begin
    tm2.Enable = False;
end;
```

(八)发送订单,自定义的 sendorder 函数

Timer1 和 Timer2 的 Elapsed 事件中调用自定义订单函数,发送委托。函数中使用 orderticket 组件,设置账户,买卖方向,代码,委托类型等,然后发送订单。

```
//7. 设置 orderticket 属性,发出委托单
Method void sendorder(int quant)
Begin
    //Print("sender $ $ $ " + numtostr(quant,0));
    tb_message.Text = tb_message.Text + DateTime.Now.ToString() + spaces(3) + "发出委托,委托数量" + numtostr(each_quantity,0) + newline;
    If quant = 0 then
        Return;
    otk = new orderticket;
    otk.Account = Account_CB.Text.Trim();
    otk.Symbol = tb_code.Text.Trim();
    otk.Quantity = quant;
    If RB_buy.Checked = True then
        otk.Action = OrderAction.Buy;
    If RB_sell.Checked = True then
```

```
        otk.Action = OrderAction.Sell;
    otk.Type = tsdata.trading.OrderType.Market;
        otk.Duration = "IC5";
    otk.Send();
    num_order = num_order - 1;
End;
```

(九) 输入代码达到六位,自动补充.SZ 和.SH 后缀

窗体中向用户提供了股票代码输入的控件,为了进一步简化用户的操作,编写股票代码文本框的 KeyUp 事件函数。当用户在该文本框输入股票代码时触发此事件,输入长度达到六位时,程序根据代码开头去自动补充.SZ 或者.SH 后缀。

```
//8.自动添加.SZ 或者.SH 后缀
method void tb_code_KeyUp (elsystem.Object sender, elsystem.windows.forms.
KeyEventArgs args)
begin
    If(tb_code.Text.Length = 6) then
    Begin
        If (tb_code.Text.Substring(0,1).Equals("0")) then
            tb_code.Text = tb_code.Text + ".SZ";
        If (tb_code.Text.Substring(0,1).Equals("3")) then
            tb_code.Text = tb_code.Text + ".SZ";
        If (tb_code.Text.Substring(0,1).Equals("6")) then
            tb_code.Text = tb_code.Text + ".SH";
    End;
end;
```

(十) 两个辅助函数

程序中为计算方便编写的两个函数,第一个函数对用户输入的开始时间和结束时间进行判断,如果未到交易时间(如 910)则返还最近的交易时间;第二个函数给出开始,结束时间和时间间隔,计算中间需要发送的委托单次数。

```
//9. function 1 返回输入时间最近的交易所时间,默认时间向后取,如果时间超过三点,返回 1500
Method int optTime( int n1)
vars: int hour1, int minute1, int temp, int rt;
Begin
    // 转化为标准的时, 分
    hour1 = floor(n1/100);
    minute1 = (n1/100.0 - hour1) * 100;
```

```
    If minute1>=60 then begin
        hour1 = hour1 + 1;
        minute1 = 0;
    End;
    Print("Test*" + numtostr(hour1,0) + "%" + numtostr(minute1,0));
    //判断条件返回最近的交易所时间,默认时间向后取,如果时间超过三点,返回1500
    temp = hour1 * 100 + minute1;

    If temp<930 then
        rt = 930;
    If temp>1500 then
        rt = 1500;
    If temp>=1130 and temp<1300 then
        rt = 1300;
    If (temp>=930 and temp<1130) or (temp>=1300 and temp<=1500) then
        rt = temp;
    Print("&&" + numtostr(rt,0));
    return rt;
End;


//10. function 2 返回两个时间中间的 interval 个数
Method int fn(int n1, int n2, int interval)
vars: int hour1, int hour2, int minute1, int minute2, int DifMinute;
Begin
    //n1 = optTime(n1);
    hour1 = floor(n1/100);
    minute1 = (n1/100.0 - hour1) * 100;

    //n2 = optTime(n2);
    hour2 = floor(n2/100);
    minute2 = (n2/100.0 - hour2) * 100;

    If n1<=1130 and n2>=1300 then
        DifMinute = (hour2 - hour1) * 60 + (minute2 - minute1) - 90
    Else
        DifMinute = (hour2 - hour1) * 60 + (minute2 - minute1);
    //Print("***test" + numtostr(DifMinute,0));
```

```
    Print(" * * * test" + numtostr((floor(DifMinute/ interval)),0));

    Return (floor(DifMinute/ interval));
End;
```

二、TWAP 策略应用

从交易应用程序中找到编写的"TWAP",点击打开交易应用。"TWAP"将显示界面,如图 9-2 所示。

图 9-2　TWAP 初始化

设置好股票代码,委托数量,买卖方向,开始,结束时间以及时间间隔后,单击发出委托按钮,App 将按照设定好的时间间隔发出委托订单,每次委托发出,信息提示栏显示相关提示,如图 9-3 所示。

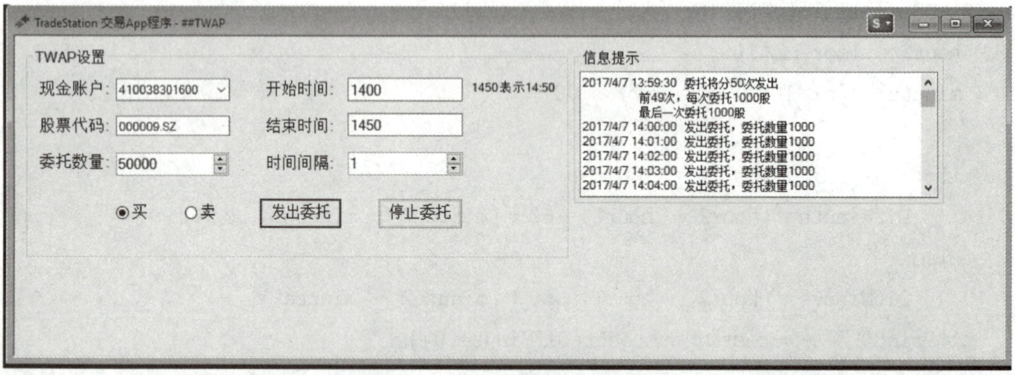

图 9-3　TWAP 发送委托

第三节 VWAP 策略

一、VWAP 策略介绍

VWAP(Volume Weighted Average Price),交易量加权平均价格算法。VWAP 策略的目标是将大额委托单拆分,在约定时间段内分批执行,使最终买入或卖出的成交均价 VWAP 尽量接近该段时间内整个市场的成交均价。

如果投资者在一天时间内分 N 次买入某只股票,每次交易的成交价为 $p_i(i=1, 2, \ldots, N)$,对应的成交量为 x_i,那么投资者当天买入的成交均价为:

$$VWAP = \frac{x_1 p_1 + x_2 p_2 + \cdots + x_N p_N}{x_1 + x_2 + \cdots + x_N} = w_1 p_1 + w_2 p_2 + \cdots + w_N p_N \tag{9.1}$$

其中 $w_i = x_i/(x_1 + x_2 + \cdots + x_N)$,表示第 i 次交易价格按成交量加权的权重。

类似地,可以计算某只股票当天在整个市场成交的 VWAP 价格。

TWAP 策略将时间拆分成 N 段,在每一段等数量下单。与 TWAP 类似,VWAP 也是将时间划分为 N 个等长的时段。不同的是,VWAP 还需要根据历史成交量数据,再确定各个时间段下单的数量、下单的方式。

(一) 基于历史数据计算下单数量

从 VWAP 策略的目标出发,VWAP 是要最小化实际成交价和市场均价的差异,即实现:

$$\min_{q_1, q_2, \cdots, q_N} |w_1 sp_1 + w_2 sp_2 + \cdots + w_N sp_N - (w_1 mp_1 + w_2 mp_2 + \cdots + w_N mp_N)|$$
$$s.t.$$
$$q_i \geqslant 0, i = 1, 2, \cdots, N$$
$$q_1 + q_2 + \cdots + q_N = V \tag{9.2}$$

其中 V 为委托单的总量。

如果投资者能够准确预测市场每个时间段的成交量占当日成交量的比例,那么依据这个比例拆分委托单,分时成交,最后总的成交均价等于市场成交均价,也就是目标函数为 0,实现最小化实际成交价和市场均价的差异。

因此,VWAP 策略的一个关键在于成交量在各时间段分布的预测。

传统的 VWAP 策略也称为历史 VWAP 策略,利用股票的历史数据来估算成交量在各时间段的分布。

假设每个交易日被划分为 N 个等长时间段,历史 VWAP 策略在 t 日前对的预测方法为:

$$X_{it} = \frac{X_{i,t=k} + X_{i,t=k-1} + \cdots + X_{i,t=1}}{k} \quad i = 1, 2, \cdots, N \tag{9.3}$$

K 通常取一个月的交易数据(20 天左右),在得到 t 日内交易量的预测值后,投资者

据此确定 t 日第 i 个时间段的下单比例:

$$W_{is,t} = \frac{X_{i,t}}{X_{1,t} + X_{2,t} + \cdots + X_{N,t}} \quad i=1, 2, \cdots, N \tag{9.4}$$

由下单比例、总委托量计算出每个时间段的下单数量。

(二) 确定下单方式

完成总委托单在每个时间段的拆分后,下一步要制定每个时间段内具体的下单策略。在每个时间段内仍可以选择一次性下单还是分批下单,采用限价单还是市价单。

实际中,每个时间段内的实际成交价都会和市场均价有些出入。为了尽量控制偏差,我们可以对每个时间段分配到的委托单再做进一步拆分,在每个时间段内采用分批下单的方式。例如,投资者要买入 10 万股某股票,按照 VWAP 策略,他要在 9:45—9:50 之间买入其中的 4 000 股。在这个 5 分钟的时间段内,他可以每 1 分钟下一笔 800 股的市价单,分成 5 笔。

VWAP 是一种被动跟踪市场均价的策略,如果采用市价委托方式,有快速成交的效果,避免长时间挂单无法成交的情况;但是,如果分段的委托量大的话,仍会对市场造成冲击。如果采用限价委托方式,报价的范围可控,较少市场冲击;但存在无法及时成交的风险,需要考虑尚未成交的股票数量如何撤销再重新申报处理。

(三) TWAP 策略过程

历史 VWAP 策略,首先根据历史数据预测当日各时间段的成交量分布比例,再将总委托量按照成交量权重拆分,确定每个时间段的下单量;在实时行情中,下单交易,并实时监测尚未成交的股票数量,及时撤单、重新申报。

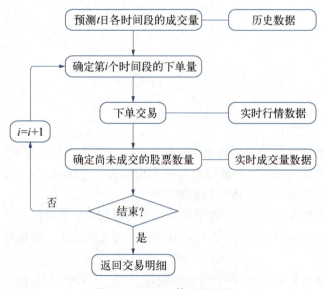

图 9-4 VWAP 算法流程图

二、VWAP 策略实现过程

VWAP 算法交易应用的逻辑有与 TWAP 类似的部分,用户完成相关设置,Timer 组件将会按照设定的时间触发每一次的委托下单,信息提示栏显示相关的委托发送信息。

与 TWAP 按照发送委托次数平均分配每次委托数量不同的是,VWAP 需要按照股票的历史成交量作为权重,去分配每次发送委托的数量。

VWAP 的初始化、现金账户的加载、代码后缀的自动补充、停止委托以及两个计算用的辅助函数和 TWAP 类似,在此不再赘述。

(一) 发出委托按钮的 Click 事件函数

与 TWAP 中的处理类似,单击发出委托按钮,应用确定总共需要发出的委托单数目和每次发送委托单的时间。VWAP 在 Click 事件中,需要调用自定义的 SetPSP 函数去加载股票历史成交量信息,计算各时间段的历史成交量占全部时间段的成交量比值。

```
//3. 发送委托
method void bt_send_Click(elsystem.Object sender, elsystem.EventArgs args)
Vars: Datetime dt_now, int interv_s;
begin
    vec_quantity.clear();
    vec_percent.clear();
    vec_sendquantity.clear();

    If (code_tb.Text.Length = 9) then begin
        try
            SetPSP();// 设置,加载 PSP,以获取历史成交量信息
            Print("***SetPSP");
        Catch(elsystem.Exception ex1)
            tb_message.Text = tb_message.Text + Datetime.Now.ToString() + spaces(3) + "获取历史成交量失败...";
        End;
    End;
    // 设置无误,计算距离第一次发单的时间,设置 timer1 以触发第一次下单
    If Account_CB.Text.Trim().Length = 12 and code_tb.Text<>"" and quantity_nd.Value<>0 and tb_start.Text<>"" and tb_end.Text<>"" and interval_nd.Value<>0
    then begin
        start_time = strtonum(tb_start.Text.Trim());
        start_time = optTime(start_time);
        end_time = strtonum(tb_end.Text.Trim());
        end_time = optTime(end_time);

        If (RB_buy.Checked = False and RB_sell.Checked = False) or (RB_buy.Checked = True and RB_sell.Checked = True) then begin
            tb_message.Text = DateTime.Now.ToString() + Spaces(3) + "买卖方向设置有误,请重新设置...";
```

```
            Return;
        End;


        If start_time >= end_time then begin
            tb_message.Text = DateTime.Now.ToString() + Spaces(3) + "时间设置有误,
请重新设置...";
            Return;
        End;


        dt_now = DateTime.Now;

        // 当前时间距离第一次发单的时间(s),此为 tm1 的间隔
        interv_s = (intportion(start_time/100) - dt_now.Hour) * 3600 +
(fracportion(start_time/100) * 100 - dt_now.Minute) * 60 - dt_now.Second;
        print("Interv_s % % %" + interv_s.ToString());
        If interv_s < 0 then begin
            tb_message.Text = DateTime.Now.ToString() + Spaces(3) + "开始时间早于当
前时间,请重新设置...";
            Return;
        End;
        // interval 存储用户设置的时间间隔,quantity 储存总的数量
        interval = strtonum(interval_nd.Text.Trim());
        quantity = strtonum(quantity_nd.Text.Trim());
        // 计算发单的次数和每次发单的量
        num_order = fn(start_time, end_time, interval);
        tb_message.Text = Datetime.Now.ToString() + Spaces(3) + "委托将分" + numtostr
(num_order,0) + "次发出" + NewLine;

        tm1.Enable = False;
        tm1.AutoReset = False;
        tm1.Interval = interv_s * 1000;
        tm1.Enable = True;
        Print("tm1 start...");
    End
    Else begin
        tb_message.Text = DateTime.Now.ToString() + Spaces(3) + "TWAP 设置有误,请重
新设置...";
        Return;
    End;
end;
```

(二) SetPSP 函数和 PSP 组件的 StateChanged 函数

SetPSP 函数用于设置 PSP 组件属性,加载前 60 个交易日的信息。在 PSP 加载成功之后(PSP.State 为 Loaded),计算前十个交易日,每天每分钟的成交量总和,放在 vec_quantity 中,提供给后面的 CalQuantity 函数计算委托数量。

```
//4. 设置 PSP 属性,加载 PSP
Method void SetPSP()
Begin
    PSP = new PriceSeriesProvider;
    PSP.Load = False;
    PSP.IncludeVolumeInfo = True;
    PSP.IncludeTicksInfo = True;
    PSP.Symbol = code_tb.Text.Trim();
    PSP.Interval.ChartType = DataChartType.Bars;
    PSP.Interval.IntervalType = DataIntervalType.Minutes;
    PSP.Interval.IntervalSpan = 1;

    PSP.Range.Type = DataRangeType.Date;
    PSP.Range.FirstDate = (DateTime.Today - TimeSpan.Create(60,0,0,0));
    PSP.Range.LastDate = (DateTime.Today - TimeSpan.Create(1,0,0,0));
    //Print(DateTime.Now.ToString());
    Print(DateTime.Today.ToString());
    Print((DateTime.Today - TimeSpan.Create(1,0,0,0)).tostring());
    //Print(Datetime.Now.Format("%Y/%m/%d"));
    PSP.StateChanged + = PSP_StateChanged;
    PSP.Load = True;
    Print("* * *" + Datetime.Now.ToString());
End;

//5. PSP 加载成功后,获取前十日每分钟成交量,放在 vector 变量里
method void PSP _ StateChanged ( elsystem. Object sender, tsdata. common.
StateChangedEventArgs args)
Vars: int idx, int id, vector vec_temp;
begin
    If PSP.State = Datastate.loaded then begin
        //vec_temp = new vector;
        For idx = 0 to 239 begin
            vec_quantity.push_back(0);
        End;
```

```
        print(vec_quantity.Count.ToString());

    //获取前十个交易日每分钟的交易量(240个),放在vec变量里,
    For idx = 238 downto 0 begin
        For id = 0 to 9 begin
            vec_quantity[238 - idx] = strtonum(vec_quantity[238 - idx].ToString()) + PSP.Volume[idx + id * 239];
        End;
        // vec_quantity[id]
    End;
    For idx = 0 to 239 begin
        print(Numtostr(idx,0) + " * * * " + vec_quantity[idx].ToString());
    End;
    End;
end;
```

(三) Timer1 的 Elapsed 事件,发送第一笔委托单

与 TWAP 类似,当 Timer1 倒计时完成时,Elapsed 事件触发,调用自定义的 CalQuantity 函数去计算每次发送委托中委托的数量,然后调用发送委托单函数 sendorder。

```
//6 timer1 的 elapsed 事件,首先计算按照历史成交量的权重划分的每一次下单的委托量,
然后触发第一次下单,并且设置 timer2,以发出后续委托
method void tm1_Elapsed(elsystem.Object sender, elsystem.TimerElapsedEventArgs args)
vars: int now_time, int later_time, int tm2_interval;
begin
    CalQuantity();//计算按照历史成交量的权重划分的每一次下单的委托量
    sendorder(Strtonum(vec_sendquantity[order_count].ToString()));
    // order_count + = 1;
    // Print(DateTime.Now.ToString() + spaces(3) + "发出委托,委托数量" + numtostr(each_quantity,0));
    // Print("tm1 * * *" + DateTime.Now.ToString());
    // num_order = num_order - 1;
    now_time = Datetime.Now.Hour * 100 + DateTime.Now.Minute;
    later_time = optTime(now_time + interval);
    If now_time<1130 and later_time>1130 then
        tm2_interval = (interval + 90) * 60000
    Else
```

```
        tm2_interval = interval * 60000;

    tm2.Enable = False;
    // tm2.AutoReset = True;
    tm2.Interval = tm2_interval;
    tm2.Enable = True;
    Print("tm2 start * * *");
end;
```

(四) CalQuantity 函数,计算每个时间段的委托量

该函数根据用户设置的开始结束时间,时间间隔,从 vec_quantity 中获取每个时间间隔对应的成交量信息,计算每个时间间隔内成交量占总的时间范围内成交量权重,然后乘以总委托量,计算每次委托应该发送的委托数量,储存在 vec_sendquantity 中,以在发送订单时调用。

```
//7. 计算用户设置的每个发单间隔内,历史成交量的权重,并且按此权重分配用户委托总量
Method void CalQuantity()
Var: int start_index, int end_index, double total_quantity, int idx, int loop, double interv_quantity, double sum;
Begin
    total_quantity = 0;
    loop = 0;
    interv_quantity = 0;
    sum = 0;
    //计算下单时间内对应存放成交量的 vector 变量里的 index,
    If intportion(Strtonum(tb_start.Text.Trim())/100.0)>12 then
        start_index = intportion(start_time/100.0) * 60 + fracportion(start_time/100.0) * 100 − 660
    Else
        start_index = intportion(start_time/100.0) * 60 + fracportion(start_time/100.0) * 100 − 570;

    end_index = start_index + interval * num_order − 1;

    Print("Index&&~" + numtostr(start_index,0) + "% %" + numtostr(end_index,0));

    For idx = start_index to end_index begin
        loop + = 1;
```

```
            total_quantity + = strtonum(vec_quantity[idx].ToString());
            interv_quantity + = strtonum(vec_quantity[idx].ToString());
            If loop = interval then begin
                vec_sendquantity.push_back(interv_quantity);
                loop = 0;
                interv_quantity = 0;
            End;
        End;// 计算根据历史成交量平均的,每一次发单占总委托量的权重
    For idx = 1 to num_order begin
        vec_percent.push_back(Strtonum(vec_sendquantity[idx - 1].ToString())/total_quantity);
            Print("Percentage&&^^" + numtostr((Strtonum(vec_sendquantity[idx - 1].ToString())/total_quantity),3) + "%%" + vec_percent.Count.ToString());
        End;
    For idx = 1 to num_order begin
            If idx<num_order then begin
                vec_sendquantity[idx - 1] = intportion(quantity * strtonum(vec_percent[idx - 1].ToString())/100.0) * 100;
                sum + = intportion(quantity * strtonum(vec_percent[idx - 1].ToString())/100.0) * 100;
            End
            Else
                vec_sendquantity[idx - 1] = intportion((quantity - sum)/100.0) * 100;
        End;

    For idx = 0 to num_order - 1 begin
        Print("send_quantity***" + vec_sendquantity[idx].ToString());
    End;
    //Print("22&&^^" + numtostr(total_quantity,0) + "%%" + vec_sendquantity.Count.ToString());
End;
```

(五) 发送委托函数 sendorder

该函数使用 orderticket 组件,按输入参数设置委托数量,发出委托单。本节将以市价单为例,发送委托。

```
//8. 发出委托单
Method void sendorder(int quant)
Begin
```

```
    Print("send quantity $ $ $ " + numtostr(quant,0));
    tb_message.Text = tb_message.Text + DateTime.Now.ToString() + spaces(3) + "发出
委托,委托数量" + numtostr(quant,0) + newline;
    If quant = 0 then
        Return;
    otk = new orderticket;
    otk.Account = Account_CB.Text.Trim();
    otk.Symbol = code_tb.Text.Trim();
    otk.Quantity = quant;

    If RB_buy.Checked = True then
        otk.Action = OrderAction.Buy;
    If RB_sell.Checked = True then
        otk.Action = OrderAction.Sell;

    otk.Type = tsdata.trading.OrderType.Market;
    otk.Duration = "IC5";
    otk.Send();
    order_count + = 1;
End;
```

(六) Timer2 的 Elapsed 事件函数

Timer2 用于发送第一笔委托之后的其余委托；在 Timer2 的 Elapsed 事件触发后，从 vec_sendquantity 中获取委托量，发出后续委托。

```
//9. timer2 的 elapsed 事件,后续委托的发出
method void tm2_Elapsed(elsystem.Object sender, elsystem.TimerElapsedEventArgs args)
vars: int now_time, int later_time, int tm2_interval;
begin
    tm2.Enable = False;
    Print("%%%%" + Datetime.Now.ToString() + spaces(3) + numtostr(order_count, 0));

    If order_count = num_order – 1 then begin
        sendorder(Strtonum(vec_sendquantity[order_count].ToString()));
        tm2.Enable = False;
        tb_message.Text = tb_message.Text + DateTime.Now.ToString() + spaces(3) +
```

```
"所有委托发送完毕!";
        Return;
    End
    Else
        sendorder(Strtonum(vec_sendquantity[order_count].ToString()));

    now_time = Datetime.Now.Hour * 100 + DateTime.Now.Minute;
    later_time = optTime(now_time + interval);
    If now_time<1130 and later_time>1130 then
        tm2_interval = (interval + 90) * 60000
    Else
        tm2_interval = interval * 60000;

    tm2.Interval = tm2_interval;
    tm2.Enable = True;
end;
```

三、VWAP 策略应用

从交易应用程序中找到编写的"VWAP",点击打开交易应用。"VWAP"将显示初始化界面,如图 9-5 所示。

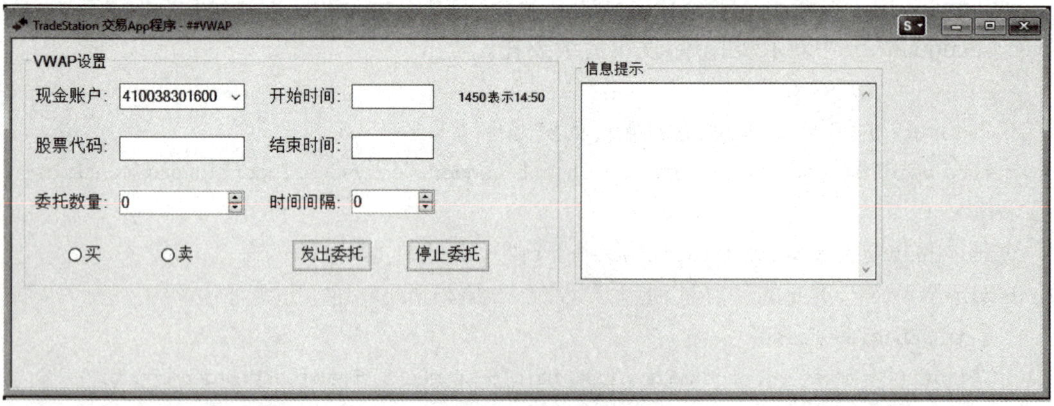

图 9-5　VWAP 初始化

用户设置好股票代码,委托数量,买卖方向,开始,结束时间以及时间间隔后,单击发出委托按钮,交易应用将按照设定好的时间间隔发出委托订单,每次委托发出,信息提示栏显示相关提示,如图 9-6 所示。

第九章 算法交易策略

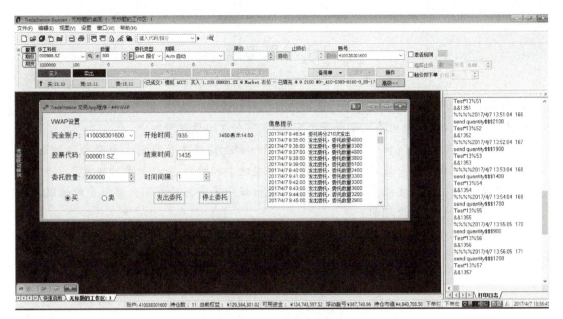

图 9-6 VWAP 发出委托

本 章 小 结

算法交易是通过事先开发好的计算机算法，决定交易下单的时机、价格乃至最终下单的数量与笔数等，并依据算法规则发出交易指令的一种交易方法。

本章以 TWAP 策略和 VWAP 策略为例，介绍了如何在开发环境中利用 EL 开发算法交易应用。

TWAP 和 VWAP 交易的核心之一是如何拆单，对应的开发过程算法的核心就是如何计算每个时间段的委托量，以及利用 Timer 组件去精确设置每次发出委托单的时间。

本章所展示的 TWAP 策略，是简单的平均拆单。在实际应用过程中，会有延伸的算法，例如在每个时间段生成随机数，隐藏交易意图；或者在每个时间段，生成随机数，随机确定具体发送委托的时间。

对于 VWAP，重要的一点是利用 PriceSeriesProvider 组件获取历史交易量，然后以历史交易量为权重，去分配每次委托单的委托量。实际应用中也延伸出众多预测当日交易量分布的算法。

重 要 概 念

算法交易　被动型算法交易　主动型算法交易　综合型算法交易　TWAP 策略　VWAP 策略

335

习题与思考题

(1) TWAP 和 VWAP 算法交易示例代码中是怎样设置每次发送委托的时间的?这样的算法有什么缺点(考虑委托单分多次发送)?有什么办法改进?

(2) VWAP 示例代码中,如何调用 PriceSeriesProvider 组件去获取前十个交易日的成交量?又如何获取用户设定时间范围内,每次发送委托时刻,委托数量的权重?

(3) 考略到对用户总的委托量进行拆分时,可能出现一次委托数量不为整数手的情况,示例代码中如何进行处理的?

(4) 思考如果把示例代码中的委托单由市价委托改为限价委托,在 TWAP 和 VWAP 交易时,可能出现什么风险?应该利用什么组件去获取发送的委托单的状态?

第十章

动态资金管理和资产配置

学习目标

1. 理解动态资产管理和资产配置的基本原理和类型。
2. 理解和掌握等价鞅与反等价鞅策略的思想和 EL 编程与应用方法。
3. 理解和掌握利用分析图进行动态资产配置的交易策略思想、编程及其应用方法。
4. 理解和掌握利用雷达屏进行动态资产配置的交易策略思想、编程及其应用方法。

第一节 动态资金管理和资产配置概述

一、动态资金管理原理和策略类型

金融市场是一个极为复杂、瞬息万变的市场。金融市场的大多数投资策略都是依据人们对历史规律的认识、当前形势的判断和未来走势的预期来制定和执行的。由于金融市场的复杂性和多变性以及人的认识的有限性和滞后性,任何在过去行之有效的策略都不能保证在未来的必然成功。因此,为了在投资遭遇挫折的时候不会全军覆没,还能够东山再起,进行有效的资金管理和风险控制十分重要。它是获取投资成功的基本保障,对于程序化交易更加凸显其重要性。

投资资金管理,就是控制投资的规模和结构,将其可能面临的最大潜在损失风险控制在可以承受的范围之内,同时争取获取尽可能多的收益。投资的规模越大,比重越高,获取收益的可能性也越高,但其面临损失的风险也越大。投资收益和风险通常具有正相关性。因此,必须根据可以承受的风险确定投资的规模。

投资资金的管理可以分为静态管理和动态管理。静态管理即是事先根据投资者筹集资金的能力和能够承受的风险确定一个固定的投资总额和投资比率,并不随市场变化进行调整,总是保持这样一个总额的投入。如投资 100 万元,最高九成仓位,不管盈亏,均不追加投入。采用固定金额的投资策略比较适合在小金额投入时,承受较小的风险,锁定一定的利润,是一种较稳健的防御性策略。动态资金管理则是根据金融市场的变化对投资资金规模进行动态调整。风险低的时候加大投资,风险高的时候减少投资。在不同的时间将仓位控制在不同的水平,将投资面临的总体风险控制在一个适当的水平。动态资金管理有许多不同的方法。

(一) 等价鞅与反等价鞅策略

等价鞅策略也被称为倍赌策略,是著名的赌博策略之一,指投资人在赌博时,首先下一固定的筹码,若结果是赔钱,则投资人在下一次下注时则将筹码加倍。若结果又是赔钱,则下次继续加倍,直到赢钱后,则下一次的下注即恢复原来一开始设定的筹码数目。

反等价鞅策略也被称为反倍赌策略。倍赌策略是在赔钱之后加倍赌注,而反倍赌策略则是当获胜之后,把赌注加倍。而当输钱之后,将赌注改回预设值。这样的策略其实就是将投资所获利的资金继续投入到投资之中。而此策略的缺点在于,由于市场未来的价格不确定性极高,过去获利未来未必能够继续获利,如果不配合适当的止盈策略,例如在获胜数次之后就将下次投资金额回归于预设值,则一旦发生损失,则很容易将过去数次获胜所累积的利润一次输光。这在股票趋势性投资盈利下不断加仓,最后趋势逆转未能全身而退,损失惨重的情况并不少见。

(二) 获胜序列策略

获胜序列策略是让投资人一开始决定初始时所要的投资数目,并且定义当连续获胜几次之后,则在下一期投资就增加多少筹码。而一旦失败之后,下一期的投资数目就还原初始值。该策略建立在当某个交易策略连续获胜的次数越多,则投资人对该策略就越具有信心,因此就越增加投入资金的理念之上。该策略在使用上,为了避免投入资金的过度膨胀,投资人可以预定投资上限,一旦达到该上限,投资金额便不再增加。

(三) 损失序列策略

损失序列策略与获胜序列策略恰好相反:该策略是当投资上连续落败几次之后,才在下一期投资增加筹码。而一旦获胜就将下一期投资数目还原为初始值。这样的策略类似倍赌策略,投资人可以通过加码增加的获利来弥补之前连续的损失,甚至超过之前的损失而增加总资金。该策略是建立在一种策略不会持续亏损,多次亏损后总会出现盈利情况的理念之上。怎样抓住这次盈利机会增加盈利以弥补亏损极为重要。同样与获胜序列相同,投资人必须定义初始投资数目、连续亏损次数以及达到连续亏损次数后,下期投资要增加的投资数目,以及投资数目的上限等。

(四) 凯利公式

1965 年,Jr. Kelly 提出了凯利定律,宣称赌徒对他们资金的对数更容易最大化(Kelly, Jr. 1956)。此后 Thorp 在此研究上提出了一些可用的方程式(Thorp,1966),于 1980 年发表了凯利公式,人们才开始接受凯利定律(Thorp,1980)。

凯利公式的一般性陈述为,通过寻找能够最大化投资收益对数期望值的资本比例 f^*,即可获得长期投资收益增长率的最大化。对于只有两种结果(输去所有注金,或者获得资金乘以特定赔率的彩金)的简单赌局而言,可由一般性陈述导出以下式子:

$$f^* = (bp - q)/b \tag{10.1}$$

其中: f^* 为资本投资比率, p 为获胜概率(胜率), q 为亏损概率, b 为盈亏比(赔率)。

举例而言,若一赌博有 40% 的胜率 ($p=0.4$, $q=0.6$),而赌客在赢得赌局时,可获得二比一的赔率($b=2$),则赌客应在每次机会中下注现有资金的10%($f^*=0.1$),以最大化资金的长期增长率。注意,这个广为人知的公式只适用于全部本金参与的情形,即输的情况下,亏光。而适用更为广泛的凯利公式是:

$$f^* = (p^*rW - q^*rL)/rW \tag{10.2}$$

或者写为:

$$f^* = p - (1-p)/(rW/rL) \tag{10.3}$$

其中:f^* 为现有资金进行下次投注的比例;b 为投注可得的赔率;p 为胜率;q 为败率,即 $1-p$;rW 是获胜后的净赢率,rL 是净损失率,rW/rL 是盈亏比。

比如,用1万元买股票,30%幅度止盈,10%的幅度止损,最多盈利3 000元,最多亏损1 000元,这里 $rW=0.3$,$rL=0.1$,此时可以计算最优仓位,但是由(10.1)式是算不到的,主要原因是这里并没有投入所有本金。(10.1)式不过是(10.2)式里 $rL=100\%$ 的情形。凯利公式最初为AT&T贝尔实验室物理学家约翰·拉里·凯利根据同事克劳德·艾尔伍德·香农于长途电话线杂讯上的研究所建立。凯利说明香农的信息论要如何应用于一名拥有内线消息的赌徒在赌马时的问题。赌徒希望决定最佳的赌金,而他的内线消息不需完美(无杂讯),即可让他拥有有用的优势。凯利的公式随后被香农的另一名同事爱德华·索普应用于二十一点和股票市场中。

(五) 最优化

在著名投资经理人Williams的推崇下,凯利公式成为家喻户晓的资金管理策略,使得后续有许多学者对凯利公式进行了更为深入的研究。Ralph Vince 认为凯利公式必须建立在投资行为仅有获胜与失败两种结果的前提下,因此凯利公式只能适用于投资结果为贝努力分配的投资工具。然而在现实生活中的证券交易市场,会有许多种不同的投资结果。Vince 提出了一个新的方法用来寻找最佳投资资金比例,此方法称为最优化法(Vince, 1995)。它不仅仅能用在单一的投资标的上,而且此模型更能够适用于大部分的证券投资,决定投资组合中各股的资金配置(权重)。Vince 在 2007 年出版的 *The Handbook of Protfolio Mathmatics: Formulas for Optimal Allocation & Leverage* 中较为全面地介绍了基于单个策略的最优资金管理模型。该模型围绕最大化几何增长率展开。几何增长率是每一笔交易的"资产增长因子"。几何增长率越高,则再投资的效用越高。如果几何增长率<1,则意味着,再投资可能会带来亏损。该模型以历史单笔最大亏损作为风险资产出现破产的损失基准,设交易一个单位对应的风险资产值为:$|BL|/f$,令:

$$HPR_i = 1 + \frac{Trade_i}{|BL|/f} \tag{10.4}$$

其中:$Trade_i$ 为单笔净利,BL 为历史单笔最大亏损。HPR_i 为第 i 笔交易中,基于风险资产的单笔持有期收益率。

f 不是初始资产的下注比例,而是一个历史单笔最大亏损和风险资产转换的比例系数。有正期望的交易策略,任何一次独立的交易都存在一个最优的比例 f。f 介于 0—1 之间。

根据单笔收益率和交易次数,可以得到几何平均增长率 g,即:

$$g = \left(\sum_{i=1}^{N} HPR_i\right)^{\frac{1}{N}} \qquad (10.5)$$

通过对 f 从 0.01 到 1 的循环,可以求出最大化几何增长率对应的最优 f 值。

(六) 安全化

最优化法完全是从报酬率的角度进行优化的,没有考虑投资风险以及投资人所能够承受的风险程度。之后 Zamansky 和 Stendahl(1998)两位学者将最优化模型加入投资人风险承受度的因素,而提出了所谓的安全化模型。所谓的安全化模型,是在原最优化模型中加入"最大净值缩水"(MDD,Maximum Draw Down)的概念,即投资人在使用最优化策略投资时,在整个投资期间中总资产的净值缩水的程度不得超过自己预定的 MDD,否则应该将原来的值往下调低。而固定比例的投资策略,适用于在大趋势判断正确的时候,快速扩大利润的同时还能经受波动带来的风险。一个成功的资金管理策略应该拥有一个正的期望收益,除可将长期增长率最大化外,不允许在任何投资中,有失去全部现有资本金的可能,因此具有不存在破产疑虑的优点。该策略假设资金与投资可无穷分割,而只要资金足够多,在实际应用上不成问题。

二、动态资产配置原理和策略类型

在投资规模确定以后,还必须确定投资的结构。由于不同资产在同一时间面临风险的差异性,通过分散化投资可以降低整个投资的风险。"鸡蛋不要放在一个篮子里"是控制投资风险的一个重要原则。如何来分散化投资呢?除了选择合理的组合资产品种,如第二章讨论的选股策略,还有一个资金在组合资产的合理配置问题。广义地讲,投资规模的控制也是一个资产配置问题,即资产在现金和其他资产之间的配置问题。

资产配置的调整类型包括买入持有策略、恒定混合策略、投资组合保险策略和战术性资产配置策略等基本类型。

(一) 买入持有策略

该策略在确定恰当的资产配置比例,构造了某个投资组合后,在诸如 3—5 年的适当持有期间内不改变资产配置状态,较长期保持这种组合的策略。买入持有策略是消极型长期再平衡方式,适用于有长期计划水平并满足于战略性资产配置的投资者。买入并持有策略适用于资本市场环境和投资者的偏好变化不大,或者改变资产配置状态的成本大于收益时的状态。

(二) 恒定混合策略

该策略是指保持投资组合中各类资产的固定比例。恒定混合策略是假定资产的收益情况和投资者偏好没有大的改变,因而最优投资组合的配置比例不变。恒定混合策略适用于风险承受能力较稳定的投资者。如果股票市场价格处于震荡、波动状态之中,恒定混合策略就可能优于买入持有策略。

(三) 投资组合保险策略

该策略在将一部分资金投资于无风险资产从而保证资产组合的最低价值的前提下,将其余资金投资于风险资产并随着市场的变动调整风险资产和无风险资产的比例,同时不放弃资产升值潜力的一种动态调整策略。当投资组合价值因风险资产收益率的提高而上升时,风险资产的投资比例也随之提高;反之则下降。因此,当风险资产收益率上升时,风险资产的投资比例随之上升,如果风险资产收益继续上升,投资组合保险策略将取得优于买入持有策略的结果;而如果收益转而下降,则投资组合保险策略的结果将因为风险资产比例的提高而受到更大的影响,从而劣于买入持有策略的结果。

(四) 动态资产配置策略

该类策略是根据资本市场环境及经济条件对资产配置状态进行动态调整,从而增加投资组合价值的积极策略。大多数动态资产配置具有如下共同特征:

1. 一般建立在一些分析工具基础上的客观、量化过程。这些分析工具包括回归分析或优化决策等。

2. 资产配置主要受某种资产类别预期收益率的客观测度驱使,因此属于以价值为导向的过程。可能的驱动因素包括在现金收益、长期债券的到期收益率基础上计算股票的预期收益,或按照股票市场股息贴现模型评估股票实用收益变化等。

3. 资产配置规则能够客观地测度出哪一种资产类别已经失去市场的注意力,并引导投资者进入不受人关注的资产类别。

4. 资产配置一般遵循"回归均衡"的原则,这是动态资产配置中的主要利润机制。

大多数动态资产配置过程一般原则基本相同,但结构与实施准则各不相同。例如,一些动态资产配置依据的是各种预期收益率的简单对比,甚至只是简单的股票对债券的单变量对比。其他配置则努力将情绪化措施或者宏观经济条件标准合并在内,以提高这些价值驱动决定的时效性。另一些动态资产配置可能还包含技术措施。一般来说,一些更为详细的办法经常比单纯的价值驱动模型更为优越。

动态资产配置的目标在于,在不提高系统性风险或投资组合波动性的前提下提高长期报酬。这看上去与效率市场假说的"风险与收益匹配"的原则互相矛盾,但当我们区别看待长期收益的改善与投资者的"收益"提高时可以发现,收益率各不相同的资产管理策略将使不同类型投资者的效用最大化。对于许多投资者来说,动态资产配置为了降低短期风险,可能损失短期收益,但却可以提高长期收益而不增加投资组合的长期潜在风险。

动态资金管理和动态资产配置的策略种类甚多,本章以下几节将利用 TS 量化交易平台,讨论等价鞅和反等价鞅动态资金管理策略、动态资产配置的分析图交易和雷达屏交易,供读者参考。

第二节 等价鞅与反等价鞅动态资金管理策略

一、策略思想

鞅(martingale,或译为马丁格尔),原指于 18 世纪流行于法国的输钱加码法。假设可以无限赊账,那么赌徒在每次输钱后,就将赌注翻倍,那么他任何一个连续输钱后赢钱的结果都是相等的——赢回本金,这就是等价鞅。赌徒使用这种策略,为的是在初次赢钱时赢回之前输掉的所有钱,同时又能另外赢得与最初赌本等值的收益。当赌徒的财产和可用时间同时接近无穷时,他掷硬币后赢得最初赌本的概率会接近 1,由此看来,加倍赌注法似乎是一种必然能赢钱的策略。这个策略看似很美妙,然而,该策略的问题就出在这个假设上。赌金的指数增长最终会导致财产有限的赌徒破产。因此,该策略的使用必须很好地控制其初始投入。否则在连续输钱的情况下,需要更多的资本投入,在后续投入不能支持的情况下就会导致破产。因此,等价鞅策略不仅需要控制初始投入,而且应该配合止损策略,以控制其最大损失在可承受范围内。

鞅论后来广泛应用于金融数学分析上。等价鞅策略出现后,很快有许多学者提出了批评乃至反对意见,其中最有代表性的就是反等价鞅策略,也就是盈利加码法。与等价鞅策略正好相反,反等价鞅策略在盈利后投资翻倍,以期待下一次更大的盈利;而在亏损后投资减半,以期避免更大的损失。这样的策略就是将投资所获利的资金继续投入到投资中。尽管投资结果为损失,也不会对投资人原有的资金造成损失。此策略的缺点在于,由于市场未来的价格不确定性极高,过去获利未来未必能够继续获利,如果不配合适当的止盈策略,例如在获胜数次之后就将下次投资金额回归于预设值,则一旦发生损失,则很容易将过去数次获胜所累积的利润一次赔光。

在此,我们将利用简单的移动均线金死叉趋势追踪系统来演示和比较等价鞅策略与反等价鞅策略的使用。

二、等价鞅策略与反等价鞅策略 EL 程序

(一)交易时机选择

交易时机选择使用简单的移动均线金死叉趋势追踪系统,金叉时平空开多,死叉时平多开空[①]。

(二)交易规模确定

等价鞅策略与反等价鞅策略是资金管理策略。既可以通过控制每次交易的资金总量,也可以通过直接控制交易量的方式来实现资金的管理。但二者略有差异。由于在不同时间点交易资产的价格不同,控制资金的倍数,交易量的倍数并不相等;控制交易量的倍数,资金的倍数并不相等。在此,为了简化程序,我们以交易量的倍数作为控制变量。

等价鞅策略:当上次交易亏损,则本次交易规模为上次交易量乘以变动系数,否则减半。即:

```
if profits<0 then                              //上次亏损交易量加倍
        buyVolume = buyVolume * InvestD
    Else                                        //否则减半
        buyVolume = buyVolume/ InvestD;
    end;
```

反等价鞅策略:当上次交易盈利,则本次交易规模为上次交易量乘以变动系数,否则减半。

---

① 当然,我们也可以采用其他各种择时策略来决定建仓和平仓时点。

```
if profits>0 then                          //上次盈利交易量加倍
        buyVolume = buyVolume * InvestD
    Else                                   //否则减半
        buyVolume = buyVolume/ InvestD;
    end;
```

(三) 盈亏统计

为了判断盈亏,我们需要对交易盈亏进行统计。

建仓单位成本为(价格+滑点)×(1+交易费率),平仓盈利为((价格+滑点)×(1+交易费率)-单位成本)×持仓×合约乘数:

```
AvCostBuy = (CloseA + PriceSlippage) * (1 + FeeRatio1/100);
profits = ((CloseA - PriceSlippage) * (1 - FeeRatio1/100) - AvCostBuy) *
BuyPosition * ContraMultip;
```

(四) 策略选择

为了利用该程序模拟比较多种策略,利用设置参数 DJY 进行选择:

```
If DJY = 0 then                            //原始策略
    If DJY = 1 then begin ... end;         //等价鞅策略
    If DJY = -1 then begin ... end;        //反等价鞅策略
```

(五) 交易方式选择

在此模拟 1 个品种的交易,可以利用 EL 的交易保留字进行,从而需要使用程序的"策略"类型。这样有利于使用 EL 的策略模拟和参数优化和成果统计的功能。

利用 EL 语言编辑的等价鞅策略与反等价鞅动态资金管理策略如图 10-1 所示。

```
{等价鞅策略与反等价鞅动态资金管理策略}
//声明命名空间
Using tsdata.marketdata;          // 需要引用 PriceSeriesProvider 的名字空间。
Using guosen;                     // 包含国信的命名空间

Input: DJY(1){等价鞅与反等价鞅策略,0,1,2},InitialInvest(2000000){初始投资},
    InvestD(2){投资变动率},InvestRatio(90){投资比率%},
    PriceSlippage(0.01){价格滑点},FeeRatio1(0.02){ETF 手续费率%},
    MaSLength1(5),MaMLength1(20){均线区间长度};
Var: IntrabarPersist double CloseA(0){资产价格},ContraMultip(10000){期货乘数},
BarID(0),
    IntrabarPersist double MAS(0),IntrabarPersist double MaM(0){移动均线},
    int BuyTimes(0){交易次数},int BuyPosition(0){持仓量},
```

```
        ICode(""){资产代码},int buyVolume(2){开仓交易量},SellVolume(0){平仓交易量},
        IntrabarPersist double AvCostBuy(0){开仓成本},IntrabarPersist double Profits
(0){盈利};

//获取合约乘数函数
method double priceload(QuotesProvider Qp1,string ICode,string field)
begin
    QP1.Load = False;
    QP1.Symbol = ICode;                  //设置 QP1.Symbol 为当前期权代码
    Qp1.Fields + = Field;                //设置行权价字段
    QP1.Load = True;
    Return(qp1.Quote[Field].DoubleValue); //合约乘数
end;
//将初值赋予数组
if BarID = 1 then begin
    ICode = GetSymbolName of data1;
    ContraMultip = priceLoad(Qp1,ICode,"BigPointValue");
end;
//计算数组指标
    CloseA = c of data1;
    Mas = Average(CloseA,MaSLength1);
    MaM = Average(CloseA,MaMLength1);

//上升趋势开多仓
if   CloseA>MaS  and  MaS cross over MaM   then begin
    if buyposition<0 then begin          //持有空头则平空
        SellVolume = - BuyPosition;
        buytocover ("空头平仓") sellVolume shares next bar market;
        profits = ((CloseA - PriceSlippage) * (1 - FeeRatio1/ 100) -
AvCostBuy) * BuyPosition * ContraMultip;  //平仓盈利
        BuyPosition = 0;
    end;
    if buyposition = 0 then begin        //无持仓则开多
        If DJY = 0   then                //原始策略
            buyVolume = InvestD;
        If DJY = 1 then begin            //等价鞅策略
            if profits<0 then            //上次亏损资金加倍
                buyVolume = buyVolume * InvestD
            Else                         //否则资金减半
```

```
                buyVolume = buyVolume/ InvestD;
            end;
        If DJY = -1 then begin                              //反等价鞅策略
            if profits>0 then                               //上次盈利资金加倍
                buyVolume = buyVolume * InvestD
            Else                                            //否则资金减半
                buyVolume = buyVolume/ InvestD;
        end;
        Buy ("多头开仓") buyVolume shares next bar at market;
        AvCostBuy = (CloseA + PriceSlippage) * (1 + FeeRatio1/100);
                                                            //建仓平均成本
            BuyPosition = buyVolume;                        //记录开仓仓位
        end;
    end;
//死叉平多开空
if CloseA<MaS  and  MaS  cross below MaM  then begin
    if BuyPosition>0  then begin                            //持有多头则平多
        SellVolume = BuyPosition;
        sell ("多头平仓") SellVolume shares next bar market;
        profits = ((CloseA - PriceSlippage) * (1 - FeeRatio1/100) -
                AvCostBuy) * BuyPosition * ContraMultip;    //平仓盈利
        BuyPosition = 0;                                    //持仓归零
    end;
    If  buyposition = 0   then begin                        //无持仓则开空
        If DJY = 0   then                                   //原始策略
            buyVolume = InvestD;
        If DJY = 1 then begin                               //等价鞅策略
            if profits<0 then                               //上次亏损资金加倍
                buyVolume = buyVolume * InvestD
            Else                                            //否则资金减半
                buyVolume = buyVolume/ InvestD;
            end;
        If DJY = -1 then begin                              //反等价鞅策略
            if profits>0 then                               //上次盈利资金加倍
                buyVolume = buyVolume * InvestD
            Else                                            //否则资金减半
                buyVolume = buyVolume/ InvestD;
            end;
        sellshort("开空仓") buyVolume shares next bar at market;
```

```
        BuyTimes = BuyTimes + 1;                               // 交易次数
        AvCostBuy = (CloseA + PriceSlippage) * (1 + FeeRatio1/100); // 建仓平均成本
        BuyPosition = - buyVolume;                             // 记录开仓仓位,
    end;
end;
```

图 10-1　等价鞅策略与反等价鞅动态资金管理策略的 EL 程序

三、等价鞅策略与反等价鞅策略应用

我们利用沪深 300 股指期货的日线数据,对等价鞅策略与反等价鞅动态资金管理策略与固定投资规模的移动均线趋势追踪策略进行模拟比较分析。

(一) 固定投资规模的趋势追踪策略

该策略采用固定投资规模,每次交易 2 手,模拟移动均线趋势追踪策略在沪深 300 股指期货日 K 线的交易情况,经参数优化的收益曲线如图 10-2A 所示。

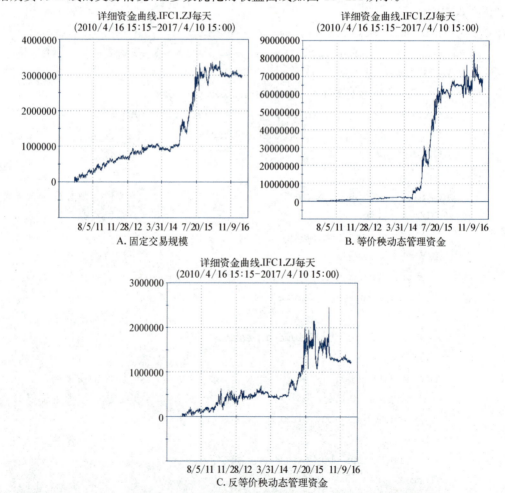

图 10-2　固定交易规模、等价鞅和反等价鞅动态资金管理策略的收益曲线

(二)等价鞅加趋势追踪策略

利用移动均线趋势追踪策略加等价鞅动态资金管理策略,其初始投资2手,以后根据盈亏减半或加倍。其收益曲线如图10-2B所示。

(三)反等价鞅加趋势追踪策略

利用移动均线趋势追踪策略加反等价鞅动态资金管理策略,其初始投资2手,以后根据盈亏加倍或减半。其收益曲线如图10-2C所示。

从图可见,固定投资规模的趋势追踪策略在2010—2013年获得较为稳定的收益增长,2014年收益出现一定的震荡,2014—2015年股市大幅震荡中收益大幅增长,但在2015年后的小幅震荡行情中收益则小幅震荡回落。充分显示了趋势追踪策略的特点。

等价鞅策略进行动态资金管理,根据盈亏调整投资规模的结果,使投资收益大幅增长,约为固定规模投资收益的2倍。但其波动略有加大。

而反等价鞅策略根据盈亏调整投资规模的结果,却使投资收益大幅回落,约为固定规模投资收益的1半,约为等价鞅策略的五分之一。而且其波动幅度显著加大。

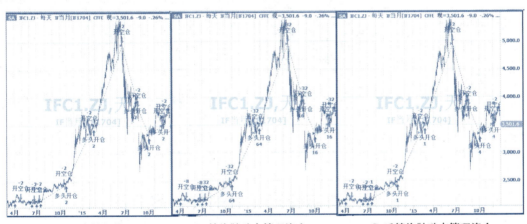

A. 固定交易规模　　　　B. 等价鞅动态管理资金　　　　C. 反等价鞅动态管理资金

图 10-3　固定投资规模、等价鞅和反等价鞅策略的交易规模比较

为何三种资金管理策略在相同的择时交易策略(均线趋势追踪策略)下投资收益如此出现显著差异?我们从图10-3显示的3种资金管理策略在2014—2015年的股市大幅震荡中的交易规模变动可见,趋势追踪策略在上升或下降趋势中途的震荡中往往出现交易方向错误,固定规模策略交易规模没有变化,使正确投资的收益被错误投资部分抵消;等价鞅策略正好在错误投资方向减少了投资规模,在正确投资方向增加投资规模,因此收益远超损失;而反等价鞅策略正好在错误投资方向增加了投资规模,在正确投资方向减少投资规模,因此大量的损失使收益减少。

表10-1显示了3策略不同变动系数的收益模拟情况。从中可见,等价鞅策略的盈亏比最高,反等价鞅策略最低。其他指标也相同。反等价鞅策略中,变动系数1.5比2的效果更好,而等价鞅策略中,变动系数2比1.5的效果更好。

表 10-1　固定规模与等价鞅和反等价鞅策略的收益和风险指标比较

	固定投资策略	等价鞅策略		反等价鞅策略	
	固定 2 手/次	变动系数 2	变动系数 1.5	变动系数 2	变动系数 1.5
净利润	2 956 320	65 654 700	19 432 380	1 218 660	1 531 680
累计盈利	4 194 480	83 884 380	25 110 180	3 276 660	3 145 200
累计亏损	−1 238 160	−18 229 680	−5 677 800	−2 058 000	−1 613 520
盈亏比	3.39	4.6	4.42	1.59	1.95
盈利百分率%	44.07	44.07	44.07	44.07	44.07
初始资金回报率%	295.63	6 565.47	1 943.24	121.87	153.17
年化收益率%	20.91	63.78	45.88	12.12	14.12
买入并持有收益率%	6.37	6.1	6.37	6.37	6.37
账户收益率%	1 320.97	1 155.34	1 232.82	231.97	461.96
稳健风险收益率	4.66	13.21	10.18	1.2	1.9
RINA 指数	59.67	75.74	73.55	12.32	22.63
夏普比率	0.28	0.31	0.33	0.12	0.16
K 比率	0.28	0.2	0.21	0.21	0.24
净利润与最大回撤比%	1 320.97	289.89	1 232.82	97.24	177.75

第三节　动态资产配置的分析图交易

一、波动率动态资产配置策略思想

　　动态资金管理不仅对于单一资产投资管理很重要,对于多资产的资产组合更加重要。对于资产组合来讲,不仅有总的仓位管理的问题,还有一个资金在不同资产之间配置的问题。简单的组合资产配置方法是等比例配置法,即每一种资产按照相同的比率进行资产配置。还有就是固定比例法,即按不同比例配置,但不随时间调整。这都是一种静态资产配置方法。我们知道,金融市场是一个瞬息万变的市场,其各种资产潜在的收益和面临的风险在不同时间是不一样的。资产配置既需要考虑资产的预期收益,又需要考虑其面临潜在风险。对资产组合进行优化配置的理论基础是马科维兹的有效资产组合理论。该理论以投资的预期收益率和收益的均值方差来描述投资组合的收益和风险。

　　对于具有 i 个投资品种的投资组合,每个投资品种在投资组合中的比重记为 w_i。如果该投资品种的平均年化收益率为 $\bar{R}_i$,风险为 V_i,则组合的总收益和总风险为:

$$E(R_p) = \sum_{i=1}^{I} w_i E(R_i) \tag{10.6}$$

$$V(R_p) = \sum_{i=1}^{I} \sum_{j=1}^{i} w_i w_j \operatorname{cov}(R_i, R_j) \tag{10.7}$$

其中，$\operatorname{cov}(R_i, R_j)$ 为投资品种 i 和投资品种 j 之间的协方差。

此外，最优投资组合必须满足以下约束条件：投资组合中各投资品种的比重之和等于1，即：

$$\sum_{i=1}^{I} w_i = 1 \tag{10.8}$$

注意(10.8)式允许单个投资品种占投资组合的比重为正数或负数。正数代表多头头寸，负数代表空头头寸。

从而，基本投资组合优化问题可以定义为：

$$\min V(R_p), \text{ s.t. } E(R_p) \geqslant \mu, \sum_{i=1}^{I} w_i = 1 \tag{10.9}$$

其中，μ 为最小可接受平均收益率。

许多学者进一步讨论了考虑到交易成本的投资组合优化问题，相关系数不对称情况下的投资组合优化问题，以及如何处理投资组合优化中的估计误差问题以及有效投资组合管理中的实际问题。

以上讨论的组合优化方法虽然是投资组合优化的基本方法，但当组合品种较多时，其计算量巨大，计算机耗时较多，对于程序化交易，特别是高频交易来说并不太适用。最简单的方法就是等权重的配置各个投资组合中的品种。这种方法也能降低投资组合的总体风险，但效果显然不如进行完全优化的投资组合的风险分散效果。许多人对此问题进行了有益的探索。Aldridge(2009)提出了一种离散配对优化算法（Discrete Pair-Wise, DPW）作为复杂优化方法在程序化交易中的简单替代方法。它是介于等权重法和完全优化方法之间为快速计算而设计的折中算法。我们在《程序化交易初级教程》第10章中对它进行了一些介绍。在此我们重点讨论根据资产波动率来配置资产的方法。资产波动率是一个动态指标，根据波动率动态配置资产，波动率高的配置较少资产，波动率低的配置较多资产，使每个单位风险资产面临的风险基本相当。从而提高组合的稳健性。

波动率可以按绝对波动幅度计算，也可按相对波动幅度计算。著名的海龟投资法则将资产配置算法标准化为与头寸的绝对波动幅度相联系。波动大的市场头寸规模较小，波动小的市场头寸规模较大，使分散投资在不同市场的盈亏概率相同，从而达到最大化分散投资风险的效果。海龟法则用真实波动幅度移动均值（ATR）来度量市场的潜在波动性。ATR 和真实波动幅度（TR）的计算公式为：

$$TR_t = \max(H_t - L_t, H_t - C_{t-1}, C_{t-1} - L_t) \tag{10.10}$$

$$ATR_t = \Big(\sum_{1}^{n} TR_t\Big)/n \tag{10.11}$$

其中，H 为最高价，L 为最低价，C 为收盘价，n 为移动区间。

海龟将头寸分为一个一个的小单位，即头寸单位。头寸单位根据市场波动性进行调整。

$$头寸单位＝账户净值的一定数量/(ATR\times 每点的货币价值)$$

由于交易需要按整数进行，需要对头寸单位向下取整。假设每次交易均满仓交易，则交易量等于头寸单位，即：

$$交易量＝int(账户净值的一定数量/(ATR\times 每点的货币价值))$$

我们在《程序化初级教程》第十章第三节讨论了按波动率配置资产的问题。但在那里我们是利用图表策略的交易命令实现的。图表策略交易命令虽然使用方便，但它只能对一个品种下单，因此实际上不是真正的组合资产动态配置。在此，我们将利用 EL 的下单组件进行多品种的下单，因此，可以利用资产波动率真正地实现组合资产动态配置。

利用资产波动率进行组合资产动态配置的组合资产可以是相同大类资产的组合（如现货类和衍生品类），也可以是不同大类资产的组合。由于股票等现货资产和期货、期权等衍生资产的资金占用和盈利计算方式不同，它们需要根据不同的资产类型编制不同的程序。在此，我们重点考虑相同的现货类资产的配置。

资产配置策略总是与择时交易策略配合使用的。为了简化分析，在此，我们使用简单的移动均线发散追踪策略配合布林带宽度过滤短期震荡作为择时交易策略为例。

二、波动率动态资产配置策略 EL 程序

（一）程序类型和使用方式

本策略将利用 TS 的 EL 语言开发，在 TS 的分析图上进行监测和交易。程序类型选择"指标"。如果使用"策略"类型可以利用其模拟交易性能分析功能进行策略的模拟结果分析，使用较为方便，程序也较简单。但是，策略类型的保留字交易指令只能对图形中的主品种进行交易，而不能对多品种进行交易。因此，我们只好利用 EL 的下单组件 Orderticket 进行交易下单。为了分析交易效果，我们就需要对交易绩效相关的指标进行编程统计。为了将这些指标直观地显示到分析图形上，我们只能选择"指标"类型。

进行组合资产动态配置的程序，可以在分析图上运行，也可以在雷达屏上运行。雷达屏管理的资产数量可以较多，但调用和显示历史数据和走势不便。分析图管理资产数量可能较少，但调用历史数据和显示策略交易效果的历史动态比较方便。它们的程序编制上略有差异。在此，我们重点讨论在分析图上使用的程序。

（二）获取组合资产品种代码、价格和单位价值

为了利用下单组件下单，需要获取组合资产品种代码。在此利用 GetSymbolName of data$k$ 即可获得分析图上加载品种的交易代码，如：

```
ICode[1] = GetSymbolName of data1;
    ……
ICode[5] = GetSymbolName of data5;
```

品种价格获取与图表上的顺序一致：

```
CloseA[1] = c of data1;
    ......
CloseA[5] = c of data5;
```

为了计算下单数量,需要获取图形上显示品种价格的单位价值。在此利用 QuotesProvider 组件函数来获取：

```
method double priceload(QuotesProvider Qp1,int kk, string field)
begin
    QP1.Load = False;
    QP1.Symbol = ICode[kk];            //设置 QP1.Symbol 为当前期权代码
    Qp1.Fields + = Field;              //设置行权价字段
    QP1.Load = True;
    Return(qp1.Quote[Field].DoubleValue); //返回行权价
end;
```

该组件函数应该放在变量定义以后,其他计算公式之前。其调用方式为：

```
For k = 1 to n begin
    ContraMultip[k] = priceLoad(Qp1,k,"BigPointValue");
end;
```

(三) 循环计算品种指标

各种指标的计算可以利用数组循环计算。移动均线和标准差和 ATR 函数可以输入需要计算的品种价格,直接调用循环计算。

```
For  k = 1 to n begin
    //计算均线
    Mas[k] = Average(CloseA[k],MaSLength1);
    MaM[k] = Average(CloseA[k],MaMLength1);
    MaL[k] = Average(CloseA[k],MaLLength1);
//计算布林线
    BBM[k] = average(CloseA[k],BBLong);
    BBTOP[k] = BBM[k] + 2 * StandardDev(CloseA[k],BBLong,2);
    BBBOT[k] = BBM[k] - 2 * StandardDev(CloseA[k],BBLong,2);
//计算 ATR
    TrueRangeA[k] = TrueRangeCustom(HighA[k],LowA[k],CloseA[k]);
    ATR[k] = Average(TrueRangeA[k],ATRLength);
end;
```

(四)组合资金总量动态管理

账户资金总量控制采用动态管理,初值为投资初值乘以投资比率。每个阶段的投资经费为现金总量乘以投资比率。用户可以通过改变投资比率来控制各个阶段的投资规模和比重。

```
BuyingPower[0] = InitialInvest * (InvestRatio/100);
InvestFund[0] = BuyingPower[0] * (InvestRatio/100);
```

每个阶段的现金(可用资金)总量为前期现金总量减投资建仓支出,加平仓收入。

```
//建仓支出:
BuyingPower[0] = BuyingPower[0] - buyVolume[k] * CloseA[k] * ContraMultip[k];
//平仓收入:
BuyingPower[0] = BuyingPower[0] + SellVolume[k] * (CloseA[k] - PriceSlippage)
    * (1 - FeeRatio1/100) * ContraMultip[k];
```

(五)组合资产动态配置

组合资产动态配置采用 ATR 风险加权配置法。K 资产在计算 ATR 样本区间的波动越大,其面临的风险越大,其配置的资金权重越低,其资产价格越高,其配置的资产数量越低。除了使用 ATR 来度量风险,也可以用方差来度量风险。

```
//账户资金总量管理
InvestFund[0] = BuyingPower[0] - NetWorth[0] * (1 - InvestRatio/100);
    //K 资产风险加权投资资金
if ATR[k]>0 then
    InvestFund[k] = (InvestFund[0] * InvestUnit/100)/(ATR[k] * ContraMultip[k]);
    buyVolume[k] = intportion(InvestFund[k]/100) * 100;  //K 资产交易量;
If InvestFund[0] - buyVolume[k] * (CloseA[k] + PriceSlippage)
    * (1 + FeeRatio1/100) * ContraMultip[k]<0 then     //如果资金不足,则重新计
                                                        //算开仓量
    buyVolume[k] = intportion(InvestFund[0]/((CloseA[k] + PriceSlippage)
    * (1 + FeeRatio1/100) * ContraMultip[k])/100) * 100;  //K 资产交易量
```

(六)组合资产建仓和平仓

组合资产建仓和平仓时机采用简单的移动均线发散趋势追踪法,利用布林带宽度过滤短期震荡。同时考虑账户可用资金和持仓限制。

```
if  CloseA[k]>MaS[k] and  MaS[k]>MaM[k] and MaM[k]>MaL[k] and BBTOP[k]/BBBot
[k]-1>BBWth and  BuyingPower[0]>0 and BuyPosition[k] = 0 then begin
    If  buyVolume[k]> = MinVolume then begin
        BuyOrder[k] = true;                    //下单指令为 true
        OrderName[k] = "现货开仓";              //开仓指令名称新开仓
```

```
            BuyTimes[k] = BuyTimes[k] + 1;                    //交易次数
            AvCostBuy[k] = (CloseA[k] + PriceSlippage) * (1 + FeeRatio1/100);
                                                              //建仓平均成本
            BuyingPower[0] = BuyingPower[0] − buyVolume[k] * CloseA[k] * ContraMultip[k];
                                                              //计算现金余额
            BuyPosition[k] = buyVolume[k];                    //记录开仓仓位,
         end;
      end;
//趋势逆转平仓
      if   MaS[k]<MaM[k] and MaM[k]<MaL[k] and  BuyPosition[k]>0    then begin
             SellVolume[k] = BuyPosition[k];
             SellOrder[k] = true;                             //下单指令
             OrderName[k] = "趋势逆转平仓";                    //开仓指令名
             NetProfits[k] = NetProfits[k] + ((CloseA[k] − PriceSlippage) * (1 −
FeeRatio1/100) − AvCostBuy[k][k]) * BuyPosition[k] * ContraMultip[k];
                                                              //累积净盈利
             BuyingPower[0] = BuyingPower[0] + SellVolume[k] * (CloseA[k] −
PriceSlippage) * (1 − FeeRatio1/100) * ContraMultip[k];       //现金余额
             BuyPosition[k] = 0;                              //持仓归零
             BuyTimes[k] = 0;
end;
```

(七) 统计盈亏和市值、净资产等指标

除了在交易时需要统计资金收支和盈亏外,在非交易时间,如果有持仓,需要统计其持仓潜在盈亏。另外,需要计算账户的持仓市值和净资产等投资效益指标。

```
If BuyPosition[k]>0 then begin
    UnRealizedPL[k] = ((CloseA[k] − PriceSlippage) * (1 − FeeRatio1/100) −
    AvCostBuy[k][k]) * BuyPosition[k];                        //计算仓位潜在盈利,
end
else UnRealizedPL[k] = 0;
NetProfits[0] = NetProfits[0] + NetProfits[k];                //组合累积盈利
MarketValue[k] = CloseA[k] * BuyPosition[k] * ContraMultip[k];
                                                              //持仓市值
MarketValue[0] = MarketValue[0] + MarketValue[k];             //持仓市值合计
NetWorth[0] = BuyingPower[0] + MarketValue[0];                //账户净资产合计
```

(八) 调用下单组件下单

对于组合多资产下单,无法使用 EL 的下单保留字下单,而只能调用 EL 的下单组件

Orderticket 进行。为了方便调用，我们采取按资产循环调用的方法。

```
// 建仓时,设置建仓指令:
BuyOrder[k] = true;                                    // 建仓指令为 true
// 平仓时,设置平仓指令:
SellOrder[k] = true;                                   // 平仓下单指令为 true
```

调用下单组件下单时，为了避免在每天开机重新加载时，对过去发生的信号下单，将最后一根 K 线以前发出的下单信号重置为 false。

```
If   LASTBARONCHART = false then begin
    BuyOrder[k] = false;
    SellOrder[k] = false;
end;
// 建仓下单模块
If BuyOrder[k] and LASTBARONCHART and buyVolume[k] >= MinValume    then Begin

    OrderTicket1.Account = iAccountStok;               // 输入账户
    OrderTicket1.Symbol = ICode[k];                    // 输入建仓商品代码
    OrderTicket1.Quantity = buyVolume[k];              // 输入交易量
    OrderTicket1.Action = OrderAction.Buy;             // 开多仓
    OrderTicket1.Type = tsdata.trading.OrderType.Limit;  // 限价单
    OrderTicket1.LimitPrice = CloseA[k] + PriceSlippage;
    OrderTicket1.Duration = "GFD";                     // 当日有效
    OrderTicket1.Send();                               // 下单
    BuyOrder[k] = false;
    buyVolume[k] = 0;
end;
// 平仓下单模块
UseablePosition[k] = GetPositionQuantity(ICode[k], iAccountStok);
                                                       // 查询账户该品种持仓量
If SellOrder[k] and SellVolume[k]>0 and LASTBARONCHART    and UseablePosition[k]>0
then Begin
    If SellVolume[k]>UseablePosition[k] then SellVolume[k] = UseablePosition[k];
    OrderTicket1.Account = iAccountStok;
    OrderTicket1.Symbol = ICode[k];                    // 输入平仓商品代码
    OrderTicket1.Quantity = SellVolume[k];             // 输入交易量
    OrderTicket1.Action = guosen.OrderAction.Sell;     // 卖出平仓
    OrderTicket1.Type = tsdata.trading.OrderType.Market;  // 市价单
    OrderTicket1.Duration = "IC5";                     // 最优 5 档成交,其余撤单
```

```
    OrderTicket1.Send();
    SellOrder[k] = false;
    SellVolume[k] = 0;
end;// 平仓下单结束
```

（九）指标绘图输出

为了观测和分析组合资产动态配置投资的效果，我们可以将一些主要指标输出（Plot）到分析图上，也可以将其打印存储（print）到文件。

利用 EL 编辑的动态资产配置的全部程序如图 10-4 所示。为了简化分析，本节建立的组合资产动态配置程序采用组合资产循环监测和建仓平仓的方法。在此假定组合资产全部为股票或者 ETF 基金等现货，其计算资金收支和盈利的方法相同，下单账号为股票证券账号。如果组合里有股票，也有期货和期权，其资金收支和盈利计算方法不同（期货和期权实行保证金交易和每日无负债结算制度），该程序就不能直接使用。可以参考第五章中对期货和期权的资金收支和盈利计算方法对本章讨论的动态资产配置程序进行修改测试后使用。

```
{组合资产动态配置}
//声明命名空间
Using tsdata.marketdata;            //需要引用 PriceSeriesProvider 的名字空间。
Using guosen;                       //包含国信的命名空间
Input:iAccountStok("410015000000"){股票账号},InitialInvest(2000000){初始投资},
    InvestRatio(90){投资比率%},FeeRatio1(0.02){ETF 手续费率%},
    MinValume(100){最低交易量},PriceSlippage(0.0001){价格滑点},
    n(5){图表资产数},ATRLength(30){ATR 区间长度},
    MaSLength1(5),MaMLength1(20),MaLLength1(60){均线区间长度},
    BBLong(35),BBWth(0.1){布林线区间长度};
Var: int k(0){股票循环变量},int BarID(0);
Array:CloseA[5](0),HighA[5](0),LowA[5](0){资产收盘、最高、最低价},
    ATR[5](0),TrueRangeA[5](0){真实变动幅度},
    BBTOP[5](0),BBM[5](0),BBBOT[5](0){布林线上中下轨},
    MAS[5](0),MaM[5](0),MAL[5](0){移动均线},ContraMultip[5](1){合约乘数},
    ICode[5](""){资产代码},int BuyTimes[5](0){交易次数},
    int BuyPosition[5](0){持仓量},
    BuyOrder[5](false){开仓指令},SellOrder[5](false){平仓指令},
    OrderName[5]("None"){指令名称},InvestFund[5](0){品种投资资金},
    int buyVolume[5](0){开仓交易量},int SellVolume[5](0){平仓交易量},
    AvCostBuy[5](0){开仓成本},profits[5](0){总盈利},
    NetProfits[5](0){净盈利},BuyingPower[5](0){账户购买力},
```

```
    MarketValue[5](0){资产市值},NetWorth[5](0){账户资产净值},
    UseablePosition[5](0){账户可用仓位},profitTime[5](0){盈利次数},
    UnRealizedPL[5](0){未实现盈利},RealizedPL[5](0){实现盈利},
    GrossProfits[5](0),GrossLosses[5](0){总盈利和亏损},
    MASD(0),MaMD(0),MALD(0){日移动均线},
    InvestRatiao0(0),InvestRatiao1(0){投资比率调整系数};
//获取合约单位价值函数
method double priceload(QuotesProvider Qp1,int kk,string field)
begin
    QP1.Load = False;
    QP1.Symbol = ICode[kk];              //设置 QP1.Symbol 为当前期权代码
    Qp1.Fields + = Field;                //设置行权价字段
    QP1.Load = True;
    Return(qp1.Quote[Field].DoubleValue); //返回行权价
end;
BarID = BarID + 1;                       //K线计数
//将初值赋予数组
if BarID = 1 then begin
    ICode[1] = GetSymbolName of data1;
    ICode[2] = GetSymbolName of data2;
    ICode[3] = GetSymbolName of data3;
    ICode[4] = GetSymbolName of data4;
    ICode[5] = GetSymbolName of data5;
    BuyingPower[0] = InitialInvest * (InvestRatio/100);
    For k = 1 to n begin
         ContraMultip[k] = priceLoad(Qp1,k,"BigPointValue");
    end;
end;
    CloseA[1] = c of data1;
    CloseA[2] = c of data2;
    CloseA[3] = c of data3;
    CloseA[4] = c of data4;
    CloseA[5] = c of data5;
    highA[1] = High of data1;
    highA[2] = High of data2;
    highA[3] = High of data3;
    highA[4] = High of data4;
    highA[5] = High of data5;
```

```
    LowA[1] = Low of data1;
    LowA[2] = Low of data2;
    LowA[3] = Low of data3;
    LowA[4] = Low of data4;
    LowA[5] = Low of data5;

//循环计算品种数组指标
For  k = 1 to n begin
//计算均线
    Mas[k] = Average(CloseA[k],MaSLength1);
    MaM[k] = Average(CloseA[k],MaMLength1);
    MaL[k] = Average(CloseA[k],MaLLength1);
//计算布林线
    BBM[k] = average(CloseA[k],BBLong);
    BBTOP[k] = BBM[k] + 2 * StandardDev(CloseA[k],BBLong,2);
    BBBOT[k] = BBM[k] − 2 * StandardDev(CloseA[k],BBLong,2);
//计算 ATR
    TrueRangeA[k] = TrueRangeCustom(HighA[k],LowA[k],CloseA[k]);
    ATR[k] = Average(TrueRangeA[k],ATRLength);
end;
//账户净值等加总指标清零
NetProfits[0] = 0;
MarketValue[0] = 0;
//多资产循环建仓
For k = 1 to n begin
    //账户资金总量管理
    InvestFund[0] = BuyingPower[0] − NetWorth[0] * (1 − InvestRatio/100);
    //K 资产风险加权投资资金
    if ATR[k]>0 then
        InvestFund[k] = (InvestFund[0] * InvestUnit/100)/(ATR[k] * ContraMultip[k]);
    //上升趋势建仓
    if   CloseA[k]>MaS[k]  and   MaS[k]>MaM[k] and MaM[k]>MaL[k] and BBTOP[k]/
        BBBot[k] − 1>BBWth and   BuyingPower[0]>0 and BuyPosition[k] <= 2 then begin
            buyVolume[k] = intportion(InvestFund[k]/100) * 100; //K 资产交易量;
        If BuyingPower[0] − buyVolume[k] * (CloseA[k]
            + PriceSlippage) * (1 + FeeRatio1/100) * ContraMultip[k]<0 then
            buyVolume[k] = intportion(InvestFund[0]/((CloseA[k] + PriceSlippage)
                * (1 + FeeRatio1/100) * ContraMultip[k])/100) * 100;    //K 资产交易量
```

```
        If   buyVolume[k] >= 100 then begin
            BuyOrder[k] = true;                              //下单指令为 true
            OrderName[k] = "现货开仓";                        //开仓指令名称新开仓
            BuyTimes[k] = BuyTimes[k] + 1;                   //交易次数
            AvCostBuy[k] = (CloseA[k] + PriceSlippage) * (1 + FeeRatio1/100);
                                                             //建仓平均成本
            BuyingPower[0] = BuyingPower[0] - buyVolume[k] * AvCostBuy[k] * ContraMultip[k];
                                                             //计算现金余额
            BuyPosition[k] = buyVolume[k];                   //记录开仓仓位,
        end;
    end;//趋势逆转平仓
    if   MaS[k]<MaM[k] and MaM[k]<MaL[k] and  BuyPosition[k]>0   then begin
        SellVolume[k] = BuyPosition[k];
        SellOrder[k] = true;                                 //下单指令
        OrderName[k] = "趋势逆转平仓";                        //开仓指令名
        NetProfits[k] = NetProfits[k] + ((CloseA[k] - PriceSlippage) * (1 - FeeRatio1/100) - AvCostBuy[k][k]) * BuyPosition[k] * ContraMultip[k];
                                                             //累积净盈利
        BuyingPower[0] = BuyingPower[0] + SellVolume[k] * (CloseA[k] - PriceSlippage) * (1 - FeeRatio1/100) * ContraMultip[k];   //现金余额
        BuyPosition[k] = 0;                                  //持仓归零
        BuyTimes[k] = 0;
end;
//统计持仓盈利
If BuyPosition[k]>0 then begin
        UnRealizedPL[k] = ((CloseA[k] - PriceSlippage) * (1 - FeeRatio1/100) -
        AvCostBuy[k][k]) * BuyPosition[k];                   //计算仓位潜在盈利,
    end
    else UnRealizedPL[k] = 0;
    NetProfits[0] = NetProfits[0] + NetProfits[k];           //组合累积盈利
    MarketValue[k] = CloseA[k] * BuyPosition[k] * ContraMultip[k];
                                                             //持仓市值
    MarketValue[0] = MarketValue[0] + MarketValue[k];        //持仓市值合计
    NetWorth[0] = BuyingPower[0] + MarketValue[0];           //账户净资产合计

//调用下单组件下单
        If   LASTBARONCHART = false then begin                //控制在重新加载程序时过
                                                              //去信号下单
```

```
        BuyOrder[k] = false;
        SellOrder[k] = false;
    end;
//符合开仓条件下单
 If BuyOrder[k] and LASTBARONCHART and buyVolume[k] >= 100    then Begin
     OrderTicket1.Account = iAccountStok;                       //输入账户
     OrderTicket1.Symbol = ICode[k];                            //输入建仓商品代码
     OrderTicket1.Quantity = buyVolume[k];                      //输入交易量
     OrderTicket1.Action = OrderAction.Buy;                     //开多仓
     OrderTicket1.Type = tsdata.trading.OrderType.Limit;        //限价单
     OrderTicket1.LimitPrice = CloseA[k] + PriceSlippage;
     OrderTicket1.Duration = "GFD";                             //当日有效
     OrderTicket1.Send();                                       //下单
     BuyOrder[k] = false;
     buyVolume[k] = 0;
 end;
//符合股票平仓条件下单
UseablePosition[k] = GetPositionQuantity(ICode[k], iAccountStok);
                                                               //查询账户该品种持仓量
 If SellOrder[k] and SellVolume[k]>0 and LASTBARONCHART   and UseablePosition[k]>0
 then Begin
     If SellVolume[k]>UseablePosition[k] then SellVolume[k] = UseablePosition[k];
     OrderTicket1.Account = iAccountStok;
     OrderTicket1.Symbol = ICode[k];                            //输入平仓商品代码
     OrderTicket1.Quantity = SellVolume[k];                     //输入交易量
     OrderTicket1.Action = guosen.OrderAction.Sell;             //卖出平仓
     OrderTicket1.Type = tsdata.trading.OrderType.Market;       //市价单
     OrderTicket1.Duration = "IC5";                             //最优5档成交,其余撤单
     OrderTicket1.Send();
     SellOrder[k] = false;
     SellVolume[k] = 0;
 end;//平仓下单结束
 END;//各品种循环下单结束


//显示图形
Plot1(NetWorth[0],"账户总资产");
Plot2(NetProfits[0],"累积盈亏合计");
Plot3(BuyingPower[0],"账户现金余额");
```

```
Plot4(MarketValue[0],"账户市值");
Plot5(NetWorth[1],"资产1总资产");
Plot6(NetWorth[2],"资产2总资产");
Plot7(NetWorth[3],"资产3总资产");
Plot8(MarketValue[1],"资产1市值");
Plot9(MarketValue[2],"资产2市值");
Plot10(MarketValue[3],"资产3市值");
Plot11(MarketValue[4],"资产4市值");
Plot12(MarketValue[5],"资产5市值");
Plot13(NetProfits[1],"资产1累积盈利");
Plot14(NetProfits[2],"资产2累积盈利");
Plot15(NetProfits[3],"资产3累积盈利");}
plot16(investp[1],"资产1投资比重");
plot17(investp[2],"资产2投资比重");
plot18(investp[3],"资产3投资比重");
plot19(investp[4],"资产4投资比重");
plot10(investp[5],"资产5投资比重");
```

图 10-4 动态资产配置的 EL 程序

三、策略应用

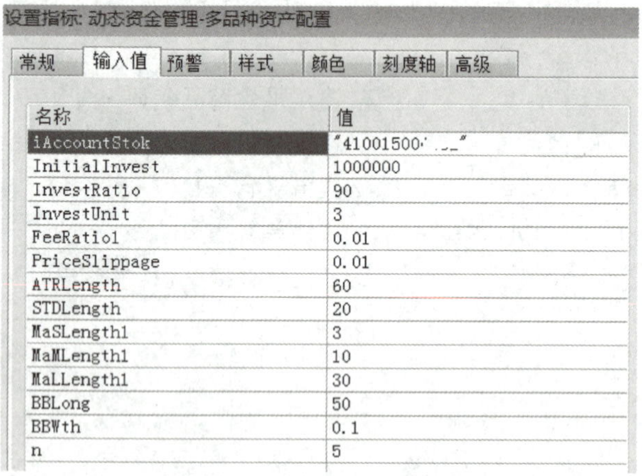

图 10-5 模拟参数设置

将以上程序应用到沪深股市股票组合交易上进行模拟回测。在此选择了上证50的5只成分股：1只消费股：贵州茅台；1只证券股：中信证券；1只能源股：中国石化；1只银行股：招商银行；1只军工股：中航动力。历史回测期间为：2005年1月3日至2017年4月24日。加载图形为日K线图。初始资金投入为100万元，投资比率为90%，以1%的资金为一个投资单位，单个品种最多投资3个单位。其他参数如图10-5所示。回测模拟结果如图10-6所示。从中可见，样本期间5只股票的走势不尽相同，波动较大。在该简单的趋势追踪策略里，该组合的资产总值和累积收益均有一个较为稳定的增长。初始投资100万元，12年投资收益1 827万元，收益率为1 827%，年化收益为27.96%。总体投资效果还是比较好的。

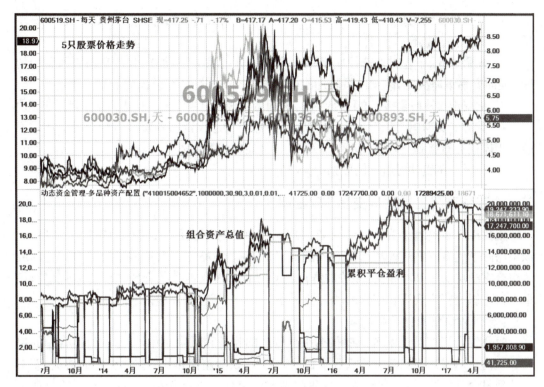

图 10-6 股票组合动态资产配置的模拟收益图

第四节 动态资产配置的雷达屏交易

一、动态资产配置雷达屏交易策略思想

组合资产的动态配置需要考虑组合内各资产相对风险程度的变化动态,对各资产的投资比重进行动态调整。上节讨论了在 TS 分析图上进行组合资产动态配置的程序化交易。TS 的分析图最多可以加载 50 个资产品种的组合交易。但如果加载到 50 个资产品种,其变量数组占用空间较大,变量赋值程序也较长,运行速度可能受到影响。TS 雷达屏可以加载最多 500 个资产品种,程序同时只对单个品种进行处理,不需要巨大的数组变量,占用内存较少,对于多资产的组合投资交易管理具有较强的优势。利用雷达屏进行组合资产动态配置的策略思想如下:

1. 雷达屏在对每个品种扫描处理时加载的历史数据有限,程序无法进行较长的历史回测,有关持仓、成本、盈利的历史数据无法自己计算,但可利用相关组件引用当前账户的实际数据。

2. 组合资产动态配置实行投资总量和结构双重动态控制。

3. 组合投资总量控制:用户根据账户资金量确定组合投资比率基准,然后由策略根据股票指数日 K 线走势对组合投资资金总量(比率)进行动态调节。

4. 组合投资结构控制：组合内各资产投资比重由策略根据各资产的风险状况动态调整，计算其风险加权投资比重。

5. 股票建仓、平仓时点选择使用移动均线趋势追踪决定，加仓由上升趋势回调中的 KD 逆向交易策略决定，减仓由风险加权的持仓限额与实际持仓差出现的时间决定。

6. 止盈止损策略包括：盈利达到目标利润后回落一定幅度止盈和达到止损目标止损。

7. 雷达屏交易同时仅对单一品种进行处理，组合总投资和各资产占组合投资比重不能在程序内存直接处理，需要利用 EXCEL 文件储存相关数据。

8. 利用下单组件对组合的股票分别进行下单。

二、动态资产配置雷达屏交易 EL 程序

根据以上策略思想编辑的组合资产动态配置雷达屏交易 EL 程序如图 10-7 所示。该策略除了组合资产规模和结构的控制不同外，基本策略与本书第四章第三节讨论的股票组合雷达屏交易基本相同，相关的程序讨论可以参考第四章的介绍，在此不再赘述，仅重点讨论组合资产规模和结构的动态控制和与 Excel 信息储存和读取问题。

（一）Excel 信息储存和读取

股票组合资产动态配置需要根据组合资产的收益和风险变化，动态调整组合总的规模和结构。但雷达屏在对每一只股票扫描计算时，仅能储存和处理该只股票的数据，而不能处理组合其他股票的数据。因此，我们需要将组合总规模和结构（各只股票的投资比重）数据存储在其他文件里，需要时再从中调用。EL 提供了读写 Excel 文件的组件 Workbook。该组件允许 EL 分析技术和策略读写指定的 Excel 电子表格的单元格。需要使用 Microsoft Excel 才能成功运行此组件。

表 10-2 动态资产配置参数表

	A	B	C	D	E	F	G
1	动态资产配置参数						
2	编号	指数代码	指数名称	指数KD指标值	组合投资动态调整系数	组合初始投资比率（%）	组合动态投资比率（%）
3	1	000001.SH	上证指数	76.0959	0.2628	20.00	5.2565
4							
5	编号	股票代码	股票名称	股票(1/ATR)	股票权重		
6	2	600000.SH	浦发银行	42.8571	0.0248		
7	3	600016.SH	民生银行	50.0000	0.0290		
8	4	600028.SH	中国石化	50.0000	0.0290		
9	5	600029.SH	南方航空	41.6667	0.0241		
10	6	600030.SH	中信证券	31.9149	0.0185		
11	7	600036.SH	招商银行	31.5789	0.0183		
		...	...	...			
50	46	601857.SH	中国石油	49.1803	0.0285		
51	47	601901.SH	方正证券	40.5405	0.0235		
52	48	601985.SH	中国核电	50.0000	0.0290		
53	49	601988.SH	中国银行	50.0000	0.0290		
54	50						
55		合计		1725.5681	1.0000		
56				股票(1/ATR)	股票权重		

首先需要使用工具箱将组件添加到 EL 文档。在 FileName 属性栏输入 Excel 文件名和完整路径。Excel 文件必须在分析技术或策略运行前就建立。比如，建立如表 10-2 所示的 Excel 工作表，取名为"动态资产配置"或其他文件名称。将表格内容放在"Sheet1"。该表分为两个区域。上部为组合指标区域，包括指数代码、指数名称、指数 KD 指标值、组合投资动态调整系数、组合初始投资比率和组合动态投资比率。下部为组合股票指标区域，包括股票编号（与雷达屏上一致）、股票代码、股票名称、ATR 指标和权重等。

程序在雷达屏扫描一个新的资产品种时，将会调入一定数量的历史 K 线数据。在第一根 K 线首先获取雷达屏当前行号，并据此将股票代码、名称和组合初始投资比率储存到 Excle 对应的表格单元中。

```
    BarID = BarID + 1;                          //K 线计数
if BarID = 1 then begin
    NoRada = getAppinfo(AiRow);                 //获取雷达屏当前行号
    If NoRada = 1 then K = 2 else K = 4;        //当雷达屏第 1 行，Excel + 2 行，否则 + 4 行
    workbook1.sheets[1].CellsAsString[2,NoRada + K] = Symbol;
                                                //Excel 存储股票代码
    workbook1.sheets[1].CellsAsString[3,NoRada + K] = Description;
                                                //Excel 存储股票名
    workbook1.sheets[1].CellsAsdouble[6,3] = InvestRatio;
                                                //Excel 存储初始投资比率
end;
```

以上 workbook1.sheets[1].CellsAsString[2,NoRada＋K]＝Symbol 表示将股票代码存储在 workbook1 的 sheets[1]表格的第 2 列，第 NoRada＋K 行。

在以后的各根 K 线数据更新时，程序将各只股票的 ATR 倒数(1/ATR)储存到 Excel 表格下部，并将计算好的股票投资权重读入程序。在此，利用真实波幅均值 ATR 作为衡量当期资产的波动率水平（风险水平），其倒数作为组合资产配置的权重，波动率越高（ATR 越大），其资产配置比重越低。

该 Excel 文件将设置为从第一只股票到最后一只股票自动汇总 ATR 值（如合计 D55 栏公式为："＝SUM(D6:D53)"），并设置其每只股票权重＝股票 ATR/权重合计（如 E6 栏公式为："＝D6/＄D＄55"，E53 栏公式为："＝D53/＄D＄55"）。当 EL 程序向其写入个股 ATR 时，Excel 将自动计算新的个股投资权重。

（二）组合投资总额控制

由于投资者的账户上可能有较多的资金，而其建立的某个投资组合并不需要这样多的资金。因此，可以设置一个账户资金组合投资的基准比率。实际的投资比率则由程序根据市场状况动态调整。组合初始投资比率为用户在雷达屏 EL 程序界面输入的初始投资的基准比率，它为该组合占账户总资产的比率。如账户资产为 1 000 万元，组合初始投资比率为 20%，该组合的投资资金为 200 万元。

为了根据组合面临的风险动态调整组合投资规模,在此以组合所在指数的日K线的KD值作为衡量其短期风险的指标,组合投资动态调整系数＝Adjust/指数KD值。KD为随机指标,DoSlowD为其K值的移动均值,它被标准化为0—100之间的数值。DoSlowD越大,标明指数严重超买,具有较大风险,其投资比率将调小,投资规模变小。DoSlowD越小,标明指数严重超卖,具有反弹潜力,投资风险较小,其投资比率将调大,投资规模变大。为了避免其对投资基准比率的过度调整,将Adjust设为20,当DoSlowD＜20时,DoSlowD＝Adjust。以控制投资比重为最大投资比率基准的100%,最小为20%。用户可调整Adjust的大小来控制该比率。

由于在市场出现中长期趋势性行情的时候,KD指标通常会钝化,从而导致其信号错误。因此,我们可以利用日K线移动均线组合来判断行情处于上升、震荡和下跌趋势中,相应调整仓位:

如短期均线＞中期均线＞长期均线,行情处于上升趋势,则组合仓位设为80%;

如果短期均线＜中期均线＞长期均线,市场处于震荡行情,则组合仓位降为60%;

如果短期均线＜中期均线＜长期均线,市场处于下跌行情,则组合仓位率降为20%。

实际仓位比重再用短期KD调整如下:

组合投资总额＝账户总资产×(风险调整投资比率×初始投资比率)

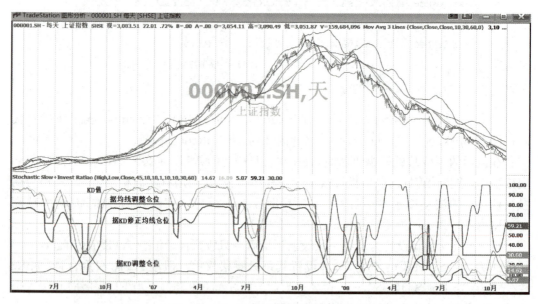

图 10-7　据 KD 修正均线调整仓位比重

经短期 KD 修正长期均线调整的仓位比重,在 2007—2008 年的持续上涨和下跌行情中的表现如图 10-7 所示。单独用 KD 进行仓位调整可能在趋势性行情中发出错误的信号,用均线进行仓位调整更能反映长期趋势变动,二者的结合可以获得较好的效果。这里是多头仓位,如果包括空头仓位,则应该将均线调整的范围从 20%—80% 改为正负 80%。

```
If NoRada = 1 then Begin                              // 雷达屏第一行(组合指数行)
    If MASD>MAMD AND MAMD>MALD THEN InvestRatiao0 = 80
        ELSE InvestRatiao0 = 60;
    If MASD<MAMD AND MAMD<MALD THEN InvestRatiao0 = 20;
    If DoSlowD<Adjust then DoSlowD = Adjust;          // 如果指数慢D<调整系数
    InvestRatiao1 = InvestRatiao0/(DoSlowD/Adjust)/100;
    workbook1.sheets[1].CellsAsDouble[4,3] = DoSlowD;  // 存储指数慢D
    workbook1.sheets[1].CellsAsDouble[5,3] = InvestRatiao1;
                                                      // 存储风险调整投资比率
end
else begin
    InvestRatioNew = workbook1.sheets[1].CellsAsDouble[5,3];
                                                      // 读取风险调整投资比率
    InvestFund = NetWorth * (InvestRatioNew * InvestRatio/100);
                                                      // 风险调整后总投资规模
End;
```

(三) 在分钟雷达屏上获取指数日 K 线数据

为了提高监测和交易效率,雷达屏可以使用分钟 K 线,但作为组合仓位调整不能过于频繁,应该使用反映中长期趋势的日 K 线。这样就需要利用 PriceSeriesProvider 组件,将其 K 线间隔设为日 K 线。并在数据更新时调用:

```
method void PSP1_Updated(elsystem.Object sender,
tsdata.marketdata.PriceSeriesUpdatedEventArgs args)
begin
    If symbol = "000001.SH" then
    begin
        ReturnValue = Stochastic (PSP1.High, PSP1.Low, PSP1.close, DKDLength, 10,
        10,1,
        DoFastK,DoFastD,DoSlowK,DoSlowD);
        MasD = Average(psp1.close,MAsLengthD);
        MamD = Average(psp1.close,MAmLengthD);
        MaLD = Average(psp1.close,MALLengthD);
    end;
end;
```

(四) 组合投资结构控制

组合投资结构通过组合资产的风险加权投资比重控制。单只股票投资资金比重以个股的 ATR 倒数(1/ATR)作为风险加权进行调整。为了避免出现 ATR 过小的情况,设置：

```
If  ATR<0.02  then ATR = 0.02;
workbook1.sheets[1].CellsAsDouble[4,NoRada + 4] = 1/ATR;        //EXECL 文件写 ATR
```

其投资资金为投资比重乘以组合投资总额：

```
InvestPotion = workbook1.sheets[1].CellsAsDouble[5,NoRada + 4];
                                              //读风险加权投资比重
    InvestFundk = (InvestFund * InvestPotion);     //K 资产风险加权投资资金
```

其交易量为个股投资总股数减去持仓数，如果交易量<0，且>可出售持仓，则等于其可出售持仓。为了放慢减仓的速度，每次减仓 1/2。当可出售持仓=1 时，全部平仓。

```
    TradeQuant1 = intportion(InvestFundk/((Close + PriceSlippage) * (1 + FeeRatio/
100) * ContraMultip * 100)) * 100 - LongPosition;   //K 资产交易量 = 应持仓 - 实际持仓
    If TradeQuant1<0 and -TradeQuant1>QuantAble then TradeQuant1 = -QuantAble;
    TradeQuant = intportion(TradeQuant1/2);
    if -TradeQuant< = 1 then TradeQuant = -QuantAble;
```

（五）建仓和平仓时点选择

在建新仓和加仓时，除了加仓规模控制外，还需满足建仓和平仓的时机选择条件。该条件由移动均线趋势追踪和 KD 逆向交易策略控制。趋势逆转平仓也有上述策略控制。

止盈和止损由达到目标盈利回落止盈策略和达到目标止损策略控制。

对于资产配置中因为超量持仓带来的减仓，则没有时点限制。只要出现超量持仓就分批减持。

（六）适用的资产组合限制

由于期货、期权等金融衍生资产的结算方式与股票等现货交易不同，以上策略程序是针对股票、ETF 等现货资产开发的，因而只能适用于现货资产组合的动态配置交易。如果需要拓展到金融衍生资产的组合配置，则需要读者根据期货、期权的交易和结算的特点进行修改。

据此编辑的动态资产配置雷达屏交易 EL 程序如图 10-8 所示。

```
    //本指标用于监控股票组合动态配置交易
    //声明命名空间
Using tsdata.marketdata;      //需要引用 PriceSeriesProvider 的名字空间。
    Using elsystem.io;        //需要引用包含用于处理输入/输出系统异常的基类相
                              //关的名字空间
    Using elsystem.Collections;  //需要引用包含用于创建不同类型集合对象的基类的名
                                 //字空间
```

```
Using tsdata.common;              //需要引用包含由其他 tsdata 命名空间使用的类。
    Using elsystem;               //包含基类,这些基类供 tsdata 类和其他 elsystem 类
                                  //以及用于执行某些普通系统功能或报告错误情况的
                                  //类使用。
    Using guosen;                 //包含国信的命名空间
    using elsystem.office.excel;  //EXCEL 的命名空间

Input: iAccount("410015004652"){账号},ProfitGoal(20){盈利目标%},
    ProfitLoss(5){盈利达目标后回落%},StopLoss(10){止损目标%},
    InitialInvest(100000){初始投资},InvestRatio(10){投资比率%},
    Adjust(20){投资比率调整系数},ATRLength(30){ATR 区间长度},
    FeeRatio(0.2){手续费率%},ContraMultip(1){单位价值},
    int MinQuant(100){最小交易单位},int n(50){股票只数},
    BandwidthLimt(2){布林线宽度限制},BuyTimeLimt(5){加仓次数限制},
    PriceSlippage(0.01){价格滑点},BullLength(25){布林线区间长度},
    KDLength(14){Kd 区间长度},DKDLength(30){日 Kd 区间长度},
    MaSLength(5){短期均线区间长度},MaMLength(10){中期均线区间长度},
    MaLLength(20){长期均线区间长度},MaSLengthD(5){短期均线区间长度},
    MaMLengthD(10){中期均线区间长度},MaLLengthD(20){长期均线区间长度};
Var:int QuantAble(0){账户股票可用仓位},NetWorth(0){总资产},
    InvestPotion(0){品种投资比重},NoRada(0){雷达行编号},
    TotalCash(InitialInvest){总现金},InvestCash(0){可投资现金},
    TotalMarketValue(0){总市值},TotalComuProfit(0){累积盈利},
    CashBalance(0){账户现金},BuyingPower(0){账户购买力},
    MarketValue(0){持仓市值},BarID(0){K 线编号},
    InvestFund(0){投资资金总额},InvestFundk(0){K 股票投资资金},
    realizedPL(0){实现盈利},UnrealizedPL(0){未实现盈利},
    AvCostBuy(0),Profits(0),ComuProfit(0){平均成本、潜在盈利、累积盈利},
    BuyTimes(0),LongPosition(0),TradeQuant(0),{开仓次数、仓位、代码、交易量}
    int entryBar(0),int ExitBar(0),InvestRatioNew(0){总投资比率},
    BuyOrder(false){开仓指令},SellOrder(false){平仓指令},
    OrderName("N"){指令名称},int BuyDay(0),{开仓日期}
    datetime1(""),datetime2(""){下单日期、时间},
    TradeCon(false){开仓条件},UpTrendCond1(false){上升趋势条件},
    KDUpCrossCond(false){KD 金叉条件},BandwidthCond(false){布林宽度条件},
    ReturnValue(0),oFastK(0),oFastD(0){KD 变量},
    printorder(false){打印控制变量},DoSlowK(0),DoSlowD(0){KD 指标},
    LowA(0),HighA(0),{股票收盘、最低、最高价}
```

```
    MAS(0),MaM(0),MAL(0){移动均线},
    Bandwidth(0),UpperBand(0),{布林线}
    oSlowK(0),oSlowD(0){KD 指标},ATR(0),
    DoFastK(0),DoFastD(0){KD 变量};

    //组件 AP1 获取账户信息
method void AP1_Updated(elsystem.Object sender, tsdata.trading.AccountUpdatedEventArgs args)
begin
        Try
    If AP1.Count>0 then
    Begin
        NetWorth = AP1.Account[0].RTAccountNetWorth;      //总资产
        TotalCash = AP1.Account[0].RTCashBalance;         //账户余额
        InvestCash = AP1.Account[0].RTDayTradingBuyingPower;
                                                          //可用资金
        TotalMarketValue = NetWorth - InvestCash;         //持仓市值
        UnrealizedPL = AP1.Account[0].RTUnrealizedPL;     //账户浮盈
        setplotbgcolor(1,black);
        Plot1(NetWorth,"总资产");
        Plot2(TotalCash,"账户余额");
        Plot3(InvestCash,"可用资金");
        Plot4(TotalMarketValue,"持仓总市值");
        Plot5(UnrealizedPL,"账户浮盈");
    End;
        Catch(elsystem.Exception ex1)
        Print("1", ex1.message);
    end;
end;

    //账户仓位信息初始化
method void AnalysisTechnique _ Initialized ( elsystem. Object sender, elsystem. InitializedEventArgs args)
begin
    PP1.Load = FALSE;                          //设置账户仓位信息加载为
                                               //false,便于修改设置
    PP1.Accounts + = iaccount;                 //设置账户代码
    PP1.Symbols + = symbol;                    //设置账户股票代码为雷达
                                               //栏股票代码
```

```
        PP1.Load = TRUE;                    // 设置账户仓位信息加载为 true,便于加载信息
end;

method void PP1_Updated(elsystem.Object sender, tsdata.trading.PositionUpdatedEventArgs
args)
begin
    Try
    if PP1.Count>0 then
    begin                                  // 查询持仓量
        LongPosition = PP1.Position[0].Quantity;
        Profits = PP1.Position[0].OpenPL;
        QuantAble = absvalue(PP1.Position[0].ExtendedProperties
["QuantityAvailable"].IntegerValue);
        AvCostBuy = PP1.Position[0].AveragePrice;
        MarketValue = LongPosition * close;
        Plot8(MarketValue,"持仓市值");
        setplotbgcolor(8,black);
        Plot6(LongPosition,"持仓量");
        Plot7(QuantAble,"可用持仓");
        Plot9(AvCostBuy,"平均成本");
        Plot10(Profits,"持仓浮盈");
        setplotbgcolor(4,black);
        if PP1[0].OpenPL> = 0 then
            SetPlotColor(4,Red)
        else
            SetPlotColor(4,Green);
    end
    else
    begin
        Plot6(0,"持仓量");
        Plot7(0,"可用持仓");
        Plot8(0,"持仓市值");
        Plot9(0,"平均成本");
        Plot10(0,"持仓浮盈");
        setplotbgcolor(4,black);
        setplotbgcolor(8,black);
    end;
        Catch(elsystem.Exception ex2)
    Print("2", ex2.message);
```

```
        end;
end;

    //账户委托信息更新
method void OP1_Updated(elsystem.Object sender, tsdata.trading.OrderUpdatedEventArgs
args)
    begin
        Try
        If OP1.Count>0 then
            Begin
            //  Plot18(OP1[0].time.ToString(),"委托时间");
                Plot19(OP1[0].Type.ToString(),"委托类型");
                Plot20(OP1[0].State.ToString(),"委托状态");
                Plot21(OP1[0].Action.ToString(),"委托方向");
                Plot22(OP1[0].FilledQuantity, "成交数量");
                Plot23(OP1[0].LeftQuantity,  "未成交量");
                Plot24(OP1[0].AvgFilledPrice, "成交均价");
                setplotbgcolor(24,black);
            End
        else
            begin
                Plot19("","委托类型");
                Plot20("","委托状态");
                Plot21("","委托方向");
                Plot22(0,"成交数量");
                Plot23(0,"未成交量");
                Plot24(0,"成交均价");
            end;
            setplotbgcolor(20,black);
            setplotbgcolor(21,black);
            setplotbgcolor(22,black);
            setplotbgcolor(23,black);
            setplotbgcolor(24,black);
            Catch(elsystem.Exception ex4)
            Print("4",ex4.message);
        end;
        setplotcolor(19,white);
        setplotbgcolor(19,black);
    end;
```

```
method void PSP1_Updated(elsystem.Object sender,
    tsdata.marketdata.PriceSeriesUpdatedEventArgs args)
begin
    If symbol = "000001.SH" then begin
    ReturnValue = Stochastic(PSP1.High, PSP1.Low, PSP1.close, DKDLength, 10, 10, 1,
DoFastK, DoFastD, DoSlowK, DoSlowD);
        MasD = Average(psp1.close, MAsLengthD);
        MamD = Average(psp1.close, MAmLengthD);
        MaLD = Average(psp1.close, MALLengthD); BarID = BarID + 1;   //K线计数
    end;
end;
    if BarID = 1 then begin
    NoRada = getAppinfo(AiRow);   //获取雷达屏当前行号
    If NoRada = 1 then K = 2 else K = 4;
        workbook1.sheets[1].CellsAsString[2,NoRada + K] = Symbol;
                                        //Excel 存储股票代码
        workbook1.sheets[1].CellsAsString[3,NoRada + K] = Description;
                                        //Excel 存储股票名
        workbook1.sheets[1].CellsAsdouble[6,3] = InvestRatio;
                                        //Excel 存储初始投资比率
    end;
    //计算指标
        Mas = Average(close,MaSLength);
        MaM = Average(close,MaMLength);
        MaL = Average(close,MaLLength);
        Bandwidth = BollingerBandwidth(close, BullLength, 2, -2);
        UpperBand = BollingerBand(close, BullLength, 2);
        ReturnValue = Stochastic(High, Low, close, KDLength, 3, 3, 1, oFastK, oFastD,
oSlowK, oSlowD);
        ATR = AvgTrueRange(ATRLength);
    // 各资产循环建仓加仓
        BuyOrder = false;                        //循环开始下单指令设置为 false
        SellOrder = false;

    // 判断 K 线均线是否呈现多头排列
    If   Mas>MaM and   MaM>MaL then
        Begin
            UpTrendCond1 = true;
            plot11("多头","分钟均线");
```

```
                Setplotcolor(11,red);
                setplotbgcolor(11,black);
        End
    Else
        Begin
            UpTrendCond1 = false;
            plot11("非多头","分钟均线");
            setplotbgcolor(11,black);
            Setplotcolor(11,green);
    end;
setplotbgcolor(3,black);
// 判断布林线宽度是否达标,趋势还是震荡
If  Bandwidth>BandwidthLimt/100 then
    Begin
        BandwidthCond = true;
        plot12("趋势","布林线");
        Setplotcolor(12,red);
        setplotbgcolor(12,black);
    End
Else
    Begin
        BandwidthCond = false;
        plot12("震荡","布林线");
        setplotbgcolor(12,black);
        Setplotcolor(12,green);
end;
setplotbgcolor(3,black);
if oSlowK crosses over oSlowD   then
    Begin                         // 判断 K 是否在 20 以下上穿 D 线
        KDUpCrossCond = true;
        setplotbgcolor(13,black);
        Setplotcolor(13,red);
        plot13("金 叉","KD 金叉");
    End
    else
    Begin
        KDUpCrossCond = false;
        setplotbgcolor(13,black);
```

```
            Setplotcolor(13,green);
            plot13("未金叉","KD 金叉");
end;
//在允许 K 线内更新数据时,避免重复下单
  if   lastBARONCHART = false   then
            TradeCon = true     //如果不是最后一根 K 线,则可以开仓,历史回测统计
     else
        if  currenttime = time and currenttime> = 930 and currenttime<1500 then
            TradeCon = true     //如是最后 K 线,且计算机时间＝K 线收盘时间,则可开仓,
        else
            TradeCon = false；//否则不能开仓
//组合投资资金总额控制
If NoRada = 1 then
    begin
        If MASD>MAMD AND MAMD>MALD THEN InvestRatiao0 = 80 ELSE InvestRatiao0 = 60；
        If MASD<MAMD AND MAMD<MALD THEN InvestRatiao0 = 30；
            If DoSlowD<Adjust then DoSlowD = Adjust；
            InvestRatiao1 = InvestRatiao0/(DoSlowD/Adjust)/100；
            workbook1.sheets[1].CellsAsDouble[4,3] = DoSlowD；
            workbook1.sheets[1].CellsAsDouble[5,3] = InvestRatiao1；
    end
    else
    begin
            InvestRatioNew = workbook1.sheets[1].CellsAsDouble[5,3]；
                        //读取风险调整投资比率
            InvestFund = NetWorth * (InvestRatioNew * InvestRatio/100)；
                        //总投资规模


//单只股票投资资金控制
If   ATR<0.02   then ATR = 0.02；
workbook1.sheets[1].CellsAsDouble[4,NoRada + 4] = 1/ATR；
                      //EXECL 文件写 ATR
InvestPotion = workbook1.sheets[1].CellsAsDouble[5,NoRada + 4]；
                      //读风险加权投资比重
InvestFundk = (InvestFund * InvestPotion * ContraMultip)；
                      //K 资产风险加权投资资金
TradeQuant1 = intportion(InvestFundk/((Close + PriceSlippage)
      * (1 + FeeRatio/100) * ContraMultip * 100)) * 100 - LongPosition；
```

```
//K资产交易量 = 应持仓 - 实际持仓 If TradeQuant1 < 0 and - TradeQuant1 > QuantAble then TradeQuant1 = - QuantAble;
    //上升趋势建仓
    If   TradeCon and UpTrendCond1   and BandwidthCond  and  InvestFund > 0  and TradeQuant1 > MinQuant then begin           //上升趋势成立且布林线宽度满足
        //上升趋势开始开新多仓
        if   close > MaS and mas > maM    and BarID - entryBar > 5   and buytimes < 1 and QuantAble = 0 and LongPosition = 0  and  TradeQuant1 > = MinQuant then begin
            BuyOrder = true;                          //下单指令为true
                OrderName = "新开仓";                 //开仓指令名称新开仓
            TradeQuant = TradeQuant1;
            LongPosition = TradeQuant;
            Buytimes = 1;
                datetime1 = RightStr(NumToStr(Date,0),6);
                datetime2 = NumToStr(time,0);
        end;
            //上升趋势KD金叉持有多仓且加仓小于限制,则加多仓
        if TradeCon and KDUpCrossCond and BarID - entryBar > 5   and buytimes > 1 and LongPosition > 0 and   TradeQuant1 > = MinQuant then begin
            BuyOrder = true;
                OrderName = "加仓";
            LongPosition = LongPosition + TradeQuant;
            Buytimes = Buytimes + 1;
                datetime1 = RightStr(NumToStr(Date,0),6);
                datetime2 = NumToStr(time,0);
        end;
end;

        //止盈策略:盈利达到目标利润后回落一定幅度止盈
if LongPosition > 0 and QuantAble > 0 and Profits > ProfitGoal/100 * close * LongPosition    then begin
    SellOrder = true;                             //设置下单指令
            OrderName = "止盈";                    //设置下单指令名称,止盈平仓
            TradeQuant = - LongPosition;           //交易量等于持仓量
    LongPosition = LongPosition - TradeQuant;
    Buytimes = 0;
            datetime1 = RightStr(NumToStr(Date,0),6);
            datetime2 = NumToStr(time,0);
```

end;

　　　//止损策略:达到止损目标止损平仓,
If LongPosition＞0 and QuantAble＞0 and Profits＜-(close*StopLoss/100)*LongPosition then begin
　　SellOrder = true;
　　　　OrderName = "止损";
　　　　TradeQuant = -LongPosition;
　　　　LongPosition = LongPosition - TradeQuant;
　　　　Buytimes = 0;
　　　　datetime1 = RightStr(NumToStr(Date,0),6);
　　　　datetime2 = NumToStr(time,0);
end;

　　　//趋势逆转平多仓
if LongPosition＞0 and QuantAble＞0 and TradeCon and MaM crosses under MaL　then begin
　　SellOrder = true;
　　　　OrderName = "逆转平仓";　　　　　　//趋势逆转平仓
　　　　TradeQuant = -LongPosition;
　　LongPosition = LongPosition - TradeQuant;
　　　　Buytimes = 0;
　　　　datetime1 = RightStr(NumToStr(Date,0),6);
　　datetime2 = NumToStr(time,0);
end;

　　　//仓位调整减仓
If LongPosition＞0 and TradeQuant1＜0 and QuantAble＞0 then begin
　　SellOrder = true;
　　　　OrderName = "仓位调整减仓";
　　TradeQuant = intportion(TradeQuant1/2);
　　　　if -TradeQuant＜=100 then TradeQuant = -QuantAble;
　　　　LongPosition = LongPosition - TradeQuant;
　　　　Buytimes = 0;
　　　　datetime1 = RightStr(NumToStr(Date,0),6);
　　　　datetime2 = NumToStr(time,0);
end;
　　　　If OrderName = "N" then TradeQuant = 0;
　　　Plot14(OrderName,"下单原因");
　　　Plot15(TradeQuant,"下单数量");

```
            setplotbgcolor(14,black);
            setplotbgcolor(15,black);
            Plot16(datetime1,"下单日期");
            Plot17(datetime2,"下单时间");
            setplotbgcolor(16,black);
            setplotbgcolor(17,black);

        //调用下单组件下单
        //符合开仓加仓条件下单
If BuyOrder  and LASTBARONCHART  and TradeQuant>MinQuant then Begin
                                                    //买入加仓
            OrderTicket1.Account = iAccount;        //输入账户
            OrderTicket1.Symbol = Symbol;           //输入建仓商品代码
            OrderTicket1.Quantity = TradeQuant;     //输入交易量
            OrderTicket1.Action = guosen.OrderAction.Buy;  //开多仓
            OrderTicket1.Type = tsdata.trading.OrderType.Limit;  //限价单
            OrderTicket1.LimitPrice = close[0] + PriceSlippage;
            OrderTicket1.Duration = "GFD";          //当日有效
            OrderTicket1.Send();                    //下单
            BuyOrder = false;
end;
        //符合平仓条件平仓下单
If SellOrder and TradeQuant< = 0 and QuantAble>0 and LASTBARONCHART then Begin
    If  - TradeQuant > QuantAble then TradeQuant = QuantAble  else TradeQuant =
- TradeQuant; OrderTicket2.Account = iAccount;
            OrderTicket2.Symbol = Symbol;           //输入平仓商品代码
            OrderTicket2.Quantity = TradeQuant;     //输入交易量
            OrderTicket2.Action = guosen.OrderAction.Sell;  //卖出平仓
            {OrderTicket2.Type = tsdata.trading.OrderType.Market;//市价单
            OrderTicket2.Duration = "IC5";}         //最优5档成交,其余撤单
            OrderTicket2.Type = tsdata.trading.OrderType.Limit;  //限价单
            OrderTicket2.LimitPrice = close - PriceSlippage;
            OrderTicket2.Duration = "GFD";          //当日有效
            OrderTicket2.Send();
            SellOrder = false;
    end;
end;
```

图 10-8　组合资产动态配置雷达屏交易 EL 程序

三、动态资产配置雷达屏交易策略的应用

以上程序编辑调试好后，即可用于模拟测试。由于雷达屏交易无法进行较长历史数据的回测，我们只能进行模拟账户的仿真交易测试。需要注意：雷达屏交易使用下单组件下单，如果选择了“启用下单对象”功能，则该程序将直接下单到交易所。如果使用实盘账户登录，则该交易指令将对其实盘账户进行操作。因此，在未利用模拟账户充分测试的程序，千万不能使用实盘账户进行测试。否则将可能带来无法挽回的巨大损失。

仿真测试需要建立一个雷达屏，加载组合资产代码。在此的组合资产只能是股票、ETF 等现货资产，而不能有期货和期权等衍生资产。该组合的资产可以使用类似第 2 章讨论的选股工具进行选择，也可根据自己的经验选择。在此，我们以上证 50 组合为例，如图 10-9 所示。雷达屏第一行需要插入指数代码，如上证 50 指数，或者上证指数，下面插入组合股票代码。然后选择雷达屏的 K 时间长度，如 5 分钟 K 线。再插入编辑验证的股票组合动态资产配置雷达屏交易指标。

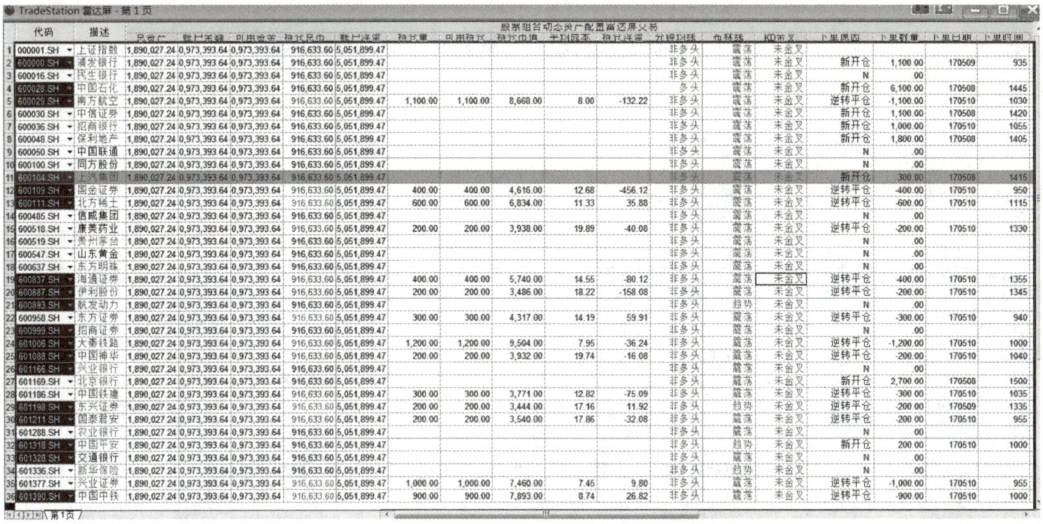

TradeStation 雷达屏 - 第 1 页

	代码	描述	股票组合动态资产配置雷达屏交易																
			总资产	账户余额	可用资金	持仓总市值	账户浮盈	持仓量	可用持仓	持仓市值	平均成本	持仓浮盈	分钟均线	布林线	KD金叉	下单原因	下单数量	下单日期	下单时间
1	000001.SH	上证指数	1,890,027.24	0,973,393.64	0,973,393.64	916,633.60	5,051,899.47						非多头	震荡	未金叉				
2	600000.SH	浦发银行	1,890,027.24	0,973,393.64	0,973,393.64	916,633.60	5,051,899.47						非多头	震荡	未金叉	新开仓	1,100.00	170509	935
3	600016.SH	民生银行	1,890,027.24	0,973,393.64	0,973,393.64	916,633.60	5,051,899.47						非多头	震荡	未金叉	N	.00		
4	600028.SH	中国石化	1,890,027.24	0,973,393.64	0,973,393.64	916,633.60	5,051,899.47						多头	震荡	未金叉	新开仓	6,100.00	170508	1445
5	600029.SH	南方航空	1,890,027.24	0,973,393.64	0,973,393.64	916,633.60	5,051,899.47	1,100.00	1,100.00	8,668.00	8.00	-132.22	非多头	震荡	未金叉	逆转平仓	-1,100.00	170510	1030
6	600030.SH	中信证券	1,890,027.24	0,973,393.64	0,973,393.64	916,633.60	5,051,899.47						非多头	震荡	未金叉	新开仓	1,100.00	170508	1420
7	600036.SH	招商银行	1,890,027.24	0,973,393.64	0,973,393.64	916,633.60	5,051,899.47						非多头	震荡	未金叉	新开仓	1,000.00	170510	1055
8	600048.SH	保利地产	1,890,027.24	0,973,393.64	0,973,393.64	916,633.60	5,051,899.47						非多头	震荡	未金叉	新开仓	1,800.00	170508	1405
9	600050.SH	中国联通	1,890,027.24	0,973,393.64	0,973,393.64	916,633.60	5,051,899.47						非多头	震荡	未金叉	N	.00		
10	600100.SH	同方股份	1,890,027.24	0,973,393.64	0,973,393.64	916,633.60	5,051,899.47						非多头	震荡	未金叉	N	.00		
11	600104.SH	上汽集团	1,890,027.24	0,973,393.64	0,973,393.64	916,633.60	5,051,899.47						非多头	震荡	未金叉	新开仓	300.00	170508	1415
12	600109.SH	国金证券	1,890,027.24	0,973,393.64	0,973,393.64	916,633.60	5,051,899.47	400.00	400.00	4,616.00	12.68	-456.12	非多头	震荡	未金叉	逆转平仓	-400.00	170510	950
13	600111.SH	北方稀土	1,890,027.24	0,973,393.64	0,973,393.64	916,633.60	5,051,899.47	600.00	600.00	6,834.00	11.33	35.88	非多头	震荡	未金叉	逆转平仓	-600.00	170510	1115
14	600485.SH	信威集团	1,890,027.24	0,973,393.64	0,973,393.64	916,633.60	5,051,899.47						非多头	震荡	未金叉	N	.00		
15	600518.SH	康美药业	1,890,027.24	0,973,393.64	0,973,393.64	916,633.60	5,051,899.47	200.00	200.00	3,938.00	19.89	-40.08	非多头	震荡	未金叉	逆转平仓	-200.00	170510	1330
16	600519.SH	贵州茅台	1,890,027.24	0,973,393.64	0,973,393.64	916,633.60	5,051,899.47						非多头	震荡	未金叉	N	.00		
17	600547.SH	山东黄金	1,890,027.24	0,973,393.64	0,973,393.64	916,633.60	5,051,899.47						非多头	震荡	未金叉	N	.00		
18	600637.SH	东方明珠	1,890,027.24	0,973,393.64	0,973,393.64	916,633.60	5,051,899.47						非多头	震荡	未金叉	N	.00		
19	600837.SH	海通证券	1,890,027.24	0,973,393.64	0,973,393.64	916,633.60	5,051,899.47	400.00	400.00	5,740.00	14.55	-80.12	非多头	震荡	未金叉	逆转平仓	-400.00	170510	1355
20	600887.SH	伊利股份	1,890,027.24	0,973,393.64	0,973,393.64	916,633.60	5,051,899.47	200.00	200.00	3,486.00	18.22	-158.08	非多头	震荡	未金叉	逆转平仓	-200.00	170510	1345
21	600893.SH	航发动力	1,890,027.24	0,973,393.64	0,973,393.64	916,633.60	5,051,899.47						非多头	趋势	未金叉	N	.00		
22	600958.SH	东方证券	1,890,027.24	0,973,393.64	0,973,393.64	916,633.60	5,051,899.47	300.00	300.00	4,317.00	14.19	59.91	非多头	震荡	未金叉	逆转平仓	-300.00	170510	940
23	600999.SH	招商证券	1,890,027.24	0,973,393.64	0,973,393.64	916,633.60	5,051,899.47						非多头	震荡	未金叉	N	.00		
24	601006.SH	大秦铁路	1,890,027.24	0,973,393.64	0,973,393.64	916,633.60	5,051,899.47	1,200.00	1,200.00	9,504.00	7.95	-36.24	非多头	震荡	未金叉	逆转平仓	-1,200.00	170510	1000
25	601088.SH	中国神华	1,890,027.24	0,973,393.64	0,973,393.64	916,633.60	5,051,899.47	200.00	200.00	3,932.00	19.74	-16.08	非多头	震荡	未金叉	逆转平仓	-200.00	170510	1040
26	601166.SH	兴业银行	1,890,027.24	0,973,393.64	0,973,393.64	916,633.60	5,051,899.47						非多头	震荡	未金叉	N	.00		
27	601169.SH	北京银行	1,890,027.24	0,973,393.64	0,973,393.64	916,633.60	5,051,899.47						非多头	震荡	未金叉	新开仓	2,700.00	170508	1500
28	601186.SH	中国铁建	1,890,027.24	0,973,393.64	0,973,393.64	916,633.60	5,051,899.47	300.00	300.00	3,771.00	12.82	-75.09	非多头	震荡	未金叉	逆转平仓	-300.00	170510	1035
29	601198.SH	东兴证券	1,890,027.24	0,973,393.64	0,973,393.64	916,633.60	5,051,899.47	200.00	200.00	3,444.00	17.16	11.92	非多头	趋势	未金叉	逆转平仓	-200.00	170509	1335
30	601211.SH	国泰君安	1,890,027.24	0,973,393.64	0,973,393.64	916,633.60	5,051,899.47	200.00	200.00	3,540.00	17.86	-32.08	非多头	震荡	未金叉	逆转平仓	-200.00	170510	955
31	601288.SH	农业银行	1,890,027.24	0,973,393.64	0,973,393.64	916,633.60	5,051,899.47						非多头	震荡	未金叉	N	.00		
32	601318.SH	中国平安	1,890,027.24	0,973,393.64	0,973,393.64	916,633.60	5,051,899.47						非多头	趋势	未金叉	新开仓	200.00	170510	1000
33	601328.SH	交通银行	1,890,027.24	0,973,393.64	0,973,393.64	916,633.60	5,051,899.47						非多头	震荡	未金叉	N	.00		
34	601336.SH	新华保险	1,890,027.24	0,973,393.64	0,973,393.64	916,633.60	5,051,899.47						非多头	趋势	未金叉	N	.00		
35	601377.SH	兴业证券	1,890,027.24	0,973,393.64	0,973,393.64	916,633.60	5,051,899.47	1,000.00	1,000.00	7,460.00	7.45	9.80	非多头	震荡	未金叉	逆转平仓	-1,000.00	170510	955
36	601390.SH	中国中铁	1,890,027.24	0,973,393.64	0,973,393.64	916,633.60	5,051,899.47	900.00	900.00	7,893.00	8.74	26.82	非多头	震荡	未金叉	逆转平仓	-900.00	170510	1000

第 1 页

图 10-9　股票组合动态资产配置雷达屏交易示例

在此插入“指标”，是因为雷达屏只能显示指标，而不能显示策略。插入指标后，需要对其进行参数设置。除了输入参数可以更改外，还需要对常规参数进行设置(如图 10-10 所示)。引用的最大图条数可选择“自动检测”，选择“Bar 内更新值”后将逐笔数据计算，可能在 K 线内发出交易信号。由于技术指标计算需要选择“为累积计算加载更多数据”如 100 根 K 线。并启用下单对象。注意：在登录模拟账号后，该选项将对模拟账户下单。如果登陆的实盘账号，该选择将对实盘下单。

在设置完成后，交易时段，雷达屏将对该组合内的股票和账户信息进行实时监测，符合下单条件将会自动对股票进行买卖下单。其交易信息和持仓信息除了在雷达屏上

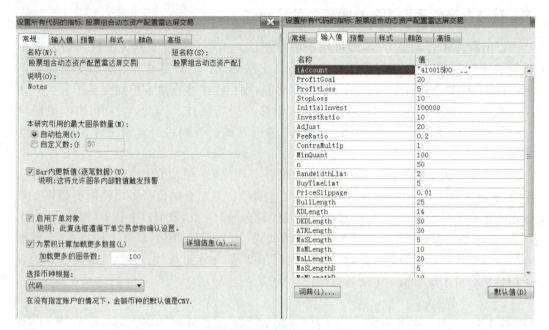

图 10-10　股票组合动态资产配置雷达屏交易指标设置

成交/取消	代码	价差	类型	数量	成交数量	剩余数量	止损价	限价	成交价格	交易单状态	期限
2017/05/05 11:40:00 AM	601186.SH		买入	300	300	0		12.82	12.82	已执行	GFD 当日有效
2017/05/05 11:40:00 AM	601088.SH		买入	200	200	0		19.74	19.74	已执行	GFD 当日有效
2017/05/05 11:40:00 AM	601006.SH		买入	1,200	1,200	0		7.95	7.95	已执行	GFD 当日有效
2017/05/05 11:40:00 AM	600958.SH		买入	300	300	0		14.19	14.19	已执行	GFD 当日有效
2017/05/05 11:40:00 AM	600887.SH		买入	200	200	0		18.22	18.22	已执行	GFD 当日有效
2017/05/05 11:40:00 AM	600837.SH		买入	400	400	0		14.55	14.55	已执行	GFD 当日有效
2017/05/05 11:40:00 AM	600518.SH		买入	200	200	0		19.89	19.89	已执行	GFD 当日有效
2017/05/05 11:40:00 AM	600111.SH		买入	600	600	0		11.33	11.33	已执行	GFD 当日有效
2017/05/05 11:40:00 AM	600109.SH		买入	400	400	0		12.68	12.68	已执行	GFD 当日有效
2017/05/05 11:40:00 AM	600029.SH		买入	1,100	1,100	0		8.00	8.00	已执行	GFD 当日有效
2017/05/05 11:40:00 AM	601989.SH		买入	1,400	1,400	0		6.79	6.79	已执行	GFD 当日有效
2017/05/05 11:40:00 AM	601800.SH		卖出	213	213	0		17.32	17.32	已执行	GFD 当日有效
	601800.SH		卖出	213		0		17.32		已拒绝	GFD 当日有效
2017/05/05 10:43:00 AM	601800.SH		卖出	12	12	0		17.59	17.59	已执行	GFD 当日有效
2017/05/05 10:24:22 AM	601800.SH		卖出	25	25	0		17.59	17.59	已执行	GFD 当日有效
2017/05/05 09:44:51 AM	601800.SH		卖出	50	50	0		17.59	17.59	已执行	GFD 当日有效
2017/05/05 09:09:38 AM	601988.SH		卖出	250	250	0		3.54	3.54	已执行	GFD 当日有效
2017/05/05 09:09:36 AM	601668.SH		卖出	200	200	0		9.32	9.32	已执行	GFD 当日有效
2017/05/05 09:09:26 AM	601901.SH		卖出	250	250	0		8.23	8.23	已执行	GFD 当日有效
2017/05/05 09:09:24 AM	601818.SH		卖出	500	500	0		3.86	3.86	已执行	GFD 当日有效
2017/05/05 09:09:23 AM	601800.SH		卖出	300	300	0		17.59	17.59	已执行	GFD 当日有效
2017/05/05 09:09:22 AM	601766.SH		卖出	200	200	0		9.93	9.93	已执行	GFD 当日有效

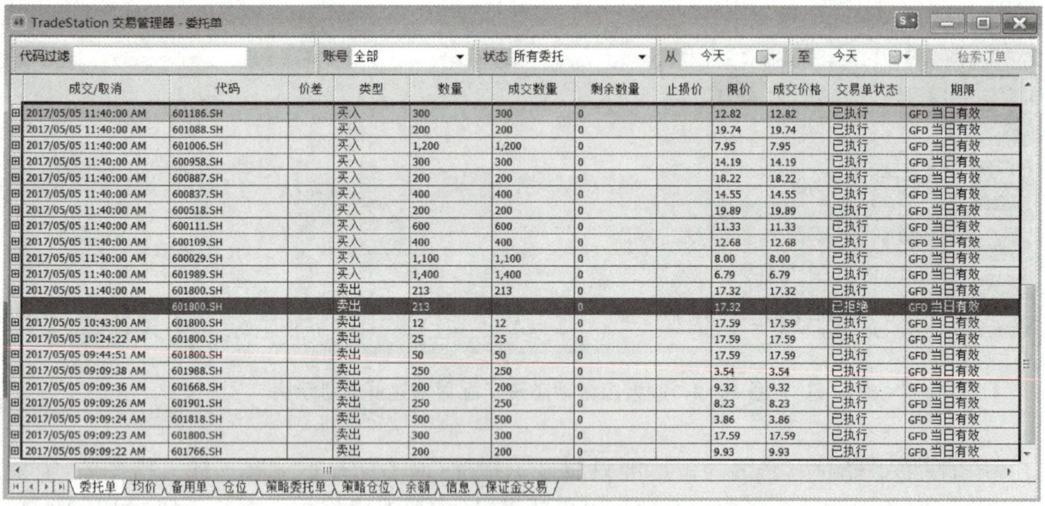

图 10-11　交易管理器的委托单栏显示委托信息

显示外，还可以在交易管理器的委托单栏显示委托(如图 10-11 所示)，在信息栏显示下单执行情况信息如图 10-12 所示，在仓位栏显示持仓信息。用户可以根据需要查询分析。

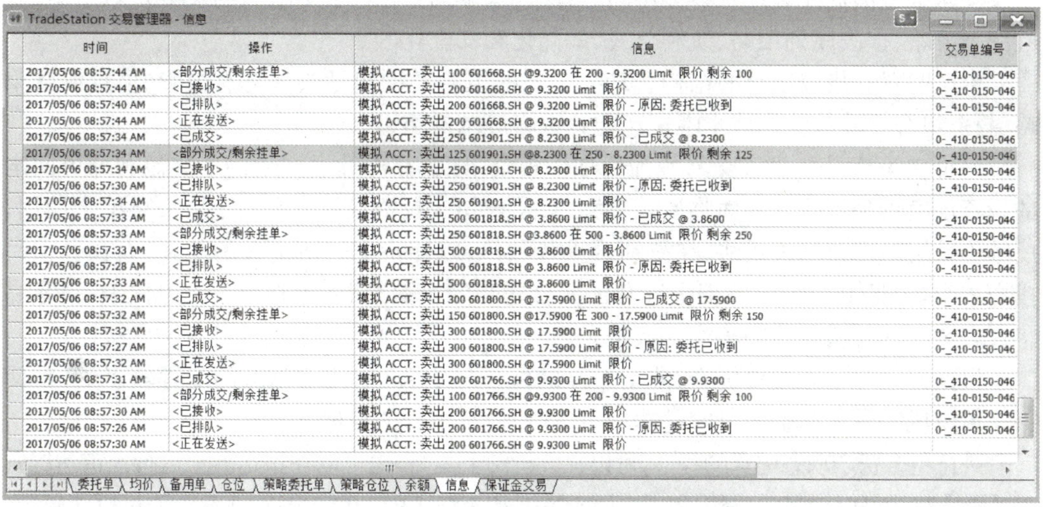

图 10-12　交易管理器的信息栏显示委托交易信息

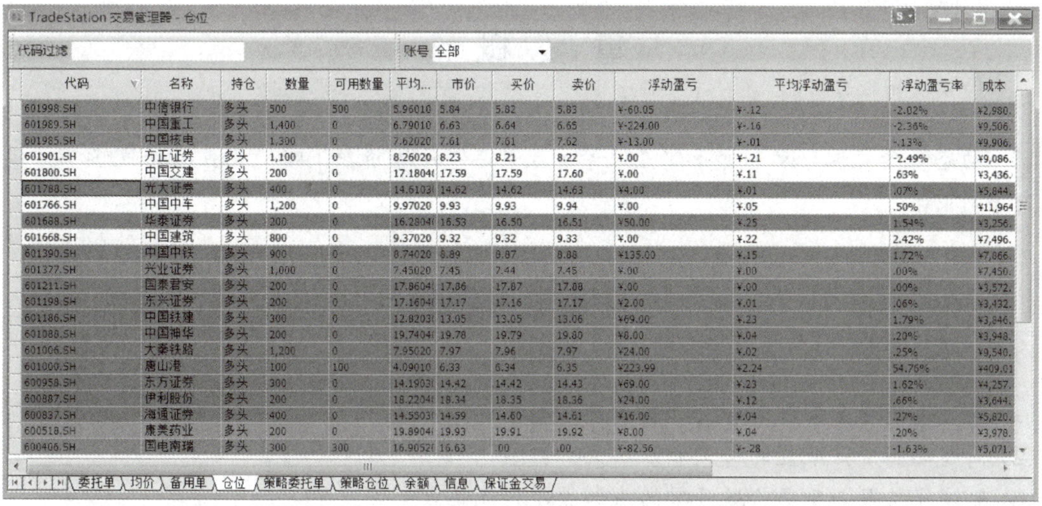

图 10-13　交易管理器的仓位栏显示持仓信息

本 章 小 结

投资资金管理,就是控制投资的规模和结构,将其可能面临的最大潜在损失风险控制在可以承受的范围之内,同时争取获取尽可能多的收益。

投资资金的管理可以分为静态管理和动态管理。静态管理即是事先根据投资者筹集资金的能力和能够承受的风险确定一个固定的投资总额和投资比率,并不随市场变化进行调整,动态资金管理则是根据金融市场的变化对投资资金规模进行动态调整。

动态资金的规模管理有许多不同的方法,基本的方法有:等价鞅与反等价鞅策略、获胜序列策略、损失序列策略、凯利公式、最优化和安全化等。

资产配置是投资组合的结构管理。主要的策略类型包括买入持有策略、恒定混合策略、投资组合保险策略和战术性资产配置策略等基本类型。

等价鞅策略是在投资交易亏损后加倍投资,试图在连续亏损后的一次盈利即可回本的投资规模管理策略。其面临风险较大,必须与初次投资规模控制和止损策略结合使用。反等价鞅策略即盈利加码法,在盈利后投资翻倍,以期待下一次更大的盈利;而在亏损后投资减半,以期避免更大的损失。必须配合适当的止盈策略,否则一旦发生损失,很容易将过去数次获胜所累积的利润一次赔光。

根据波动率动态配置资产,波动率高的配置较少资产,波动率低的配置较多资产,使每个单位风险资产面临的风险基本相当,从而提高组合的稳健性。

进行组合资产动态配置的程序,可以在分析图上运行,也可以在雷达屏上运行。雷达屏管理的资产数量可以较多,但调用和现实历史数据和走势不便。分析图管理资产数量可能较少,但调用历史数据和显示策略交易效果的历史动态比较方便。它们的程序编制上略有差异。

重 要 概 念

动态资金管理　动态资产配置　等价鞅策略　反等价鞅策略　获胜序列策略　损失序列策略

习题与思考题

(1) 简述动态资金管理的含义和基本策略类型。
(2) 简述动态资产配置的含义和基本策略类型。
(3) 简述等价鞅与反等价鞅策略的基本原理和优缺点。
(4) 利用波动率进行动态资产配置的分析图交易有何特点?请尝试对它进行改进和拓展。
(5) 利用波动率进行动态资产配置的雷达屏交易有何特点?请尝试对它进行改进和拓展。

图书在版编目(CIP)数据

程序化交易中级教程:国信 TradeStation/陈学彬等编著.—上海:复旦大学出版社,
2017.9(2018.11 重印)
经管类专业学位硕士核心课程系列教材
ISBN 978-7-309-13182-6

Ⅰ.程… Ⅱ.陈… Ⅲ.期货交易-应用软件-研究生-教材 Ⅳ.F713.35-39

中国版本图书馆 CIP 数据核字(2017)第 194107 号

程序化交易中级教程:国信 TradeStation
陈学彬 等编著
责任编辑/方毅超

复旦大学出版社有限公司出版发行
上海市国权路 579 号 邮编:200433
网址:fupnet@fudanpress.com http://www.fudanpress.com
门市零售:86-21-65642857 团体订购:86-21-65118853
外埠邮购:86-21-65109143 出版部电话:86-21-65642845
上海四维数字图文有限公司

开本 787×1092 1/16 印张 24.75 字数 543 千
2018 年 11 月第 1 版第 2 次印刷

ISBN 978-7-309-13182-6/F·2394
定价:49.00 元

如有印装质量问题,请向复旦大学出版社有限公司出版部调换。
版权所有 侵权必究